U0795055

"十二五"普通高等教育本科国家级规划教材

新编21世纪中国语言文学系列教材

语言学概论

第五版

主 编 周士宏 岑运强

An Introduction to linguistics

中国人民大学出版社
·北京·

内容简介

本书在继承现代语言学之父索绪尔的语言理论的基础上，特别对索绪尔提出的“言语的语言学”进行了较为全面的开掘与探讨。本书以语言—言语、共时—历时、内部—外部三条主线构成全书框架，正确处理了批判、继承与发展的关系，力争实现语言学的过去、现在与将来，静态与动态，单一与交叉，理论与运用等方面的和谐统一。全书系统完整，条理清晰，深入浅出，通俗易懂。

本书一大特色是“交叉语言学”一章，此章择要介绍了交叉语言学各学科如社会语言学、心理语言学、应用语言学等的研究内容、领域、方法。为反映语言学研究的最新进展与新兴分支，此次修订在这一章增加了“构式语法”与“互动语言学”的内容。

为积极贯彻新时代课程思政的育人理念，此次修订增加了部分课程思政要素，使之更适合新时代的教育工作。

主编简介

周士宏 北京师范大学文学院副教授，研究方向为功能语言学、语言类型学。在《世界汉语教学》《外国语》《外语与外语教学》等语言学刊物发表论文多篇，出版著作两部，编著或参编教材多部。主持国家社科基金、教育部人文社科基金项目等3项。先后讲授过“认知—功能语言学”“语言学类型学”“普通语言学”“语言学经典文献专题讨论（双语）”等多门课程。

岑运强 1977年考入北京师范大学中文系，毕业后留校从事语言学教学与研究工作，后被派往厦门大学、美国纽约州立大学深造语言学。北京师范大学文学院教授、博士生导师，曾任北京师范大学文学院学术委员会委员及语言学与应用语言学研究所所长，北京语言学会副秘书长、副会长，北京市高等教育自学考试委员会课程考试委员，国家级普通话测试员。发表各类文章120多篇，主编过多本语言学概论本科及研究生教材和高教自考辅导教材。

第五版修订说明

《语言学概论》于 2004 年出版第一版，现即将出版第五版，我们对此次修订做简要的说明。

本书以语言学史为线索，以语言学创始人索绪尔提出的"语言的语言学"与"言语的语言学"为基本框架，全面系统地介绍了语言学的各个分支领域，在国内的语言学教材中具有鲜明的特色。本书最为突出的特点是线条清晰、脉络清楚，对概念的讲解与介绍清晰准确，同时配有鲜活的语言例证。本书自出版以来，一直受到读者的喜爱，先后入选"十一五""十二五"普通高等教育本科国家级规划教材，被很多所高校列为指定教材。

此外，为了积极贯彻习近平总书记课程思政的育人理念，此次修订增加了部分课程思政要素，使之更适合新时代的教育工作。

此次修订主要由周士宏、岑运强负责，除此之外，语言学专业的研究生帮助校订了文字，他们是：李凤、黄怡月、段晓臻、权慧。其中李凤与权慧协助撰写了"互动语言学"与"构式语法"部分。下面是具体的修订内容：

第一，正确处理语言和言语问题是本书的最大特点之一，所以每次修订我们都注意将该问题论述得更完善、更准确。此次修订，我们删除了一些不太准确的提法，并校正了一些讹误（如国际音标的错误），改正了一些疏漏。

第二，删除了词汇部分中"'呆傻语'词汇的性质"部分。

第三，为反映语言学研究的最新进展与新兴分支，我们在交叉语言学部分增加了"构式语法"与"互动语言学"。

此次修订，我们虽然竭尽全力使之更加完善、更加准确，但仍免不了还有疏漏与错误之处，我们衷心欢迎各位读者提出宝贵意见。

周士宏　岑运强

2022 年 1 月 2 日

第一版前言

语言学概论是中国语言文学系本科生的必修课程。它与其他几门必修课如古代汉语、现代汉语和一门外语比较起来，具有更强的交叉性、理论性等特点。语言学概论是普通语言学的入门课，是从理论上对全人类语言的共同规律进行研究的学问。本课程一般用 54 学时，占 3 个学分。

本书继承了现代语言学之父索绪尔的语言学理论并有明显的创新与突破，特别是对索绪尔提出但没有研究的言语的语言学进行了全面的挖掘与阐述。本书正确处理了静态与动态、单一与交叉、理论与运用的关系；正确处理了批判、继承与发展的关系。本书以语言—言语、共时—历时、内部—外部作为全书的框架，力求系统、严谨。同学们在学习时要注意：第一，下功夫吃透每一种理论。第二，不要孤立学习理论，要善于联系、对比地学习理论。第三，要把理论与实际结合起来学习，切忌从理论到理论。

本书由北京师范大学文学院岑运强教授主编，具体章节的编写分工如下：

第一章总论，由岑运强编写。

第二章语音，由岑运强、鲍晓倩编写。

第三章语义，由岑运强、郭莉编写。

第四章词汇，由鲍晓倩、吴洁、杨洁、邓丽君编写。

第五章语法，由岑运强、周士宏编写。

第六章文字，由吴洁编写。

第七章交叉语言学，主要供同学们在扩大知识面时参考使用，本章由几个人联合编写。他们的分工是：周士宏，“功能主义语言学”；沈宇，“模糊语言学”；郭莉，“社会语言学”“认知语言学”；鲍晓倩，“计算语言学”“语言类型学”；吴洁，“心理语言学”“神经语言学”；丁濰，“文化语言学”；程玉合，“应用语言学”。杨慧、毕鹏飞、石艳华、孙天琦等同志也做了不少工作，撰写了部分内容。

本书参考了大量国内外有关论著，对于一些人所共知的说法和资料未能一一注明出处，特向这些论著的作者表示衷心的感谢！由于水平所限，本书一定存在不少缺点，盼望读者赐教。

岑运强
2004 年 6 月 2 日

目　录

绪　论

语言可以把死人从墓中叫出来，也能把活人埋入地下；语言可以把侏儒变为巨人，也能将巨人彻底打倒。

——海涅《法国的现状》

语言真有海涅说的那么大的魔力吗？语言不就是我们平常“司空听惯”的声音吗？其实，语言真不是我们想象的那样简单。这里有一门值得我们为之献身一辈子的学问——语言学。在绪论里，我们将弄清什么是语言学，语言学概论与其他课程的关系，语言学研究的方法和分类；我们还将回顾语言学研究的历史，这样就可以为全书的内容提供一个总背景；我们将初步了解为什么语言学被认为是一门领先的科学。

一、语言学的性质和任务

语言对于我们人类来说真是太重要了。我们天天都要讲话，天天离不开语言。可以设想：人类一旦没有了语言，将是什么样子？语言对我们来说又太平常了，就像人天天都要呼吸，天天都要睡觉一样，不易引起人们的注意。对这个既重要又平常的语言能否进行研究呢？回答是肯定的。专门研究人类语言的学科就叫语言学。语言学是一门多侧面、多层次的立体学科。由于语言本身具有社会属性、自然属性，同时还和思维活动有密切的关系，因此，语言学和社会科学、自然科学、思维科学都有着紧密的联系。在交叉科学日益发展的今天，语言学显得越发重要。在教育界，语言学是各高等学校中文系和外语系的必修课程。一般说来，大学中文系的语言学课程包括古代汉语、现代汉语、语言学概论等。古代汉语课程主要研究中国古代的语言，包括上古、中古、近代等若干阶段；现代汉语课程主要研究中国“五四”以来的语言；语言学概论的交叉性最为明显，它不但涉及以上两门课的内容，还涉及大量的外语知识，并着重从理论上去研究语言。语言学概论是普通语言学的入门课，属于狭义语言学（参见《中国大百科全书·语言文字》），我们即将学习的就是这样一门课。语言学概论和上述的古代汉语、现代汉语以及外国语三门课程既有区别，又有联系；它着重在理论上对人类语言的共同规律进行研究，而这种研究又必须建立在个别的、实际的语言研究的基础上。在这门课中，我们将学习到语言学的基础理论，了解语言学的性质、功能以及它的结构，了解语言的现状、变化以及一般的发展规律。

语言不但可以研究，而且应该全面、深入地研究！

二、语言学研究的方法和分类

从研究的对象上，可把语言学分为个别语言学和普通语言学。个别语言学的研究对象是某一种语言，如汉语语言学、英语语言学；普通语言学的研究对象是人类语言，着重从理论上探讨语言的共同特点和一般规律，也叫一般语言学。

从研究的侧重点上，可把语言学分为理论语言学和应用语言学。理论语言学研究语言的一般理论。狭义的理论语言学就是普通语言学，广义的理论语言学也包括个别语言学的理论部分。和理论语言学相对，应用语言学是侧重研究语言在各个领域中实际应用的学科。它也可分成狭义和广义两种：狭义的应用语言学指语言教学的理论和方法研究；广义的应用语言学的范围较广，除了语言教学外，还包括词典编纂、文字制定、机器翻译、人工智能、情报自动检索、失语症治疗、信息传达处理等。有人把社会语言学、心理语言学、数理语言学也都算在广义的应用语言学之内。①

很明显，语言学概论属于普通语言学和理论语言学。

此外，根据“现代语言学之父”索绪尔（Ferdinand de Saussure）的观点，语言学还可以分为以下几类：

第一类，语言的语言学和言语的语言学。语言的语言学是以“语言”为唯一对象的语言学。这种语言学的“语言”是指音义结合的词汇和语法系统，它是一种静态的、同质的纯语言学。索绪尔认为应该首先研究这种语言学。言语的语言学在索绪尔当时看来只是一种以后再研究的设想，根据索绪尔的有关论述，言语的语言学应该是一种动态的、异质的、涉及方方面面的语言学。

第二类，共时语言学和历时语言学。共时语言学研究语言在某一时期的、集体意识感觉到的各项同时存在并构成系统的要素之间的关系，它是只有一个展望的静态事实。例如：截取某一历史阶段的语言，对其语音、词汇、语法等结构要素进行观察、描写，这种共时语言学也叫描写语言学。历时语言学研究不为同一个集体意识所感觉到的连续的一个代替另一个的成分间的关系，它是有前瞻与回顾两个展望的演化事实。历史语言学和历史比较语言学都属于历时语言学。历史语言学是用历史的方法研究语言短期或长期的变化规律，如汉语史、英语史。历史比较语言学是运用历史和比较两种方法，发现几种语言在历史演变中的对应规律从而确定语言的亲属关系，构拟产生这些亲属语言的原始母语。

第三类，内部语言学和外部语言学，也就是微观语言学和宏观语言学。“一切在任何程度上改变了系统的都是内部的。”（索绪尔语）内部语言学、微观语言学是对语言系统内部各结构要素进行研究，如语音学、语义学、词汇学、语法学；外部语言学、宏观语言学是指与语言学边缘相关的学科，如与社会、文化、人种、政治、历史有关的社会语言学、人类语言学、文化语言学，等等。

索绪尔认为，当时主要研究语言的语言学、共时语言学和内部语言学。但是我们认为，在今天，上述后几种语言学也应该加以重视。本书就是全面运用这三对语言学并以之作为全书的框架的。

三、语言学研究的回顾与小结

普通语言学是对人类的语言从理论方面进行研究的一门学科。理论是从实践中来的，离开对历史的总结和现实的归纳就没有理论，所以对语言学研究进行一番回顾与小结是十分必要的。它既可以使我们对语言学研究有一个大致的了解，也可以为今后学习的内容提供背景和线索。

纵观人类对语言的研究，大致可以用“五段两线三解放”来概括。所谓“五段”，是指语文学、历史比较语言学、结构主义语言学、形式语言学、交叉语言学五个阶段；所谓“两线”，现在是指“整齐论”与“参差论”两条路线的斗争；所谓“三解放”，是指历史比较语言学、索绪尔语言学、社会语言学这三个代表性的里程碑。

---

① 吕叔湘．把我国语言科学推向前进//中国语言学会成立大会报告集，武汉：湖北人民出版社，1981.

（一）语言学研究的回顾

1. "五段"

（1）语文学阶段。

语文学是一门研究古文献和书面语的学问。大家知道，文字的发明标志着人类社会步入了文明时代。千百年来，人类的祖先用文字给后人留下许许多多光辉灿烂的文献，它们都是极其宝贵的财富。但是，随着时间的流逝，后人读这些文献，越来越感到困难了，这就需要有人专门对古文献做些讲解、注释工作，目的是让后人读懂文献，而不在于研究语言，这就是语文学的起源。印度、古希腊与罗马、中国被认为是语文学的三个源头。公元前 4 世纪，印度学者巴尼尼在整理、注释梵语诗歌集《吠陀》时，写出了杰出的《梵语语法》。古希腊学者亚里士塔尔库斯对《荷马史诗》进行编辑与整理，他的学生狄奥尼修斯·特拉克斯写出了"语法最伟大的权威"——《希腊语法》。古罗马学者借鉴希腊人的经验研究拉丁语，代表人物是瓦罗和多纳图斯。瓦罗的名作《论拉丁语》一直被公认为权威著作。多纳图斯是《圣经》翻译家杰罗姆的老师，他著的《语法术》长期被当做标准课本。中国的语文学有着自己独特的道路。中国是一个重文字的国家，自秦代以来，虽然方言纷杂，但文字基本保持统一。要研究古文献，必须围绕汉字的字形、字音、字义来进行，于是便产生了文字学、音韵学、训诂学，统称为"小学"；出现了《说文解字》《广韵》《尔雅》等大批不朽文献。古阿拉伯的语文学出现相对较晚，公元七八世纪时，围绕对《古兰经》的研究，也出现了不少学者与学派。

（2）历史比较语言学阶段。

19 世纪初，西方语言学学者开始运用历史比较法研究语言本身，产生了历史比较语言学（早期也叫比较语法）。英国人威廉·琼斯（William Jones）最先发现希腊语和拉丁语、梵语有惊人相似的地方，于是大胆地提出"印欧语假设"，成为历史比较语言学的先驱。德国学者施列格尔（F. von Schlegel）也看到梵语和欧洲许多语言有着不可否认的共同点，第一个提出"比较语法"。他是历史比较语言学的草创者。这以后，丹麦的拉斯克（R. Rask），德国的葆朴（F. Bopp）、格里木（J. Grimm，即格林），俄国的沃斯托可夫等人进一步奠定了历史比较语言学的基础。他们以及他们之后的学者，如古尔替乌斯（G. Curtius）、施莱歇尔（A. Schleicher）、维尔纳（K. Verner）、梅耶（A. Meillet）等建立了一套科学的历史比较方法，找出了不同语言的亲属关系。他们的研究使语言学摆脱了附庸地位，标志着语言学已成为一门真正独立的学科。

历史比较语言学由于涉及多种语言，为普通语言学的研究奠定了基础。

19 世纪中期，着重从理论上研究人类语言一般规律的普通语言学诞生了。奠基人分别是德国的威廉·冯·洪堡特（Wilhelm von Humboldt）与瑞士的索绪尔。洪堡特被公认为普通语言学的第一个奠基者，他的许多语言学观点被后代学者不断继承与发挥；索绪尔被称作"现代语言学之父"，在他死后由他的学生于 1916 年编辑出版的《普通语言学教程》集中体现了他的语言学思想，如严格区分语言和言语、共时和历时、内部语言学和外部语言学、组合关系与聚合关系等。该书在语言学发展史上起到了划时代的作用。

普通语言学的理论是从个别语言学的实践中概括、总结出来的，反过来又对个别语言学起指导性的作用，因此研究的对象不限于语言的某一阶段。

知识链接

普通语言学奠基人

——威廉·冯·洪堡特

威廉·冯·洪堡特1767年6月22日生于德国波茨坦。在大学期间，洪堡特修习了法学、哲学、历史、语言等学科。他曾先后被任命为内务部文化和教育司的负责人、国务大臣等。1819年洪堡特退出政坛。1820年后，他主要从事语言学和语言哲学的研究工作。洪堡特发表过许多语言学论文，他去世之后才出版的《论爪哇岛上的卡维语》的导论部分长达300多页，题为“论人类语言结构的差异及其对人类精神发展的影响”。这一导论是洪堡特语言理论的代表作，被后人誉为“第一部关于普通语言学的巨著”。

洪堡特的语言理论主要表现为以下几点。

(1) 语言的创造性。洪堡特认为“语言绝不是产品，而是一种创造活动”。因为语言是人脑的一种能力，讲话人才能运用有限的语言手段创造出无限的语言行为。他的语言创造能力的思想深深地影响了美国语言学家乔姆斯基（Noam Chomsky）。

(2) 语言和民族。洪堡特认为“民族的语言即民族的精神，民族的精神即民族的语言”。他相信语言是民族的最大特征，民族间的最大差异主要表现在语言方面，语言随着民族的发展而发展，语言是一个民族的历史、文化、风俗的载体。

(3) 语言与思维。洪堡特的世界观受康德哲学影响。他一方面承认语言就是人们借以认识客观现实的媒介，另一方面又说“语言就是心灵的全部，它按照精神的规律而发展”。在语言与思维的相互关系中，他认为后者是第一性的，是前者的本源和归宿。

(4) 语言的类型。洪堡特继施列格尔兄弟之后，根据词的语法形态，把世界语言分为三种类型：孤立语、黏着语、屈折语。他认为语言的发展经历了孤立语、黏着语、屈折语这样三个阶段。他还根据句子中词与词的语法联系，把世界语言的句子结构分为三类：分析型，像汉语；综合型，像梵语；多式综合型，像美洲印第安语言。后来他又通过把两种分法分出的类，部分重叠、综合起来，创立了当时所公认的语言的形态分类法，把世界上的语言分成孤立语、黏着语、屈折语和抱合语四个类型。他认为各种语言没有什么优劣之分，不应该对某种语言予以歧视或贬低它的价值。但他认为语言在它的使用者变动着的心理能力的影响下不断地发展，因此有一些语言是完备的，一些是不完备的。

洪堡特未受历史比较语言学的局限，能够独树一帜，从语言哲学、人类学、语言类型学等角度，深入探索了普通语言学的一般理论，为现代语言学思想奠定了理论基础。

（3）结构主义语言学阶段。

“现代语言学之父”索绪尔也是结构主义的鼻祖。他认为在语言学领域里，存在着两种语言学——语言的语言学和言语的语言学，在当时应主要研究语言的语言学；他认为，语言实质上是一种符号体系，语言学应该研究这种体系的内部结构；他指出，语言有共时和历时两种状态，前者是静态的，后者是动态的，传统语法属于前者，历史比较语言学属于后者。他不同意当时历史比较语言学者“只有研究语言历史的语言学才是科学”的说法，号召把当时的研究重心转向共时语言学。在索绪尔的影响下，出现了两大学派：一派叫心理社会学派，以梅耶、格拉蒙（M. Grammot）、房德里耶斯、巴利（C. Bally）、薛施蔼（A. Sechehaye）等为代表，他们认为语言既是社会事实，也是心理现象；另一派是结构主义语言学派。结构主义语言学派又分三派：一是布拉格学派，以马泰休斯（Mathesius）、特鲁别茨柯依（N. Trubetzkoy）、雅柯布逊（R. Jakobson）等为代表。他们发挥了索绪尔的语言社会观，重视语言的社会功能，在音位和音位区别特征理论方面取得重大突破，被称为“功能派”。二是哥本哈根学派，以布龙达尔（V. Brondal）、叶尔姆斯列夫（L. Hjelmslev）为代表。该派将索绪尔的语言符号说发展到极端，认为语言只是一种内容形式和表达形式所构成的符号，这种符号不依赖语音和现实世界而存在，因此他们研究的不是语言结构，而是抽象的关系结构。他们常常用一些同数学符号很相近的符号系统来代表传统的术语。他们的描写方法讲究精密。这一派也被称为“符号派”。三是美国学派，代表人物有博厄斯（F. Boas）、萨丕尔（E. Sapir）、布龙菲尔德（L. Bloomfield）。美国学派重视记录实际语言，重断代描写。其极端派排斥语言的意义。他们在描写中注重分布，并在其基础上对语言各单位进行切分、归并、分类和组合。这一派被称为“描写派”。以上三派，影响最大的是美国描写语言学派。结构主义语言学派推崇直接成分分析法。结构主义语言学对中国的语言研究产生过巨大的影响。

知识链接

“现代语言学之父”

——索绪尔

索绪尔1857年生于瑞士日内瓦。在大学期间，先后修习了物理、化学、历史语言学等课程。1881年博士毕业后，在巴黎高等研究所任教，讲授历史比较语法。1891年回国，在日内瓦大学任教，讲授梵语和印欧系语言学、历史比较语言学和普通语言学（首创）。1913年索绪尔去世后，他的学生巴利和薛施蔼等根据同学们的笔记和索绪尔的一些手稿及其他材料编辑整理成《普通语言学教程》一书，于1916年在法国巴黎出版。这本“教程”集中体现了这位巨人的语言学思想，奠定了现代结构主义语言学的理论基础。

索绪尔的语言学理论十分丰富，主要内容可以概括为以下几方面。

（1）语言符号的任意性。索绪尔认为语言不是一种分类命名集，而是一种表示意念的符号系统。语言符号是概念和音响形象的结合体，他用所指和能指分别代替概念和音响形象，能指和所指的联系是任意的，也就是语言符号是任意的。

（2）区分语言和言语。语言是社会的，纯心理的；言语是个人的，心理和物理的。他提出了区分语言的语言学和言语的语言学，并重点研究了语言的语言学。语言和言语的区分为对语言进行深入系统的研究确立了理论基础。

(3) 区分共时语言学和历时语言学。索绪尔认为共时和历时是两种对立的现象，应该分别进行研究。他认为，相比较而言，共时研究优于历时研究。语言学的重点是研究语言的现状，即一定时期呈现的完整而自足的体系。

(4) 语言系统性的分析。索绪尔认为，从共时的角度看，任何一种语言都是由互相关联的词汇、语法和语音等成分构成的系统。整个语言系统可以归结为组合关系和聚合关系，并用这些关系加以解释。语言的各要素在系统的对立差异中形成价值。

(5) 区分内部语言学和外部语言学。索绪尔主张区别语言学的内部研究和外部研究。内部语言学研究语言体系；外部语言学研究语言同民族、种族、文化、风俗、政治、地理等因素的关系。

索绪尔对现代语言学的影响表现在两方面。首先，他提出了一个基本的研究方向，阐明了语言学的任务，明确了语言的本质。他认为语言是由单位和关系构成的系统，语言学家的任务就是分析这个系统。20 世纪上半叶，几乎所有的语言学研究都朝着他指的方向探索前进。布拉格学派、哥本哈根学派、美国结构主义、系统功能语法甚至乔姆斯基的转换生成语法都从索绪尔思想中受到启发。其次，索绪尔所提出和发展的一些观念也值得研究，包括语言和言语的区分、共时和历时的区分、组合关系和聚合关系等。现代语言学中的许多研究成果可以说是对这些观念的本质和意义的探讨。

(4) 形式语言学阶段。

结构主义语言学称雄西方几十年，直到 20 世纪 50 年代中后期，转换生成语法崛起，才打破它一统天下的局面。转换生成语法的创始人是乔姆斯基。乔氏认为，语言描写和分析的目的不在于分类，而在于建立一种理论，研究人的语言生成能力，即怎样用有限的成分和规则生成无限的句子。乔氏的目标是建立一个能产生所有句子的语法系统，它主要包括生成和转换两个方面。生成规则又包括一套短语结构规则和词汇插入规则。前者用一套符号来表示，如：S→NP＋VP，NP→D＋N，VP→V＋NP（S 代表句子，NP 代表名词短语，VP 代表动词短语，D 代表限定词，N 代表名词，V 代表动词）。如句子 The boy posted the letter（这个男孩把那封信寄走了），见图 0－1。

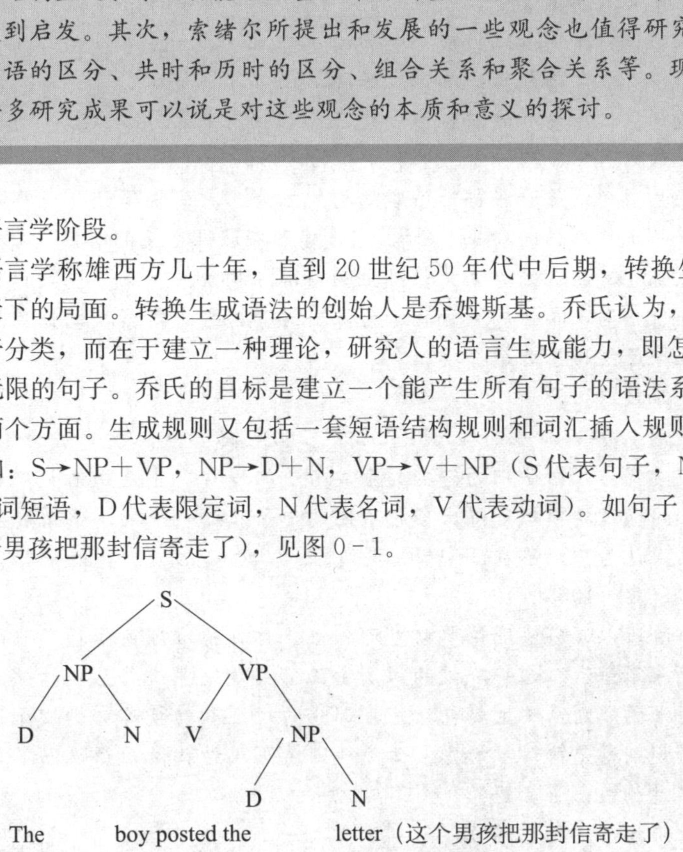

图 0－1 短语结构规则示例

词汇插入规则是生成合格句子的保证，即对一个句子内各成分加以限制。如上例，"posted" 前的名词一定是生物名词（一般指人）。违反这个限定，就会生成不合格的句子，如“石头寄信”之类。“转换”主要指句式和结构的转换。开始时，乔氏指的是核心句与非核心句的转换，如肯定与否定、陈述与疑问、主动与被动等句式之间的转换，并制定了一套转换程序，如换位、添加、省略、替换、复写等。后来又提出表层结构和深层结构的转换。由于乔氏在转换与生成句子的过程中都采用形式化的符号表达，所以可以把他的学说称为“形式语言学”。围绕着语义的作用，形式语言学经历了若干个阶段，如古典模式阶段、标准理论阶段、扩展的标准理论阶段、修正的扩展的标准理论阶段、GB 理论阶段和最简方案理论阶段等。这种学说适合计算机的应用，克服了结构主义语言学只重表层结构而忽视深层结构的不足，但也暴露了脱离社会语境、操作手续烦琐等缺点。

知识链接

美国转换生成语法创始人

——乔姆斯基

乔姆斯基 1928 年生于美国宾夕法尼亚州的费城。其父是希伯来语学者。他曾从父亲那里学到了历史语言学的一些原理和中世纪希伯来语的语法。大学期间，他曾攻读语言学、数学、哲学和逻辑学等学科。1951 年完成了他的硕士论文《现代希伯来语语素音位学》。1955 年获博士学位，论文题目是《转换分析》。从 1955 年开始，他一直在麻省理工学院任教，并不断发展和丰富转换生成语法的理论和方法。他还曾在加利福尼亚大学、剑桥大学、伦敦大学讲学，为语言学界培养了一批有素养的学者。

转换生成语法是一种解析语言结构的方法，它向描写语言学发起了全面的挑战，被称作“乔姆斯基革命”。它是建立在理性主义的哲学基础上的，从根本上区别于建立在经验主义基础上的美国结构主义。它不满足于仅仅对语言结构做出描写，而强调对语言行为做出解释，它是解析型的语言理论和方法。它至今已经历了六个阶段。

第一阶段（1957—1965）

1957 年，乔姆斯基的《句法结构》出版，标志着转换生成语法的诞生。它的特点是提出了语法中的转换。生成句子的过程首先是用短语规则产生核心句，然后通过转换规则得出各种不同的句子。这一阶段的显著特点是语法不管语义，认为意义不在语法研究之列。

第二阶段（1965—1972）

这个阶段以《句法理论要略》为代表，称作标准理论阶段。它的特点是把语义纳入了语法。这一阶段的语法由三部分规则系统组成：语法、语义和语音。语法的规则系统主要包括基础部分的规则和转换部分的规则。语义规则和语音规则都是解释性规则。语义规则对深层结构做出语义解释，语音规则对表层结构做出语音解释。

第三阶段（1972—1977）

这个阶段以《深层结构、表层结构和语义解释》为代表，称为扩展的标准理论阶段。这一阶段，乔氏认为表层结构对意义也有一定的作用。

第四阶段（1977—1980）

这个阶段称作修正的扩展的标准理论阶段，以《关于形式和解释的论文集》为代表。在这一阶段，乔氏把语义解释放到了表层结构。

第五阶段（1980—1986）

这一阶段以《约束论》和《管辖和约束演讲集》为代表。乔氏把注意力放到普遍语法方面。所谓“管辖”就是成分之间的支配关系：哪些是同一区，哪些是非同一区；哪些是主管，哪些是受管。所谓“约束”是语义解释的照应关系：说明管辖区内的成分什么情况下是受约束的，什么情况下是自由的。1986 年，乔姆斯基又写了《语障》一文，对管辖和约束理论做了进一步的修正和发展。同年，他的《语言的知识》出版，反映了乔姆斯基进一步向人类的知识结构进行探索。

第六阶段（1990—　）

这一阶段以《最简方案》为代表，乔氏认为人类语言是受共同的原则支配的，从儿童语言习得看，变异的参数应该是有限的。在这一阶段，他明确地把句法分为词库和计算系统两大部分，并把参数变异限制在词库部分。而词库只有两个方面：一是意义与声音结合的方式是约定俗成的，即索绪尔所说的任意性是语言差异的原因；二是词库的形态特征，即常规意义的形态。

乔姆斯基认为转换生成语法的研究具有深远的意义和影响，它将促进认知科学的发展，并把语言学的研究和神经科学、心理学以及生物学等学科的研究结合起来，探索人类认知的性质和起源，最终为寻求和解答人类大脑的奥秘做出贡献。

（5）交叉语言学阶段。

随着当代社会的飞速发展，语言学和社会科学与自然科学的关系越来越密切。它们之间相互渗透，形成一些交叉性、边缘性学科。例如语言学和社会学交叉，产生了社会语言学，克服了结构主义语言学和形式语言学孤立地研究语言的内部结构与形式的缺点，被称为语言学的“第三次解放”。再如，语言学和心理学、人类学、数学、病理学交叉，产生了心理语言学、人类语言学、数理语言学、病理语言学。此外，语言学和模糊理论、应用理论、文化理论交叉，产生了模糊语言学、应用语言学、文化语言学。目前，人们不但重视微观语言学，而且更加重视宏观语言学；不但重视语言的语言学，而且开始重视言语的语言学。我们的时代，正如科学家预言的那样——21 世纪是交叉科学的时代。和这个时代相适应，交叉性、边缘性是新时期语言学的最大特点。

2. “两线”

（1）上古时期的两线斗争。

围绕着“名与实”的问题，两线斗争在西方和东方几乎同时涌现。在西方，大约是公元前 469 年至公元前 399 年，苏格拉底的两个学生赫尔摩根与克拉底洛展开了第一次争论。赫尔摩根主张名由人定的“约定论”，克拉底洛则主张名实相应的“本质论”。苏格拉底开始支持克拉底洛的“本质论”，后来又支持赫尔摩根的“约定论”。第二次的争论比第一次的争论长得多。

以亚里士多德为代表的一方坚定支持“约定论”，并提出“类比论”，他与赫尔摩根一样，实际上主张“整齐论”，重类似与规则性。与此相反，以芝诺创立的斯多葛学派为另一方，偏爱“本质论”。他们的理论被称为“不规则论”。他们与克拉底洛一样，实际上主张“参差论”，重驳杂与不规则性。我国关于“名与实”问题的讨论开始得更早。从孔子、老子、墨子到荀子，各家都有不少论述。

（2）中古时期的两线斗争。

第一次体现在七八世纪巴士拉学派与苦法学派的争论。巴士拉与苦法是古阿拉伯的两个城市，以西巴维西为代表的巴士拉学派偏重古典阿拉伯语法，强调整齐、严谨；以基塞为首的苦法学派着重研究许多活的游牧部落的语言，强调参差与差异。第二次体现在十三四世纪的摩迪斯泰学派与普利西安语法的争论。摩迪斯泰学派面向理论，重程式化形式，不考虑实际言语情境；普利西安语法则面向语言材料，立足文学文献，重实际用法。

（3）近古时期的两线斗争。

第一次体现在17世纪的唯理论与经验主义之间的斗争。波尔·罗瓦雅尔修道院的普遍唯理语法是唯理论的突出代表，他们认为语言是思想的表现，思想是普遍的，所以语法也是普遍的。他们把语言看作人的天赋，看作人类理性的表现，是从语言内部研究人类语言。与此相反，被人尊为现代欧洲语义学鼻祖的洛克发扬了培根、贝克莱、休谟的经验主义哲学思想，他们认为人类的一切知识都来自外部感官的印象。第二次是以赫尔德的唯理论和哈里斯的普遍唯理论为一方，与孔狄亚克的洛克理论和霍恩图克的经验主义为另一方的争论。

（4）现当代时期的两线斗争。

现代语言学的两线斗争首先表现在“谱系论”与“波浪说”之间，以及青年语法学派与方言地理学派之间的斗争。“谱系论”的典型代表是德国的施莱歇尔。他认为，世界上有不同的语系，每个语系都有它的原始语。这种原始语好像一条树根，所有同系的语言都是由这条树根生长出来的枝条，所以每种语系都可以画出一棵完整的谱系树。他的学生施密特不完全同意老师的观点，他提出“波浪说”来补充。他认为语言之间的关系不是像树干与树枝那样整齐的关系，只要它们之间有接触，就会形成各种波浪的关系，包括音变在内的语言变化便会在特定地区的方言甚至语言之间不断扩散。青年语法学派把历史比较语言学带入高峰期。他们的口号之一是“语音规律无例外”，充分体现了“整齐论”的精神。与此相反，以舒哈尔德（H. Schuchardt）为代表的“词与物”学派、浮士勒唯美学派和新语言学派则站在“参差论”的立场顽强地表现他们自己。舒哈尔德的学生吉耶龙（J. Gilliéron）提出与“语音规律无例外”相对立的口号：每一个词都有自己的历史。普通语言学的两个奠基人索绪尔和洪堡特有他们的共同点，即善用两分法，比较全面、深刻地论证了语言学的各个领域。他们的不同点是索绪尔在全面论述的基础上倾向“整齐论”，强调语言的、内部的、共时的语言学；洪堡特在全面论述的基础上较倾向“参差论”，强调语言的民族性、文化性、创造性。洪堡特与索绪尔之后，“整齐论”的继承者是结构主义语言学和形式语言学；“参差论”的宣传者是社会心理学派、伦敦学派、系统功能语法和社会语言学、心理语言学等交叉语言学。总的说来，在语言学史上“整齐论”一方偏重于超社会的、理论的、形式的、有规则的、整齐的、同质的、相对静态的语言的语言学和内部语言学，善于运用公式与推理；“参差论”一方则偏重于社会的、实际的、功能的、不规则的、差异的、异质的、相对动态的言语的语言学和外部语言学，善于运用调查与统计的方法。

3. “三解放”

吕叔湘在总结语言学史时说：回溯语言学的历史，最初是为读古书和学作文服务的，到了19世纪中期，历史比较语言学的兴起才使语言学摆脱狭隘的使用目的，以寻求语言发展的规律为号召，这可以说是一次大解放。① 但语言学仍然被视为历史科学的一支。到了20世纪初，以索绪尔为代表，提倡为语言本身而研究语言，这是第二次解放。半个多世纪以来，虽然陆续形成许多流派，但目的只有一个，就是以语言本身为研究对象，以探讨语言的规律为唯一任务，直到50年代，尤其是60年代，才有一部分学者不以此为满足，要求把语言作为一种社会现象来研究，这可以说是又一次解放。②

（二）语言学研究的小结

语言学史的“五段两线三解放”，实际是点、线、面三结合的关系。“五段”是语言学史的五个断面；“两线”是贯穿语言学史的两条路线；“三解放”是语言学史上三个里程碑的起点。综观语言学的历史，是一段否定之否定、不断前进的历史，每个阶段都取得了辉煌的成就，同时也暴露了存在的问题，促使人们不断地展开新的探索。同时我们再一次看到矛盾运动是推动事物发展的根本动力。两线斗争正是这种矛盾斗争的体现，我们必须对双方都给予充分的重视。我们一定要用马列主义唯物辩证法去检验各种学说、各种流派，即用对立面的斗争和统一的观点，实事求是地正确对待各个阶段的新旧学说与不同流派，结合中国的实际情况，汲取其精华以及一切合理的内核，反对绝对地排斥或盲目地照搬。当然，马列主义只能起指导作用而不是替代作用，语言学有自己特殊的研究方法。对于历史上一切行之有效的研究方法，我们都应加以肯定和继承。本书就是遵循这一原则编写的。在每个章节中，读者将会发现，语言学史上的各个较有价值的学说与流派，都留下了自己光辉的印记。

四、语言学的意义

如上所述，语言学是一门交叉性很强的立体性学科。一方面，它受到不同时代多种学科的影响；另一方面，它又曾在科学体系的某些领域起到领先的作用。例如历史比较语言学的比较方法，就被运用到文学、神话学、宗教与法学等领域；结构主义语言学的研究方法被广泛运用到文学、哲学、美学、历史学、教育学、建筑学以及音乐等领域；形式语言学的转换生成方法不仅对神话学、民俗学有直接的影响，而且被运用到机器翻译中。

在交叉科学蓬勃发展的今天，语言学的作用和意义更为重大。第一，科学技术现代化需要语言学。众所周知，科学技术现代化的重要标志就是计算机的出现和运用。正是由于有了计算机，信息和信息处理问题才从根本上得到长足的发展。我们的时代是计算机的时代。今天，情报资料检索、机器翻译、人工智能等现代化技术统统离不开计算机，而计算机又是离不开语言文字的，因为语言文字是信息和信息传递的载体。语言学可以为计算机提供语言文字方面的必要知识。第二，语言教学和研究离不开语言学。大家知道，理论来

---

① 参见吕叔湘．汉语语法分析问题．北京：商务印书馆，1979.

② 语言学史三次解放说可参见：吕叔湘．语言作为一种社会现象．读书，1980（4）.

源于实践，正确的理论又反作用于实践，对实践起着积极的推动作用。同时，语言理论来源于语言教学和研究的实践，正确的语言理论又会对语言教学和研究有指导和推动作用。例如在我国，语言学家就曾引进西方的语言理论，推动了我国音韵学和语法学以及外语教学的研究。不少中国语言学家在研究本国语言的实践中，总结出不少理论，同样丰富了人类语言理论的宝库。中外语言学家总结出来的语言理论都对我们今天的语言教学和研究起着重大的指导作用。第三，制定和理解语文政策都离不开语言学。世界上任何一个独立的国家都有自己独立的语文政策，中国也不例外。今天的汉字应如何简化？普通话应如何推广？汉语应如何规范化？这些都需要语言学的知识。第四，语言学对文学的创造、欣赏和翻译，对语言的特殊运用或一般现象的解释，都有重大的作用和意义。第五，语言和社会科学、自然科学、思维科学都有密切的联系，因此，语言学对于社会学、心理学、人类学、医学、数学……都是不可忽视的学科。

知识链接

关于语文学之后的中国现代语言学及代表人物

普通语言学在历史比较语言学的基础上诞生。洪堡特和索绪尔是普通语言学的开创者。在我国，最开始是由海外留学归来的学者把西方的普通语言学理论引进中国的。他们一方面引进，一方面结合中国国情做了大量开创性的工作。

方光焘、岑麒祥、高名凯是公认的我国普通语言学的奠基人物。此外，胡以鲁的《国语学草创》，张世禄的《语言学原理》，陈承泽的《国文法草创》，黎锦熙的《新著国语文法》，何容的《中国文法论》，吕叔湘、王力的语法著作，都从汉语出发，为研究人类语言的普通语言学做出了贡献。上述学者和罗常培、李方桂、赵元任、陈望道、陆志韦、袁家骅、丁声树、季羡林、周有光、陆宗达、张世禄、严学窘、唐兰、容庚、杨树达、于省吾、杨伯峻……组成的我国第一代语言文字学家（大多出生于1910年之前）的方阵，在我国广义理论语言学开创时期与探索时期扮演了重要角色。粉碎“四人帮”后，我国第二代普通语言学的著名学者（1910年后出生），如胡明扬、伍铁平、叶蜚声、徐通锵、石安石、赵世开、王德春、戚雨村、廖秋忠、徐烈炯、宋振华、刘伶等，现代汉语的著名学者张志公、朱德熙、黄伯荣、胡裕树、张斌、邢福义、范晓、张静、陆俭明、吕冀平、吴为章、史锡尧、宋玉柱等，古代汉语的著名学者周祖谟、俞敏、肖璋、郭锡良、唐作藩、蒋绍愚、王宁、何九盈、鲁国尧、黄典诚、李新魁等，语音学的著名学者林焘、吴宗济、徐世荣、周殿福、林茂灿等，词汇学的著名学者刘叔新、符淮青、张寿康等，语义学的著名学者贾彦德、孙良朋、张志毅等，方言学的著名学者李荣、黄家教、王福堂、詹伯慧、李如龙、许宝华等，少数民族语言学的著名学者邢公畹、马学良、胡坦、戴庆夏、孙宏开等，修辞与交际语言学的著名学者王希杰、宗廷虎、刘焕辉等，社会与应用语言学的著名学者陈原、许嘉璐、王均、陈章太、陈建民、吕必松、陈松岑、刘涌泉、冯志伟、于根元等，语用学的著名学者何自然、索振羽等，文字学的著名学者裘锡圭、李学勤等，外语语言学的著名学者许国璋、王宗炎、桂诗春、胡壮麟、王福祥等，他们在不同的领域带领不同的生力军把中国的语言学推向深入发展时期。

值得高兴的是，第三代的语言学家（1977 年后上大学的）正从前辈的语言学家手里接过接力棒，在各个领域继续高歌猛进，开始在交叉语言学时代一展身手。

可以预言，我国的语言学事业后继有人，前途无限光明。中国的语言学事业必将进入蓬勃发展时期。纵观中国现代语言学史，就是一部中西方语言学相互交流、相互结合的历史。历史比较语言学、结构主义语言学、形式语言学、交叉语言学的精髓都在我国语言研究中有所体现；“整齐论”和“参差论”的两线之争也贯穿在我国的语言研究中；西方语言学给中国语言学家带来了他山之石，中国语言的深入研究又为普通语言学理论的不断丰富做出了自己应有的贡献。

【绪论小结】

语言学是以语言为研究对象的科学。广义的语言学包括的范围很广，狭义的语言学主要指普通语言学，普通语言学是从理论上研究人类语言的共同特点和一般规律的学科。语言学概论是普通语言学的入门课。洪堡特和索绪尔是普通语言学的创始人，尤其是索绪尔被称为“现代语言学之父”，他对语言学的分类如语言的语言学和言语的语言学、共时语言学和历时语言学、内部语言学和外部语言学，至今仍有重要意义。索绪尔在他的《普通语言学教程》中有一句话：“语言现象总有两个方面，这两个方面是互相对应的，而且其中的一个要有另外一个才能有它的价值。”① 我们认为这是贯穿索绪尔语言学思想，也是贯穿整个语言学史的一条红线，应该认真体会。语言学史大致可以用“五段两线三解放”来概括。“五段”是指语文学、历史比较语言学、结构主义语言学、形式语言学、交叉语言学五个阶段；“两线”是指“整齐论”与“参差论”两条路线的斗争；“三解放”是指历史比较语言学、索绪尔语言学、社会语言学三个里程碑。从点、线、面三结合来观察语言学史，我们不难看出一些带有规律性的东西：一方面语言学始终处在两线的矛盾斗争中，因此具有无穷的生命力；另一方面，语言学无时不在灵敏地反映着时代的要求，及时地配合该时代最重大的科技理论，迅速形成自己一套独特的、对其他学科富有启迪性的系统理论，有的语言理论甚至处在某些科技理论的前列，语言学过去和将来都是一门领先的科学。以生产工具为代表特征，人类社会经过了以石器、铜器、铁器等为物质工具的农业社会，以蒸汽、电能、核能等为能量工具的工业社会，以信息为核心工具的信息社会。在交叉科学占主流的信息社会的今天，语言学的作用显得越来越重要了，因为语言是信息与文化的载体。

---

① 索绪尔．普通语言学教程．北京：商务印书馆，1980：28.

第一章 总论

这就是我们在建立言语活动理论时遇到的第一条分岔路（按：指区分语言和言语）。两条路不能同时走，我们必须有所选择；它们应该分开走。

如果有必要，这两门学科都可以保留语言学这个名称，我们并且可以说有一种言语的语言学。但是不要把它和固有意义的语言学混为一谈，后者是以语言为唯一对象的。

——索绪尔《普通语言学教程》

第一节
语言和言语的对立统一

任何学科都有自己杰出的代表人物，他们用自己的睿智为人类留下了宝贵的财富，他们的意见特别值得重视。研究语言应如何下手？“现代语言学之父”索绪尔告诉我们：要区分语言和言语。索绪尔提出语言的语言学和言语的语言学两种语言学，认为当时首先应研究前者。我们应当用历史唯物主义和辩证唯物主义的观点看待索绪尔的意见。在这一章里，我们除了要了解一些语言学简史外，更重要的是要了解：什么是语言和言语，语言和言语的关系及区分二者的意义；语言的社会功能是什么；语言的内部结构如何划分；语言运用的原则与理论有哪些；语言为什么能够既保持稳定又能随着历史的发展而发展。

我们天天都要和语言打交道，但未必人人都能说清语言到底是什么，至于在各种场合中熟练、准确地驾驭语言，更是人们努力追求的梦想。让我们为了实现这个梦想不断奋斗吧！

一、语言和言语的定义

语言和言语是瑞士语言学家索绪尔首先明确提出来的，他称之为“建立言语活动理论时遇到的第一条分岔路”。这就是说，要研究语言学，第一步需要把语言和言语区分开。然而，在日常生活中，我们似乎并不认为两者之间有什么不同，例如：

这篇文章的语言不错。
说话要注意语言美。
语言是人类最重要的交际工具。

日常生活中，我们没有必要严格区分语言和言语，但在语言学里，则必须严格区分，不能混淆。那么，什么是言语呢？所谓言语，有两方面的含义。其一，言语就是讲话（包括写作），是一种行为动作；其二，言语就是所讲的话（包括所写的话），是行为动作的结果。概括起来，言语就是个人讲话（写作）的行为和结果。一个人一生中到底说过多少话，写过多少东西，是无法统计的，更不要说全民族，乃至全人类了。这样的状况，给人们的研究带来了难题，因为任何科学研究的第一步都是要尽量详尽地占有原始资料。语言学界经过长期的研究后发现，在人们说话和所说的话中存在着一个系统，这就是语音、语义、词汇、语法的规则系统，或者叫音义结合的词汇系统和语法系统。语言无非就是一套规则系统，任何语言都不例外。当然，不同语言的规则系统有不同的具体内容，例如汉语、英语、俄语……在语音、语义、词汇、语法方面都有自己的特点。总而言之，言语是说（写）和所说（所写）。语言是人们用以说（写）和存在于所说（所写）中的音义结合的词汇系统和语法系统。

二、语言和言语的关系

应该用对立统一的观点来观察语言和言语的关系。一方面，语言和言语有着本质的区别；另一方面，语言和言语又有着密切的联系。语言和言语的关系，犹如工具和工具运用的关系。

（一）二者的区别

它们之间的区别有以下几点：其一，语言系统是社会共有的交际工具，因而是稳定的，具有相对的静止状态；言语是人们运用这个工具进行交际的过程和结果，是自由结合的，具有运动状态。当然，用辩证的观点看问题，动中可以有静，静中又可以有动。例如，言语的说（写）是动态的，而所说（所写）的结果又具有相对的静态；语言如前所说，具有相对的静态，但由于不断地被运用，因此又具有绝对的动态。总的来说，静止是相对的，运动是绝对的。其二，语言是个系统，是社会共有的交际工具。人们不但要用这个工具去说（写），而且要遵循这个系统的规则去说（写），因此，社会因素是它的本质因素。言语是人们运用这个工具说（写）的过程和结果，因此，除了具有社会的因素外，还具有个人的因素。例如，每个人都有自己独特的嗓音和自己独特的表达习惯，不同作家的作品具有不同的风格，等等。其三，语言系统的各个结构成分是有限的，但我们每个人都可以用它们说出无限多的句子来。

（二）二者的联系

语言和言语的区别是明显的，语言和言语的联系也是紧密的，正如索绪尔所说："毫无疑问，这两个对象是紧密相连而且互为前提的：要言语为人所理解，并产生它的一切效果，必须有语言；但是要语言能够建立，也必须有言语。从历史上看，言语的事实总是在前的。""语言和言语是相互依存的，语言既是言语的工具，又是言语的产物。"① 归结起来，语言和言语的联系有以下两点：第一，言语是第一性的，语言是第二性的。哪里有言语，哪里就有语言；哪里没有言语，哪里就没有语言。语言是存在于言语之中的。第二，语言来源于言语，又反作用于言语。语言虽然是第二性的，但它绝不是消极的，相反，它对第一性的言语起着积极的、巨大的作用，即强制性的规范作用。它使得任何一个说话的人（写作的人）都必须遵照一定的规则进行，否则，就不能被人们理解，得不到社会的承认。

语言和言语的关系必须从两者的整体形式来考虑，不能只从一两句话或一两个要素上考虑。"言语的事实总是在前的。"（索绪尔语）无论从整体发生学还是从个体发生学上说都是正确的。但从个体与社会上看，婴儿在诞生时，他的母语在社会上就已经存在了。

三、区分语言和言语的意义

语言和言语的区分，已被语言学界广泛接受。它的重大意义之一，就是明确了语言研

① 索绪尔．普通语言学教程．北京：商务印书馆，1980：41.

究的不同领域。索绪尔在茫茫的言语中，提炼出语言这个系统来，这是一个重大的创举。他提出的语言的语言学和言语的语言学，更具有深远的历史意义。他主张集中研究语言的语言学，在当时也是必要的。结构主义语言学家和形式语言学家在语言的语言学这块领域辛勤耕耘，培育出了丰硕的果实。但是时代的前进要求语言学不断地发展，事实证明，对语言单从内部结构分析是远远不够的，于是，社会语言学、心理语言学、言语交际学等新兴学科把研究的重点放到言语的语言学领域。语言和言语的区分，确实是语言研究的第一个分岔路口！一般认为，句子以下的静态单位，如音素符号、音位、音节、义素、义位、语素、词、词组等模式，可属于语言范畴；句子以上的动态单位，如语流、句群、篇章等，可属于言语范畴。研究说话的行为、过程等内容，也可以属于言语范畴；句子模式属于语言范畴，具体的句子属于言语范畴。语言演变既涉及语言范畴，又涉及言语范畴。正如索绪尔所说，“促使语言演变的是言语”①，本书的一些内容就是根据这样的区分进行安排的。

区分语言和言语的重大意义之二，是为语言的学习和研究提供了一个模式，即“言语—语言—言语”的模式。这是每个婴儿学习母语的必经途径，也是学习外语的有效途径。学习任何一门外语，往往是从只言片语入手，模仿外国人发音，这就是言语阶段。但我们决不能停留在这一阶段上，而应该尽量掌握该语言的系统，这就是语言阶段。然而，掌握一种语言的系统，并不是我们的目的。我们应当运用这个系统去说（去写），这就又回到言语阶段（当然，这几个阶段有时并不是截然分开的）。

此外，区分语言和言语对澄清日常用语的模糊概念以及研究不同作家、不同作品的不同风格，都有巨大的意义。

理论争鸣

有关语言和言语的探讨

尽管普通语言学奠基人之一洪堡特和其他一些语言学家如博杜恩·库尔德内（Baudouin de Courtenay）都有区分语言和言语的思想萌芽，但对语言和言语进行全面区分与阐述的是“现代语言学之父”索绪尔。他在由他的学生在他去世后编辑出版的不朽名著《普通语言学教程》中明确指出，区分语言和言语是进行语言研究的“第一个分岔路”。索绪尔区分语言和言语是为了区分两种语言学——语言的语言学和言语的语言学。根据他“语言现象总有两个方面，这两个方面是互相对应的，而且其中的一个要有另外的一个才能有它的价值”的两点论的观点，这两种语言学都是重要的。索绪尔甚至许过诺言，“言语的语言学”在他以后的讲课中“无疑会占有一个光荣的位置”。但基于对当时盛极一时的历史比较语言学矫枉过正的考虑，索绪尔时时有意无意地过分夸大前者而贬低后者，以至他的学生在全书的最后用“语言学的唯一的真正的对象是就语言和为语言而研究的语言”这样一些他在讲课中讲都

① 索绪尔．普通语言学教程．北京：商务印书馆，1980：41.

没有讲过的话作为结语。此外，他在书中提出了三个概念——言语活动、语言、言语，这些也常常影响人们对两种语言学的理解。在国外，一些学者如法国的柯恩认为，这一区分“是语言研究毫不需要的框架”。但多数学者坚信这一区分是必要的。英国的学者莱昂斯认为区分语言和言语是现代语言学的五大特点之一；英国语言学家阿兰加德纳更是强调：“依我所见，它迟早要成为所有科学的语法研究必不可少的基础。”在我国，对语言的理解分歧不大，现在大家都承认语言是一个音义结合的符号系统。主要是对言语的争论较大。争论集中在两个时期。

第一个时期是20世纪50年代末60年代初。由于受到当时我国政治言论的影响，争论的焦点集中在言语有无阶级性上，但也多少取得了一些成果。除了极少数人认为没必要区分语言和言语外，大多数学者把注意力集中在言语的真正含义上。归结起来有三种意见最有代表性：(1) 言语是指言语活动。(2) 言语是指言语作品。(3) 言语是指言语的表达方式。

第二个时期是20世纪90年代中期，以范晓和岑运强的争论为代表。范晓坚持认为言语一般可以包含两个方面——说和所说，但作为术语应该是单义的，所以他认为所说是话语而不是言语。岑运强在一系列论文中认为语言和言语是语言学的一对基本矛盾，矛盾的双方并非是单义的，如生产力与生产关系都不是单义的。坚持言语包括说和所说，不但符合索绪尔原意（他在《普通语言学教程》中两次谈到言语的两个方面），而且有利于言语的语言学的挖掘。关于语言和言语的关系历来有多种说法，如一般与个别，抽象与具体，工具与工具运用等。岑运强认为工具与工具运用最符合索绪尔的原意。前两种说法在存在（语言存在于言语中）与来源（语言来源于言语）上有一定的说服力，但没能抓住语言与言语“同质与异质”“静态与动态”这两个最根本的特点。工具与工具运用说不但可以体现这两个特点，而且可以包括前两种说法。因为这里的工具不是一般的工具，而是一套规则。工具与工具运用，即规则与规则运用。规则是一般的、抽象的，规则运用是个别的、具体的。研究语言工具本身结构的是语言的语言学，研究人们运用工具的过程与结果的是言语的语言学，只有两种语言学都研究好了，语言学的任务才能算完成。至于言语的语言学，岑运强将其分为狭义与广义两种（此外，还可以分成微观与宏观两种，可参见岑运强：《言语的语言学导论》，北京，北京大学出版社，2006），范晓的说法可称为前者，本书则采用后者。关于言语的语言学的言语是指索绪尔的言语活动还是言语，岑运强认为指言语比较符合逻辑，但必须改造言语是纯个人的提法；指言语活动则比较符合事实，但也要注意强调言语活动包括两个方面。索绪尔的书对语言的语言学、内部语言学、共时语言学进行了细致分析，同时也对外部语言学和历时语言学有所论述，唯独对言语的语言学未加说明。弥补这一缺陷正是本书的任务之一。①

① 具体内容亦可参见：岑运强．语言学理论求索集．长沙：湖南大学出版社，2010.

第二节 语言的社会功能

语言不同于言语，它是一种相对稳固的音义结合的词汇系统和语法系统。从社会功能的角度看，语言无非是一种工具。对外，它可以帮助人们进行交际；对内，它可以帮助人们进行思维。我们可以这样说，语言是人类独有的交际工具和思维工具。能否掌握与运用语言这一工具进行社会活动，和能否掌握与运用生产工具进行生产活动一样，都具有极其重大的意义。能否掌握和运用语言这一工具，也是人和动物的根本区别之一。

一、语言是人类独有的最重要的交际工具

（一）语言是交际工具

语言的社会功能并不止一个，但交际功能是它最根本的功能。我们可以从语言的起源和消亡两方面去考察。

语言的起源是一个十分有趣而复杂的问题。在神话传说里，语言的起源被蒙上了一层光怪陆离的浪漫色彩。神话固然好听、有趣，但不能当作科学根据。于是，学术界又出现了模声说、感叹说、契约说、手势说。模声说认为语言起源于人类模仿大自然的声音，如模仿风声、鸟声等；感叹说认为语言起源于原始人由于激动而发出的感叹，如人类因欢乐、悲伤、惊吓而发声等；契约说认为语言起源于原始人事先的规定；手势说认为语言起源于原始人的手势。应该如何评价这些说法呢？在有声语言出现之前，存在着手势语阶段，这是有可能的。直到今天，手势语不是仍然作为有声语言的补充而存在吗？但是，手势语主要靠视觉，不用声音，因而不是有声语言的直接渊源。契约说也是不能成立的，在语言诞生之前，原始人是不可能事先规定的。模声说和感叹说应该说有一定的道理，但没有抓住问题的根本。马克思主义的语言起源学说则是紧紧抓住“劳动创造人，也创造了语言”这一根本原则进行阐述的。我们已经知道，语言是存在于言语之中的，研究语言的起源也应首先研究言语的起源。原始人是怎样开始说话的呢？模仿自然发声和感叹发声固然可以改善发音器官，但真正可以提炼出语言的言语则是在直接决定人类能否生存的集体劳动的交际中产生的。由于气候变化，丛林减少，森林古猿开始由树栖生活转向地面生活，完成了从猿转变到人的有决定意义的一步——直立行走。从此，手脚分开，脚专管走路，手被腾出来制造和使用工具。在长期的生存斗争中，原始人越来越迫切需要有另外一种特殊的工具，即在集体社会中起交际作用的工具。因为人一开始就是集体动物。自从转向地面生活后，环境更加危险，不集体劳动，就无法生存；而集体劳动，必然存在一个交流与协调的问题。恩格斯在《自然辩证法》中认为：“这些正在生成中的人，已经达到彼此间不得不说些什么的地步了。需要也就造成了自己的器官：猿类的不发达的喉头，由于音调的抑扬顿挫的不断加多，缓慢地然而肯定无疑地得到改造，而口部的器官也逐渐学会发出一个接一个

的清晰的音节。”[①] 正如鲁迅在《门外文谈》中所说：“我们的祖先的原始人，原是连话也不会说的，为了共同劳作，必需发表意见，才渐渐的练出复杂的声音来。”[②] 人就是这样开始言语的，也由此产生了语言。语言是一种交际工具，它来源于集体的劳动。集体劳动的交际需要，是语言产生的决定因素。

语言的诞生，反过来又可以促进人类的交际活动，使得社会经验的传授、领会、积累、保存成为可能。但是，并不是任何语言都是“长生不老”的。语言产生后，一般有两种可能性：一是逐渐发展，不断完善；二是停止发展，渐渐消亡。决定一种语言是发展还是消亡，唯一的标准就是看这种语言有没有交际价值。有交际价值的语言，就能存在；没有交际价值的语言，就只能消亡。汉语、英语等语言属于前者；鲜卑语等语言属于后者。用语言和言语的观点分析，语言的消亡有两种情况：一种是真正消亡，一种是假性消亡。真正消亡的两个先决条件是：第一，人们已完全不用这种语言说话和写文章；第二，用这种语言写的文章已全部、彻底地丢失了。所谓假性消亡，是指人们已不用这种语言说话，但用这种语言写的文章还存在于世。假性消亡的语言在一定的条件下可以复活，它的交际价值还没有完全丧失（希伯来语就是一个典型的例子）。而真正消亡的语言则永远不能复活，因为它的交际价值已完全丧失。

（二）语言是最重要的交际工具

人类社会的每一个成员无不生活在一定的客观社会条件中，人与人之间的交际活动是社会生活中的一个极其重要的组成部分。人用来交际的工具，除了语言之外，还有许多种。大致可以分为三类：第一类是文字；第二类是旗语、灯光语、电报语等；第三类是身势语。文字的出现，标志着人类进入文明社会，具有重大的意义。文字的主要功能是记录语言，它是在语言基础上产生的一种最重要的辅助交际工具。但无论从历时上看，还是从共时上看，文字都不能和语言相比。旗语等是在语言和文字基础上产生的特殊领域的辅助交际工具，更不能和语言相比。身势语具有悠久的历史和广泛的用途，但由于受到各种限制，容易产生误会，也不能和语言相比。语言是所有交际工具之中最重要的一种。

（三）语言是人类独有的交际工具

“人类独有”的真正含义应从两方面去理解：其一，动物的所谓“语言”和人类的语言有着根本的区别；其二，动物掌握不了人类的语言。

1. 动物的所谓“语言”和人类的语言有着根本的区别

俗话说：“人有人言，兽有兽语。”动物之间也存在一定的“交际”。在交际的时候，不同的动物会运用不同形式的动物“语言”，大致可以分为用声音的和不用声音的两类：飞禽有着多种声音的信号（昆虫里也有不少这样的例子）；走兽（如猴子之间、猩猩之间……）有着不同形式的喊叫。这样的交际形式属于动物的“有声语言”。至于蚂蚁的所谓“气味语言”、蜘蛛的所谓“震波语言”、蜜蜂的所谓“舞蹈语言”、萤火虫的所谓“闪光语言”，则是属于动物的“无声语言”。但是，动物之间无论有声还是无声的所谓“语言”都是和人类

---

① 马克思恩格斯选集：第3卷.3版.北京：人民出版社，2012：988.

② 鲁迅全集：第6卷.北京：人民文学出版社，1981：94.

的语言无法相比的。第一，人类语言具有社会性。人类语言具有社会属性、心理属性和物理属性。社会属性是其最根本的属性。语言起源于人类集体劳动的交际需要，是人类社会最重要的交际工具。人类运用这个工具的目的不仅在于适应自然界，而且在于集体地改造自然界。动物的所谓“语言”仅仅是为了适应自然界，是在某种情绪和欲望下产生的生理现象。第二，人类语言具有单位明晰性。人类语言是一种音义结合的词汇系统和语法系统。语音、语义、词汇、语法等各个要素都可再分析出明确的单位。动物的所谓语言则分析不出来。第三，人类语言具有任意性。语言是一种规则的系统，人们用它来规范自己的言语。但是语言系统本身的最基本的音义结合单位——语素和词，用什么音表达某一个意义，从根本上说，是任意的。例如，各种语言对同一个语义可用不同的语音表达。动物的所谓“语言”除了分析不出单位外，不同地方的动物表达同一情绪和欲望时所发出的声音和动作没有什么太大的本质区别。第四，人类语言具有能产性。人类语言虽然是一个相对稳固的系统，各个结构成分是有限的，但是人们能运用这个系统，产生出无限多的句子，传递出无限多的信息。动物的所谓“语言”所传递出的信息则是固定、有限的。第五，人类语言具有传授性。人先天具备一种特殊的语言能力，但是，真正掌握某种语言，必须要靠后天在一定的言语环境中学习。如果脱离了这种实践，没有得到传授，人不能认识和运用任何一种语言。动物的所谓“语言”不需要专门传授，往往是与生俱来的。

2. 动物掌握不了人类的语言

动物能不能掌握人类的语言？如果能，则不能说语言是人类独有的，而只能说语言是人类和动物共有的。不错，飞禽里如鹦鹉，能模仿人的某些声音；走兽里如马、狗之类，能“听懂”人的某些言语。但这不能证明动物能掌握人类的语言。鸟类的某些成员“说人话”，只是模仿。鹦鹉学舌只能学到人的只言片语，属于言语，而不是语言。它不可能像人一样，运用语言这一工具说出无限多的话，更不能写出无限多的文章。兽类的某些成员“听人话”，往往是经过刺激与训练，通过第一信号系统产生一定的条件反射。一些动物有一定的初级思维的能力，能够通人性，但它们仍然掌握不了人类的语言，不能和人自由交谈。即使是智商较高的黑猩猩，也没有掌握人类语言的记录。不少科学家对黑猩猩进行过严格的训练和实验，希望在这方面有所突破，但都没有成功。迄今为止，在黑猩猩的“学习成绩册”上，最出色的记录是：懂得人类语言的十几个语词，掌握手势语言的一两百个语词，仅此而已。由此，我们得出结论：语言是动物不可逾越的鸿沟，语言是人类独有的交际工具。能否掌握语言工具，仍然是人和动物的根本区别之一。

（四）语言是人类的、全民的交际工具

语言是音义结合的词汇系统和语法系统，它作为一种交际工具，首先是一视同仁地为本民族的各个阶级、阶层的各种人服务的，同时也是一视同仁地为全人类的各个社会集团、各个民族服务的。从语言的形成和划分上看，语言首先是属于民族的，不同的民族有不同的语言。但是，随着国际交流的不断扩大，不少重要的民族语言已成为国际交际语，这说明语言并不局限于民族内部使用。从这一角度上说，语言又是全人类的。正如汽车这一交通工具，很多国家能生产和使用具有本国特色的汽车，但也完全可以使用别国的汽车，我们不能说汽车这一交通工具只是属于某一国家的，而应该说汽车是人类共有的交通工具。语言和汽车不同，汽车虽然不属于某个国家，但还是有发明专利的。语言不是某个人发明的，是没有专利的。在某一社会集团，如某一民族中，不同阶级、阶层的内部或不同阶级、

阶层之间，用的是同一种语言。这种全民的语言当然也可以被其他任何一个社会集团、任何一个民族的人所学习和运用。例如在英国、美国，老板和雇员之间、企业主和工人之间用的是同一种语言。同时，英语作为国际上通用的交际语言，当然也可以被任何一个社会集团、任何一个民族的人所学习和运用。世界上任何一种有交际价值的语言都是如此，汉语也不例外。很明显，如果语言不是属于整个民族的，那么，不同的阶级和阶层就无法对话。同样，如果语言只属于某个民族而不属于全人类，那么，使用不同语言的不同民族就难以交往，因为他们没有共同的语言。因此，我们可以说："各民族的语言和文字是全世界人民的共同财富。"[①] 当然，我们说语言是属于全人类的，并不是抹杀语言本身鲜明的民族特点。例如，它们都有自己特殊的语音、语义、词汇、语法内容，这是由使用该语言的社会集团和民族"约定俗成"的；同样，语言是没有阶级性的，但也必定受到人类社会阶级和阶层的影响。每一种语言除了具有自己特殊的地方变体之外，还具有自己特殊的社会变体，如阶级变体、职业变体、宗教变体。然而，这一切并不能改变"语言是人类的、全民的交际工具"这一论断。

二、语言是思维工具

在语言和思维的关系上存在着两种极端的观点：一种观点认为，语言和思维是毫无关联的两种现象，思维无须语言作为载体；另一种观点认为，语言是思维的唯一载体，只有唯心主义者才会谈到没有语言的思维。应该说，这两种观点都是片面的。正确的观点应该首先对思维进行具体分析，将其分成不同的类型，然后再根据不同的类型分析得出不同的结论。

(一) 思维的定义和类型

所谓思维，是人脑借助语言、表象或动作对客观现实的能动反映。思维和感知觉不同，它揭露的是事物的本质特征和内部联系。

思维的类型有不同的分法。总的来说，可以分为两类：一类是形象思维，一类是抽象思维。形象思维主要依靠形象进行思维，根据形象在现场和不在现场，又可分为直观动作思维和表象思维两种。抽象思维主要依靠语言进行思维。广义的思维包括以上各种思维，狭义的思维专指抽象思维。

1. 直观动作思维

直观动作思维是指思维时能直观思维对象（能直接感知真实在场的形象），并通过思维者自身的动作去影响思维对象的思维。如不会说话的儿童只能在动作中思考，他们在拆装玩具时，用的是直观动作思维。动作一停止，他们的思维也就停止了。直观动作思维的高级阶段叫技术思维，如工人修理机器时、杂技演员表演杂技时、球类运动员比赛时用的思维。

① 参见启功为 1992 年在新加坡召开的首届国际汉语语言学会议的题词，载《国外社会科学》1992 年 11 期。

2. 表象思维

表象思维是指思维时在头脑中唤起表象（感知过的客观事物在大脑中再现的形象，事物本身并不在现场），并在想象中对表象进行加工改造的思维。如儿童想象自己在大森林里和小动物玩耍，就是用的表象思维。表象思维的高级阶段叫艺术思维，如画家作画时、作曲家作曲时、诗人作诗时就可用表象思维。

3. 抽象思维

抽象思维是指运用概念、判断和推理的形式进行的思维。由于抽象思维运用的是抽象理论，而不是具体形象，所以也叫理论思维。它必须在语言的基础上进行。人掌握了语言，也就掌握了这种思维的能力。

（二）语言与思维的关系

思维的类型不同，和语言的关系也不同。形象思维（直观动作思维和表象思维）的低级阶段是人和动物共有的。在这个阶段上，思维可以依靠具体形象来进行，是非语言思维，也就是说，思维除了语言之外，还可以有别的载体。形象思维的高级阶段（技术思维和艺术思维）往往属于掌握了语言的人。这时人的思维呈现复杂的情形，各种类型常常是有所侧重或交替使用。语言不但可以参加而且可以在无形中起到主导的作用。可以肯定，在人类的思维中，非语言思维不占主导地位，占主导地位的是语言思维。

抽象思维与语言的关系是：一方面，抽象思维与语言是不同的两个概念，二者之间存在着对立的关系；另一方面，抽象思维又是一种语言的思维，在人类的思维中占主要地位。抽象思维必须以语言为工具，二者之间存在着统一的关系。

理论争鸣

关于语言与思维的讨论

关于语言与思维的关系大致有以下几种不同意见。

1. 语言和思维是什么关系

（1）语言和思维没关系。古希腊哲学家柏拉图，英国哲学家霍布斯、贝克莱，德国哲学家杜林，苏联语言学家马尔持这种观点。

（2）语言离不开思维，语言与思维同时产生。古希腊哲学家亚里士多德认为思维是通过语言而实现的。德国哲学家赫德尔也试图证明语言和思维的起源相同。德国语言学家洪堡特认为，语言是形成思想的工具，思维和语言活动是不可分割的统一体。美国行为主义心理学家华生说，语言是出声的思维，思维是无声的语言。斯大林认为，只有唯心主义者才能谈到没有语言的思维。

（3）思维可以先于语言，语言可以脱离思维。英国哲学家洛克认为，先有观念，后有名称。美国科学家爱因斯坦认为，语言与思维关系密切，但思维还可以运用语言以外的形式，该种形式甚至可以先于语言而产生。我国学者周建人首次在我国提出思想先于语言的观点。北京师范大学教授伍铁平在其论文《思想和语言孰先孰后》中，进一步从个体发生和系统发生两个角度及人的思维过程方面，较全面地论证了先有思维后有语言这一观点。

2. 有关思维的类型

（1）形象思维和抽象思维。形象思维主要根据形象进行思维，抽象思维主要依靠语言进行思维。

（2）直观动作思维、表象思维、抽象思维。直观动作思维是形象在现场的思维，能直接感知思维对象，通过思维者自身的动作去影响思维对象的思维，其高级阶段是技术思维。表象思维是形象不在现场的思维，是通过思维者在头脑中唤起表象并在想象中对表象进行加工改造的思维，其高级阶段是艺术思维。抽象思维是运用概念、判断、推理的形式进行的思维。

（3）形象思维、抽象思维、灵感思维，由钱学森提出。所谓灵感思维，实际上就是一种潜思维，是潜在意识的思维，原则上也不外是形象思维和抽象思维，可是无法反省。

（4）感性思维、抽象思维、发散思维。所谓发散思维是一种综合性的、多端性的、变通性的创造性思维，强调对问题从不同角度、不同层面、正反两极进行思索。所谓感性思维是由感官直接感受到的关于事物的现象、事物的外部联系、事物的各个片面的认识。事物的现象是感性认识的对象和内容，直接感受性是感性认识的特征。抽象思维见前文。

（三）抽象思维必须以语言为工具

这要从抽象思维的特征上观察。抽象思维具有的第一个特征是概括性。我们已经知道，思维揭露的是事物的本质特征和内部联系，而要做到这一点，就要对个别现象和外部特征进行概括。形象思维可以用形象来进行概括，抽象思维则不行。这是因为抽象思维要用概念、判断和推理的形式进行概括，而概念、判断、推理是靠语言来完成的。具体说来，概念要靠词固定、表达；判断要靠单句固定、表达；推理要靠复句固定、表达。例如，我们要给“人”下一个定义，就不能停留在人的表面特征上，而应该通过一个个具体的“人”抓住本质特征：所谓“人”就是“能制造工具和使用工具进行劳动的动物”。在这个概念里，“制造”“使用”“工具”“劳动”等各种概念都是靠词固定、表达的；整个判断是靠单句固定、表达的；继续推理：“我们是人，所以我们能运用工具进行劳动。”这就是所谓的推理三段论。不难看出，其中的大前提、小前提、结论都是靠句子完成的。可见，抽象思维的概括性离不开语言。抽象思维具有的第二个特征是社会性。这是因为人的抽象思维必须在社会的交际中才能产生和发展。一个人，如果没有在一定的社会交际环境中生活（比如，不亲自参加社会实践并直接与别人交流），就不可能有正确的概念、判断和推理（狼孩就是这样的例子）。抽象思维要在交流中才能发展，但抽象思维又是看不见、摸不着的，必须借助一种大家都能具备的物质形式，这就是语言。语言是抽象思维的工具，也是人类思想交流的桥梁。抽象思维的社会性也离不开语言。

(四) 抽象思维和语言的区别

抽象思维虽然是一种语言的思维，但它毕竟不是语言。两者之间存在着重大的区别。首先，语言是思维的工具，属于物质的范畴；抽象思维是运用工具的主体，属于精神的范畴。其次，语言的构成要素是语音、语义、词汇、语法；抽象思维的构成要素是概念、判断、推理。再次，抽象思维是一种语言思维，抽象思维的概念、判断、推理，分别由语言的词、单句、复句来固定与表达。又次，语言和抽象思维构成要素之间并非是一对一的关系。可以有一词多概念，也可以有一概念多词；可以有一判断多句，也可以有一句多判断；推理可以省略大前提，也可以省略小前提或结论。最后，语言虽然属于全人类，但具有鲜明的民族特点，而抽象思维的形式在各个民族之间并没有什么本质的差别。

第三节 语言的内部结构

列宁曾一语道破语言的社会功能——语言是人类最重要的交际工具。但是，语言的内部结构是什么呢？这个重要的问题是由语言大师索绪尔解决的。索绪尔认为，语言其实是一种符号系统。这里，他们指的都应该是语言而不是人类运用语言工具制造和生产的言语。

一、语言是一种符号

(一) 符号的定义和种类

所谓符号就是被约定用来指代某种事物的标志。例如，人们用红色标志革命，用戒指标志订婚或结婚……符号应具备两个特点：其一，任何一种符号都必须具备形式和内容两个基本部分。没有形式的内容和没有内容的形式都不能存在，符号是形式和内容的统一物。其二，符号和符号指代的事物之间没有必然的联系，是人为约定的。在自然界中，满山的红枫叶预示着秋天的到来；"风满楼"预示着"山雨"……在生理学中，脸红、心跳标志着紧张和激动；气色不好标志着失意或生病……这些形式和它们预示的内容之间有着天然的联系，因而不是我们所说的符号。

人为的符号是丰富多彩的：(1) 视觉符号，如文字、旗语、信号灯、手势…… (2) 听觉符号，如乐曲、鼓声、号声、笛声、说话声…… (3) 触觉符号，如盲文……

语言是一种音义结合的符号。人类的语言和其他符号一样，是一种形式和内容相统一的符号。其形式就是语音，其内容就是语义。语言符号形式和内容两部分结合得十分紧密。正如索绪尔所说："比较正确的是把它（语言符号）比作化学中的化合物，例如水。水是氢和氧的化合，分开来考虑，每个要素都没有水的特征。""语言还可以比作一张纸，思想是正面，声音是反面，我们不能切开正面而不同时切开反面。同样，在语言里，我们不能使声音离开思想，也不能使思想离开声音。"①

（二）语言符号的特点

语言是一种音义结合的符号。要知道语言符号的特点，最好从语言最基本的、能独立使用的单位——词入手（也可以从语素入手，但语素不能独立运用）。人类语言的每一个词都是一个音义结合符号。我们可以从两方面对词进行观察：对词本身进行相对静态的分析，对词与词的组合进行相对动态的分析。

从词的本身来看，语言符号音义之间并没有什么必然、本质的联系。什么音和什么义结合完全是任意的、不可论证的，是由不同的社会集团按照自己的传统性约定俗成的。例如汉语中的"马""鹿""牡丹""玫瑰"等词，为什么普通话用"mǎ""lù""mǔdan""méigui"等声音表示，是说不出什么道理的。至于为什么不同的方言、不同的语言又用不同的声音表示同一个词义，就更是无可论证了。此外，同一事物的名称，不但不同语言、不同方言可以有不同的叫法，即使是同一语言、同一方言在不同的时代又可以有不同的叫法。这一切，只能从语言的任意性上去解释。任意性是指语言符号的音义之间没有必然联系，同一个义不是必须用某个音表达（它只承认语言的传统性，正因为它建立在传统性的基础上，它才可能是任意性的）。当然，各种语言中都存在着一些象声词和感叹词（例如汉语中的"喵""布谷""滴答""叮咚"等象声词，"哎""哎呀"等感叹词）。这些词的音义之间似乎存在着某种联系。应该说，这些词不是绝对任意的。但是，即使存在这些词，也不能否定人类语言符号的任意性。这是因为：第一，这些词的数量很少；第二，这些词在不同的语言中又可以用不同的声音表示，所以，说到底还是任意的。

语言符号的任意性不是说我们可以任意地改变语言符号的音义关系。相反，索绪尔认为，一个符号在语言集体中确立后，个人是不能对它有任何改变的，具有强制不变性。语言符号的理据性也是有重要意义的。语言符号的任意性和语言符号的理据性具有普通语言学与个别语言学对立统一的关系：任意性是指各种语言音与义之间的关系；理据性是指个别语言具体的命名关系。语言符号具有一定理据性。这里所说的理据指的是符号之间的组合关系是有一定道理的。任意性指的是单个的语言符号内部，语音与意义之间没有本质的必然的联系。

从词与词的组合上看，语言符号还具有线条性。语言符号只能一个挨着一个随着时间的推移展开长度，形成线性链条，正常情况下排除同时出现两个符号的可能。我们可以从语言的记录——文字上清楚地看到这个特征。文字虽然不是语言，但它可以把听觉符号转

① 索绪尔．普通语言学教程．北京：商务印书馆，1980：158.

化为视觉符号。一行字，实际上就是一串语言符号的线条性记录。应该指出，从词本身上看，音义结合是任意的、不可论证的，但从词与词的组合上看，是非任意的和可论证的。例如，我们说“玫瑰花”而不说“玫瑰草”是非任意的和可论证的。然而，“玫瑰”“草”“花”这三个词在共时上仍然是任意的、不可论证的。所以，非任意的、可论证的符号组合是建立在任意的、不可论证的单个符号基础上的，符号组合的非任意和可论证只能是相对的。

理论争鸣

关于索绪尔符号任意性原则的争鸣

语言符号的任意性与理据性或象似性，一直是语言学界的一个讨论热点。许国璋先生从语言哲学的角度认为语言符号的能指和所指之间有本质上的关联，二者是通过语言的制约和社会的制约建立联系的；杨信彰则批评索绪尔的语言符号任意性排斥符号学研究中的社会、文化、政治等重要组成部分；于海江从思维、客观世界及符号的关系提出了词的理据性问题……

1994 年，李葆嘉发表了《论索绪尔符号任意性原则的失误与复归》一文，这是中国 20 世纪以来第一篇以专文的形式公开批评索绪尔的文章。该文从语言学的角度对索绪尔这条原则提出了批评，体现了鲜明的反索绪尔色彩。与之相对应，1995 年，索振羽先生发表了《索绪尔的语言符号任意性原则是正确的》，提出了截然相反的意见，引发出了语言学界 20 世纪 90 年代关于语言观的大讨论。

近年来，象似性成为一个研究热点。它旨在表明：语言结构在很大程度上映照着经验的世界结构。有人认为这一观念是对“语言符号任意性原则”的最大挑战。沈家煊在《句法的象似性问题》一文中认为：语言的象似性是相对任意性而言的，它是指语言符号的能指和所指之间有一种自然的联系，两者的结合是可以论证的，是有理据的。语言结构的象似性就是语言结构直接映照人的概念结构。王寅在专著《论语言符号象似性——对索绪尔任意说的挑战与补充》以及其他一些相关的文章中提出：语言符号的能指和所指之间的主要关系是象似性的，而不是任意性的，象似性具有自然的、本源的、主要的特征。

但同时，也有许多学者对“用象似性否定任意性”提出了质疑。郭鸿在《索绪尔的语言符号任意性原则是否成立？——与王寅教授商榷》一文中，指出任意性普遍存在于语言符号内部的能指和所指之间的关系上，而象似性普遍存在于符号组合（语言结构）中。复旦大学的朱永生也在《论语言符号的任意性与象似性》一文中提出了类似的看法。他认为，在复合词和派生词以及句法层面上的确存在象似性，但就单个符号而言，任意性依然是不可动摇的原则。象似性应该被看成是对索绪尔理论的补充，而不是任意性原则的替代物。

本书主编岑运强对此持如下看法：首先，索绪尔的观点必须站在普通语言学的高度即全人类语言的高度上看，我们讨论任意性的时候绝不能只立足于某种语言。在具体的语言中，把全部根词的音义联系的理据都找出来是不可能的。即使退一万步，我们找到某种语言的全部根词是怎样约定俗成的，然而一旦跳到其他语言中，这种约定性就又不成立了。其次，对于象似性问题，我们应对之展开大力研究，但不能因此而否定任意性原则，因为它们属于不同的层面。任意性主要属于普通语言学范畴，理据性和象似性属于个别语言学范畴。任意性和理据性，二者的角度不同、范畴不同、作用不同、地位不同、时间不同。从普通语言学的角度看，任意性是普遍的、抽象的、基础的，是基石；而理据性是个别的、具体的，是基石上面的砖瓦。一个是下面的基础，一个是上面的建筑。他编著的《语言学理论求索集》收入的《语义三角与语言符号任意性》更加明确指出：语义三角是符号音（A）、义（B）与客观事物（C）的关系。应该说一切符号都是任意性的，这是指音和义的关系（即A与B的关系）；一切符号都应该是有理据的，这是指人们用什么样的音义结合来命名客观物并不是毫无道理的（即AB与C的关系）。任意性和理据性是不同的关系：一个是音义关系；一个是命名关系。由于时代的久远，一些命名关系难以说清，但这并不妨碍人们去探求，但任意性是永远否定不了的，它仍然是普通语言学大厦的基石。任意性不单存在于符号的开始，而且贯穿于符号的始终，正因为如此，语言符号才显现出既能稳定又能发展的状态。总之，任意性与理据性这两方面是不可偏废的。夸大普遍的任意性，否定具体的理据性，会使研究带上神秘主义的面纱；夸大理据性而否定任意性，则必然走上唯心之路。

二、语言是一个符号系统

语言是一种音义结合的符号，而且符号与符号间不是孤立的，是紧密联系并形成一个系统的。如前所说，语言是一个音义结合的词汇和语法系统。语音是词汇和语法的形式，词汇意义和语法意义就是语音形式表达的内容。因此，我们可以说，语言是由语音、语义、词汇、语法四大因素组成的系统，每一个因素又有自己的小系统。对每一个小系统我们都可以分析出不同的结构单位（见后文）。语言就是这样一个具有不同结构单位的小系统组合的符号大系统。此外，语言符号的系统性还表现在语言符号的层级性和组合关系与聚合关系上。

（一）语言的组合关系和聚合关系

语言符号具有线条性，人在说话的时候，只能一个符号一个符号地说。语言符号与符号之间组成的言语链条关系叫组合关系。例如，“我们爱唱歌”就是一个组合关系。如果每个符号是一个链环，那么这句话就是一条在时间顺序上延伸的言语链。言语活动是人类的基本活动，所以我们天天都在运用组合关系制造各种言语链。在言语链条的每一个环节上，人们可以通过联想找到具有同等性质的符号替换。例如上述的组合中，“我们”可用“你们”“他们”“大家”……替换；“爱”可用“想”“喜欢”……替换；“唱歌”可用“跳舞”“跑步”“打猎”……替换。可见人在制造言语链时，对每一个符号都是经过选择的。这种在链条某一环节上能够相互替换的，具有相同作用的符号聚积成类的关系就叫聚合关系。

语言的组合关系和聚合关系是两种不同的关系。组合关系是一种现实的、有顺序、可数的横向关系；聚合关系是一种联想的、无顺序、不易精确数出来的纵向关系。用语言和言语的观点检验，组合是一种说（写）的过程和结果，可归入言语的范畴。组合后的模式有的进入语言系统，可归入语言的范畴；聚合是一种备用的系统，可归入语言的范畴。

语言的组合关系和聚合关系又是两种不可分割的关系。它们互为存在的前提，哪里有组合关系哪里就有聚合关系，聚合关系为组合关系提供了可供选择的“货源”。

语言的组合关系和聚合关系可以作为一个纲，语言系统的各个结构单位都可以在这个纲上找到自己的位置。例如，语音系统中，音素间、音位间、音节间、语流间，都可以有不同的组合关系。上一级的单位往往由下一级单位组合而成，例如：语流是由不同的音节组合而成，音节是由不同的音位组合而成。其中每一个单位本身又可以有不同的聚合类，如辅音聚合类、元音聚合类、各种音位聚合类、各种音节聚合类……

语义系统中，每个义项都是若干个义素的总和，义素和义项本身也可以组成不同的聚合类。

词汇系统中，词和词之间、固定词组和固定词组之间可以有不同的组合关系，固定词组又是由不同的词组合而成，词和固定词组本身又有不同的聚合类（词也是语法的单位），如同义词、反义词、单义词、多义词的聚合。

语法系统中，语素间、词间、词组间、句子间、句组间可以有不同的组合关系。语素可横向组合成词，语素的纵向又有词根、词缀、词尾的各类聚合（见上文）；词组可横向组成句子，词组的纵向又有简单词组、复杂词组、名词性词组、动词性词组的各类聚合；句子可横向组合成句组，句子的纵向又有主谓句、非主谓句、陈述句、祈使句、命令句、感叹句的各种聚合；句组可横向组合成篇章，句组的纵向又有不同的聚合……

语言的组合与聚合关系是对语言符号任意性的制约。我们在组合符号时，不但每个符号都要符合强制不变性，而且符号与符号之间也要符合一定的语法规则。根据索绪尔的观点，组合与聚合都具有相对可论证性。

这两种关系对我们的言语活动也有重要的指导意义，它启示我们在说话和写文章时，要根据不同的语言环境，在诸多“货源”中选择最佳的词语去进行说、写的具体组合。

（二）语言符号的层级性

我们每天都要说话，都要进行符号的组合。语言符号的组合是如何实现的呢？这就要靠语言符号的层级装置了。该装置共有两层三级。底层是一套音位的聚合类，有音而无义。上层是语素、由语素组合成的词、由词组合成的句子三级，它们都是音义结合的符号的聚合类。聚合类虽然不容易数出精确的数目，但大概的比例是清楚的。各种语言底层的音位数目不同，最多有几十个。上层的三个聚合类（语素、词和句子）的比例是成千→成万→无穷。汉语中的音位无论按照西方语言的方式划分，还是按照中国传统方式计算都只有几十个。这样，在汉语系统中，从音位到句子的比例是：几十→成百→成千→成万→无穷。人们就是运用这个神奇的装置进行符号组合，说出无数的话语的。

此外，语言还是一种文化载体，这方面的内容我们将放在交叉语言学的文化语言学中介绍。

第四节 对言语的研究——言语的语言学

自从索绪尔明确区分语言和言语两个概念，并呼吁分开研究语言的语言学和言语的语言学以来，结构主义语言学和形式语言学的学者们在走到索绪尔所说的“第一个交叉路口”时，都毫不犹豫地向语言的语言学这块领地进军。经过一段时间辛勤的劳动，他们尝到了丰收的喜悦，进一步认清了语言工具的内部结构；但同时，也尝到了脱离社会、忽视使用工具的人和场合所带来的苦果。人们意识到，在继续深入研究语言的语言学的同时，应尽早开垦索绪尔早已指出的另一块语言学领地——言语的语言学。当然，言语的语言学目前还没有一个统一的疆界。我们认为，既然言语包括说（写）和所说（所写）两部分内容，那么言语的语言学也应该在这两方面有所建树。例如，在一定的语境中对语言系统有目的的运用过程及其结果都可属于言语的语言学范畴。当前比较流行的话语语用分析和篇章分析也可以归入言语的语言学范畴。总之，言语的语言学的任何分析都应该结合交际过程、交际双方和语言环境动态地、异质地进行。

一、言语的交际过程

言语的交际过程就是人运用语言这一交际工具进行说（写）的过程。从信息传输的角度看，言语交际过程就是交际的双方（说者和听者）发出与接收信息的过程，包括编码、发出、传递、接收、译码五个阶段。这五个阶段其实就是现代语言学之父索绪尔在他的名著《普通语言学教程》开始提到的两个人进行一般言语活动时所必须经过的“心理—生理—物理—生理—心理”过程。

（一）编码（心理过程）

编码是一种整理思路的活动，属于内部言语的范畴。人在说话之前，一定要有一个说话的动机。动机一旦形成，人脑内部的“黑箱装置”——言语机制，就会自动为这个动机在词语的聚合类中寻找恰当的信息符号，并按照一定的规则把框架大致排列好。所谓“大致排列”就是说要抓住主要信息，思路可以省略、跳跃，但必须清晰。不能想象当一个人还没有说话的动机，或思路还是一团乱麻时就开始说话了。这是一个心理过程，主要矛盾在于说者的心中对要说的话题清晰与否。

（二）发出（生理过程）

有了动机，理清思路后，人脑便指挥发音器官把想说的语义内容用语音形式表现出来，成为可感知的外部言语形式。我们知道，人的思想是看不见、摸不着的，要把自己的思想告诉别人，需借助语言的物质外壳——声音。古人说的“言为心声”就是这个道理。在这个阶段，编码最终完善，发音器官根据编好的信息码发出相应的语音形式。该语音形式要求准确、清晰，否则就不能把想说的话顺利地传达出去。这个阶段的主要矛盾是语音和发音器官的矛盾。这是一个生理过程，主要矛盾在于说者发音的准确与否。

（三）传递（物理过程）

经过说者编码与发出后，语音形式装载着相应的语义内容通过空气或电路向听者方面（同时也向说者本身）传递。这个阶段的主要矛盾是语音和各种干扰的矛盾。如果干扰太大，声音只传回说者耳朵里，传不到听者耳朵里，就无法进行下一阶段的交流。这是一个物理过程，主要矛盾在于说者发出声音的音波传递得顺畅与否。

（四）接收（生理过程）

语言形式传到听者和说者的耳朵里，在音波刺激下，听者和说者的听觉神经开始接收工作。这个阶段的主要矛盾是语音和接收器官的矛盾。如果接收者的接收器官出毛病，就不能准确地完成接收任务。这是又一个生理过程，主要矛盾在于接收者（包括说者自己）用耳朵听音的准确与否。

（五）译码（心理过程）

听者和说者的接收器官接收到传递来的音波后，开始通过语音载体辨析语义内容，于是理解了说话人的意思。这又是一个心理过程，主要矛盾在于接收者用大脑理解接收到的声音的准确与否。

以上的五个阶段常常是在一瞬间完成的，编码和发出属于说者一方；传递属于说者和听者之间，传递的方向可以是说者→听者，也可以是说者→说者；接收和译码属于听者也属于说者。听者得到的是新信息，说者得到的是自己编码的信息的反馈。当说者发现信息有误，便会重新编码和发出。听者经过接收和译码，如果认为有必要做出反应，便会开始新的编码与发出，由听者转换为说者。言语交际实际上就是以上五个阶段的反复。事实证明，任何一个阶段出现问题，都会影响整个交际的效果，甚至导致交际的失败。

二、语用分析

专门对话语进行语用分析的学科叫语用学。它研究特定情景中的特定话语，特别是研究特定语境中如何理解与运用语言。语用学和语义学不同但又互补。严格地用语言和言语的观点分析，语用学属于言语的语言学，语义学属于语言的语言学。但由于两者有着十分密切的关系，很难把它们截然分开，所以人们又常常把它们结合起来研究。我们准备把语用学的某些内容（如语境、前提、预设等）放到语义一章，这里只介绍语用学的几个总的原则。

（一）言语行为理论

言语是说（写）的过程和结果，是一种行为。英国哲学家奥斯汀（J. L. Austin）对人的言语行为进行研究，建立了言语行为理论。起先，他把人们日常用语中最常用的句子——陈述句分为表述句和施为句两种。表述句指“有所述之言”，目的在于陈述；施为句指“有所为之言”，目的在于实施行为。例如，“花是美丽的”是表述句，“我叫他去打球”是施为句。施为句是主语是说者的第一人称陈述句，并带有施为动词，如命令、建议、警告、要求……后来，他进一步划分言语行为：（1）说话行为（locutionary act），一种以言指事的言内行为，主要强调言语的发出。（2）施事行为（illocutionary act），一种以言行事的言外行为，主要强调说者话中的用意，如要求、命令、询问、祝愿、感叹、断定、承诺等。（3）取效行为（perlocutionary act），一种以言成事的言后行为，主要强调听者受到的影响。例如“走过来”这句话在以下三个环境中受到不同的言语行为的作用。

他对我说：“走过来。”——说话行为
他命令我走过来。——施事行为
他说服我走过来。——取效行为

用言语交际五阶段的划分理论来观察，说话行为主要发生在言语行为的发出阶段，施事行为在说者的编码阶段就已酝酿形成，取效行为则必须在听者的译码阶段后才能完成。

（二）言语会话原则

言语会话是涉及言语双方的行为，在会话中，交谈的双方为了使谈话得以顺利进行，从而达到谈话的目的，常常需要遵守一些会话原则。美国语言哲学家格赖斯（H. P. Grice）把会话原则归纳为以下四条准则。

1. 质量准则

要求说者说的话必须是真实的，不要说明知是虚假的或缺乏足够证据的话，反之则是违反了质量准则。例如孩子吃了苹果，却对妈妈说：“不是我吃的。”

2. 数量准则

要求说者说出会话所需的足够的信息量，不要减少，也不要过量，否则就是违反了数量准则。例如，有人问你：“明天的飞机几点起飞?”你却说：“大概是明天上午吧。”你的话虽然遵守了质量准则，但没有提供足够的消息量，违反了数量准则。

3. 关系准则

要求双方的对话有关联，避免所答非所问，或离题万里，否则就是违反了关系准则。例如，有人问你：“明天你来吗?”你却回答：“你这个人真好。”你的回答显然和对方的提问没有什么关联。

4. 方式准则

要求说者说得清楚、明白、精练、有条理，避免晦涩、啰唆、混乱，反之就是违反了方式准则。例如你的上级命令你：“明天派车去接三个医学院的学生。”你一定感到迷惑：是三个在医学院学习的学生呢，还是三个医学院的许多学生呢?

质量准则、数量准则和方式准则强调说者和听者某一方的编码与发出，关系准则强调说者和听者双方的关联。

格赖斯的四条会话原则确实是言语交际应该遵守的原则，但是，人们由于礼貌的需要，常常有意地违反以上的原则。这是允许也是必需的。于是英国著名学者利奇（G. Leech）等人提出了下述礼貌原则来补充会话原则。

第一，得体准则：在会话中尽量让别人少吃亏，多得益。

第二，宽宏准则：在会话中尽量使自己少得益，多吃亏。

第三，赞许准则：在会话中对别人少贬低，多赞许。

第四，谦虚准则：在会话中对自己少赞许，多贬低。

第五，赞同准则：在会话中尽量减少双方的分歧，增加双方的一致。

第六，同情准则：在会话中尽量减少双方的反感，增加双方的同情。

不难看出，得体准则和宽宏准则是一个问题的两个方面，赞许准则和谦虚准则也如此。所以以上六条准则实际上可以归为四条。但我们认为，说话和写作一样，最重要的还是遵循得体准则。

分析举例

礼貌原则分析举例

A

一个贵宾对负责接待的小刘说：“刘先生，这几个月你跑前跑后，真是太辛苦了。”小刘回答：“一点都不辛苦，您从国外那么远来到中国，那才叫辛苦。只要您吃得好，住得舒服，那就是我最大的荣幸。”小刘的回答故意违反了质量准则，“一点都不辛苦”绝不是真话。在这里，小刘运用了礼貌原则中的得体准则和宽宏准则。

B

甲：“请问您尊姓大名?”

乙：“不敢，鄙人姓张，名云，字子强，外号‘小迷糊’。有空请到寒舍一叙。”

这个对话的双方有意识地运用了赞许准则和谦虚准则，虽然在量上有多余的信息。

C

甲："您所提的条件，有一些我是同意的，只是对其中的某些条款我还要回去和同事们研究研究，再向上级请示一下。"

乙："我很高兴您能表示同意，希望能早日达成协议。"

会话中的甲采用了婉转和晦涩的方式讲话，故意违反了方式准则，但为了礼貌，有意识地运用了赞同准则，减少了双方的分歧，增加了双方的一致。

D

甲："主任，您看我的请调报告能批准吗?"

乙："咱俩可是老交情了，我很同情，走，我请你喝两杯去。"

乙的回答没有说明到底有没有批准，故意违背了方式准则和关系准则，但运用了同情准则。

会话原则和礼貌原则是会话的基本原则，无论说者还是听者都应该遵守。

应该指出，以上的各条准则是具有普遍意义的，但也不是千篇一律地存在于人类的言语行为之中的。会话原则和礼貌原则会因民族文化和语言习俗的不同而有所差别。例如赞许准则和谦虚准则在东西方就有很大的不同。我国是一个历史悠久的礼仪之邦，在汉语中保存着大量尊称与谦辞。对别人，常用"贵""宝""大"等；对自己，常用"鄙""寒""小"等。在西方的言语中，很难一一找到对等词语。在西方，当你听到别人夸你能干时，你只要说声"谢谢"就可以了，而在中国，人们常常说："哪里，还差得很远呢。"

三、篇章分析

篇章也叫语篇，和话语语用分析一样，篇章也是研究句子以上的言语。它在不同学者的著述中，有不同的含义。有的学者认为篇章只指书面言语，不包括口头言语；有的学者则认为，篇章既可包括书面言语，也可包括口头言语。有的学者认为篇章是句子单位；有的学者认为，篇章是一个意义单位。不管怎样，篇章分析或篇章语言学应归入言语的语言学。粘连性和连贯性是篇章的两大特点。这两大特点是所有语言共有的，不具备这两个特点，就不能称为篇章，最多只是一组句子的杂乱堆砌。具体内容我们将放到语法一章中阐述。

四、言语规律

言语规律是指人们为了一定的目的，在一定的语境中使用语言的规律。我们天天都要说话或写文章，也就是说天天都要组合语言符号。选择什么符号，不选择什么符号，如何在诸多的聚合类中选择最佳符号，如何把这些最佳的符号用最佳的形式组合起来，都是值得研究的言语规律。违背言语规律，就不能取得言语交际的最佳效果，甚至会导致言语交际的失败。以上提到的话语语用分析和篇章分析，都可以认为是对言语规律所做的有益探讨。

言语规律是客观存在的，但又是错综复杂的。要想掌握言语规律，至少必须掌握言语交际的四个要素。由于言语活动是言语的双方在一定的语境中进行的活动，所以，人们进行言语交际时，无论是说话还是写文章，都必须注意自身这一要素、对方这一要素以及双方所处的语境这一要素，当然还有语言系统这一工具的要素。无论你操何种语言进行言语交际，言语四要素都是不可忽视的。这就是说，在言语活动中要充分考虑自身与对方的各种因素，如年龄、性别、爱好、经历、职业、文化修养、社会地位、家庭背景以及交际时的心情、身体状况、生理与心理特点、交际的目的等，同时也要注意上下文、交际场合以及时代与社会的背景，以便在语言符号聚合类中选择最佳的符号进行组合。专门研究言语交际的语言学叫言语交际语言学。此外，交际包括言语交际，也包括非言语交际，研究两者交际规律的语言学也可叫“交际语言学”。[①] 它和上述的话语语用分析和篇章分析都可归入言语的语言学。加强对言语的语言学的研究，对语言现象进行多角度的交叉研究，是语言学发展的必然趋势。

第五节 语言在言语中发展

一、语言是个既稳定又发展的体系

索绪尔提出的语言的语言学和言语的语言学具有重大的历史意义。但是，这两种语言学的区分只能是相对的，因为语言和言语的关系是如此密切，很难把它们截然分开，研究语言系统的发展就更是如此。如前所说，语言是一个相对稳定的系统，言语是说（写）的过程和结果。由于语言存在于言语之中，所以语言又处在绝对的运动状态里。人类社会的言语活动不但带动着语言一起运动，而且促使语言系统发生演变。语言符号的任意性中可变性和强制不变性一起发生作用，使得语言成为一个既稳定又发展的系统。

（一）语言稳定和发展的客观条件

1. 语言的稳定是社会的需要

交际活动是人类社会最基本的活动之一，语言是这种活动最重要的工具，因此绝不能经常变化，使人无法掌握。设想一下，假如语言系统中的语音、语义、词汇、语法天天都在变化，那么人们还能进行正常的言语交际吗？社会的交际生活需要有一个稳定的语言

① 岑运强．交际语言学．2版．北京：中国人民大学出版社，2015.

系统。

2. 语言的发展也是社会的需要

这是因为社会本身并不是一成不变的，相反，它处在不断的发展之中。社会的发展使得人们的言语交际方式发生变化，言语的发展要求语言也要随之发展。从历史的角度观察，语言确实处在不断的发展变化之中。例如，古文是古人用当时的语言写成的古代言语。我们今天读起来，会发现其中的语音、语义、词汇、语法都和现在的语言有着或多或少的区别。这就是语言随着社会的发展而发展的结果。

（二）语言能够稳定和发展的内部因素

语言之所以能够适应社会的需要，在人类的言语交际中既保持稳定又能不断地发展，必然有它的内部因素。

第一，从语言系统的内部看，语言之所以呈现稳固状态，主要是由语言的基础——基本词汇和语法构造的稳固决定的。仍然拿一篇古文来说，我们今天之所以能够看懂其中一些内容，就是因为这两个因素在起作用。

当社会需要语言系统稳固时，语言符号任意性中的强制不变性就成为矛盾的主要方面，使得语言能够稳固。

第二，从语言系统的内部看，语言之所以能够不断发展，是由语言结构各要素之间的矛盾斗争所造成的。语言系统是一个以差别为基础的相对平衡的系统，语言结构的各要素以及每一要素的各单位在这个系统中都取得了自己相应的“价值”，承担一定的功能。如果其中的某一要素或某一单位发生了变化，破坏了原有的平衡，语言系统内部的有关部分就会发生相应的变化，重新调整各要素及各单位在系统中的“价值”，达到新的平衡。例如语音要素的变化会引起词汇、语义、语法的变化。同样，词汇、语义、语法的变化也会引起其他要素的变化。下面试举汉语语音变化引起词汇变化的例子来加以说明。

汉语的语音系统曾经过简—繁—简的变化过程，汉语词汇也随之经过由少到多以及由单音节为主到多音节为主的过程。例如在语音系统较复杂的中古，“机”和“基”、“交”和“骄”、“尖”和“艰”这三组词的读音是不相同的。每个词都能单独承担一定的交际功能，“价值”较高。后来由于语音系统的简化，音位组合的方式减少，出现了大量同音词，上述三组词就是这样。由于价值改变，不宜单独运用，所以人们用双音节词对它们进行区分，如“基础”“机会”“交际”“骄傲”……

当社会需要发展时，语言符号的任意性中的可变性就起主要的作用，使语言能够发展。

理论争鸣

关于语言发展的内因与外因问题的讨论

1959年《中国语文》刊发了唐启运的文章，文中提出社会的发展是语言发展的内因的观点。该文章引起了一场讨论。大部分人不同意唐的观点，认为社会发展是语言发展的外因。那么到底什么是语言发展的内因呢？语言学界有不同的观点。有人认为语言的社会职能同语言物质体系的矛盾是语言发展的内因［计永佑．关于语言发展的内因和外因．中国语文，1961（1）］；有人认为语言的相对稳定与言语的绝对变动性是语言发展的内因［徐青．论语言的内部矛盾．中国语文，1961（1）］；有人认为思维内容和语言形式的矛盾构成语言发展的内因［孟英．论语言发展的内在基本矛盾．中国语文，1961（7）］；高名凯则认为语言系统的语音、词汇、语法三要素本身的矛盾性是语言发展的内因［高名凯．论语言发展的内因和外因．中国语文，1961（7）］；石安石进一步从语音和语义的对立来补充［石安石，等．关于语言发展的内因和外因问题讨论的意见．中国语文，1961（7）］；还有人认为语言的符号性与表义性的矛盾是语言发展的内因［黄佛同．关于语言发展的内因和外因的讨论．中国语文，1961（5）］。用语言的语言学和言语的语言学的观点，我们认为语言系统是随着社会的发展、人的言语活动而变化发展的。社会因素、人的因素和人的言语活动是促使语言变化发展的决定性因素。当然这种变化最终还是要在语言系统内得到体现，也就是说，语言系统内部必须具有与外界诸因素相适应的变化与稳定的因素。

二、语言发展规律

语言随着社会的变化在人们的言语交际活动中发展，语言的发展是有规律的。语言发展规律可以分为两大类：一类是个别语言发展规律，一类是普遍语言发展规律。个别语言发展规律是指某种语言的发展规律，其规律只适应某一两种语言，不具有普遍意义。例如汉语的“平分阴阳、入派三声、浊上归去”的规律只适合汉语声调从中古到现在的发展规律，其他的语言则不一定具有这种规律。普遍语言发展规律是指人类所有的语言都遵循的发展规律，它具有普遍性。普遍语言发展规律又包括两个特点：渐变性和参差性。

所谓渐变性，就是指语言结构系统只能按照量变到质变的规律逐渐地变化，采取渐变的而不是突变的方式。语言的渐变性说明两点：一是语言系统是变化的；二是这种变化是缓慢的，而不是爆发的。这两点都是由语言的发展与稳定决定的。即一方面是由于社会的需要，另一方面是由于语言系统内部的原因。语言符号的任意性中可变性和强制不变性在不同的时期起着不同的作用。

所谓参差性是指语言结构系统的各要素发展的速度是不整齐的。语言是一个相对平衡的差异系统，各结构要素的各个单位都在这个系统中取得一定的价值。但这个系统并非是一成不变的，其中的各个结构要素会显出参差不齐的变化：非基本词汇（一般词汇）及其词义发展得最快，社会上有什么风吹草动，都可以从中得到反映；语音发展较慢，最慢的是语法。语言系统内的各要素的相互作用，使得语言系统不断地由平衡到不平衡再到新的平衡，从而不断地发展下去。

语言的渐变性是从语言的外部宏观地考察，语言的参差性是从语言的内部微观地考察。这两个特点存在于一切既稳定又发展的语言之中。

三、语言发展的相互关系及其结果

人类的各种语言按照渐变性和参差性规律向前发展。语言的发展绝不是孤立地发展，而是相互联系、相互制约地发展。从语言发展的过程和结果看，这种关系表现在语言的分化和整化、混合与融合上。无论哪一种变化，都和社会的变化分不开。

（一）语言的分化

语言在发展过程中，一种语言逐渐分化为几种语言或方言的现象叫语言的分化。语言是随着社会的分化而分化的，例如部落与国家的分化、战争中的人口迁移、不同地区发展的差异……都有可能引起语言的分化。方言和亲属语言就是语言分化的结果。

1. 方言

方言是指某种语言的地方变体。例如我国就有北方方言、吴方言、湘方言、赣方言、闽北方言、闽南方言、粤方言、客家方言八大方言。[①] 在英国，英语也可以分为东部、西部、南部、北部、中部和苏格兰等多个方言区。俄语大致分为南部和北部两个方言区。确定某种语言方言的区分标准是比较困难的。一般认为，除了考虑该语言结构的标准外，还要考虑社会历史文化的标准，如是否从属于一个统一的社会；有无共同的标准语的书面形式；有无共同的民族心理；有无共同的汇合方向等。方言有三个发展方向：消亡、与共同语长期共存（如我国的八大方言）、发展成独立的语言（如乌克兰语、白俄罗斯语）。

2. 亲属语言

亲属语言指由同一共同语分化而成的独立语言。它们是由不同方言发展形成的，在历史上具有亲缘般的特殊联系。经过历史比较的研究，大致可以把世界的语言分为几大语系。常见的有：汉藏语系、印欧语系、乌拉尔语系、阿尔泰语系、闪—含语系、高加索语系、南亚语系等。每种语系下又分为若干语族。如一般认为汉藏语系包括汉语、壮侗、苗瑶、藏缅等语族；印欧语系包括印度、斯拉夫（如俄语、波兰语、捷克语、保加利亚语）、日耳曼（如英语、德语、荷兰语、丹麦语、瑞典语、挪威语）、罗曼（又称拉丁，如法语、西班牙语、意大利语）、凯尔特等若干语族。语族下又分为若干语支。语言谱系的研究还在进行，一些语言如日语、京语、朝鲜语的谱系还待确定。

（二）语言的整化

在语言发展过程中，几种语言或语言因素逐渐接近和统一起来的现象叫语言的整化。语言是随着社会的统一而整化的。语言整化的前提是社会的经济、政治、文化的接近和统一。民族共同语、民族交际语、国际交际语是语言整化的结果。

---

① 有人把闽北方言和闽南方言合为闽方言，有人增加了晋方言、平方言和徽方言。

1. 民族共同语

指在一个民族或部族内共同使用的语言。例如我国汉民族使用的汉语有八大方言，大家选择了以北京语音为标准音，以北方话为基础方言，以典范的现代白话文著作为语法规范的普通话作为民族共同语。政治、经济、文化中心的方言往往成为民族共同语的基础。如英吉利民族共同语是在伦敦方言基础上发展起来的，法兰西民族共同语是在以巴黎为中心的法兰西岛方言基础上发展起来的，俄罗斯民族共同语是在莫斯科方言基础上发展起来的。

2. 民族交际语

指在多民族国家里，各民族间共同使用的语言。例如我国的汉语，俄罗斯的俄语。在有些国家里，存在着“双语现象”或“多语现象”。新加坡把英语、华语、马来语、泰米尔语作为国家通用的语言，其他如瑞士、荷兰、以色列等也存在这种双语或多语现象。

3. 国际交际语

指不同国家间由于交际的需要，选择一种或数种共同使用，并在国际会议上确定的语言。例如汉语、英语、俄语、法语、西班牙语、阿拉伯语就是联合国的工作语言，它们都是国际交际语。“世界语”是波兰眼科医生格·柴门霍夫于 1887 年创造的一种人工辅助交际语。它不是自然的国际交际语，但具有重要的影响。

（三）语言的混合和融合

1. 语言的混合

几种语言系统混合成一种语言的现象叫语言的混合。长期混合并形成稳定的体系的有克里奥尔语，暂时混合未成为体系的有萨比尔语。“洋泾浜”也可以看作不同语言的混合现象。语言的混合是社会相互影响的结果。

2. 语言的融合

一种语言战胜另一种语言或一种语言被另一种语言吞噬的现象，叫作语言的融合。如历史上汉语和拉丁语都融合过不少语言。语言的融合有自愿融合与被迫融合两种。历史上鲜卑族的魏孝文帝所谓“断诸北语，一从正音”的改革就是自愿融合，金朝的女真语则是被迫融合的。被融合的语言遗留下的因素，我们称之为“底层”。语言的融合也是社会相互影响的结果。

【本章小结】

区分语言和言语是语言学的第一个分岔路口。我们应当运用辩证唯物主义和历史唯物主义的观点认识这个重大问题。在当时索绪尔强调研究语言的本体，即语言的语言学是完全正确的，因为研究语言的本体是语言学“永恒的话题”，它使得语言学得到一个可靠的支点，并逐渐成为一门能与自然学科相媲美的精密的学科。为了强调语言的语言学，索绪尔对言语的语言学采取了矛盾的态度。他在贬低言语的同时又对言语的语言学无限向往，甚至对他的学生许下愿：在他将来的讲课中，言语的语言学“无疑会占有一个光荣的位置”。

我们认为，历史发展到今天，不但要继续研究语言的语言学，而且要大力发展言语的语言学。我们甚至可以这样说：只有把言语的语言学研究透了，语言学的总体框架才能最终形成。

本章本着继承与发展的精神重新认识索绪尔关于语言和言语的论述。语言是音义结合的词汇和语法系统，言语是对语言的应用的过程与结果。语言和言语的关系是工具与工具运用的关系。语言的语言学主要研究语言工具的内部结构。语言是人类独有的最重要的交际工具与思维工具；语言工具是一套符号系统，是靠组合与聚合关系运转的层级体系，也是一种文化载体。语言符号的任意性是普通语言学的重要原则，有着独特而严谨的含义。任意性理论包含可变性与强制不变性、绝对任意性（单个的根词）与相对任意性（组合、聚合关系）以及人类语言的任意性与具体语言的约定性、民族传统性和理据性。关于言语的语言学，我们学习了言语交际过程的一些总原则。最后，我们在言语运用中观察了语言的稳定与发展的各种现象。语言之所以能够既稳定又发展，归根结底是由语言符号的任意性中可变性与强制不变性决定的。分化、整化、混合、融合是语言系统在言语活动中不断演变的过程与结果。

【思考与练习】

1. 关键词

语言学　语文学　历史语言学　历史比较语言学　描写语言学　历时语言学　共时语言学　个别语言学　普通语言学　语言的语言学　言语的语言学　内部语言学　外部语言学　宏观语言学　微观语言学　理论语言学　应用语言学　结构主义语言学　形式语言学　交叉语言学　整齐论　参差论　语言　言语　思维　符号　组合关系　聚合关系　语言符号的层级性　言语规律　渐变性　参差性　语言的分化　语言的整化　语言的融合　语言的混合

2. 填空

(1) 人类对语言的研究大体可分成________阶段、________阶段、________阶段、________阶段、________阶段。

(2) 语文学的三个源头是________、________、________。中国语文学的特点是________。

(3) 历史比较语言学的先驱是________，草创者是________。

(4) 历史比较语言学不但宣告________真正独立，而且为________的研究奠定了基础。

(5) 普通语言学的奠基人物是________和________。《________》在语言学发展史上起到了划时代的作用。

(6) 结构主义语言学派可以分成三派。它们是________、________、________。

(7) 形式语言学的主要代表人物是________，他认为对语言进行描写和分析的目的在于________，他的目标是________。

(8) 新时期语言学的最大特点是________。

(9) 从语言的社会功能上看，语言是________；从语言的内部结构上看，语言是________。

(10) 文字是建立在____________基础上的____________工具；旗语之类是建立在____________基础上的____________工具。

(11) 思维可分为__________、__________、__________，抽象思维的三种形式是__________、__________、__________。

(12) 语言是__________的符号。

(13) 语言是由__________、__________、__________、__________四要素构成的。

(14) 奥斯汀的"三种言语行为"是指__________、__________、__________。

(15) 格赖斯的言语会话原则是____________、____________、____________、____________，利奇等人的礼貌原则有__________、__________、__________、__________、__________、__________。

(16) 言语交际的四要素是______________、____________、______________、____________。

(17) 语言的稳定是由语言的基础__________和__________决定的，语言变化的决定因素是__________。

(18) 语言发展规律可分为两大类：一类是__________，另一类是__________。后一类有__________和__________两大特点。

(19) ______________和______________是语言分化的结果；______________、______________、______________是语言整化的结果。

3. 选择

(1) 语言是　(　　)

A. 言论和语言

B. 音义结合的符号系统

C. 说话和所说的话

(2) 语言是一种　(　　)

A. 形式和内容相统一的视觉符号

B. 音义结合的听觉符号系统

C. 用来交际的触觉符号系统

(3) 抽象思维的一般特征是　(　　)

A. 概括性、民族性

B. 概念、判断、推理

C. 固定、再现、改造

D. 概括性、社会性

(4) 语言是思维的工具指的是　(　　)

A. 一切思维必须由语言完成

B. 抽象思维和直观动作思维、表象思维的高级阶段离不开语言

C. 直观动作思维和形象思维离不开语言

(5) 思维的三种类型是　(　　)

A. 直观动作思维、表象思维、抽象思维

B. 概念、判断、推理

C. 固定、再现、改造

(6) 语言符号的任意性是指 ( )

A. 语言符号的创造和使用总是任意的

B. 我们可以任意理解语言的符号

C. 语言符号音义之间没有本质的联系

(7) 语言符号的线条性是指 ( )

A. 语言符号的排列没有层次，像一根线条排列在一起

B. 语言符号只能一个跟着一个依次出现，随着时间的推移，不分层次地逐渐延伸

C. 语言符号在时间的线条上逐个出现，同时不排除层次性

(8)“他肯定不会来了”这句话强调了说者的 ( )

A. 说话行为

B. 施事行为

C. 取效行为

(9) 汉语声调从中古到现在的“平分阴阳、入派三声、浊上归去”的规律是 ( )

A. 个别语言的发展规律

B. 一般语言的发展规律

C. 各民族各种方言的发展规律

(10) 一个民族内部共同使用的语言称为 ( )

A. 民族共同语

B. 民族交际语

C. 国际交际语

(11) 克里奥尔语是语言的 ( )

A. 混合　　B. 融合

C. 分化　　D. 整化

(12) 语言融合的“底层”现象是 ( )

A. 语言装置的最下面一层，即语音部分

B. 被融合的语言的某些遗留下来的因素

C. 被压迫的阶层

4. 简答

(1) 简述语言学概论与现代汉语及古代汉语的关系。

(2) 简述语言学史“两线”斗争的主要内容及其对我们的启发。

(3) 简述语言学的作用和意义。

(4) 简述语言和言语的关系。

(5) 如何理解语言是一种交际工具?

(6) 如何理解语言是最重要的交际工具?

(7) 如何理解语言是人类独有的交际工具?

(8) 举例说明语言符号的任意性中可变性与强制不变性。

(9) 举例说明语言的组合关系与聚合关系。

(10) 举例说明语言发展的渐变性和参差性。

(11) 为什么说抽象思维必须以语言为工具?

(12) 简述语言和思维的区别。

5. 运用

(1) 下列各句中的“语言”相当于语言学中的语言还是言语?

A. 毛泽东是运用语言的模范，他的语言很值得我们学习。

B. 这部作品的语言真美。

C. 语言美是四美之一。

D. 对敌人要用刺刀的语言。

E. 语言是人类最重要的交际工具。

(2) 请分析下列各文中的语言和言语。

A. 绪论开头引用了海涅的名言：“语言(也有人翻译成言语之力。——引者注)可以把死人从墓中叫出来，也能把活人埋入地下；语言可以把侏儒变为巨人，也能将巨人彻底打倒。”你认为海涅所说的“语言”是指语言还是言语? 哪种翻译更准确?

B. 请翻译我国古语：“食不语，寝不言。”“听其言，观其行。”“不敢高声语，恐惊天上人。”“公语之故，且告之悔。”“吾闻其语矣，未见其人也。”体会其中的“语”和“言”有几个意义。

C.《三国演义》四十六回“诸将皆来动问。(黄)盖不言语”与四十五回“昨日醉后失事，不知可曾说甚言语”以及《汉书》“君房下笔，言语妙天下”中的“言语”应该如何理解?

(3) 现在不少人把“风波(fēngbō)”读成“fēngpō”，“入场券(rùchǎngquàn)”读成“rùchǎngjuàn”，“塑料(sùliào)”读成“suòliào”，大家觉得这些人发音不太正确，但也没有大错；如果把“滑稽(huájī)”读成“gǔjī”，“撑腰(chēngyāo)”读成“zhǎngyāo”，“挑衅(tiǎoxìn)”读成“tiǎobàn”，大家就会觉得这个人的发音有严重的错误。请说明其中的原因。

(4) 在日常生活中，人们有时故意违反会话原则，由于其建立在双方都能察觉的基础上，便产生出弦外之音。请指出下列会话故意违反了哪条会话原则。

A. 甲：我的炸鱼哪里去了?

　　乙：那只猫看起来挺满意的。

B. 甲：我们都会想念王民和李强的，是吧?

　　乙：是的，我们都会想念李强的。

C. 甲：不知今年的百米冠军是谁?

　　乙：李健是一匹好马。

D. 甲：生活里什么情况最悲惨?

　　乙：孩子没有了爹娘最悲惨。

(5) 列举日常交际的三个笑话，并分析每一个笑话之所以可笑，是因为在交际五个阶段中的哪一个阶段出现了问题，请提出预防或纠正的方法。

6. 论述

有人认为[如许余龙的《对比语言学》(第二版)]，词汇具有几类理据：语音理据、形态理据、语义理据和文字理据。词的语音理据表现在词的语音形式和词义的联系上，具有语音理据的词成为拟声词，如英语中的 cuckoo、法语中的 coucou、德语中的 kuckuck 都是模拟布谷鸟的叫声而形成的拟声词。词的形态理据是指可以通过对一个词的形态构成进行分析而获得词义，例如，只要我们知道英语动词 work(工作)和后缀-er(从事……的人)，就能了解 worker（工人）一词的词义。词的语义理据是借助词的基本语义的引申和比喻取得的。例如，a coat of paint（一层油漆）中的 coat 一词由“外套”转而喻指“类似外套的东西”，只要我们理解 coat 一词的基本语义，那么对该词在这一短语中的引申义也就不难理解了。词的文字理据表现为词的文字书写形式与词义之间的关系。我们可以从一个词的文字书写形式上推断出该词的词义，这主要表现在象形会意的文字符号上。

请结合语言符号的任意性和理据性的有关论述谈谈你对词汇上述四种理据的认识。

第二章

语　音

语言在本质上是人类发出的声音。这些声音是造成语言的材料——事实上语言就是有意义的声音。

——帕默尔《语言学概论》

语言是音义结合的符号系统，无论是词汇意义，还是语法意义都是靠语音表达的，这就是人类语言的共性。但人类不同的语言可采取不同的声音表达意义，这是语言符号任意性的表现。言语是人们具体运用不同的语言的过程与结果，同样离不开音与义。在本章里，我们将在语言的声音和言语的声音两个标题下，探讨从句子以内的语言系统中切分出来的语音模式，如音素符号系统、音位系统、音节系统以及句子以上的语流、语调。当然，除了掌握共时语流音变外，也要掌握历时的语音变化。

第一节
语音和语音学

语音是由人类发音器官发出的、能载负与传达一定的语义信息并能被别人理解的语言的物质外壳。语音既具有自然特性又具有社会特性。它是一种特殊的生理和心理现象，也是一种特殊的物理与社会现象。研究语音的学科叫语音学。

语言是音义结合的词汇系统和语法系统，语音在这个系统中起着重大的作用。从语言的层级装置上看，不用说，这个层级装置的基础部分完全由语音组成，就是语言装置上层的每一级也离不开语音。从言语的交际过程看，编码、发出、传递、接收、译码五个阶段都和语音有关，特别是发出、传递和接收三个阶段更是语音学研究的重点。对这三个阶段研究的结果产生了现代语音学的三个分支学科：发音语音学（着重语音产生的生理研究）、声学语音学（着重语音传递的物理研究）、听觉语音学（着重语音感知的心理研究）。作为人类最重要的交际工具的物质外壳，人们更要研究在具体语言中的语音是如何载义与辨义的，于是出现了音位学（音系学），二者着重从语音的社会功能上研究语音。

一、语音的生理特性

要想了解语音的生理特性就要了解人的发音器官的部位及其活动、配合的方法。人的发音器官（见图 2－1）可分为三大部分。

（一）动力器官

语音的动力器官主要包括肺和气管。它们位于喉部的下方。肺是为发音提供原动力的“风箱”。它的呼气和吸气都是由肋间肌、腹肌和横膈膜控制的。肺包藏在胸腔的肋骨里面，肋骨由肋间外肌和肋间内肌（合称肋间肌）相连。肋间外肌收缩时带动肋骨向外提起，胸腔因而扩大，肺随之扩张，吸进空气；肋间内肌收缩时，带动肋骨向内收拢，胸腔因而缩小，肺随之缩小，挤出肺内的空气。此外，腹肌与横膈膜对呼吸也有重要作用。腹肌紧张，横膈膜下拉，胸腔扩大，肺随之扩大，吸进空气；腹肌松弛，横膈膜上推，胸腔缩小，肺

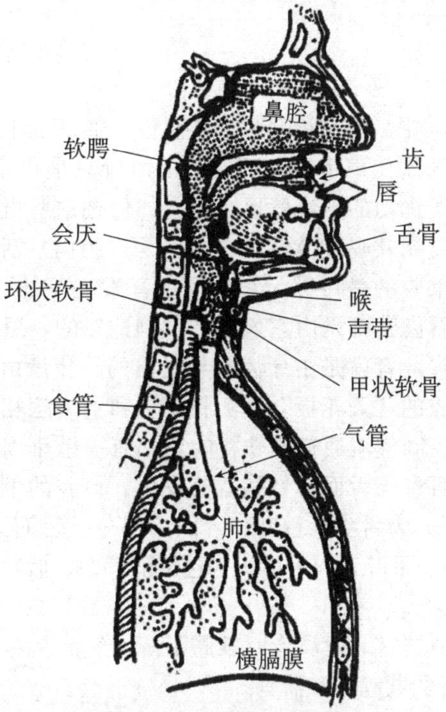

图 2-1 人的主要发音器官

随之缩小，呼出气流。说话的时候，主要利用肺部呼出的气流发音，只有少数吸气音如搭嘴音和缩气音是利用吸气发出的。

(二) 发音器官

语音的发音器官主要是喉头内的声带，此外还有喉头的几块软骨，如甲状软骨、环状软骨、勺状软骨、会厌软骨以及连接它们的肌肉。

声带是为语音提供主要声源的发音体。它是两片富有弹性的韧带皱褶，前端连接在甲状软骨的内侧上，后端分别连在两块勺状软骨上，两片声带之间的间隙叫做音声门，两片勺状软骨之间的间隙叫气声门，音声门与气声门合起来叫声门（也叫喉门）。声门的开闭由勺状软骨的活动来控制，声带和声门有四种典型的状态（见图 2-2）。

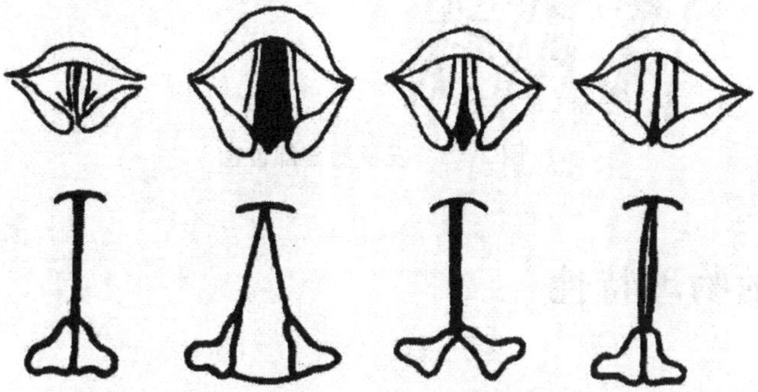

(1) 咳嗽前 (2) 呼吸时 (3) 耳语时 (4) 发声时

图 2-2 声带和声门的几种状态

资料来源：罗常培，王均．普通语音学纲要：图 12. 北京：科学出版社，1957.

（三）共鸣调节器官

共鸣调节器官主要指口腔、鼻腔和咽腔，它们位于喉部的上方。动力器官和发音器官解决了发音的问题，但是气流使声带振动而发出的声音只是很小的像蜂鸣一样的嗡嗡声。如果声带不振动，光是空气扰动的声音就更小了。如何把这些微小的声音放大并调配成能载义的各种声音呢？这就要靠共鸣调节器官（主要是口腔内）活动配合的方法了。在共鸣调节器官的“三腔”里最重要的是口腔。它是各种音素主要的“制造工厂”。口腔的“大门”是上下唇，双唇音、唇齿音都是由它们参加“制造”的。紧挨着双唇的是上下齿。一些唇齿音和齿间音以及舌尖前音就是由牙齿参与发出的。牙齿由齿龈固定，齿龈也能参加一些舌尖中音的发音。口腔的“天花板”是上腭，它和上齿龈相连。上腭又分为硬腭和软腭两部分。软腭能活动，控制气流通道。软腭的后端有一个小肉球叫小舌。硬腭能参与舌面前音等音的发出，软腭可参与舌面后音等音的发出。口腔的下部最重要的是舌头，它是发音的“主力军”。舌头可分为舌尖、舌叶、舌面三部分，舌面又分为前、中、后三部分。舌尖音（包括前、中、后）、舌叶音和舌面音（包括前、中、后）都有舌头参与（以上各种声音的具体例子见后）。

鼻腔是鼻音的共鸣调节器官。发鼻音时软腭下降，气流从鼻腔和口腔同时流出。咽腔（见图 2－3）是少数咽喉音的共鸣调节器官。

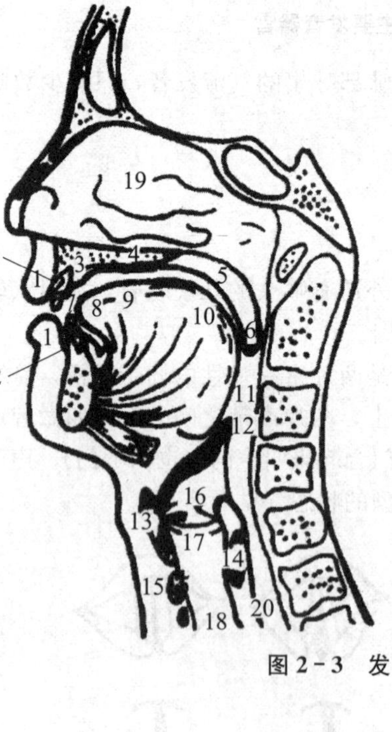

1.上下唇　　11.咽腔
2.上下齿　　12.会厌
3.齿龈　　13.甲状软骨
4.硬腭　　14.环状软骨（后板）
5.软腭　　15.环状软骨（前弓）
6.小舌　　16.假声带
7.舌尖　　17.声带
8.舌叶　　18.气管
9.舌面前部　　19.鼻腔
10.舌面后部　　20.食道

图 2－3　发音器官部位图

二、语音的物理特性

语音具有人的生理特性和社会心理特性，这是语音和自然界声音的不同，但语音和其他一切声音又有共同的地方，那就是它们都具有物理特性。所谓物理特性是指物体受到外力的作用，发生振动，使周围的空气也发生震荡，形成一种音波，音波传到人的耳朵刺激听觉神经，人就听到了声音。语音的物理特性是由声带振动或声腔里空气扰动引起的，它也有音波形成、传递与刺激的过程。语音和其他声音一样具有音高、音强、音长、音质四个要素。

(一) 音高

音高，指声音的高低。它决定于发音体振动的频率。频率是发音体每秒钟振动的次数。每秒钟振动一次为1Hz，振动100次为100Hz。频率快，声音就高；频率慢，声音就低。发音体振动频率的快慢又跟发音体的粗细、厚薄、长短有关。粗、厚、长的物体振动起来频率慢，声音低；细、薄、短的物体振动起来频率快，声音高。人耳能听到的声音频率范围在20Hz到20 000Hz之间。

(二) 音强

音强，指声音的强弱。它决定于发音体振动的振幅。振幅是发音体振动的位移幅度。振幅大，声音就强；振幅小，声音就弱。振幅的大小又跟发音体受到的作用力有关。发音体受到的外力大，其振幅就大，声音就强；发音体受到的外力小，其振幅就小，声音就弱。我们说话时用力大，气流强，声音就强，反之则弱。

(三) 音长

音长，指声音的长短。它决定于发音体振动时间的长短。振动持续的时间长，声音就长，反之则短。

以上三个要素又可称为非音质要素。

(四) 音质

音质，指声音的个性或特色，也叫音色。音质是四要素中最重要的一个，它取决于声波的形式。我们平常听到的声音大多数是由若干个单纯音组成的复合音。其中频率最小、振幅最大的单纯音叫基音，其余的叫陪音。当基音的频率和陪音的频率之间存在着整倍数的比例关系时就会形成有周期性重复的复合波，呈这种波形的音叫乐音。反之，基音的频率和陪音的频率不存在整倍数的比例关系，则呈杂乱无章的形状，呈这种波形的音叫噪音。理想情况下，语音中的元音属于乐音，清辅音属于噪音，浊辅音属于乐音与噪音的复合音(见图2-4)。

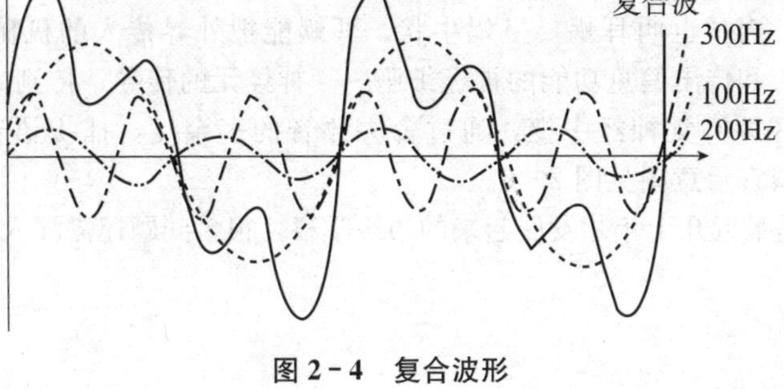

图2-4 复合波形

从实验语音学的角度看，乐音中元音的音质是由元音的共振峰决定的。人的声腔是一些形状复杂的管道，各个部分都有自己的固有频率。当肺气流激励声带而产生的声带音通过声腔时，某个陪音的频率与管道某个部分的自然频率相合时，就会发生共振，微弱的声带音就会变成响亮的共鸣音。我们说话时，由于不断改变声腔的管道形状，从而得到不同的共鸣声。反映在实验图纸上，这种因共鸣作用而能量变强的频率成分就叫共振峰。一个元音的音色是由头两三个共振峰的频率决定的（见图 2-5）。

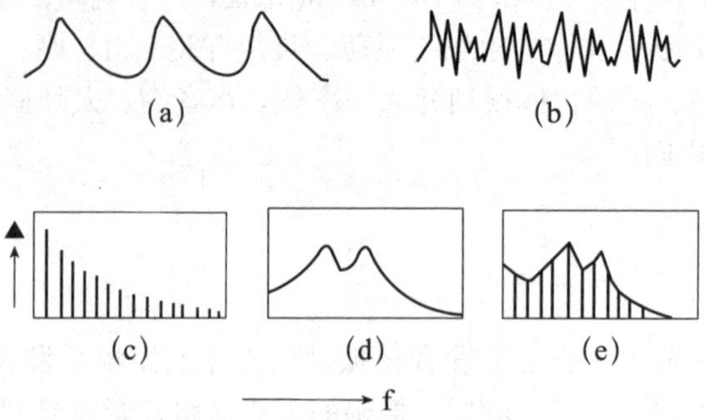

（a）声带脉冲　（b）辐射波　（c）声带谱　（d）声腔共振包络线　（e）语音频谱图

图 2-5　语音的声腔调节示意图

资料来源：FANT G. Acoustic theory of speech production. Walter de Gruyter，1970.

浊辅音有乐音成分，所以也能跟元音一样能找到它的共振峰值。清辅音虽然没有明显的共振峰，但我们可以根据它们在频表上显示的不同的强频率区域来识别。

从声音产生的角度看，造成语音音质不同的原因有三。第一，发音体不同，例如不同的声带或同一声带振动与不振动都会产生不同的音质。第二，发音方法不同，例如发音时用爆破的方法，或摩擦的方法，还是其他什么方法也会产生不同的音质。第三，共振腔的形状不同，例如口腔的开闭、舌位的高低与前后都会使新的音质出现。

三、语音的心理特性

语音发出和传递后人们是怎样接收的？这就要研究人的耳朵是如何听到声音的，大脑是如何理解声音的。严格来说，语音的心理特性指的是人对语音生理特性与物理特性的感知具有心理性，并非由于语音本身。人的听觉器官由外耳、中耳和内耳三部分组成。外耳可见部分叫耳郭，主管收集与放大声波。声波沿着耳道传到鼓膜，使鼓膜产生振动。中耳在鼓膜里面，是头颅骨中的一个腔，内有三块听小骨：锤骨、砧骨和镫骨。镫骨覆盖着内耳的卵形窗。中耳可以保护内耳并对声波有筛选与继续放大的作用。内耳是颅骨腔内的一个小腔。内耳也叫耳蜗，呈蜗牛状。耳蜗能把外界传入的机械振动转换为神经冲动，经过有传入和传出信息功能的神经细胞——神经元的传导，传到大脑皮层内能理解语义的维尔尼克区即听觉神经中枢，通过舍去语音的多余度，捕捉语音间的区别特征，完成感知。听觉器官示意图见图 2-6。

听觉语音学是最近几十年才发展起来的边缘学科，很多问题还需深入研究。

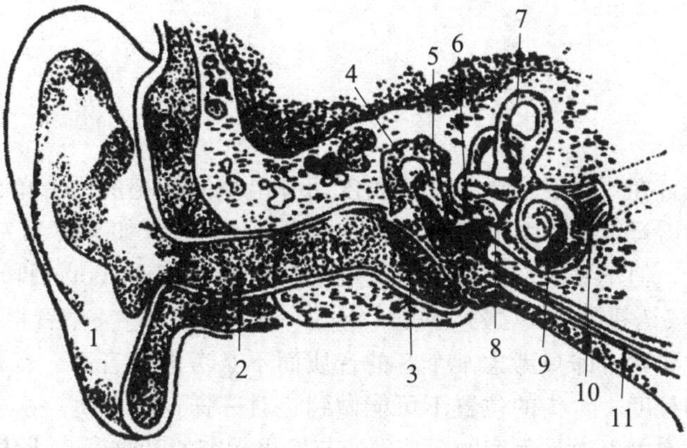

1. 耳郭 2. 外耳道 3. 鼓膜 4. 锤骨 5. 砧骨
6. 镫骨 7. 半规管 8. 前庭窗 9. 耳蜗 10. 听觉神经 11. 咽鼓管

图 2-6 听觉器官示意图

四、语音的社会特性

语言是一种交际工具，具有社会功能。语音是语言的物质外壳，是能表达一定的意义的声音。社会特性是语音的本质特性。语音的社会特性，首先表现在音义结合的任意性上。一种语言或方言用什么音表达什么义是由社会约定俗成的。其次表现在语言的民族性上。任何民族的语言在语音上都有自己的结构特点和独特的音位体系，例如，送气与不送气音在汉语普通话中能区别不同的词或语素，在俄语和英语中却不能；清浊对立在俄语和英语中能区别不同的词或语素，在汉语普通话中则不能。最后，还表现在音位体系的演变上。例如入声为什么在普通话中完全消失，却完整地保留在粤语中，其原因不能从自然特性上去找，而只能从社会特性上去找。语音的音位理论集中表现出语音的社会特性，我们将在后面的章节中介绍。

第二节 语言的声音

语言和言语的区分是语言研究的“第一个分岔路口”，我们在研究语音的时候，也可以分成语言的声音和言语的声音分别进行研究。语言是一个结构成分有限的、相对稳定的静态系统。语言的声音部分也应是一个结构成分有限的、相对稳定的静态系统。我们可以把这个系统切分为音素符号、音位、音节等若干个子系统。当然，它们又是存在于言语的声音里，不断被运用着的。

一、音素

音素是人类语言在一次发音中从音质角度切分出来的最小的语音单位。所谓“最小的语音单位”是指从语音组合关系上切分到不能再切分的单位，如 su（素）就可切分出［s］、［u］这样两个音素。但不要把音素和字母等同起来，例如英语 foot（脚）中是［f］、［u］、［t］这 3 个音素，汉语拼音 zui（最）中是［ts］、［u］、［e］、［i］4 个音素。切分音素时我们可以不考虑非音质要素，即只考虑某个音的音质而不必考虑其音高、音长和音强。由于人在发音时嘴张开的程度、舌头的位置不可能做到绝对一样，所以每一次发音都是不同的音素，人类发出的音素可以说是无穷的。从发音与发出无穷的音这一点上说，音素是言语的。当然我们不可能也没必要给它们一一命名，因为一个音素符号实际上代表了一个范围的音素，即音域，而不是音点。需要严格而准确地描写某一音素时常常要添加各种符号。总之，人们用来标记音素的符号是有限的、相对静态、固定的模式，所以音素符号属于语言范畴。

音素可以分成两大类：元音音素与辅音音素。从生理学的角度看，它们的主要区别是：声门以上的发音器官有无阻碍（元音无，辅音有）；气流的强弱（元音弱，辅音强）；发音器官的各部分均衡紧张还是部分紧张（元音均衡紧张，辅音部分紧张）；声带振动与否（元音和浊辅音振动，清辅音不振动）。从物理学的角度看，它们的主要区别是有无噪音。

记录音素的书写符号叫作音标，目前在国际上最为通行的是国际音标。国际音标是国际语音协会于 1888 年公布的一套记音符号。大部分符号采用拉丁字母，少数用希腊字母，还有的采用大小写、正反写、合体写或添加符号与改变符号等方法。它的优点是形体简便，记音准确、灵活、完备。

国际音标可以分为宽式音标和严式音标两种。著名语言学家赵元任把宽式音标叫作音位音标，把严式音标叫作音质音标（音位的概念见后）。[①] 宽和严是一种相对的说法，宽式记音指较为宽松的音位记音，只要区别不同的词和语素就可以；严式记音指尽可能精确地记录到人们言语中不同的音位变体以及各种音质要素和非音质要素的细微变化，必要时还要用添加符号。

（一）元音音素

元音音素有自己的共性，即声门以上的发音器官没有形成阻碍，气流较弱，发音器官各部分均衡紧张，声带振动。每个元音又具有自己的特性，元音的特性是由共鸣器的形状（主要是口腔的形状）的不同决定的。根据口腔里舌头起作用的部位，可把元音分为舌面元音和舌尖元音两大类。

舌面元音是舌面起主要作用改变共鸣器形状而发出的音。根据舌位的高低前后、唇形的圆展我们可以区分出不同的舌面元音。其中的［i］、［e］、［ε］、［a］、［u］、［o］、［ɔ］、［ɑ］是 8 个基本元音（也叫标准元音）。19 世纪末，英国语言学家丹尼尔·琼斯用 X 光从口腔的左侧面拍摄了这 8 个基本元音的近腭点（舌面离上腭最近点）的舌位图［见图 2－7（1）］。8 个基本元音就像 8 根定点的柱子，撑起了元音的大厦，其他所有的元音都可参照它

---

① 赵元任．音位标音法的多能性//赵元任语言学论文选．叶蜚声，译．伍铁平，校．北京：中国社会科学出版社，1985.

们的位置找到自己的处所。从元音舌位图［见图 2－7（2）］中我们可以看到横向的 4 根线用来表示舌位的高低，从高到低依次为高、半高、半低、低；纵向的 3 根线表示舌位的前后，从左向右分别为前、央、后；纵线的左右两侧代表嘴唇的圆展，纵线的左侧代表不圆唇，右侧代表圆唇。

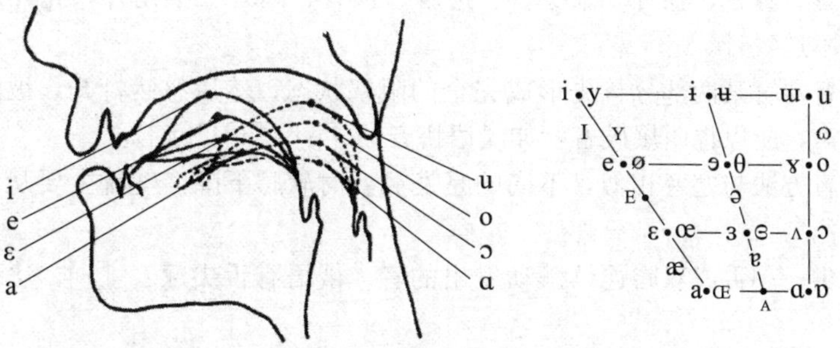

(1)　　　　(2)

图 2－7　舌面元音舌位图

根据舌位图我们可以对每个元音进行描写，例如对 8 个基本元音我们可以这样描写：

[i] 高、前、不圆唇元音	[u] 高、后、圆唇元音
[e] 半高、前、不圆唇元音	[o] 半高、后、圆唇元音
[ɛ] 半低、前、不圆唇元音	[ɔ] 半低、后、圆唇元音
[a] 低、前、不圆唇元音	[ɑ] 低、后、不圆唇元音

掌握舌面元音的描写方法是十分重要的，对于汉语拼音里可能遇到的元音如［i］、［e］、［ɛ］、［a］、［u］、［o］、［ɑ］、［y］、［ɤ］、［ʌ］、［ə］、［ɐ］以及［æ］，还有自己所学语种的元音要重点掌握。

舌尖元音是舌尖起主要作用改变共鸣器形状而发出的元音。根据发音时舌尖的不同状态，可把舌尖元音分为舌尖前元音、舌尖后元音和卷舌元音。

舌尖前元音有两个：一个不圆唇［ɿ］，一个圆唇［ʮ］。［ɿ］发音时舌尖上抬并前伸，接近上齿龈的前部，声带振动。如汉语普通话的资［tsɿ］、雌［tsʻɿ］、思［sɿ］里的［ɿ］。［ʮ］是圆唇的舌尖前元音，如苏州话“书”［sʮ］里的［ʮ］。

舌尖后元音也有两个：不圆唇的［ʅ］和圆唇的［ʯ］。［ʅ］发音时舌尖后卷靠近硬腭，声带振动。如汉语拼音的知［tʂʅ］、吃［tʂʻʅ］、诗［ʂʅ］里的［ʅ］。［ʯ］是圆唇的舌尖后元音，如湖北麻城话“树”［ʂʯ］里的［ʯ］。

卷舌元音是舌面、舌尖同时起作用，即在发舌面元音的同时，舌尖向硬腭方向翘起，如普通话的“儿”［ə^{ɹ}］或［ɚ］。汉语中的儿化音可用舌面元音后上方加上［ɹ］的办法标写，如“把儿”［pɐ^{ɹ51}］。

舌面元音和舌尖元音都可归入口元音。口元音的特点是发音时软腭与小舌抬起，堵住鼻腔的通路，带音的气流只能从口腔流出。如果发音时软腭与小舌下降，带音的气流同时从口腔和鼻腔流出，这种元音我们称为鼻化元音。鼻化元音的标写方法是在元音音标上加上“～”符号，如［ã］、［ə̃］。

（二）辅音音素

辅音音素的共性是发音时声门以上的器官的某些特定部位形成阻碍；气流较强；浊辅

音声带振动，清辅音声带不振动。每个辅音的特性是由形成阻碍的具体部位和具体的发音方法两方面决定的。

1. 按发音方法分类

可分为塞音、鼻音、擦音、塞擦音、边音、颤音、闪音、半元音，此外还有清音与浊音、送气音与不送气音。

塞音是发音器官某两部分首先形成完全的阻塞状态，然后忽然打开，被阻的气流随即冲出，爆破发声，所以也叫爆破音，如汉语拼音的［p］、［t］、［k］。

鼻音的发音方法与塞音相似，不同的是发鼻音时软腭下降，气流主要从鼻腔流出，如［m］、［n］、［ŋ］。

颤音是舌尖、小舌或双唇连续颤动发出的音。俄语有舌尖颤音［r］，法语有小舌颤音［R］。

闪音是颤音的一次颤动，如英语 very（很）中的［r］。

擦音是发音器官某两部分进行不完全的阻塞，即两部分之间留有一条缝隙，气流从缝隙中挤出摩擦出声，如［f］、［s］、［x］。

边音是口腔之间的通道堵住，气流从两边或一边出来而发出的音，如［l］。

半元音是介于辅音和元音之间的音，带有轻微的摩擦，如汉语“一”［ji］、“五”［wu］中的［j］和［w］。

清音是声带不振动的音，浊音是声带振动的音；如［p］、［t］、［k］是清音，［b］、［d］、［g］是浊音。

送气音是用很强的气流冲破阻碍的音。一般说来，辅音呼出的气流要比元音的强，尤其是送气辅音气流更强。为了标明送气辅音这一特点，人们在它们的右上角加上“h”或“‘”的符号，如［p^h］、［t‘］、［k‘］。不送气辅音的气流相对要比送气的辅音弱，它们的右上角没有符号，如［p］、［t］、［k］。

2. 按发音部位分类

可分为双唇音、唇齿音、齿间音、舌尖前音、舌尖中音、舌尖后音、舌叶音、舌面前音、舌面中音、舌面后音、小舌音、咽头音、喉音 13 类。我们可以从各类音的名称中找到发音时发生阻碍的部位。如双唇音是上下唇并拢进行阻碍；唇齿音是下唇向上齿靠拢进行阻碍；齿间音是上下齿咬住舌尖进行阻碍；舌尖前音是舌尖顶住上齿背进行阻碍；舌尖中音是舌尖顶住上齿龈进行阻碍；舌尖后音也叫翘舌音，是舌尖翘起顶住前腭进行阻碍；舌叶音是嘴唇略敛圆向前突，由舌叶靠近前腭进行阻碍；舌面前音是舌面前部贴近前硬腭进行阻碍；舌面中音是舌面中部隆起靠近前硬腭进行阻碍；舌面后音也叫舌根音，是由舌面后部即舌根向软腭靠拢进行阻碍；小舌音是舌面后部向小舌靠拢进行阻碍；咽头音是舌面后向后靠近咽壁进行阻碍；喉音是喉部的声门紧闭或留一条小缝进行阻碍。

当我们选择好所需要的发音部位并形成正确的阻碍，再运用一定的发音方法进行发音时，便会得到我们所需要的辅音。

辅音的发音过程一般可分为三个阶段：成阻，即发音器官从开始动作到形成阻碍的阶段；持阻，即发音器官发生阻碍的阶段；除阻，即发音器官解除阻碍的阶段。

每一个辅音都可以从发音部位和发音方法两个方面进行描写，如辅音［p］的描写是双唇、不送气、清、塞音。反之，当我们知道某个辅音的发音部位和发音方法，就能确定这是一个什么辅音。

附：国际音标元音、辅音及汉语韵母、声调表

元音表

口腔开闭	舌位高低	类别 / 舌位前后 / 唇形	舌尖元音					舌面元音						
			前		后			前		央			后	
			不圆	圆	不圆	中性	圆	不圆	圆	不圆	中性	圆	不圆	圆
闭	高	最高	ɿ	ʮ	ʅ		ʯ	i	y	ɨ		ʉ	ɯ	u
		次高						ɪ	ʏ					ʊ
半闭半开	中	高中（半高）						e	ø	ɘ		ɵ	ɤ	o
		正中				ɚ		E			ə			
		低中（半低）						ɛ	œ	ɜ		ɞ	ʌ	ɔ
开	低	次低						æ			ɐ			
		最低						a	ɶ		A		ɑ	ɒ

辅音表

发音方法 \ 发音部位 / 音标			双唇	唇齿	齿间	舌尖前	舌尖中	舌尖后	舌叶	舌面前	舌面中	舌面后（舌根）	小舌	咽头	喉
塞	清	不送气	p				t	ʈ		ȶ	c	k	q		ʔ
		送气*	p^{h}				t^{h}	ʈ^{h}		ȶ^{h}	c^{h}	k^{h}	q^{h}		ʔ^{h}
	浊	不送气	b				d	ɖ		ȡ	ɟ	g	ɢ		
		送气	b^{h}				d^{h}	ɖ^{h}		ȡ^{h}	ɟ^{h}	g^{h}	ɢ^{h}		
鼻	浊		m	ɱ			n	ɳ		ȵ	ɲ	ŋ	ɴ		
颤	浊		ψ				r						ʀ		
闪	浊						ɾ	ɽ					ʀ		
擦	清		ɸ	f	θ	s		ʂ	ʃ	ɕ	ç	X	χ	ħ	h
	浊		β	v	ð	z		ʐ	ʒ	ʑ	j	ɣ	ʁ	ʕ	ɦ
边擦	清						ɬ								
	浊						ɮ								
边通	浊						l	ɭ			ʎ				
塞擦	清	不送气		pf	tθ	ts		ʈʂ	tʃ	tɕ					
		送气		pf^{h}	tθ^{h}	ts^{h}		ʈʂ^{h}	tʃ^{h}	tɕ^{h}					
	浊	不送气		bv	dð	dz		ɖʐ	dʒ	dʑ					
		送气		bv^{h}	dð^{h}	dz^{h}		ɖʐ^{h}	dʒ^{h}	dʑ^{h}					
无擦通音半元音	浊		wɥ	ʋ			ɹ	ɻ			(jɥ)	ɰ (w)	ʁ		

*送气音可在符号右上方加上 h 或反逗号，本书在表中用前者，论述时多用后者。

汉语韵母

例字	汉语拼音字母	国际音标		例字	汉语拼音字母	国际音标	
		宽式	严式			宽式	严式
阿	ɑ	[a]	[a，ᴀ，ɑ，æ，ɐ]	衣	i	[i]	[i]
喔	o	[o]	[o，ɔ]	乌	u	[u]	[u]
鹅	e	[ɤ]	[ɤ，ə]	迂	ü	[y]	[y]
（欸）*	ê	[ɛ]	[ɛ]				
哀	ɑi	[ai]	[ai]	安	ɑn	[an]	[an]
欸	ei	[ei]	[ei]	恩	en	[ən]	[ən]
熬	ɑo	[au]	[ɑu]	昂	ɑng	[aŋ]	[ɑŋ]
欧	ou	[ou]	[əu]	（亨）	eng	[əŋ]	[ʌŋ]
呀	iɑ	[ia]	[iᴀ]	烟	iɑn	[ian]	[iæn]
耶	ie	[ie]	[iɛ]	因	in	[in]	[in]
腰	iɑo	[iau]	[iɑu]	央	iɑng	[iaŋ]	[iɑŋ]
优	iou	[iou]	[iəu]	英	ing	[iŋ]	[iŋ]
蛙	uɑ	[ua]	[uᴀ]	弯	uɑn	[uan]	[uan]
窝	uo	[uo]	[uə]	温	uen	[uən]	[uən]
歪	uɑi	[uai]	[uai]	汪	wɑng	[uaŋ]	[uɑŋ]
威	uei	[uei]	[ʊei]	（轰）	ong	[uŋ]	[ʊŋ]
				翁	ueng	[uəŋ]	[uəŋ]
约	üe	[ye]	[yɛ]	（思）	-i	[ɿ]	[ɿ]
冤	üɑn	[yan]	[yæn]	（诗）	-i	[ʅ]	[ʅ]
晕	ün	[yn]	[yn]	儿	er	[ɚ]	[ɚ]
雍	iong	[yŋ]	[iʊŋ]				

*例字中加括号的仅指它的韵母。

汉语声调

声调	例字	汉语拼音方案	国际音标
阴平	妈	mā	ma˥（ma^{55}，꜀ma，ma^{1}）
阳平	麻	má	ma˧˥（ma^{35}，꜁ma，ma^{2}）
上声	马	mǎ	ma˨˩˦（ma^{214}，꜂ma，ma^{3}）
去声	骂	mà	ma˥˩（ma^{51}，ma꜄，ma^{4}）

二、音位

音位是具体语言或方言在一类发音中从能否区别词或语素的角度①划分或归并出来的最小的语音形式。

音位和音素是迥然不同的两个概念：第一，研究音素可以超越具体语言或方言，着重从语音的自然属性上研究；研究音位则必须落实到某种具体语言或方言，不但要从语音的自然属性上，更要从语音的社会属性上研究。音素就像人类共有的制造语音外壳的原材料，操不同语言或方言的人从中取走不同的音素组成自己语言或方言的音位系统。例如汉语有汉语的音位系统，英语有英语的音位系统，俄语有俄语的音位系统等。对于我们操汉语的人来说，[r]、[ʀ] 等音素可能是奇怪的声音，但 [r] 对于操俄语的人、[ʀ] 对于操法语的人却是天天要说和天天要听的声音。也就是说，汉语的音位系统里没有这两个音，操汉语的人不用它们区别词或语素，因而在讨论汉语普通话的音位时可以不予考虑。它们是存在于其他某些语言的音位系统中的。此外，一些音素在某种语言中是不同的音位，在另一种语言中可能就是同一个音位。例如一些清、浊音，像 [b] 与 [p] 在英语中是两个不同的音位，而在汉语普通话里只是一个音位；送气音和不送气音如 [pʻ] 与 [p] 在俄语与英语里是一个音位，在汉语普通话里却是两个音位。第二，音素只能从音质角度上切分，音位却可以从语音四要素的任何一个要素上划分与归并。从音质要素上划分与归并的音位叫“音质音位”，从非音质要素上划分与归并的音位叫“非音质音位”。一般说来，在同一个语言或方言中，无论在音质要素上，还是在非音质要素上都可能存在着两种不同性质的关系：一种是对立性的关系，即某类音质要素或非音质要素出现在相同的语音环境时会引起意义的改变；一种是非对立性关系，即某类音质要素或非音质要素出现在相同的语音环境时不会引起意义的改变。凡是具有对立性关系的音质要素和非音质要素必定分属于不同的音位；凡是具有非对立性关系的音质要素和非音质要素可以归并为同一音位。例如，汉语普通话 [p]、[pʻ]、[m]、[f] 等音质音素出现在相同的语音环境 [ᴀ^{51}] 前时，会引起意义的改变，如 [pᴀ^{51}]（爸）、[pʻᴀ^{51}]（怕）、[mᴀ^{51}]（骂）、[fᴀ^{51}]（珐）。可见，[p]、[pʻ]、[m]、[f] 是不同的音位（音质音位）。再如，汉语普通话非音质要素之一的四种音高 [^{55}]、[^{35}]、[^{214}]、[^{51}] 出现在相同的语音环境 [mᴀ] 中的时候，也会引起意义的变化，如 [mᴀ^{55}]（妈）、[mᴀ^{35}]（麻）、[mᴀ^{214}]（马）、[mᴀ^{51}]（骂）。可见伴随着音质音位的 [^{55}]、[^{35}]、[^{214}]、[^{51}] 也是不同的音位（非音质音位）。可以归并为同一个音位的例子如汉语普通话的 [a]、[ᴀ]、[ɑ]、[æ]、[ɐ]，它们出现在相同的语音环境时并不引起意义的变化，如 [pa^{51}]、[pᴀ^{51}]、[pɑ^{51}]、[pæ^{51}]、[pɐ^{51}] 都是“爸”的意思。可见汉语中 [a]、[ᴀ]、[ɑ]、[æ]、[ɐ] 是同一个音位。总之，音位的“精髓”在于区别词或语素，而区别词或语素是离不开实际社会和具体语言的。音位理论集中体现了语言的社会属性。第三，音素是一次发音就可分析出来的，音位则往往涉及一系列发音。划分与归并音位时，确定音质要素或非音质要素是对立还是非对立，往往要考察一类或几类音质或非音质要素，如上述的 [p]、[pʻ]、[m]、[f]，[a]、[ᴀ]、[ɑ]、[æ]、[ɐ]，[^{55}]、[^{35}]、[^{214}]、[^{51}] 等。第四，音素是从音质角度划分出来的最小的语音单位，音位则要具体分析。音质音位本身也是音素，但不是一般的音素，而是能区别词或语素的音素，它们当然也是最小的语音单位；非音质音位

---

① 音位本身没有意义，也不能直接区别意义，而是能区别语素或词的语音形式，从而区别意义。

则是一些能区别词或语素的音高、音长、音强的最小形式。其中的音高和音强必须附加在一个或几个音素音段上，在语音线性序列中不占有位置。

上面的分析已经说明，音位可分为两种类型：音质音位和非音质音位。

(一) 音质音位

从音素的音质角度划分与归并出来的音位即元音音位和辅音音位叫作音质音位，由于音素在语音组合的线性序列中占有一个时段，所以也叫音段音位。

1. 划分与归并音质音位的基本原则

划分与归并音质音位一般应遵循以下一些原则。

(1) 对立原则。即一定语言或方言中的两个或两个以上的音素，如果在同样的语音环境中能起到区别词或语素的作用，那么它们之间的关系就是对立性的关系，就可以成为各自独立的不同的音位。确定一类音素是否有对立关系最有效的方法是替换法，例如：

a 组	b 组
mA^{214}（马）	mA^{214}（马）
nA^{214}（哪）	mi^{214}（米）
pA^{214}（把）	mo^{214}（抹）
lA^{214}（喇）	mu^{214}（母）

替换的结果说明，[m]、[n]、[p]、[l]、[A]、[i]、[o]、[u] 出现在相同的语音环境中能起到区别意义的作用，具有对立性关系，因而是各自独立的不同音位。对立原则是划分音位的重要原则。

如果一类音素在相同的语音环境中不区别意义，不具备对立性关系，那么，这类音素就可归并为一个音位。非对立原则是归并音位的第一原则，但归并音位时还要同时考虑以下几条原则。

(2) 互补原则。即一类音素在正常的情况下从不在同一个语音环境里出现，音素甲出现在某一位置，音素乙就不在那里出现。这种现象叫互补分布。典型的互补分布是汉语普通话的 [a]、[A]、[ɑ]、[æ]、[ɐ] 5 个音素。我们已经知道，这 5 个音素出现在相同的语音环境时并不区别意义（见前）。但在正常的情况下，它们有各自出现的位置：[a] 只出现在韵尾 [-i] 或 [-n] 之前；[A] 只出现在无韵尾的开音节当中；[ɑ] 只出现在韵尾 [-u] 或 [-ŋ] 之前；[æ] 只出现在 [i] 和 [n] 之间或 [y] 和 [n] 之间；[ɐ] 只出现在儿化音之中。例如 [$k'an^{51}$]（看）、[$tɕiæn^{51}$]（见）、[tA^{51}]（大）、[$t'ɑu^{35}$]（桃）、[$xuɐɹ^{55}$]（花儿），它们是互补分布的，就是说，它们的分布环境总体是互相补充的。互补的现象是很多的，例如英语中的送气音与不送气音，汉语拼音的 [i]、[ɿ]、[ʅ] 以及 [f] 和 [ŋ] 都是互补的。

(3) 相似原则。如果一类音素是互补分布，而且在语音上相似或相近，不区别词或语素，那么这些音素就可以归并为同一音位。例如上面所说的汉语普通话 [a]、[A]、[ɑ]、[æ]、[ɐ] 5 个音素就符合“非对立”“互补”“相似”等原则，因而可以归并为同一个音位。但需要指出的是，有些音素虽然呈互补分布，但发音相差很大，如 [f] 和 [ŋ]，它们不能归并为同一个音位，而应分属不同的音位。由此可见，归并音位时，非对立原则和相似原则是最基本的原则。

除了以上三条主要原则之外，还可以参考历史原则（看历史上有无共同来源）、经济原则（音位总数越少越好）、匀称原则（构成较匀称的体系）等。我国语言学家赵元任还提出“土人感”原则，即当地人对该地区语音差异大小的感觉也是参考原则之一。

音位理论是19世纪后半期才逐渐形成和发展起来的。现在，划分与归并音位的原则已被人们普遍接受，但由于不同的人对其原则有不同的理解，因此，在运用这些原则进行分析的时候，并非会得出完全一致的答案。例如汉语普通话的语音如果按照西方元音、辅音划分，到底有几个音位，目前仍有不同的看法。

2. 音位和音位变体

可归并为同一个音位的各个音素，我们称之为音位变体。音位变体可分成以下几种：

（1）条件变体和自由变体：有各自出现条件的变体叫作条件变体。例如前面讲的汉语普通话中互补的、可归并为同一个音位的［a］、［ᴀ］、［ɑ］、［æ］、［ɐ］5个音位变体就是条件变体，因为它们有各自出现的条件。自由变体是在同一语音环境中可以自由替换而又不区别词或语素的变体。例如汉口、南京等长江中下游一些地区方言元音前的［l］、［n］可以互换，东北某些地区［s］和［ʂ］、［ts］和［tʂ］可以互换。它们都可叫作自由变体。

（2）典型变体和一般变体：在属于同一音位的几个音位变体中选择出的一个能代表所有变体的音位变体，我们称之为典型变体。从不同的角度可能选择出不同的典型变体。例如汉语普通话［a］、［ᴀ］、［ɑ］、［æ］、［ɐ］5个变体，如果选择能单独发音的则是［ᴀ］，如果选择最常出现的则是［a］或［ɑ］。典型变体的代表符号是“//”。典型变体之外的变体就叫一般变体。

从理论上说音素是无穷的，音位变体从理论上说也是无限的。人们不可能绝对重复地发出一个或几个音。人的耳朵也听不出那么多细微的差别，我们只需列出几个常听到的主要变体及其出现的条件就可以了。

（二）非音质音位

利用音高、音强、音长这样一些非音质要素形成的音位，我们称之为非音质音位，利用音高和音强构成的音位也叫超音段音位（因为它们在语音线性序列中不占有位置，可以超越一个音素音段作为几个音素音段的共时成分出现）。非音质音位可分为调位、重位和时位三种。

1. 调位

指由音高特征构成的声调音位。在汉语普通话中有阴平、阳平、上声、去声四个调位。四个调位的典型变体的调值分别是［^{55}］、［^{35}］、［^{214}］、［^{51}］。围绕典型变体，每个调位又可以有许多一般变体。汉语方言有不同的调位，如一般认为广州话有9个调位。

2. 重位

指由音强特征构成的音位。例如俄语 замˈок 是“锁”的意思，如果把重音移到前面 ˈзамок，便是“城堡”的意思了。再如英语的 instinct［insˈtiŋkt］是“充满的”的意思，把重音移到前面［ˈinstiŋkt］就成了“本能”的意思了。汉语普通话里轻重音的变化有时也会引起意义的变化，如“火烧”“大麻子”“大爷”……轻重音不同，意义也有所不同（有人认为是轻音问题，也叫轻位）。假如把某重位典型变体的轻重对比定为1∶2，那么，1∶

1.8、1∶1.9、0.9∶2……都是一般变体。

3. 时位

指由音长特征构成的音位。例如广州话的［kaːi1］（街）和［kai1］（鸡）、［kaːu3］（教）和［kau3］（救），拉萨话的［laː］（麝）和［la］（工钱），勉语的［faːi］（沙子）和［fai］（西）都是靠长短音区别意义的。假如把某时位典型变体的长短对比定为2∶1，那么1.9∶1、2∶0.9……都是一般变体。

（三）音位的区别特征

1. 音位区别特征理论

音位是具体语言或方言在一类发音中从能否区别词或语素的角度划分或归并出来的语音的最小形式。随着研究的不断深入，人们又发现每个音位是由更小的语音形式组成的，这些语音形式有区别音位的作用，我们把它们称作音位的区别特征。一个音位实际上是一束区别特征的集合。

音位的区别特征是由对音位理论有着特殊贡献的布拉格学派的代表人物之一雅柯布逊提出来的。雅柯布逊在考察了上百种语言材料之后，根据语音的声学特征，同时参考发音的生理特征，建立了12对区别特征来分析人类语言各种音位的对立，它们是：（1）元音性/非元音性；（2）辅音性/非辅音性；（3）突发性/延续性；（4）急煞性/非急煞性；（5）粗糙性/柔韧性；（6）浊音性/清音性；（7）集聚性/分散性；（8）沉钝性/尖锐性；（9）降音性/平音性；（10）升音性/平音性；（11）紧张性/松弛性；（12）鼻音性/口音性。这些区别特征的核心是二元对立，斜线的左边用"＋"号表示，斜线的右边用"－"号表示。一个音位是其中若干个区别特征的总和。例如英语［b］音位是由［－非元音性］、［＋辅音性］、［－分散性］、［＋沉钝性］、［－口音性］、［＋紧张性］、［＋突发性］等特征组成的。

雅柯布逊的音位的区别特征是从世界语言中概括出来的，因而每种语言的音位系统只可能具备其中一部分而不可能具备全部区别特征。后来有些语言学家又根据具体的情况对此进行了修正、补充与发展。例如美国语言学家乔姆斯基把区别特征发展到30多对。我国有的语言学家又把传统音韵学中的一些概念如开/合、齐/撮、洪/细等进行区别特征分析。各国学者对音位区别特征的研究，进一步推动了音位系统学的发展。

音位的区别特征可以从声学特征上研究，也可以从生理特征上研究。对于非专业的学习者来说，从生理特征上解释比较容易接受，因为我们已经掌握了元音和辅音的描写方法，而每个元音的舌位和唇形，每个辅音的发音部位和发音方法都可以作为确定区别特征的根据。例如辅音［pʻ］的描写方法是双唇＋送气＋清＋塞音。不难看出，正是双唇特征把［pʻ］的音位与［tʻ］、［kʻ］等音位区分开来，正是送气特征把［pʻ］音位与［p］音位区别开来，正是双唇和送气特征把［p］音位与［t］、［k］等音位区别开来，正是双唇和塞音特征把［pʻ］音位与［ɕ］等音位区分开来。由此可见，音位之间的对立，实际上是一对或几对语音特征的对立。

2. 音位区别特征矩阵

把属于同一种语言的部分或全部音位横向排列，把区别特征纵向排列，然后对每个音位区别特征分别加以分析，用正号或负号加以回答，便得到音位区别特征“矩阵图”。表2-1、表2-2可看作从生理特征上分析英语的部分辅音以及普通话辅音的区别特征“矩阵图”。

表2-1　英语塞辅音音位区别特征矩阵

音位 区别特征	k	g	ŋ	p	b	m	t	d	n
唇/非唇	−	−	−	+	+	+	−	−	−
齿/非齿	−	−	−	−	−	−	+	+	+
软腭/非软腭	+	+	+	−	−	−	−	−	−
带音/不带音	−	+	+	−	+	+	−	+	+
鼻/口	−	−	+	−	−	+	−	−	+

表2-2　普通话辅音音位区别特征矩阵

音位 区别特征	p	p^h	m	f	t	t^h	n	l	k	k^h	x	tʂ	tʂ^h	ʂ	ʐ	tɕ	tɕ^h	ɕ	ts	ts^h	s
双唇/非	+	+	+	−	−	−	−	−	−	−	−	−	−	−	−	−	−	−	−	−	−
唇齿/非	−	−	−	+	−	−	−	−	−	−	−	−	−	−	−	−	−	−	−	−	−
舌尖中/非	−	−	−	−	+	+	+	+	−	−	−	−	−	−	−	−	−	−	−	−	−
舌面后/非	−	−	−	−	−	−	−	−	+	+	+	−	−	−	−	−	−	−	−	−	−
舌尖后/非	−	−	−	−	−	−	−	−	−	−	−	+	+	+	+	−	−	−	−	−	−
舌面前/非	−	−	−	−	−	−	−	−	−	−	−	−	−	−	−	+	+	+	−	−	−
舌尖前/非	−	−	−	−	−	−	−	−	−	−	−	−	−	−	−	−	−	−	+	+	+
送/非	−	+			−	+			−	+		−	+			−	+		−	+	
清/浊	+	+	−	+	+	+	−	−	+	+	+	+	+	+	−	+	+	+	+	+	+
塞/非	+	+	−	−	+	+	−	−	+	+	−	−	−	−	−	−	−	−	−	−	−
塞擦/非	−	−	−	−	−	−	−	−	−	−	−	+	+	−	−	+	+	−	+	+	−
擦/非	−	−	−	+	−	−	−	−	−	−	+	−	−	+	+	−	−	+	−	−	+
鼻/非	−	−	+	−	−	−	+	−	−	−	−	−	−	−	−	−	−	−	−	−	−
边/非	−	−	−	−	−	−	−	+	−	−	−	−	−	−	−	−	−	−	−	−	−

音位区别特征矩阵图可以显示出某一个音位是由哪些区别特征组成的，也可以显示出整个语言系统音位区别特征的总体状况。它既具体，又深入；既对立，又联系；既客观，又全面；从而把对音位的研究推向了新的高度，对揭示音位聚合类及运用计算机进行言语识别与合成具有重大意义。

（四）音位体系

一个语言的音位体系的内容包括：该语言全部的音质音位和非音质音位；每个音位的全部变体；每个变体出现的条件；各音位在聚合关系与组合关系中所表现的规律。前三个内容前面已经有所论述，这里着重谈谈第四个内容。

音位在聚合关系与组合关系中的规律有多种，最重要的是平行对称规律。所谓平行对称规律是某种语音的音位大都处在一个双向聚合的位置，音位之间存在着一种平行与对称的关系。辅音音位大都是两个方向的聚合：一个方向按发音部位排列，一个方向按发音方法排列，形成一种既平行又对称的关系。例如：

普通话		英语
ʦ ʦʻ s	p pʻ m	p t k
tʂ tʂʻ ʂ ʐ	t tʻ n	b d g
ʨ ʨʻ ɕ	k kʻ ŋ	

平行对称规律具有重要的意义：在同一个音位系统中，我们可以根据这个规律推断出个别音位的特点。假设我们不知道［tʻ］音位的特点，但通过横向聚合类我们可以断定它是舌尖中音，通过纵向聚合类我们可以断定它是送气的清塞音；对不同的音位系统进行比较，我们可以根据这个规律了解不同语言音位体系的特点。如普通话有送气音与不送气音的对立，英语有清音与浊音的对立；在同一聚合序列中的音位一般具有相同的组合关系，如［tɕ、tɕʻ、ɕ］只能与齐齿呼或撮口呼的韵母组合，不能与开口呼或合口呼的韵母组合①，其他聚合类［ts、tsʻ、s］、［tʂ、tʂʻ、ʂ、ʐ］则相反；平行对称规律的例外——单项聚合，如普通话的［ʐ］等，为研究语音的历史演变提供了重要线索。

三、音节

（一）音节的定义及音节理论

音节是由具体语言或方言中的元音音素和辅音音素组合起来的、从自然发音和听感角度上得到的最小语音结构单位。

音节理论不止一种，最能被人们普遍接受的是苏联学者谢尔巴提出的“肌肉紧张度说”。简单说来，就是发音时肌肉紧张一次，就形成一个音节。例如普通话的“wai”这串音素，分别紧张一次、两次和三次，就会得到“歪”“五爱”和“武阿姨”三种不同的音节形式。音节紧张的顶点叫音峰，音节紧张的最低点即音节的交界处叫音谷。

（二）音节的结构

音节的构造可分为领音、起音和收音三种。领音是指处在音峰阶段的音；起音是指处在渐强阶段的音，也叫后强音；收音是处在渐弱阶段的音，也叫前强音。

音节的构成方式有：领音、起音＋领音、领音＋收音、起音＋领音＋收音四种。由于领音可以由元音（v），也可以由辅音（c）充当，所以可以形成五种基本形式——v、c、cv、cvc、vc，如［ᴀ］、［m］、［mᴀ］、［man］、［an］。

（三）音节的结构类型

音节的类型有开音节、闭音节、元音首音节、辅音首音节、复元音音节、复辅音音节

① 开口呼指没有韵头而韵腹又不是 i、u、ü 的韵母；合口呼指韵头或韵腹是 u 的韵母；齐齿呼指韵头或韵腹是 i 的韵母；撮口呼指韵头或韵腹是 ü 的韵母。

等几种。开音节是以元音收尾的音节，如［tʌ］；闭音节是以辅音收尾的音节，如［bin］；元音首音节是以元音开头的音节，如［an］；辅音首音节是以辅音开头的音节，如［bi］；复元音音节是由两个或三个元音组合起来的音节。复合元音分为二合元音，如［ai］、［ei］，以及三合元音，如［uai］、［uei］，它们必须处在同一次紧张之中，并形成一定的过渡音。复辅音音节是由两个或两个以上的辅音组成的音节。如俄语的 глаз［glas］（眼睛），英语的 strand［strænd］（海滨）。复辅音也必须处在同一次紧张之中，并位于同一个渐强或渐弱的阶段中。

（四）音节的结构层次

1. 汉语音韵学

对汉语而言，一个字就是一个音节，一个音节写下来就是一个汉字，因而中国古代传统音韵学一直重视对字音结构的分析（见图 2-8）。

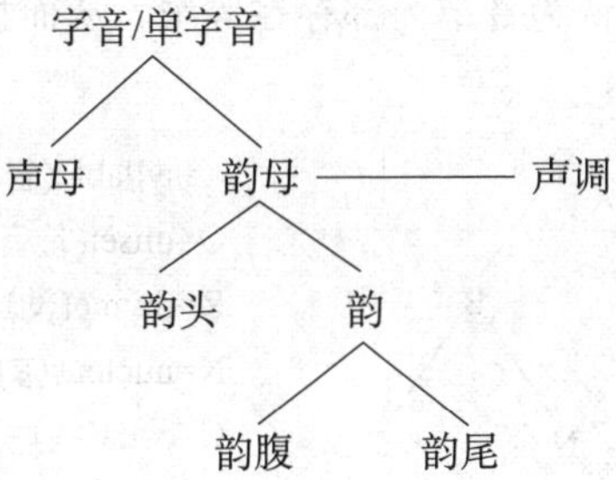

图 2-8　字音结构

一般认为汉语音节具有以下特点：

（1）最多由四个音素成分组合，如“窗”cvvc、“揣”cvvv，其中韵腹不可少；

（2）无复辅音，声母只占一个位置；

（3）分声母、韵母，每个音节有声调；

（4）一个字为一个音节，音节界限分明[①]；

（5）辅音韵尾比元音韵尾少。

2. 音段

克列曼（G. Clements）和凯瑟（S. J. Keyser）认为音节没有什么内在结构，同属一个音节的音段彼此关系地位相等（见图 2-9）。

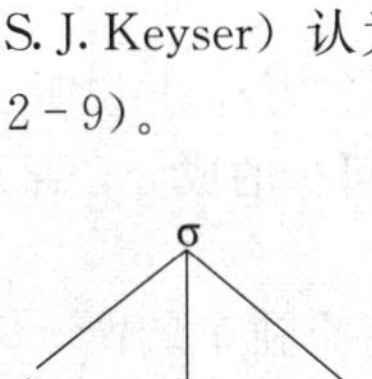

图 2-9　音段结构

① 一般说来一个汉字一个音节，例外是用作后缀的“儿”字，两个汉字读一个音节。例如“花儿”就是一个音节（huār）。

3. 生成音系学

生成音系学认为音节由莫拉（mora）组成，莫拉则由音段组成（见图 2－10）。莫拉是对音节“轻重”而言的。

重音节：长元音或元音后有辅音跟随，由两个莫拉组成。

轻音节：由一个莫拉组成。

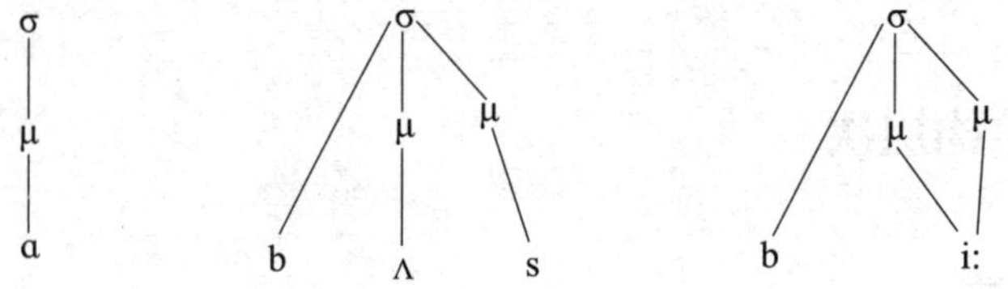

图 2－10　莫拉结构

4. 非线性音系学

非线性音系学回到传统，认为音节内部存在等级，从而提出了新的音节结构模式（见图 2－11）。

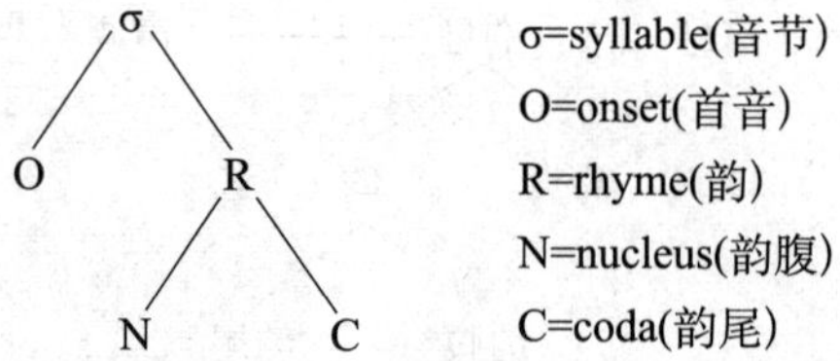

图 2－11　非线性音节结构

音节中韵腹必不可少，声母与韵尾往往可以没有。据此，有人仿照生成语法的方式把音节结构写成图 2－12 所示的模式。

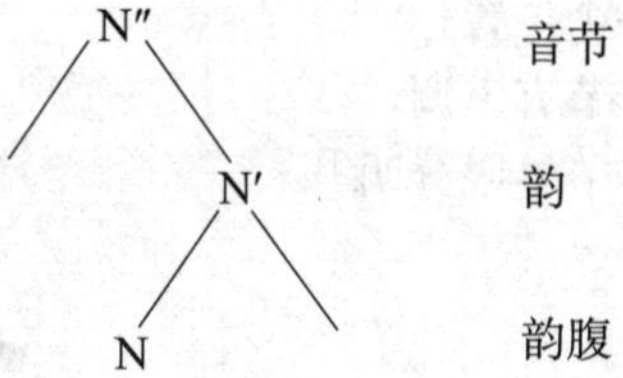

图 2－12　生成语法音节结构

这样的结构强调了音节结构的层层二分，并说明了两个直接成分哪个更重要。

一般认为一个音节中韵腹是必不可少的成分，通常都由元音构成，但这样的看法也存在一些问题。

其一，英语中/l，n/是否能构成一个独立音节。

如，词尾鼻音与边音往往能与前面的塞音构成非重读音节，如：

sudden/sʌdn/　　medal/medl/

其二，一些语言中存在辅音自成音节的情况。

如，汉语沪方言中的/m，ŋ/都可自成音节，如“五”［ŋ^{13}］；粤语中也有类似的情况。

在北美洲太平洋海岸地区的一些语言中，辅音自成音节、成词的现象很普遍，如在贝拉库拉语（Bella Coola）（英属哥伦比亚地区的一种语言）中，用/ʃ$_{ɬ}^{x}$/表示“坏（bad）”，而“东北风（northeast wind）”则是/$_{ɬ}^{s}$p$_{ɬ}^{s}$/。

对比我国传统音韵学和现代非线性音系学对音节结构的分析，不难发现其中惊人的相似性，它们都体现了层级性的特点，都把韵腹当作音节中最重要的部分。相比较而言，西方现代的音节结构是一种更普遍的形式，在不同的语言中有不同的对应。

第三节 言语的声音

和相对静态的语言相比，言语是动态的，它是运用语言系统的各种单位表达意义的行为与行为的结果。语言的声音是从语言的语音系统中切分出来的语音单位，它们是一些相对固定与相对静态的语音模式。研究这些语音模式属于语言的语言学。和语言的声音相比，言语的声音是动态的、变化的，句子以上动态的语流、语流中的音变现象、语调以及具体说话时的发音和以说话人的意志为转移的个人的组合可归入言语的声音。研究言语的声音属于言语的语言学。

一、语流及语流音变

语流是具体语言和方言中由音节和音节组合起来的言语的语音形式。由音位组合起来的音节能载负的意义是极其有限的，只有用各种音节组合起来的语流，特别是句子以上的语流才能传达出无限多的意义。在语流这一活动的言语的声音里，有一种共时的变化的现象特别值得注意，那就是语流音变。所谓语流音变就是语言单位的读音进入言语之后，其中一个音由于受到前后音或者说话时各种因素的影响而在发音上产生某种变化。常见的语流音变现象有：同化、异化、弱化、脱落、增音等。

（一）同化

语流中两个邻近的不同的音，其中一个受到另一个的影响变得跟它相同或相近，这种现象叫做同化。例如英语复数词尾［s］本是清辅音，可是在“dogs”中，［s］受到浊辅音［g］的影响而变成［z］。这种同化音（如［g］）在前，被同化音（如［s］）在后的同化叫顺同化。再如普通话中的［liæn^{35} məŋ^{35}］（联盟）可读作［liæm^{35} məŋ^{35}］。这种同化音（如［m］）在后，被同化音（如［n］）在前的同化叫逆同化。

（二）异化

语流中两个邻近的相同或相近的音，其中一个受到另一个的影响而变得不同或不近，这种现象叫异化。例如俄语 про́рубь［prorub］（冰窖）在个别方言中读成［prolub］。这种异化音（如第一个［r］）在前，被异化音（如第二个［r］）在后的异化叫顺异化。再如苗语养蒿话中的［pu^{44} pu^{44}］（沸的重叠）读成［pi^{44} pu^{44}］。这种异化音（如第二个［u］）在后，被异化音（如第一个［u］）在前的异化叫逆异化。汉语普通话上声＋上声→阳平＋上声的现象也是一种逆异化。

（三）弱化

语流中一个音由于所处的地位或受邻近音的影响而变成一个较弱的音，这种现象叫弱化。汉语普通话轻声音节的音会发生弱化，如元音向中、央元音靠拢，复元音变成单元音，浊化，声调失去调值等。例如：

［mᴀ］＋［mᴀ］→［mᴀ mə］（妈妈）
［kou］＋［tai］→［kʻəutɛ］（口袋）
［pᴀ］＋［kə］→［pᴀɡə］（八个）

再如，英语的 but［bʌt］（但是）读成［bət］，俄语 дорога（道路）读成［dʌrəɡə］。

（四）脱落

语流中某一个音在发音时丢失的现象叫脱落。
如：

豆腐［təu^{51} fu^{1}］→［tou^{51} f^{1}］
竹竿儿［tʂu^{35} kan^{55}］→［tʂu^{35} kɐʴ^{55}］

英语中有较多语音脱落现象，如：I am→I'm；She is→She's；I shall→I'll；I have been→I've been；He is not→He isn't。英语的所谓“失去爆破”的现象也是一种脱落，如 fast train（快车）、a great deal（许多）、white goose（白鹅）里形容词的“t”常常不发声。

（五）增音

语流中有时加进原来没有的音，这种现象叫增音。汉语普通话中的语气词“啊［ᴀ］”跟前面音节连读时，会增加一个和前面音节尾音同部位的音素。如：

［mɑŋ^{35}］（忙）＋［ᴀ］（啊）→［mɑŋ^{35} ŋᴀ^{3}］（忙啊）
［ʂuei^{35}］（谁）＋［ᴀ］（啊）→［ʂuei^{35} jᴀ^{3}］（谁啊）
［nan^{35}］（难）＋［ᴀ］（啊）→［nan^{35} nᴀ^{3}］（难啊）

再如，英语冠词 a 用在元音之前要变成 an，如 an apple（一个苹果）。

二、语调

语调存在于一切言语之中。我们在读一篇文章或一段文字的时候，要根据不同的内容采取不同的语调，例如：庆贺性的内容，我们要读得高亢而热烈；宣布性的内容，我们要读得平稳而严肃；悼念性的内容，我们要读得低沉而悲痛；声讨性的内容，我们要读得急促而激昂……

语调中重要的是句调问题。

句调是句平面上的非音质要素，它和词平面上的调位、重位与时位等非音质音位的共同点是都属于韵位学或韵律学；不同点是词平面的非音质音位属于语言的语言学，句调和其他语调问题则可归入言语的语言学。

同一个句子用不同的语调念，会得出不同的意思，它和词的非音质音位一样，具有区别意义的作用。为了与词的非音质音位相区别，有人把它叫作句位。研究句位的学问叫句位学。

（一）句调位

句调位由于在形式上变化很大，所以要比词调位复杂得多。词调位进入句调位后，要根据句调位的要求进行调整。句调位主要指句子语气的高低升降。一般说来，降调多用在陈述句、祈使句和感叹句中，升调多用于疑问句。例如：同样是“来”，如用不同的语气读成“来。”/“来！”/“来？”，表达的就是不同的意思。当然，具体的句子，有时还要具体地分析。如一些表达肯定态度的反问句和选择疑问句就可用降调；在复句中如表示踌躇、迟疑、夸张、讽刺的时候往往采取有升有降的曲折的语调。

（二）句重位

句重位一般比词重位更强，而且受全句的中心意思制约。句重位既可以指句子的节律重音，也可以指句子的逻辑重音。多数语言的重音是综合性的，即音强、音高、音长都有所增加。

节律重音如：“火烧真好吃。”/“《火烧圆明园》拍得真好。”“说起来话长。”/“说起来就起来。”——由于句中的“火烧”与“说起来”在两组句子中的语音轻重对比不同，在句子中的意思也大不相同。

逻辑重音如：“我给你一杯酒。”如果重音落在“我”字上，那就是强调“是我而不是别人”；如果重音落在“酒”上，那就是强调“是酒而不是水或茶”。

（三）句时位

指全句时间的长短，一般分长句和短句，长句要慢说，短句要快说。有人把句时位分为快速、中速和慢速三种。同一个句子用不同的速度也可以表达出意义的差别，如询问义、激动义、强调义、讽刺义……

（四）句顿位

有的句子，由于停顿位置的不同，会引起意义的不同。如：

五加四乘以六减三。

男人没有了女人就恐慌了。

北京劳模中青年居多。

第一句可以有这样一些不同的停顿：“五加四，乘以六，减三”；“五加，四乘以六，减三”；“五加四，乘以，六减三”……

第二句我们可以有两种不同的读法：一种是“男人没有了，女人就恐慌了”；一种是“男人没有了女人，就恐慌了”。

第三句也有两种不同的停顿：一种是“北京劳模，中青年居多”；另一种是“北京劳模中，青年居多”。

第四节 语音的历史演变

语言在言语中演变，即语言在运用中才能变化。同样，语言的声音也会在言语的声音中发生变化。前面提到过的语流音变就是一种共时的变化，它常常是历时演变的先导。

一、语音历史演变的现象

在总论中我们已经知道，人类的语言无不按照渐变性规律和参差性规律向前发展。作为语言的物质外壳，语音同样处在一定的演变之中。语音的演变从共时上看是细微的，但从历时上看又是明显的。我们不可能穷尽人类语言的演变实例，但我们可以通过对汉语某种语音演变现象的分析，找到一些人类语音的共同的发展规律。

汉语语音历史演变的例子如下。

（一）浊音清化

中古时期的汉语在塞音、擦音和塞擦音中都有清与浊的对立，如：帮［p］—并［b］，端［t］—定［d］，见［k］—群［g］，心［s］—邪［z］，精［ts］—从［dz］……①后来，浊音一律向相应的清音转化，这种转化显现出极强的规律性：原塞音和塞擦音在平声字里变为同部位的送气清音，在仄声字里变为不送气清音；原擦音一般变为同部位的清擦音，无送气不送气之分。例如：

［b］< 平声［pʻ］皮、旁、盆、平
　　　仄声［p］倍、步、拔、弼

① 我国古代曾经用36个字代表当时的声母。它们分别是：帮、滂、并、明、非、敷、奉、微、端、透、定、泥、知、彻、澄、娘、精、清、从、心、邪、照、穿、床、审、禅、见、溪、群、疑、晓、匣、影、喻、日、来。

　　　平声[tʻ] 途、抬、提、同
[d]<
　　　仄声[t] 独、队、弟、电

　　　[s] 寺、颂
[z]<
　　　[ɕ] 续、序、羡、祥

（二）新音位的出现

在语音的历史演变中，某几个音位或某几组音位在一定的条件下，通过合并与分化产生出一些新的音位。例如：唇齿音是从双唇音中演化出来的（所谓“古无轻唇”），至今有些字还保留着古音，如“阿房宫”的“房”念［pʻɑŋ］而不念［fɑŋ］。再如［tɕ、tɕʻ、ɕ］是从［k、kʻ、x］与［ts、tsʻ、s］两组音演化来的，［tʂ、ʂʻ、ʂ］则是从［ȶ、ȶʻ、ȡ］、［tʃ、tʃʻ、ʃ、dʒ］、［tɕ、tɕʻ、dʑ、ɕ、ʑ］三组音演化来的。

（三）旧音位的消失

在语音的历史演变中，一些音位会逐渐消失。例如汉语北方话鼻音韵尾本来有-m（如“谈”“蓝”）、-n（如“坛”“兰”）、-ng（如“堂”“郎”）三个，后来-m韵尾的字音全演变为-n韵尾，-m韵尾在北方话中消失。再如汉语北方话非音质音位中的调位原来有平、上、去、入四个，后经过“平分阴阳、入派三声、浊上归去”的演化，即平声分为阴平和阳平，如“诗”“时”；上声的浊声母归入去声，如“是”；入声字则“派”到平声、上声和去声中，如“湿”“食”“脚”“剧”，入声便在北方话中完全消失了。

二、语音历史演变的规律、特点及条件

上述汉语语音历史演变的现象说明，语音的历史演变不是杂乱无章的，而是有规律可循的，有的甚至可以概括出较为严整的公式（如浊音清化规律）。语音的历史演变必然引起整个音位体系的演变。它是通过音位的合并与分化进行的，这种合并与分化不是分别地、平行地进行，而常常是同时地交错进行。如［p、p、b］三个音位演变为［p、p］两个音位，这是音位的合并；［b］演变为［p、pʻ］两个音位，这又是音位的分化。再如汉语调位“平分阴阳”是分化，而“浊上归去”和“入派三声”则是合并。音位交错的分合又会使音位体系中音位间的对立关系和组合关系发生改变。如中古汉语清音—浊音和送气音—不送气音这两组对立，变成现代汉语的送气音与不送气音一组对立；塞音音位［p、t、k］不在音节末尾出现；［k、k、x、ts、tsʻ、s］不能再和［i、y］相拼等。

语音历史演变是有规律的，语音演变规律又是有条件的。第一是语音条件。即语音演变要受到演变音本身或其他相邻音的音质与非音质的限制。例如汉语浊音清化到底是变成送气音还是不送气音，条件是看演变音是平声字还是仄声字（见前）；“平分阴阳”到底是变成阴声字还是阳声字，条件是看演变音是清音还是浊音：清声字变阴平（如“诗”），浊声字变阳平（如“时”）。再如，［k、k、x］和［ts、tsʻ、s］两组音只有在遇到齐齿呼和撮口呼时才能变成［tɕ、tɕʻ、ɕ］，跟别的韵母相拼时不发生这种变化。第二是时间条件。即语音演变规律只在某一段历史时期起作用。例如卷舌音［tʂ、tʂʻ、ʂ］只能出现在近代和现代汉语中，而不能出现在上古和中古时期；-m韵尾并入-n韵尾只是在近代汉语时期才起作用，在此之前没有这种变化。第三是地域条件。即语音演变只在一定的地域内进行。例如广州话就没有出现［tʂ、tʂʻ、ʂ、ʐ］等卷舌音，并完整地保留了入声和-m韵尾。

以上得出的语音演变规律性原则的结论同样适合于其他语言，不过各种语言又有自己特殊的内容。

【本章小结】

语音学可以相对地分为发音语音学、声学（物理）语音学、听觉（心理）语音学、音位学（又称“音系学”）等分支学科。索绪尔关于语言和言语的区分是语言研究的第一条分岔路，同样也是语音研究的第一条分岔路。语言的语音是指语言的物质外壳。我们对这种物质外壳可以相对地切分出音素符号、音位、音节等各种模式与单位。根据布拉格学派的意见，音素属于言语范畴，我们给音素下的定义是人类语言在一次发音中从音质角度切分出来的最小的语音单位，显然符合布拉格学派的精神。但是，音素是无穷的，因为我们每次发音都是动态的，即使发同一个音，嘴形和舌位都不可能是完全一样的。我们不可能也没必要发明无穷的音素符号。目前通用的国际音标或其他音素符号是有限的，记录了音素的典型位置，实际上代表了一个范围的音素，它属于语言的范畴。具体的、严式的音素描写要添加符号。音素这一节体现了语音的生理属性，主要研究的是发声语音学。所谓音位是具体语言或方言在一类发音中从能否区别词或语素的角度划分或归并出来的最小的语音形式。音位可以分为音质音位和非音质音位，后者又包括调位、重位和时位。划分与归并音质音位的原则是对立原则、互补原则、相似原则，此外还有历史原则、经济原则、匀称原则、土人感等。可归并为同一个音位的各个要素叫作音位变体。一种语言的音位是有限的，而音位变体原则上是无穷的。和音素符号与具体的音素发音一样，音位和音位变体的关系也是语言和言语的关系。音素符号和音位是典型的、抽象的、有限的模式，属于语言；而音素和音位变体则是个别的、具体的、无限的，属于言语。当然，我们也可以说抽象的音位模式是属于语言的，具体的音素发音是属于言语的。对音位区别特征的研究属于对音位的微观研究，对音位体系的研究属于对音位的宏观研究。音位这一节集中体现了语音的社会属性和物理属性，主要研究的是音位学和声学（物理）语音学，当然，也涉及听觉（心理）语音学。所谓音节是由具体语言或方言中的音位和音位组合起来的、从自然发音和听感角度上得到的最小语音结构单位。言语的语音学主要研究和句子相应的语流、语流音变及语调、轻重音等。某些内容与国外所谓非线性音系学有一致的地方。语流音变是共时的变化，语音的历史演变是历时变化。语言和言语、共时与历时的框架再一次在这一章里得到体现。

【思考与练习】

1. 关键词

语音　语音学　乐音　噪音　共振峰　音素　国际音标　音位　音位变体　非音质音位　音位区别特征　音位体系　音节　语流音变　句位学

2. 填空

（1）人的发音器官是由________、________、________三大部分组成的。

（2）语音的四要素是：________，决定于________；________，决定于________；________，决定于________；________，决定于____

______。

（3）从声音产生的角度看，音质的不同是由______、______、______决定的。

（4）人的听觉器官是由______、______和______组成的。

（5）语音的社会特性可以从______、______和______上体现。

（6）从生理学的角度看，元音音素和辅音音素的主要区别是______、______、______、______。

（7）根据舌头起作用的部位，元音可分为______、______。

（8）辅音音素的分类标准是______、______。

（9）8个基本元音是______、______、______、______、______、______、______、______。

（10）央、中元音有______，圆唇与不圆唇的前元音有______，圆唇后元音有______。

（11）普通话“洪”字的元音是______，“哥”字的元音是______，“之”字的元音是______，“张”字的辅音是______，“干”字的辅音是______。

（12）普通话里可能出现的舌面前元音有______；可能出现的舌面后元音有______；舌面央元音有______。

（13）普通话的舌尖前辅音有______；舌尖中辅音有______。

（14）[tʻ] 的描写方法是______，例如汉语的______；[x] 的描写方法是______，例如汉语的______；[g] 的描写方法是______，例如英语的______；[tʃ] 的描写方法是______，例如英语的______。

（15）与 [ɕ] 发音方法相同的舌尖前音是______，与 [tʻ] 发音部位相同的浊鼻音是______，与 [tʻ] 发音方法相同的双唇音是______，与 [tɕ] 发音部位相同的清擦音是______。

（16）非音质音位有______、______、______。

（17）语言音位体系的内容有______、______、______、______。

（18）从音节构造的角度说，处在音峰阶段的音叫______音，处在渐强阶段的音叫______音，处在渐弱阶段的音叫______音。

（19）复元音的特点是______，复辅音的特点是______。

（20）常见的语流音变现象有______、______、______、______、______。

（21）句位包括______、______、______、______。

（22）语音历史演变的条件是______、______、______。

3. 选择

（1）声调取决于　（　）

A. 音高　B. 音强　C. 音长　D. 音质

（2）[p、tʻ、b、k] 在发音方法上的共同点是　（　）

A. 清音　B. 不送气　C. 塞音　D. 擦音

（3）舌尖后浊擦音是　（　）

A. ［x］　　B. ［d］　　C. ［ʐ］　　D. ［z］

(4) ［tʌ］是　　（　　）

A. 开音节　　B. 闭音节　　C. 元音首音节　　D. 辅音首音节

(5) ［ɕyɛ］（血）中的［ɛ］是　　（　　）

A. 起音　　B. 领音　　C. 收音

(6) ［kai］（盖）中的［i］是　　（　　）

A. 起音　　B. 领音　　C. 收音

(7) 普通话［ɕin^{55} kʻu^{214}］（辛苦）快读是［ɕiŋ^{55} kʻu^{214}］，这种现象是　　（　　）

A. 顺同化　　B. 逆同化　　C. 顺异化　　D. 逆异化

E. 弱化　　F. 脱落

(8) 普通话［fən^{214} pi^{214}］（粉笔）快读是［fəm^{35} pi^{214}］，这种现象是　　（　　）

A. 顺同化　　B. 逆同化　　C. 顺异化　　D. 逆异化

E. 弱化　　F. 脱落

(9) 英语 instinct 读［ˈinstiŋkt］是“本能”的意思，读［inˈstiŋkt］是“充满的”的意思。这种现象是　　（　　）

A. 调位　　B. 重位　　C. 时位　　D. 重音法

(10) 普通话［təu^{51} fu^{1}］（豆腐）快读是［tou^{51} f^{1}］，这种现象是　　（　　）

A. 同化　　B. 异化　　C. 弱化　　D. 脱落

E. 增音

4. 简答

(1) 从我国古代诗歌中找出有关描写声音的诗句，并说明哪些声音称得上是人的语音，它和其他声音有何异同。

(2) 平时我们听人念书，即使是同样的语速也能分出哪个是男，哪个是女；要是听音乐，即使是同样的声调、同样的快慢，也能分出哪个是提琴，哪个是黑管。试从语音的物理特性的角度说明这种现象的原因。

(3) 什么是音标？国际音标有何优点？

(4) 什么是音位？它与音素有什么区别？

(5) 举例说明划分与归并音位的基本原则。

(6) 举例说明什么是条件变体和自由变体，什么是音质音位和非音质音位。

(7) ［p］、［pʻ］、［t］、［tʻ］、［k］、［kʻ］这 6 个辅音在汉语拼音方案中用 6 个字母表示，在英语和俄语中只用 3 个字母表示，说说其中的原因。

(8) ［i］、［ɿ］、［ʅ］这三个音在普通话中到底归并为几个音位好？为什么？

(9) ［k、kʻ、x］、［ts、tsʻ、s］、［tʂ、tʂʻ、ʂ］和［tɕ、tɕʻ、ɕ］这几组音到底分析为几个音位好？为什么？

(10) 什么是音位的区别特征？它有什么优越性？

(11) 什么是音节？它是如何划分的？举例说明音节的音峰和音谷。

5. 运用

(1) 按普通话读音，给下面两段话注上宽式国际音标：

语言可以把死人从墓中叫出来，也能把活人埋入地下；语言可以把侏儒变为巨人，也能将巨人彻底打倒。

在科学的征途上没有平坦的道路可走，只有在那崎岖小路的攀登上，不畏艰险、勇于奋斗的人，才有希望达到光辉的顶点。

(2) 给“坚持改革开放”注上严式音标，并对头三个音节的元音和辅音进行描写。

(3) 给“看大剪刀把儿”“老大爷看画儿”注上严式音标，并分别分析句中的元音分属几个音位，为什么？

(4) 用什么方法可以证明下列各音素在普通话中属于不同音位，或者是同一音位的不同变体？

[i] — [u]　　　　[a] — [ɑ]　　　　[ʌ] — [ɐ]

[t] — [tʻ]　　　　[k] — [kʻ]　　　　[m] — [n]

(5) 舌位较前的 [k̟]、舌位靠后的 [k̠]、圆唇的 [k̰]、浊音的 [g]，四个音素分别能在下列哪一个语音环境里出现？它们分属几个音位？为什么？

[ei^{214}]（给）、[ɑŋ^{55}]（钢）、[uo^{35}]（国）、[pʌ^{55}ə]（八个）

(6) 用表列出汉语普通话 [k、kʻ、x、ts、tsʻ、s] 的区别特征（用“+”表示肯定，用“—”表示否定）。

音位 区别特征	k	kʻ	x	ts	tsʻ	s
舌根音/非						
舌尖前音/非						
塞音/非						
塞擦音/非						
擦音/非						
送气/非						
清/浊						

6. 论述

有人（如许余龙）指出，音高的语音物质形式表现为声带振动的基频变化，这种变化在语言中的运用统称为旋律（melody）。就旋律涉及的语音范围来说，如果旋律以音节或词作为其基本载体单位，那么这种旋律称为声调（tone）；如果以短语或小句作为其基本载体单位，那么这种旋律称为语调（intonation）。

请结合语言和言语的关系谈谈你对声调和语调及其各自表现形式的认识。

第三章
语义

语义学处在对人类进行研究的焦点上，也就是说，语义学是各种矛盾的思潮和各类研究学科的汇合处。

——杰弗里·利奇《语义学》

语义是语言要素之一。专门对语义进行研究，便形成了语言学的一个分支——语义学。人们交际的目的无非是交流自己的思想，所以从某种意义上说，语义是最为重要的。但是，由于语义包罗万象、变化多端，又因人而异、难以琢磨，再加上语义学牵涉到哲学、心理学、逻辑学、社会学等多种学科，所以语义学至今仍是语言学中最为薄弱的一门学科。随着语言学的发展，人们越来越认识到：想要彻底揭开语言的奥秘，就必须对这个被称为“黑暗大陆”的领域进行深入的探索。目前，这种探索在词汇意义、句法意义及环境意义等诸多方面都取得了一定的进展。在词汇意义里，已深入到对义素和语义场的微观研究；在句法意义里，已深入到句义结构及其与句法结构之间关系的研究；在环境意义里，也已开始结合具体的语言环境研究语用意义，即言语意义。

第一节 语义的定义和分类

语义指的是语言形式和言语形式表现出来的意义。语言形式和言语形式主要由语言的载体——语音构成，所以，我们说的语义，是指语音形式表现出来的语言和言语的全部内容，它包括语言意义和言语意义两大类。

一、语言意义

从内部结构来看，语言不过是一个音义结合的符号系统，语言意义就是音义结合的语言系统固有的意义。我们已经知道，语言符号音和义的关系宛如一张纸的正反两面，我们不能切开正面而不同时切开反面。在语言的符号系统中，无论是单个的符号，还是符号系统中的各个单位，如语素、词、短语（词组）、句子，无一不是音义结合体。音和义是密不可分的。语言符号系统的各个单位，除了语音的一面外，还应具有语义的一面，它们分别是：语素义、词义、短语（词组）义和句义。其中最重要的是词义和句义。

词义在语义系统中占据突出的位置。词义可直接或间接地表达句义。当我们掌握了词义和词义间的语法关系，我们就能掌握一句话的意义。例如当我们听到某个北京人这样说：“这玩意儿绝对是好东西。”只要我们掌握了“这”“玩意儿”“绝对”“是”“好”“东西”这些词义，再弄懂它们之间的语法关系，我们就掌握了整句话的意义。语素义也很重要，但不能和词义相比，例如我们了解了上一句话中的“玩”“意”“儿”“绝”“对”“东”“西”等语素义后，我们不一定能掌握“玩意儿”“绝对”“东西”这三个词义，更不用说掌握整个句义了。可见词义在语义单位中是何等重要。

句义则是语言和言语（语用）的交叉点。句子是语言符号系统中的最大单位，也是言语交际的最基本的单位。一方面，它使得比它小的单位有了存身的场所；另一方面它又是组成比它大的句群义、段落义、篇章义的基础。在语言的交际中，人们往往通过句义感受语义的存在；对不同语言进行翻译时，人们往往以句义为单位对译。可见句义也是语义学中的一个关键问题。

除了以词义和句义为代表的单位意义外，把这些单位意义按照一定规则组织起来的语法关系也是有意义的，它们叫作语法意义。

综上所述，语言意义包括两部分：词汇意义和语法意义。语法意义将放到语法一章再做深入的论述。

二、言语意义

言语意义是一种环境意义，它和语言意义是有很大区别的。

语言意义最大的特点是能够脱离言语环境独立存在，所以语言意义又具有相对凝固、稳定、概括、多义的特点。分析语言意义可以从语言系统自身的意义入手。语言又是一种社会交际工具，所以语言意义必须是相对凝固和稳定的。语言意义包括词汇意义和语法意义，二者都是高度抽象与概括的，且往往是多义的。某一个词在未进入具体的言语环境时，往往有多种概念意义和非概念意义；某一个句子在未进入具体的言语环境时，也往往难以确定其真正含义，歧义句不用说，就是一般句子，除了概念意义之外也常常暗含多种非概念意义，语法意义也常常包括结构、功能等多种意义。词典中解释的词义都是词的语言意义。例如："英雄"一词可以做名词和形容词用，做名词时，它又有两个意义：(1) 本领高强、勇武过人的人（褒义）；(2) 不怕困难，不顾自己，为人民利益而英勇斗争，令人钦敬的人（褒义）。有些语言还有阴性和阳性、单数和复数之分。又如："英雄来了！"孤立地看，这句话可能是褒义也可能是贬义，还可能有很多隐含的其他意义。如果脱离言语环境，就不能确定是哪一种意义，也不能确定这里的"英雄"到底指的是什么人。

言语意义是一种环境意义，它和语言意义有很大区别。言语意义是指具体的人在具体的语境中对语言意义具体运用的结果。言语意义必须在一定的言语环境中才能得到。由于客观言语环境千变万化，言语意义往往也是灵活多变的。每当进入一种言语环境时，概括和多义的语言意义就会转化为较具体和较确定的言语意义。这种较具体和较确定的言语意义有时会用隐含的形式来表现。例如上面提到的语言意义的"英雄"是未进入具体的言语环境的一个褒义词，是相对凝固与稳定的，是概括与多义的。当人们用它交际时，往往只采用某一种意义。这样，语言意义在进入具体的言语环境后，就会发生变化。比如我们说"向敢于和坏人搏斗的英雄学习！"，这里的"英雄"是单义的，显然是指"英雄"的第二种意义，比语言意义的"英雄"具体多了（虽然它仍然是概括的）。至于某学生对家长说"今天我们听了一个报告，是敢于和坏人搏斗的英雄做的"，这里的"英雄"不但是单义的而且十分具体，因为指的就是做报告的那个英雄。再如"英雄来了"这句话，如果是学生在上述报告会之前说的，那么"英雄"就是指那个敢于和坏人搏斗的人；如果是景阳冈百姓看见打虎归来的武松时说的，那么"英雄"是指本领高强、勇武过人的武松；如果是人们在观看关于"开英雄车"的交通肇事者的节目的时候说的，那么"英雄"则是一种临时活用的、讽刺的说法。再比如"火！"这句话在不同的场合也会有不同的意义。如果疲劳的父亲回到家坐在沙发上，拿出烟对孩子说"火！"，那意思是要火柴。如果在森林里行走时，忽然有人喊"火！"，那意思是"着火了"。如果有人问你的生意怎么样，你回答"火！火着呢！"，那意思是"兴旺、兴隆"。至于《三国演义》中孔明和周瑜同时在手中写的"火"，那意思是"用火攻"。英语的"May I?"如果是客人在门口说的，那意思是："我可以进来吗?”如果是孩子指着糖果说的，那意思就是：“我可以吃吗?”由此可见，言语意义是灵活多变的，离不开具体的语境，而相对凝固、稳定、概括、多义的语言意义一旦进入具体的言语环境就会转化成相对灵活、多变、具体、单一的言语意义。

三、语言意义和言语意义的关系

语言意义和言语意义具有对立统一的关系。一方面，它们互相区别，互相排斥：语言意义能够脱离言语环境而存在，相对凝固、稳定、概括、多义；言语意义存在于具体的言语环境当中，相对灵活、多变、单义。另一方面，它们又互相补充，互相联系：语言意义是从言语意义中提炼概括出来的系统意义，言语意义是第一性的，语言意义是第二性的。语言意义还会随着言语意义的变化而变化。但同时，语言意义又对言语意义起着制约与规范的作用，人们主要是根据语言意义去选择与实现自己的言语意义的。

第二节 语言意义

一、词义

词义是词汇意义的简称。词汇是指某种语言全部词和词的等价物——固定词语的总汇。词汇意义和语素义、短语（词组）义以及句义，都可以归入语言意义。词义在语义系统中占有重要的位置。

(一) 词义的类型

英国著名语义学家利奇把意义分成七种类型：概念意义、内涵意义、风格意义、感情意义、联想意义、搭配意义、主题意义。我们可以把它们归为概念意义和非概念意义两大类型。概念意义就是利奇所说的第一种意义；非概念意义包括利奇所说的后六种意义。它们一般是附加在概念意义之上的，所以也可以叫作附加意义或关联意义。其中最值得注意的是风格意义、感情意义、联想意义和搭配意义。

1. 概念意义

词的概念意义是指词中表达概念的部分，是客观事物经过人脑的概括并反映在语言中的意义。概念意义是词义最基本的核心部分，是词义研究的主要对象。词典中解释的意义主要是概念意义。一个多义词可以表达不同的概念意义，比如“包”这个词可以表示用纸、布等工具将某物包裹、收纳的动作，是个动词；也可以是个名词，名词里又可以有许多种概念意义，比如“包”可以表示装东西的袋子（书包），也可以表示包裹起来的东西（药包）。对每一个概念意义，我们可以进一步分析出若干个语义成分，如“妇女”是由“人类”“女性”“成年”等几个语义成分组成的。概念意义并不是一成不变的，它可以随着客观事物的变化而变化。比如汉语“江”原指长江，现泛指一切江流；英语“deer”原指一切动物、野兽，现专指鹿；汉语“涕”原指眼泪，现也指鼻涕。概念意义虽然是词义中表达概念的部分，但毕竟不是概念，两者之间无论在范畴上，还是在内涵与外延上以及形成过程上都有根本的区别。

2. 内涵意义

内涵意义是和人的社会性紧密联系着的一种附加意义。不同的社会、阶级、阶层、集团或个人都可以给一个词附加上不同的内涵意义。例如同样是“过年”，对于旧中国不同的人来说就有不同的内涵意义：对富人来说，过年有着灯红酒绿、快活热闹的内涵意义；对穷人来说，却有着借债还债、发愁难过的内涵意义。不同的语言中，词语的内涵意义有可能不同。比如“喜鹊”在汉语中有“报喜”的内涵意义，在斯拉夫语言中却有“小偷”的内涵意义；“龙”在中国人看来是至高无上的象征，而在圣经中，龙却是“邪恶的动物”；“狗”在汉语中多有贬义，如“走狗”“狗东西”“狗仗人势”等，但在西方，狗颇受宠爱，所以在中西方语言中“狗”这个词的内涵意义有很大的不同。但不同语言中某些词的概念意义也可能相同，比如表示“羊羔”的词，其语义中都有“温驯”的内涵意义，“狐狸”有“狡猾”的内涵意义。各人的不同经历等也会影响词语的内涵意义，例如“家”对于大多数人来说，带有“温暖”和“舒适”的内涵意义，但对某些家庭不幸的人来说，“家”就可能带有“烦恼”“冰冷”等内涵意义。

3. 风格意义

风格意义是由不同的人在不同的交际场合使用语言时带给语言的风格或语体上的附加意义。语言风格包括个人的语言风格，也包括某一地区和社会阶层的语言风格，甚至包括某一世纪的语言风格。除了以上这样一些不以人们的意志为转移的较为持久的风格之外，语言风格还包括一些受主观能动性限制的较为短暂的风格，如行业用语、作家有意创造的特殊风格等，它们都有一定的附加意义。

在风格意义里最值得注意的是语体意义，它包括口头语和书面语两种交际手段以及独白与对话两种交际方式。口头语的风格特点是用词比较浅显通俗、生动活泼，句子比较松散，常常有省略与重复，形式比较自由、随便；书面语的风格特点是用词比较深奥文雅、严肃庄重，句子比较严谨周密、精练细腻，形式比较正式。独白的风格特点是无须考虑别人，可以长篇大论、随心所欲、滔滔不绝；对话的风格特点是要考虑对方，常常是有问有答。

4. 感情意义

感情意义是用来表达说话者感情或态度的一种附加意义。一般认为，词的褒义和贬义就是这样的附加意义。例如同样是表达“死”这一概念，我们有时可以用“逝世”“牺牲”“就义”等，有时也可以用“见阎王”“蹬腿了”“翻白眼”等，前一类是褒义词，后一类是贬义词。

5. 联想意义

联想意义是一种能引起听众或读者联想的附加意义。例如有些多义词，其中某一个意义会引起不好的“联想”，因此，人们在交际时都尽量避免使用这些“禁忌语”。在各种语言中，人体的某些器官、某些生理现象以及性行为甚至某些场所都可能成为“禁忌”的对象。在不得不说的时候，人们常常用一些委婉的说法来代替，这就是所谓的“委婉词语”。比如英语中用“washroom”代替“water closet”，汉语中用“1 号”来代替“厕所”。联想意义不一定只属于某些“禁忌词语”和应避免的词语，如修辞中的比喻，有的就是运用联想意义取得效果的。

6. 搭配意义

搭配意义是指适合用在某一上下文中的意义。有些词尽管有共同的基本义，但搭配对象不同，意义也会有所不同。比如英语的“pretty”和“handsome”都有“好看”“漂亮”的意思，但是和“girl”“woman”等搭配时，常常用前者，而和“man”“car”“overcoat”等搭配时常常用后者。再如汉语中的“吠”“鸣”“嚎”“啸”都有“叫”的意思，但“吠”和“狗”搭配，“鸣”和“鸡”“鸟”等搭配，“嚎”和“狼”等搭配，“啸”和“虎”等搭配。

7. 主题意义

主题意义是通过词序和各种强调方式表达出来的意义，属于句子层面上的语义。例如“武松打死了老虎”和“老虎被武松打死了”这两句话虽然意思差不多，但强调的信息是不同的。第一句回答的问题是：武松干了什么？第二句回答的是：老虎怎么样了？可见，改变句子的句法结构或词序，就能改变句子的主题意义。

严格来讲，以上七种意义中真正具有稳定特征、完全属于语言意义的只有概念意义，其他六种非概念意义往往与言语环境有关联，具有一定灵活、变动的特征，因此被视为言语意义更为恰当。但有的非概念意义也会在经常性的使用中变得稳定，甚至成为一种模式进入语言意义的范畴。

（二）词义的特点

词义具有概括性、明晰性与模糊性、共同性与民族性等特点。

首先，词义具有概括性。词义是不能孤立存在的，一方面它要靠词的语音形式固定与表达，另一方面它又是客观事物在人脑中的概括反映。词义的概括性就是指词义并非一对一地反映每一个具体的客观事物的个别特征，而是概括地反映某一类客观事物的共同特征。例如，“头发”的词义是：“人的前额以上、两耳以上和后颈部以上生长的毛。”可见，“头发”并非具体地反映每一根长头发、短头发、黑头发、白头发，或张三的头发、李四的头发……而是概括地反映了头发的共同特征。正是因为词义具有概括性，人们才能通过有限的词汇表达无限的内容。如果词义只能表现个别的、具体的事物，那么就会出现无穷无尽的词，人们无法掌握它们，也就更谈不上有效的交际了。概括性是词义最本质的特征。当然，每个词一旦进入某一语境后，就有可能获得相对具体的意义。例如，当你和别人说话时他对你说“头发脏了!”，你一定会掸掸自己的头发，这时，高度概括的词义在这里就变得具体了，然而从语言意义上看，概括性仍然是最本质的。

其次，词义具有明晰性与模糊性。词义的明晰性与模糊性都是人脑用词概括反映客观事物时所带来的结果，因此，无论是明晰性还是模糊性都应从客观和主观两个方面去分析。客观世界存在许多界限明晰的现象，也存在许多界限模糊的现象，它们是造成词义明晰性和模糊性的客观原因。一些客观事物之间的界限，人们由于交际或思维的需要必须划清而且也可以划清；而某些客观事物之间的界限，人们没有能力把它们划清，或者由于交际与思维的需要无须把它们划得那么清晰。这就是造成词义明晰性与模糊性的主观原因。

所谓明晰性，是指词义概括的范围具有较明确的界限。例如数字1、2、3……之间，时间分、秒、时之间，可以测量出来的温度、重量、容量之间……都可以有明确的界限。

所谓模糊性，就是指某些词义概括的范围没有明确的界限。例如："早晨""上午""中午""下午""黄昏"……谁能明确地指出它们之间的界限是几时、几分、几秒？同样，我们不能规定一个准确的高度作为"高"与"矮"的分界线，也不能规定一个明确的重量作为"胖"与"瘦"的鉴定量，"冷"与"暖"之间没有一个明显的鸿沟，"美"与"丑"之间也没有一个清晰的分水岭……我们这么说，并不是说黑白可以颠倒，是非可以混淆，而是说，某些概念外延是不确定的、非一刀切的，其界限不是泾渭分明的、确定好了的。概念的中心是明确的，只是它界限的边缘是不明确的。

词义的模糊性是语言中的一种普遍现象，人类的各种语言都有这种现象。以汉语为例，具有模糊性词义的词大致有：颜色词，如红、黄、深蓝、浅绿；某些时间词，如黎明、早晨、上午、黄昏；某些方位词，如东南、西北、左上方、右下方；某些性质形容词，如高、低、美、丑、胖、瘦；等等。词义的模糊性具有重大意义，它和明晰性互为补充，使得语言成为一种更为完善与灵巧的工具。模糊性可再分为语言的模糊和言语的模糊。前者是相对静态的，后者是相对动态的。懂得这个道理后，该用明晰词语时不要用模糊词语，该用模糊词语时不要用明晰词语。在统计与计量时，应尽量使用明晰精确的词语，而在日常生活中，模糊词语却常常是必不可少的，如："快了！""好冷！"

最后，词义还具有共同性与民族性。词义最本质的特性是概括性，当不同民族的人对客观事物进行概括反映的时候，词义便有了民族性。虽然概念是人类共同的思维单位，但表达同一概念的不同民族语言的词义却并非是同一的，无论是概念意义还是非概念意义，都打上了民族的烙印。例如，颜色是任何一个民族都能感觉到的客观现象，但不同民族语言表达基本颜色的词义却很不相同：有的语言只用两三个词表达，有的则多达十多个。再如，任何一部双语词典里，对应的词在不同的语言中往往有不同的义项。例如汉语的"打"，可以归纳为20多个义项，而英语中相应的"beat"只有十多个义项；法语的"mouton"具有"羊"和"羊肉"两个意义，而英语"mutton"通常只用作"羊肉"义，羊一般用"sheep"表示。可见，反映客观事物的概念意义时，不同民族语言的词语在深度和广度上都有所不同。同样，具有附加色彩的非概念意义的民族性也是明显的。不同民族语言中的词义可以有不同的内涵意义、感情意义、联想意义以及风格意义、搭配意义，如前面提到的"狗""龙""喜鹊"等。

词义具有民族性的一面，这只是问题的一个方面；另一方面是词义又具有共同性，或叫可译性，即不同民族的词义有相通的一面，是可以互相翻译的。词义之所以相通，之所以可译，归根结底，是因为词义毕竟是固定概念的，而概念是人类共通的。词义的对译，在找不到相应的词时可以用词组或其他形式表示，例如英文"observable"这个词在英汉词典中就用"看得见的""显著的""觉察得到的"等词组来对译。

(三) 义位与义素

词义是单个语言符号的意义部分。每个词义都具有自己的内部结构成分，词义和词义又组成一定的词义系统。义位和义素就是对词义内部结构成分进行分析的结果。

义位相当于平常所说的义项，但二者并不完全一致。义位是一个能够独立运用的词的意义单位，义项则指的是词或者语素在词典当中所罗列出来的意义单位，有的义项可以独立成词使用，有的则不成词；当其反映的是不成词语素的意义时，义项就不是义位。我们知道，词义是概括反映客观对象的。只反映某一客观对象的词就只有一个概念意义，在词典上只列出一个词条，即一个义项，因而也就只有一个义位；能反映多类客观对象的词，具有多个概念意义，在词典上应相应列出多个词条，即多个义项，但不一定具有多个义位。比如"父"有两个义项：(1) 父亲；(2) 对男性长辈的称呼，如师父、叔父，其中第二义项并不能独立成词，因此不能算作义位。

所谓义素就是对词某个义位的语义特征进行分析后得到的最小的语义单位。如同一个音位实质上是一束音位区别特征的总和一样，一个义位无非是若干义素的集合。例如上述"父"这个词有一个义位，即指"父亲"。我们把这个义位和其他有关的词的义位进行分析比较，发现"父亲"是由以下几个义素组成的："人""男性""亲属""直系""长辈"。于是我们可以做以下描写：

"父亲"：[＋人＋男性＋亲属＋直系＋长辈]

义素相当于音位区别特征，它隐藏在义位的深层，需要人们去寻找。但义素并不是没有其客观依据的。例如组成"父亲"这一义位的各义素"人""男性""直系""亲属""长辈"都是隐藏在义位深处不直接和该词语语音形式发生关系的客观事实。然而分析义位的客观依据毕竟很难像音位区别特征那样归纳出一个适用于各个音位的相对精练、准确、完整、封闭的系统，因而不免带有某些主观的色彩，不同的人在不同的时间、从不同的角度出发常常有不同的归纳方法。

在语音学中，音位区别特征不但可以用来分析单个的音位，更重要的是可以用音位区别特征"矩阵图"来分析同一个音位系统的一系列音位，单个音位的描写常常在多个音位的比较后才能彻底完成。那么对不同的义位是否也可以做类似的分析呢？回答是肯定的，这就牵涉到语义场的问题了。

(四) 语义场

所谓语义场就是归属于一个总称之下的、在意义上紧密联系的一组词的义位的聚合体。任何一种有总称的词义类别都可以形成一定的语义场，如"兄弟姐妹"属于"亲属场"，"飞禽走兽"属于"动物场"，"花卉树木"属于"植物场"……我们可以把词义位的总称叫作"标题词"。

语义场包括以下类别。

1. 联想义场

联想关系其实就是聚合关系。每个词都可以有自己不同的联想聚合网络。例如同属于一个属概念词（上义词）下的种概念词（下义词）或同属于一个整体的各个部分的词，我们都可以通过联想，把它们聚合成为一个语义场。联想义场又可以分为以下几种。

（1）分类联想：对同类事物的各种对象联想而形成的一种语义场。如各种动物、植物、星体、矿物、民族、国家、服装、用具、食物、职称、职业……各种现象、性质、行动、行为……这是最多、最常见的一种语义场，各种类义词典都可以认为是由这样的义场组成的。这种语义场最简单的分类是二元的，如“动物”与“植物”、“中药”与“西药”等，也有多元的，如“赤、橙、黄、绿、青、蓝、紫”，“交响乐、摇滚乐、民乐”等。

（2）部分联想：对某一整体的各个组成部分进行联想而形成的语义场。它可分为两类：一类是有序类，如“星期”的语义场包含“星期一、星期二、星期三……星期日”；另一类是离散类，如“人体”的语义场包含“头、颈、肩、胸、腹、腿、臂、腕、手……”语义场内的各个义位无须按一定的次序排列。

（3）描绘联想：围绕某一个中心词义从性质、行为或状态等不同角度进行联想式的描写所形成的语义场。例如“红彤彤、红扑扑、红艳艳……” “笑嘻嘻、笑哈哈、笑吟吟……”“傻呵呵、傻乎乎、傻愣愣……”等。

联想义场的词义关系主要是包含关系，上义词和整体词是包含部分，下义词和组成词是被包含部分。

2. 同义义场

同义义场当然也是一种词义聚合场。所谓同义义场就是由同时代、同一种语言或方言中一组同义词组成的语义场。同义义场又可以分为绝对同义义场和相对同义义场。

（1）绝对同义义场：相当于我们说的等义词，如汉语的“离别—别离”，英语的“motherland—fatherland”“word formation—word building”等。

（2）相对同义义场：相当于我们说的近义词，如汉语的“边疆—边境”“取消—取缔”“爱护—爱戴”“果断—武断”，英语的“beautiful—pretty—handsome”等。

同义义场的词义关系是相同关系，因为同义词里有相同的词义。大多数情况下，我们所说的同义义场都是语言中的同义，但我们也不可忽视言语，即语言的实际运用中一些语义也会产生同义关系，从而形成临时的同义义场。比如：“这篇文章水分太多，应该排涝了。”此处的“水分”就和“废话”形成了同义义场，“排涝”就和“删改”形成了同义义场。

3. 反义义场

所谓反义义场是指同时代、同语言或方言的一组反义词组成的语义场，可以相对分为互补对立、两极对立和关系对立三个词义聚合场。

（1）互补对立义场：指的是由无中间状态的一对语义矛盾的词组成的义场，如“生—死”“有—无”“单—双”……

（2）两极对立义场：指的是由有中间状态的一对语义相反的词组成的义场，如“左—右”“大—小”“冷—热”……

（3）关系对立义场：指的是两个或两个以上语义相对的词，有了其中一个就会暗示另一个或几个，可以表现在行为、活动和社会关系上，有二元的，如“买—卖”“师傅—徒弟”“丈夫—妻子”“原告—被告”等；有多元的，如“进攻—防御—退却”“敌军—友军—我军”等。

关系对立的特点是甲对乙采取行动就是乙对甲采取行动（如甲卖物与乙，就是乙向甲买物）或甲是乙的某种名分，乙同时就是对甲的相对的名分（如甲是乙的师傅，乙就是甲的徒弟)。

反义义场的词义关系是相对关系或相反关系，和同义义场一样，言语中一些语义也会形成临时的反义义场。比如："我们不要做墙头的芦苇，要做崖上的青松。"这里，"芦苇"和"青松"就形成了一个临时反义义场。

4. 多义义场

多义义场是一种特殊的语义场，它不是由不同的词组成的，而是由一个词内部的不同义位组成的语义场。多义义场一般有一个义位是基本义位，其他义位往往是由基本义位演变而成的，它们围绕着基本义位组成一个多义义场。例如"火"的基本义位是物体燃烧时发出的光和焰，如"火光""火焰"；此义又通过引申或比喻产生了其他一些义位：枪炮弹药，如"火器""火力"；火气，如"上火""败火"；形容红色，如"火红""火云""朱鳞火鬣"；比喻紧急，如"火速""火急"等。多义义场和其他义场不同，一个多义义场里的各个义位一般不能在相同的上下文里出现。

多义义场里的词义关系是派生关系，因为多义义场里的大多数义位是在基本义位的基础上派生出来的。

以上的语义场类别只是一种大致的分类，其中一些义场有时可能有交叉的现象。

语义场具有层次性、交错性、变动性、民族文化性等特点。

(1) 层次性：语义场是有层次性的，它可以从上到下地观察。最高层次的标题词是一个大母场(一种语言的词汇场是一个总母场)，大母场下面又包括一些子场。每个子场又可以成为低一层次的标题词，从而也就是该层次的母场，它又可以包括更小的子场，这样不断分析下去。如："生物"(母场)—"动物""植物"(子场)，"动物"(母场)—"哺乳动物""非哺乳动物"(子场)，"哺乳动物"(母场)—"人""兽"(子场)。语义场也可以从下到上地观察它的层次性。例如"人""兽"共同的标题词是"哺乳动物"，"哺乳动物""非哺乳动物"共同的标题词是"动物"。

(2) 交错性：语义场有大量错综复杂的情况，从而具有交错性的特点。多义词本身可以组成一个多义义场，而多义词的每个义位又可以进入不同的语义场。例如"分"是一个多义词，本身可以是一个多义义场，然而它的每个义位又可以与其他词聚合成不同的语义场。如"分"与"合"等词组成反义义场；"分"与"掰"等词组成同义义场；"分"与"秒""时"等词组成联想义场。又如"月"既可以和"日""星"等词组成一种联想义场，也可以和"日""年""星期"等组成另一种联想义场。

(3) 变动性：一种语言的词汇无论从历时还是共时的角度看总是在不断变化着的，特别是语言的一般词汇变化得最快，这些变化势必引起语义场结构的变化。语义场是词义的聚合系统，每个词义都占有一个位置，取得一定的价值并与其他词义互相联系、互相制约。当某个词义发生了变化，整个语义场就会进行适当的调整。比如语义场中词义的变化会使语义场母场成员与子场成员发生相应的变化。比如"谷"，在古代是粮食作物的总称，"价值"较高，是各种粮食作物母场的标题词；但现代的"谷"只是粮食作物中的一类，"价值"较低，成为子场的成员了；"江"，古代只指长江，"价值"较低；现泛指一切江流，"价值"较高，由子场成员变成了母场的标题词；"兵"，古代指兵器，现指士兵等，"价值"转移，其词义由一个语义场转到了另一个语义场。

(4) 民族文化性：由于各民族有不同的文化风俗习惯，所以各种语言的语义场必定有自己的民族文化性。这和词义的民族性特点是一致的。比如颜色词，各民族有可能不同，那么同样一个联想义场——颜色场，在不同的民族语言里，其子场的成员就是不同的。各语言的同义义场和反义义场当然也会有不同。比如：汉语里的“长处”和“短处”是一对反义词，而在英语里只有“shortcoming”，没有“longcoming”；英语里有“strong point”和“weak point”，而汉语里只有“弱点”，没有“强点”。又如：我国自古以来十分重视宗室家族关系，所以汉语的亲属场就特别发达；而四面环海的英国人对鱼有着特殊的感情，因此英语中与鱼有关的词语就特别丰富。这一切，都与语义场的民族文化性分不开。

（五）义素分析

义素分析也叫语义特征分析或叫语义成分分析，是把同一语义场的一群词集合在一起，从义素的角度进行分析、对比与描写。

义素分析的原则与音位区别特征分析的原则是一致的，即“二元对立”。比如上述“父亲”这一义位，对它进行分析，可以得到一系列不同层次的二元对立特征：[无生命—有生命]、[植物—动物]、[非人—人]、[非亲属—亲属]、[非直系—直系]、[女—男]、[未成年—成年]、[非长辈—长辈]、[未婚—已婚]、[非生育—生育]。将这些二元对立分析的结果形式化，“+”表示肯定，“−”表示否定，我们可以描写“父亲”：[+有生命+动物+人+亲属+直系+男+成年+长辈+已婚+生育]。

义素分析的程序大致如下。

第一，确定分析对比词群的范围。语义场具有层次性、交错性、变动性和民族文化性等特点，所以，我们分析对比的词群必须是同一民族语言、同一时代、同一语义场的同一层次、同样性质义位的词。比如英语的“brother”不能和汉语的“父、母、兄、弟”等词放在一起比较，因为它们不属于同一种民族语言。

第二，确定共同义素。确定了对比分析的词群的范围以后，我们首先要分析提取对比词群的共同义素。如上面说的“父亲”，如果把它和“母亲、儿子、女儿”放在一起分析，那么“有生命”“动物”“人”“亲属”都是它们的共同义素，由于它们共同母场的标题词是“亲属”，所以“亲属”就是它们必须提取的共同义素。由于“亲属”一定是“人”“动物”“有生命”，所以它们可以提，也可以不提。“直系”也是这些词的共同义素。

第三，确定区别义素。同中有异、异中有同是语义场中义位关系的特点，所以提取了共同义素之后，我们还要观察义位与义位之间的区别义素。例如“父亲”和“儿子”有“男性”这一共同义素，而“男性”又是“父亲”“儿子”与“母亲”“女儿”相区别的义素。“父亲”和“母亲”有“长辈”这一共同义素，而这又是它们与“儿子”“女儿”相区别的义素。

分析区别义素时要注意提取不同事物的本质特征，例如：分析人或亲属名词时应从“人”“亲属”“辈分”“性别”“年长否”“直系否”“父系否”“姻亲否”等几个语义特征上考虑，至于“高矮”“胖瘦”“双眼皮还是单眼皮”等则不必过多考虑。分析区别义素还要分析到“最小”，如上述“父亲、母亲、儿子、女儿”一例中，“直系亲属”是它们共同具备的语义成分，但是这不是最小的义素，应该再分析为“亲属”和“直系”两个义素。

第四，形式化描写。把符合条件的对比词群放在一起，确定它们的共同义素与区别义素后，就应该按照一定的方式加以描写，把分析的结果形式化地表达出来。其方法主要有两种：“矩阵式”和“方括号横排式”。

所谓“矩阵式”就是把要比较的词群在矩阵上方横向排列，把共同义素与区别义素在矩阵左方纵向排列。用“+”表示肯定，“−”表示否定。共同义素栏肯定都是“+”号，区别义素栏就会出现“＋”号或“－”号。如表 3－1 的例子：

表 3－1 义素区别矩阵之一

	父亲	母亲	儿子	女儿
亲属	＋	＋	＋	＋
直系	＋	＋	＋	＋
男	＋	－	＋	－
长辈	＋	＋	－	－

从这个矩阵中我们可以一目了然地看到，“亲属”和“直系”是这四个义位的共同义素；“男”是“父亲”和“儿子”的共同义素，又是“父亲”“儿子”和“母亲”“女儿”的区别义素；“长辈”是“父亲”和“母亲”的共同义素，又是“父亲”“母亲”和“儿子”“女儿”的区别义素。“父亲”这一义素是“亲属、直系、男、长辈”等若干义素的集合，其中一个区别义素改变了，就有可能变成另一个义位。例如，改变了“男”这一义素，“父亲”就会变成“母亲”，改变了“长辈”这一义素，“父亲”就会成为“儿子”。

我们也可以把矩阵中某一义位纵向的义素集合用横向排列的形式表达，并加上方括号，这就是所谓的“方括号横排式”。例如：

“父亲”：[＋亲属＋直系＋男＋长辈]
“母亲”：[＋亲属＋直系－男＋长辈]
“儿子”：[＋亲属＋直系＋男－长辈]
“女儿”：[＋亲属＋直系－男－长辈]

又如“男人、女人、男孩、女孩”这个例子（见表 3－2）：

表 3－2 义素区别矩阵之二

	男人	女人	男孩	女孩
人	＋	＋	＋	＋
男	＋	－	＋	－
成年	＋	＋	－	－

“男人”：[＋人＋男＋成年]
“女人”：[＋人－男＋成年]
“男孩”：[＋人＋男－成年]
“女孩”：[＋人－男－成年]

下面我们对一些语义场中的义素进行举例分析。

1. 对联想义场进行义素分析

联想义场的语义关系主要是包含与被包含的关系，用义素的观点考察，就是标题词的义素包含下位词的所有义素（如表 3－3 所示）。

表 3-3 义素区别矩阵之三

	镰刀	锤子	斧子
工具	+	+	+
有柄	+	+	+
主要用于收割	+	−	−
主要用于敲打	−	+	−
主要用于劈砍	−	−	+
头呈弧形	+	−	−
头呈圆方形	−	+	−
头呈楔形	−	−	+

"镰刀"：[+工具+有柄+头呈弧形]
"锤子"：[+工具+有柄+头呈圆方形]
"斧子"：[+工具+有柄+主要用于劈砍+头呈楔形]

2. 对同义义场进行义素分析

绝对同义义场的义位之间的义素是相同的，相对同义义场的义位之间的义素也基本相同，但在某个义素上会有细微区别。在分析同义义场时要特别注意分析非概念意义，因为同义义场的义位，特别是相对同义义场的义位之间的差别往往在非概念意义上。例如：

{"边疆"：[+地域+靠近国境+面积大]
{"边境"：[+地域+靠近国境+面积较小]
{"取消"：[+不让继续存在+语义程度较轻]
{"取缔"：[+不让继续存在+语义程度较重]
{"果断"：[+从事某事+干脆、不犹豫+褒义]
{"武断"：[+从事某事+干脆、不犹豫+贬义]
{"爱护"：[+喜爱+保护+与人或物搭配]
{"爱戴"：[+喜爱+拥护+与人搭配]
{"拘泥"：[+不知变通、受拘束+充当动词]
{"拘谨"：[+不知变通、受约束+充当形容词]

3. 对反义义场进行义素分析

反义义场的语义关系是义位之间具有相对或相反的关系。用义素的观点观察，反义义场的义位之间必定有一对义素在语义上不相容。例如：

{"东"：[+方向+太阳升起的地方]
{"西"：[+方向+太阳落下的地方]
{"生"：[+生物+有生命]
{"死"：[+生物+无生命]

4. 对多义义场进行义素分析

多义义场的语义关系是义位之间具有派生关系，从义素的角度来看，是基本义素通过引申或比喻改变或增加了新的义素。例如汉语"活"的几个义位：

“生存”（基本义）：[＋生物＋有生命]，如“活人”
“在活的状态下”：[＋生物＋状态＋有生命]，如“活捉”
“救活”：[＋抢救＋生物＋结果]，如“活人无数”
“活动、灵活”：[－生物＋易动]，如“活水”“活页”
“生动活泼”：[＋/－生物－死板]，如“活灵活现”
“真正、简直”：[＋/－生物＋幻觉]，如“活现”

义素分析为语义研究开辟了一个新天地，用义素分析来对比分析语义，既简明，又清晰且形式化，有利于语言教学和机器翻译。但正如前面所说，义素分析也确实存在不小的局限性：义素分析很难确定义素的数目，无法做到运用有限的义素解释某种语言的语义系统；义素分析也无法像音位区别特征那样做到“可逆性描写”，比如有人分析“拿”：[＋使自己＋具有]，但含有“使自己具有”这一语义的并非只有“拿”，也可能是“取”“偷”等。所以，我们认为义素分析还具有一定的主观色彩。为此，我们在进行义素分析的时候要注意：一是充分利用好的词典，二是分析共同点与不同点时要尽量深入、细致。

二、句义

句义就是句子的意思。如前所说，句义在词语意义中占有重要的位置，是语言和语用的交叉点。在语法系统中，句子是最大的结构单位，在言语交际中，句子又是最基本的交际单位。我国古代训诂学重视句子的具体意义，而传统的语义学对之则不研究，现代语义学对之又开始研究了，但研究的不是具体句子的意义，而是句义结构模式的聚合关系和组合关系。由于研究还有待深入，所以这里只介绍一些较为成熟的知识。

（一）句义结构模式的聚合关系

句义结构模式的聚合关系有许多不同的类别：如话题与述题的聚合类、谓词与述项的聚合类等。句义就是由这些句义结构模式按照一定规则组合起来的。

1. 话题与述题的聚合类

一个句子的意义一般都是由两部分组成的，即被说明的对象和对该对象的说明。前者叫作话题，后者叫作述题，它们是不同的两种聚合类（见表 3-4）：

表 3-4　话题和述题聚合类

句义	
话题聚合类	述题聚合类
自学考试	好。
他和莲莲	都在上社会大学。
天才	出于勤奋。
世上	没有平坦的道路。
你这个人！	
	走吧。

从语法角度看，话题相当于句子的主语部分，述题相当于句子的谓语部分。一个句子的意义基本上是由话题和述题两部分意义组成的。但是语法上存在着“非主谓句”的形式，即只有主语没有谓语，或只有谓语没有主语。如表 3-4 中的“你这个人!”只有主语，没有谓语；“走吧。”只有谓语，没有主语。但从语义角度分析，句义仍然包含话题和述题两个部分。比如，“你这个人!”这个句子可能的述题就是：“怎么这么马虎?”“走吧。”这句话的话题可能是“咱们”或“你们”。总之，话题和述题是不依赖语法形式而存在于不同的句子中的两种句义聚合类。

2. 谓词与述项的聚合类

在句义中直接说明话题的成分，相应于在语法中充当谓语的动词或形容词，主要反映动作或情感的变化、性质或状态，这样的语义聚合类我们称为谓词聚合类。句义中的话题与述题所涉及的对象，相应于语法中充当主语和宾语的名词，这样的语义聚合类我们称为述项的聚合类。谓词与述项的聚合类是在话题与述题聚合类的基础上更为细致地划分出来的。我们把相当于主语、间接宾语、直接宾语的述项分别称为述项 1、述项 2、述项 3（如表 3-5 所示）。

表 3-5 谓词与述项聚合类

句义			
话题聚合类	述题聚合类		
述项 1	谓词	述项 2	述项 3
	春分。		
自学考试	好。		
呜呜（也在）	看	报。	
妈妈	送	莲莲	（一本）书。
你!			

由表 3-5 可以看出，话题部分与述题部分进行组合时，谓词总是处在述题部分的开始。可以说述项是由谓词连接起来的。没有谓词的句义是很少的，谓词是句义的核心，谓词与述项的连接也是句义的组合。根据谓词连接述项的多少，我们又可以把谓词分为零项谓词，比如“春分”；一项谓词，比如“自学考试好”；二项谓词，如“呜呜（也在）看报”；三项谓词，如“妈妈送莲莲（一本）书”。句义除了话题聚合类与述题聚合类、谓词聚合类与述项聚合类外，剩下的就是附加成分（相当于语法的定语、状语、补语及一些连词等，如表 3-5 中的“一本”“也在”等）聚合类。它们可以附在谓词或述项上一起进行义素分析。比如：

他	（正在）看	（一本）小说
＋人	＋用眼	－生物
＋男性	＋朝一定方向	＋读物
＋第三人称	＋阅读	＋单数
＋单数	＋进行状态	＋单数

爸爸	砍（了）	（许多）柴
＋亲属	＋用刀斧	＋植物
＋直系	＋猛烈	＋木本、草本
＋男性	＋断开	＋小块
＋长辈	＋完成体	＋复数

（二）句义结构模式的组合关系

我们在句义结构模式的聚合关系里，从纵向把句义结构模式大致分出了几种聚合类。句义结构模式的组合关系是一种横向的关系，它研究具体的句子各语义结构模式在具体连接组合时，述项在谓词的作用下产生不同的格变化。述项在与谓词具体组合时产生不同的功能，人们把这叫作不同的格。现在把几种常见的格举例如下。

1. 施事格

发出行为、变化、状态的主体述项，是谓词行为动作的施动者。比如："他笑了"的"他"，"老虎被武松打死了"的"武松"。一项谓词一般只与施事格组合。

2. 受事格

受谓语动作支配的直接述项，是谓词动作行为的直接承受者。如："他在浇花"的"花"；"门被他关上了"的"门"。二项谓词一般既与施事格又与受事格组合。

3. 结果格

也是受谓词动作支配的直接述项，但必须是谓词行为动作的结果。如："妈妈煮饭"的"饭"，"工人盖房子"的"房子"。二项谓词也可与施事格和结果格组合。

4. 与格

谓词动作支配的间接述项，是谓词动作的间接对象。如："他给我一枝花"的"我"，"我欠他两块钱"的"他"。三项谓词一般与施事格、受事格或结果格以及与格组合。

5. 工具格

施事用以实现行为动作结果的工具或手段。如："他用铅笔写字"的"铅笔"，"老王吃大碗"的"大碗"。

6. 方位格

谓词的动作行为发生的场所、方位或方向。如："把衣服挂在衣架上"的"衣架上"，"院子里种了两棵枣树"的"院子里"。

7. 时间格

谓词行为动作发生的时间。如："三个月后才知道结果"的"三个月后"，"他琢磨了好一阵子"的"好一阵子"。

工具格、方位格和时间格一般都是作为句义的附加成分出现。

第三节 言语意义

和语言意义相比，言语意义是具体的、复杂多变的，它是语言意义在具体的语言环境中产生变化的结果，因此，研究言语意义离不开对语言环境的研究。

一、语境

语境是言语环境的简称，指的是人们用语言进行交际时的具体环境。语境是言语意义产生的前提。判断一个意义是否是言语意义，关键就是要看这个意义能否脱离一定的语言环境。能够脱离语言环境的意义是语言意义，不能脱离语言环境的意义就是言语意义。

语境有狭义和广义两种，也叫小语境和大语境。狭义的语境（小语境）指书面语或口语的上下文中一个语言单位出现的前后语音、词或短语等环境，即上下文；广义的语境（大语境）指说话者或写作者使用语言进行交际时的具体场合及社会背景等，包括人的身份、社会历史环境等各种因素。

语境是一个十分复杂的网络，它对于语义有着重要的作用。言语语义在语境中总是特定的、具体的，这种特定具体的言语语义离不开语境，不存在没有语境的言语语义。语境不同，同一词句的语义就有可能完全不同。比如“铃声传来”这个句子。如果语境是在房间里，这句话可能是指传来了电话铃声或门铃声；如果语境是在学校，它可能是指传来了上课或下课的电铃声；如果语境是在马路上，则又可能是指传来了自行车铃声。

因此，在现实生活中，要想顺利、有效地进行交际活动，正确、充分地理解说话者的意思，就必须重视语境对于言语交际的重要作用。

二、语境对语义的作用

语境对于语义，特别是言语意义有着重要的作用，主要表现在以下几个方面。

（一）限制作用

语境对于语义的限制作用主要体现在限制词语的选择、限定说话人的说话方式等方面。比如我们知道，“妻子”这个词有不少的同义词，比如“夫人”“老婆”“媳妇”“屋里的”“贱内”“拙荆”等。不同的人、不同的时代、不同的场合，对“妻子”有着不同形式的称呼，绝对不能乱用。这就体现了语境对于语义的限制作用。比如，在报纸上我们可以看到“×××偕同夫人到京”这样的消息，其中的“夫人”一词就不能换用“老婆”“媳妇”这样的词。

（二）明确作用

语境能够使多义词和歧义句的意思得到明确。语言意义是语言系统中社会公认的、固有的意义，它是概括的、抽象的和相对稳定的，因而也常常是多义的。只有在一定的语境中，词句具有言语意义，词句的意思才能够明确。比如“打”有许多义项，只要一进入上下文，我们就知道它是什么意义，如“打铁”“打毛衣”“打酒”“打的”“打点滴”……再比如“我要上课去”这句话，到底是说“我”要去听课，还是去讲课，仅从孤立的句子来看，是无法明确判断的。但如果加上具体的语境，如“张老师一边拿起教案和粉笔走出办公室，一边说‘我要上课去’”，那么，这里的“我要上课去”的意思就明确了，是“我要去给学生讲课”的意思。如果妈妈让鸣鸣洗碗，鸣鸣噘着嘴说“我要上课去”，那么这里的“上课”，应该是“听课”的意思。

（三）变更作用

语境能够使词语获得临时的意义，并临时影响和改变词语的感情色彩。比如朋友们闹着让小张请客时说：“这次我们可要让你好好地出点血了。”这里“出点血”的意思当然不是“让人流血”，而是在语境的作用下获得的新的意义“出钱”。又如《白洋淀》中在描写几个女人惦念自己丈夫的时候用到了“各人在心里骂着自己的狠心贼”这样一句话，其中的“狠心贼”本含痛斥憎恨之义，但用在这里不但没有贬义，反而有了真挚爱恋的意思。

（四）添补作用

语境对于交际有着重要的提示作用，因此，在一定的语境中，一些省略的、简单的，甚至是不完整的语言形式都可以变得完整、丰富，甚至具有特殊的韵味。比如《红楼梦》中黛玉临死前那一句“宝玉，你好……”就因为具有丰富的语境因素，从而给人留下了广阔的想象空间。再比如在崎岖的盘山公路转弯处，交通部门竖立的提示牌上只有一个惊叹号“!”，如果写上许多话，效果反而不佳。

三、语义对语境的反映

语境对于语义有重要作用，但另一方面，从语义与语义变化中我们也可以观察不同的语境，探索社会生活的广阔图景。

首先，言语语义可以反映身份、性格。比如说话比较稳妥委婉、爱用书面语的人，一般受教育程度较高；而说话比较粗鲁无礼、用词口语化程度较高的人，一般受教育程度偏低。说话坦白不拐弯的人，性格也一定直率；而说话小心翼翼的人，性格也一定比较谨慎内敛。例如《说岳全传》中的牛皋向一位老者问路：“老头儿，爷问你小校场往哪走?”岳飞则这样问：“不敢动问老丈，方才可曾见一个黑大汉，坐一匹黑马的，往哪条路上去的?望乞指示。”不同职业的人在说话中也会自然而然地透露出自己的身份，比如历史老师谈论问题，也许就会从历史的角度去分析；而哲学老师考虑问题，则可能哲学分析的程度比较高。同样，其他各科老师的言语也都有可能透露出各自学科的特色。

其次，言语语义可以反映处境、心情。比如“风萧萧兮易水寒，壮士一去兮不复还”，这两句诗十分鲜明地反映了诗人当时悲壮的豪情。南宋词人蒋捷的一首《虞美人·听雨》选择了三种不同的处境来反映听雨的不同心情：

少年听雨歌楼上，红烛昏罗帐。壮年听雨客舟中，江阔云低，断雁叫西风。而今听雨僧庐下，鬓已星星也。悲欢离合总无情，一任阶前点滴到天明。

最后，言语语义可以反映社会生活。在不同的社会生活里，人们创造了充满那个时代气息的词语，写下了反映社会生活的作品。比如“维新”“变法”等词语在一定程度上能够反映 19 世纪末我国的社会生活情况，“五讲四美”“改革开放”则反映的是党的十一届三中全会后人们的社会生活，而“互联网”“个人主页”“电子邮件”“大数据”“云计算”这些词语则折射出信息时代给社会生活带来的变化。各个时代的文学作品更是时代生活的镜子，从中我们可以窥见当时的社会概貌。

四、语义在语境中变化的形式

言语意义在语境中会发生丰富的变化，但是这种变化并非随心所欲的，而是具有一定规律性。我们可以将言语意义在语境中的变化形式总结如下。

（一）具体义

具体义是指语言单位的意义在一定语境的作用下，内涵变得具体、丰富或增加一些附加意义。比如“油”的语言意义是“动植物体内所含的液态脂肪或矿产的碳氢化合物的混合液体”，这是十分概括的，抽象出了“煤油、汽油、石油”等所有油的特征。但是，当一个司机对乘客说“我的车没油了”，这句话中的“油”的意义就具体化了，指的是“汽油”；当妈妈在厨房炒菜时说“呀，怎么没油了”，这句话中的“油”是指“食用油”，而不会是“汽油”。

（二）虚化义

虚化义指的是语言单位进入语境后，内涵变得概括、空洞甚至完全消失。比如“这个周末咱们要玩他个畅快淋漓”，这句话里的“他”和“个”，语言意义就已经完全虚化了，不再具有内涵意义，只表达一种语气。类似的例子有：“九九那个艳阳天”的“那个”，“跑马溜溜的山上”的“溜溜”……再如“国家”是指国，“家”义已经虚化；“窗户”指窗，“户”义已经虚化。虚化义也可以叫“减义”。

（三）反义

反义是指语言单位的感情色彩临时发生改变，由褒义变为贬义或由贬义变为褒义。如一妻子怒斥其丈夫：“就你英雄！”这句话中的“英雄”就由褒义变成了贬义，含有“不识时务，乱出风头”之意。又如鲁迅《藤野先生》一文中的“清朝留学生”：“也有解散辫子，盘得平的，除下帽来，油光可鉴，宛如小姑娘的发髻一般，还要将脖子扭几扭，实在标致极了。”这里的“标致”也由原本的褒义变为了贬义，含有“愚蠢、可笑”之意。

（四）转义

转义是指语言单位进入语境后，所指对象发生改变，产生了字面以外的含义。比如：“他真是个事后诸葛亮”，这里的“诸葛亮”的意思就发生了变化，不再指真正的三国人物诸葛孔明，而是指善于出谋划策的人。

（五）言外之意

语境可以使语言单位产生字面意义之外的隐含意义，从而表达出人们想要含蓄表达的意义。言外之意和上面的具体义、虚化义、反义、转义的区别在于：言外之意往往是一个句子甚至整个段落的意义发生整体性的变化，而其他几种只是一个语言单位，大多是某一个词的意义发生转变。这时的语言单位同时具有两种含义，一种是表面意义，具有掩饰作用；另一种是隐含意义，即言外之意，是交际者要表达的真正意义。比如一个小孩子对妈妈说：“今天好多小朋友都要去游乐园啊。”他这句话的言外之意就很明显，是“我也想去游乐园”。

（六）不同单位在语境中的临时语义

以上说的都是同一语言单位在不同语境中产生的变化，其实不同语言单位在不同语境中也能够产生语义的变化。如前面我们提到过的“这篇文章水分太多，应该排涝了”，此处的“水分”就和“废话”形成了临时同义词，“排涝”就和“删改”形成了临时同义词。再如“我们不要做墙头的芦苇，要做崖上的青松”，这里，“芦苇”和“青松”就形成了临时反义词。以上的同义和反义都是言语运用中暂时出现的，离开它们的语境，就不是同义词和反义词了，词典中的语言意义并不因此而有所改动。

五、语境中句义组合的语义推断

语境中句义组合的语义推断有以下几种模式。

（一）预设

预设是指利用语言进行交际时双方所共知的常识或根据句子的内容可推断出来的信息。例如：A. 他家阳台的那盆玫瑰花开了。我们可以预设：B. 他家有阳台；C. 他家有玫瑰花。B、C 是 A 的前提。预设和句子之间存在着逻辑语义关系，因此预设有以下的特点：(1) 预设决定于人们普遍接受的逻辑规律。比如“我看见一本新书”这句话，我们可以根据逻辑规律推断出“有一本新书”这样一个预设。(2) 预设必须是客观真理，否则句子就毫无意义。比如“很多国家没有参加第三次世界大战”这句话的预设是“第三次世界大战发生过”，这个预设不是客观真理，因为第三次世界大战没有发生过，所以上面的句子就是没有意义的。(3) 对句子进行否定或提问不影响预设的正确性。比如“我看见了小孙”，这个句子的预设是“有个叫小孙的人”，把句子改为否定或疑问形式都不能否定“有个叫小孙的人”这个预设。

(二) 蕴涵

两个句子中如果有对应的语言单位是上下位概念，这两个句子之间的关系就是蕴涵关系。具有下位概念的句子蕴涵上位概念的句子。比如“一个杯子”和“一个他家的高脚玻璃杯”就是上下位概念，而“我打碎了一个他家的高脚玻璃杯”这个句子就蕴涵“我打碎了一个杯子”。上文中的例句“他家阳台的那盆玫瑰花开了”中“玫瑰花”和“花”是上下位概念，所以这个句子也蕴涵了“他家阳台的那盆花开了”。

预设和蕴涵是两种不同的语义推断。它们的区分可以用“否定测试法”进行：如果句子B预设句子A，则否定句子B时，句子A仍然是真实的。如果句子B蕴涵句子A，则否定句子B时，句子A可真可假。正如上文所说，否定“我看见了小孙”为“我没有看见小孙”，并不影响“有个叫小孙的人”的真实性。而如果否定“我打碎了一个他家的高脚玻璃杯”为“我没有打碎他家的高脚玻璃杯”，那么“我打碎了一个杯子”这个句子有可能不是真实的，也有可能是真实的，因为“我没有打碎他家的高脚玻璃杯”也可能意味着“但我打碎了我自己家的玻璃杯”等。

第四节 语义的历史演变

一、语义历史演变的原因

语义的历史演变（主要指语言意义）和语义在语境中的共时变化（主要指言语意义的变化）是语义的两种不同性质的变化。语义的历史演变指的是语义在不同历史时期所发生的变化。这种变化是不受一时一地的特定语境制约的，是语义的系统性变化。通过对比不同时期一个语言单位的意义，我们可以发现其历史演变的脉络。语义的历史演变是语义的长久性变化，它不会随语境的变化而变化或消失。语义的变化是从语义在语境中的临时性变化（即言语意义的变化）开始的，临时性的变化反复出现，渐渐固定下来，就成为长久的、固定的语义演变。

语义历史演变的原因很复杂，大致说来有以下几个。

(一) 社会生活的发展变化

人类社会的进化发展对于人类社会最重要的交际工具——语言有着重要的影响。语言必须随着社会的发展而发展，以满足交际的需要。比如“计算机”一词的语义演变就和社会生活的变化有密切关系。这个词刚产生的时候含义是“用来进行高速计算的电子仪器”，因为产生之初的“计算机”只能进行高速计算，没有其他功能。经过数十年发展，在科技日新月异的今天，“计算机”指的是能进行各种文件操作和软件运行的电子仪器，其语义内容由此发生了变化，但这个名称却保留了下来。又如“墨水”本来的意思只有“用于书写的黑色的液体”，但随着社会和时代的发展，我们现在有了红色的墨水、蓝色的墨水，所以墨水的意思也变成了“用于书写的液体”。

（二）人的认识能力的提高

随着社会的进步，人们认识世界和改造世界的能力不断提高，使语义发生了变化。如“地”一词，东汉《说文解字》里的解释为：“轻清阳为天，重浊阴为地。”这代表了当时人们对“地”的一种认识，和现在人们对于“地”的认识有很大的差距。再如“死”一词，原来认为人的心脏停止跳动是“死”，而现在则认为人的脑死亡是“死”的真正含义。

（三）语言单位内部的矛盾

语言系统内部相对稳定的时候，单位与单位之间存在着相互联系、相互制约的关系，呈现一种平衡的状态。这种平衡一旦被破坏，单位与单位之间便会出现矛盾。为了恢复平衡，单位与单位之间势必进行调整，这样语言就会不断地发展变化。比如古汉语“走”原义为“跑”，后来产生了“跑”一词，抢走了“走”的含义，于是“走”又抢走了“行”的含义，使作“行走”义的“行”只作为不成词语素，所以如今“走”“跑”“行”的意义格局，就是语言单位内部的互相制约关系形成的平衡。又如“足”的原义是“下肢的踝骨以下的部分”，而“脚”的原义为“小腿”，但后来“足”不再作为成词语素表示“踝骨以下部分”，“脚”便代替了“足”的意义，“脚”原来的意义则由新造的“腿”来表示。“足”“脚”“腿”的意义格局也是由语言单位内部的互相制约影响关系形成的。

归根结底，语义的历史演变是社会中的人与使用工具语言之间关系的演变，人的言语活动是语义历史演变的根本动力。

二、语义历史演变的途径

语义的历史演变要沿一定的途径来进行。语义的演变可以以语言单位的一个义项为核心，由此引申出与之相关的新的义项。核心的义项叫基本义，引申的意义叫引申义。通过引申，一个语言单位可以由单义的变为多义的，由一个义项变为多个义项。

词义引申的途径主要有两个：比喻和借代。

（一）比喻

比喻是指用具体形象的词来说明与之有联系的抽象性质的词义引申途径。比如“栋梁”，原义为“房屋的脊檩”，由于它能够承负重量，坚实有力，人们就用“栋梁”来比喻像栋梁一样坚定有力、能够担负国家重任的人。又如“火”，本来指的是“东西燃烧时所发的光和焰”，因为光焰有热度、有亮度，所以人们也用“火”来比喻兴旺、强盛的景象，如“他家的生意真火”。

（二）借代

借代是指利用事物之间的某种联系，用表示甲事物的词指代乙事物的词义引申途径。借代的方式有用特殊借指一般，比如用“葛朗台”指代吝啬鬼，用“诸葛亮”指代有智谋的人，用“猪八戒”指代贪吃的人。借代的方式还有用事物的部分来指代整体，比如“红领巾”本来只是少先队员系在脖子上的标志物，因为总是和少先队员一起出现，因而“红领巾”就产生了新的意义，指“少先队员”。又如用“须眉”指代男人，用“丹青”指代绘画等。

三、语义历史演变的结果

语义历史演变的结果有三种：语义所指概念的扩大、缩小和转移。

（一）扩大

语言单位概括和应用的范围由小变大，这就是语义的扩大。语义的扩大有两种类型：一是词所指概念的外延扩大。比如“江、河”原来只指“长江、黄河”，是专有名词，后来扩大指所有内陆水域，外延变大了；“嘴”本来指鸟的进食器官，后来指一切动物的进食器官，也是外延的扩大。二是词由单个义项变为多个义项。比如“信”本义是“诚实”，由此派生出“可信、相信”的意义，由单个义项变为多个义项。

（二）缩小

语言单位所概括和应用的范围由大变小，这就是语义的缩小。比如汉语“臭”的本义是指一切气味，现在变为专指难闻的气味，词义缩小了；“汤”原来指“热水”，现在变成了“食物煮后所得的汁水”，词义缩小了；英语“hound”原义是指“狗”，后来变为专指“猎狗”，词义缩小了。也有的语言单位由多个义项缩小到单个义项，如“舅”和“姑”，原来除了有“母亲的兄弟”和“父亲的姐妹”这样的意义外，还有“公公”“婆婆”的意义，后来其意义就只剩下前者而没有后者了。

（三）转移

语言单位的意义由指称一个范围内的事物变成指称另一个范围内的事物，这就是语义的转移。语义的转移有通过比喻和借代等途径产生的概念意义转移。比如“风雨”本来指自然界的现象，后来比喻“考验、磨难”；“心腹”本来是人体的器官，后来比喻“关系十分密切、得到信任重用的下属”；“葛朗台”本来是小说中一个吝啬鬼的名字，后来用来借代“吝啬鬼”。语义的转移还包括感情意义的转移。比如“喽啰”原指“伶俐能干的人”，是褒义，现在概念意义和感情意义都发生了转移，指“坏人的仆从”，变成了贬义。英语的

"nice"原来是"无知"的意思，后来转为"好"的意思；"pretty"原来是"狡猾"的意思，后来成为"漂亮"的意思。

在语义的发展变化中，语义的扩大是较为重要的一种，因为语义的扩大反映了人们对事物之间联系的更为充分的认识，并且能够帮助人们利用有限的语言符号表达无限的意义，描绘无限的世界，满足交际的无限需求。

【本章小结】

本章从语义的定义与分类入手，介绍了语言意义和言语意义二者的区别和联系，随后又分别从语言意义和言语意义两个角度介绍了语言学中有关的语义理论。在语言意义部分，词义与句义是两个重点。词义可以分为概念意义和非概念意义，概念意义是最基本、最典型的语言意义。非概念意义又可分为内涵意义、风格意义、感情意义等类型。词义有概括性、明晰性与模糊性、共同性与民族性等特点；语义场、义位和义素是对词义进行研究所必须掌握的三个概念。可以用义素分析对词义做深入的研究。句义部分的内容包括句义结构模式的聚合关系和组合关系，涉及话题、述题、谓词、述项以及多种语义格的概念。言语意义的研究离不开语境，语境对于语义有限制、明确、变更、添补等作用。语义可以反映语境，语义在语境中有各种变化形式。我们还可以利用上下文语境对句义组合做出语义推断；语义在语境中的变化是共时变化，语义的历史演变是历时变化。语义演变的原因来自语言系统内部和外部各个方面，语义通过比喻、借代等途径发生扩大、缩小、转移等变化。

通过学习本章，学生应该掌握语义的定义与分类，领会语言意义和言语意义的区别与联系，掌握词义部分的语义场、义位、义素等概念以及义素分析的原则、程序，能够完成简单的义素分析；领会句义结构模式的组合与聚合关系，掌握话题、述题、谓词、述项以及多种语义格的概念；掌握语境与语义的相互依存关系；了解语义的历史演变原因、途径、结果。

【思考与练习】

1. 关键词

语义　语言意义　言语意义　义素　义位　语义场　语境　词汇意义　概念意义　话题　述题　谓词　预设　蕴涵

2. 填空

(1) 我们说的语义，是指语音形式表现出来的________和________的全部内容，它包括________和________两大类。

(2) 语言意义最大的特点是________。语言又是一种社会交际工具，所以语言意义必须是相对凝固和稳定的。

(3) 英国著名语义学家利奇把意义分成七种类型：________、________、________、________、________、________、________。

(4) 义素分析的原则是________。

(5) 语义场的类型有________、________、________、________四种。

(6) 语义的历史演变有________、________、________三种结果。

3. 选择

(1) ________是指语言单位的意义在一定语境的作用下，内涵变得具体、丰富或

增加一些附加意义。（ ）

A. 具体义　　B. 反义　　C. 虚化义　　D. 转义

(2) 下列各组语义场中属于分类联想义场的是（ ）

A. 正、负　　B. 师傅、徒弟

C. 交响乐、摇滚乐、民乐　　D. 边疆、边境

(3) 义素这个概念是（ ）

A. 自然的语义单位　　B. 理论上分析出来的语义区别特征

C. 相当于语音的音素　　D. 相当于词汇的语素

(4) 词语“闻”在古汉语中是用耳“听”的意思，在现代汉语中是用鼻子“闻”的意思，这种词义演变现象是（ ）

A. 扩大　　B. 缩小　　C. 转移　　D. 比喻

4. 简答

(1) 简述语言意义和言语意义的区别与联系。

(2) 举例说明词义的特点。

(3) 举例说明词义有哪些类型。

(4) 举例说明什么是义位，什么是义素。义素相当于音位学中的何等概念？

(5) 举例说明语义场及其类别。

(6) 举例说明句义结构模式的聚合关系。

(7) 举例说明语境对语义有哪些作用。

(8) 举例说明语义是如何反映语境的。

(9) 举例说明怎样区分蕴涵和预设。

(10)“老张是单身汉”和“老张是鳏夫”的语义相同吗？为什么？

(11) 举例说明“走”“跑”“行”的语义是如何发生改变的。

5. 运用

(1) 用矩阵式和方括号横排式对以下各组词做义素分析。

①父、母、儿、女

②兄、弟、姐、妹

③煎、炒、烹、炸

④听、说、读、写

⑤镰刀、锤子、斧子

⑥爱护、爱戴、果断、武断

⑦伯父、伯母、舅父、舅母

(2) 区分下列句子的话题与述题的聚合类。

①世上只有妈妈好！

②勤奋与巧干是成功的前提。

③你这个小鬼！

④开车！

(3) 分析下列句子的谓词与述项聚合类。

①夹皮沟，火车站。

②失败是成功之母。

③她送妈妈一件礼物。

④射击！

⑤太阳出来了。

(4) 分析下列句义结构模式组合关系中带点词的格。

①他打乒乓球。

②弟弟在叠纸飞机。

③他用锯子锯木头。

④后院有两棵树。

⑤明天发工资。

⑥他给我一本书。

6. 论述

请结合下面所给实例说明语言义和言语义的关系。

(1) 语境义。

A. 一对夫妇，丈夫潜心于事业，天天伏案工作，不知休息；妻子出于关心体贴，在星期天对丈夫说了这句话："Darling，today is Sunday!"（亲爱的，今天是星期天!）

B. 一对夫妇，丈夫在家不干家务，但答应妻子在星期天帮忙做点家务。星期天到了，丈夫睡到十点才醒来，接着打开电视，在被窝里盯着荧屏上的足球赛……妻子有点生气了，对丈夫说："John，today is Sunday!"（约翰，今天是星期天!）

C. 孩子和父母住在城郊，平时父母工作都很忙，因此难得有时间带孩子进城去公园游玩。星期天到了，孩子在家待不住了，便对父亲说："爸，今天是星期天。"

情景 A 中的"today is Sunday"表达了妻子对丈夫的"劝告"，建议他星期天好好休息一下；情景 B 的"today is Sunday"却表达了妻子因生气而对丈夫发出了一道命令："星期天了，给我干活去，懒鬼!"至于情景 C，很清楚，孩子是"请求"或"建议"他的父亲在星期天带他到城里去玩玩。

(2) 搭配义。

英语中 pretty 和 handsome 在形容人的时候都表示"好看"，但是由于 pretty 一般只用来形容女子和小孩，因而所表示的"好看"是指女子或小孩所特有的一种优雅、娇嫩、秀气的美。而 handsome 既可形容男子也可形容女子，因而形容女子时侧重点与 pretty 不同，是指一种体态端庄匀称而高雅的美。

(3) 语言义。

根据第 10 版《新华字典》，"秀"有 4 个义项，分别是：植物吐穗开花，多指庄稼；特别优异的；聪明，灵巧；美丽。受外来语 show 的影响，第 11 版《新华字典》又增加了一个义项——〈外〉表演，展示，从而使"秀"的这种动词用法也"名正言顺"地进入了语言，例如"刘德华和徐娇在片中出演父女，他们在片场大秀温馨"。

第四章
词　汇

一种语言的语音的系统性和语法的系统性都是容易体会到的，唯有词汇的系统性往往被人们忽略了，以为词汇里面一个个的词好像是一盘散沙。其实词和词之间是密切联系着的。

语言是社会的产物，个人不能创造语言。但是个人可以创造定型的词语：起初是一个人这样说了，由于这是名句或者有名的故事，这个词组或短语就成为定型，流传下来。

——王力《王力文集》

这一章我们学习的是词汇，词汇是语言的基础建筑材料，其本身也是一个系统。首先，我们要掌握词汇的定义，区分语言词汇和言语词汇；其次，我们要重点从语言词汇的角度去掌握有关词汇的基本知识，包括语言词汇的性质特点、语言词汇的单位（词和固定词语）、词语系统（词汇系统和语汇系统），这是本章的重点和难点；最后，我们还要稍微了解一些不同种类的言语词汇，如古今中外的一些名家、名著词汇，以及新鲜的网络语词汇。

第一节 词汇的定义和分类

一、词汇的定义

词汇是语言的建筑材料，是语言又一个重要的要素。它同语音和语义不同，语音和语义的构成成分是单一的，而词汇这个要素既有语音属性，又有语义内容，而且除了自身规律以外，同时还要受语法规律制约。因为没有语法规则，只有建筑材料是无法完善语言工具系统，让人们去建构各种各样的言语大厦的。

词汇指词和词的等价物——固定词语的总和。词汇是一个集合概念，不能用来指单个词或单个的固定词语。单个的词或固定词语只能称为词汇单位，每一个词汇单位都是词汇这个集合的成员。如“汉语的词汇很丰富”“英语词汇教学要循序渐进”，这里的“词汇”所表达的就是一个集合的概念；而如“方言词汇”、“文言词汇”、“外来词汇”、《红楼梦》的词汇，甚至鲁迅的词汇、莎士比亚的词汇等，其中“词汇”的范围虽然小很多，但也是就整体而言的，而不是指个别的词或短语。词汇学是以词汇为研究对象的语言学学科。一般认为，词汇学研究词的性质、词的构成、词义的本质、词义的发展、词的各种关系，以及词汇的划分、关系、发展等。

词汇学又分具体词汇学（也叫个别词汇学，即研究一种语言的词汇）和一般词汇学（也叫普通词汇学，即研究词汇的一般理论）、历史词汇学（研究词的本义、词最早的形式和它的发展）和描写词汇学（研究一个时期的词汇），还有历史比较词汇学（比较有亲属关系的语言的词，以构拟它们在共同的母语中的形式和意义）。

二、词汇的分类

词汇可以分为语言词汇和言语词汇。

语言词汇是指一种语言中全部词和固定词语的总和，如汉语词汇就是指汉语中全部词和固定词语的总和，英语词汇则是指英语中全部词和固定词语的总和。

言语词汇是指个人运用语言的词汇，它是允许存在偏离语言规范、不同于语言词汇之处的。言语词汇可以就某个人和一部著作而言，也可以就一个特定的言语环境而言。如鲁迅的词汇指他著作中所使用的全部词和固定词语，《红楼梦》的词汇指这部书的全部词和固定词语，网络词汇指人们在网络上使用的全部词和固定词语。一方面，任何一个人不可能把一种语言中的所有词语都变成他言语中的词语；另一方面，大多数人，甚至每一个人又都能制造和运用语言中所没有的词语，即都有一些特有的言语的词语。

言语词汇是个人或特定群体在特定的使用环境下运用语言词汇说和写的结果，往往只占全民语言词汇的一部分，而且常常带有个人成分与特色。而个人或某些特定群体制造的某些词，一旦被社会承认，也就进入了语言词汇之中。如同语言和言语的关系一样，我们说语言词汇对各种言语词汇起着强制的规范性作用，而言语词汇无时无刻不在丰富着语言词汇。

一般来说，传统意义上的词汇学属于对语言词汇的研究范畴，对言语词汇的重要意义强调不够。随着语言学向交叉科学发展的趋势不断显现，对言语词汇的研究也越来越重要。它是新时期语用学的一种体现，也对了解语言词汇的丰富和发展、了解语言词汇的语用状况有着重要的意义。

第二节 语言词汇

一、语言词汇的性质和特点

（一）语言词汇的性质

语言的基本功能是交际。现实交际中人们说的话、写的文章都是用词汇这个建筑材料构成的。人们说的话和所写的文章（言语作品）就可以看作语言的建筑物。在这个建筑物中，性质和功能不同的词汇单位所起的作用并不相同。有的是言语作品的主体，有的起连接作用，有的起修饰作用，有的附着在主体之上。尽管它们的作用不同，但其总体性质是一样的，它们都是言语作品不可缺少的构件。所以，充当语言的建筑材料是语言词汇的基本属性。

但是，各种词汇单位随意堆加在一起并不能构成言语作品。词汇的各种单位必须在语言的结构规律——语法规律支配下，有目的地组织排列起来，才能成为现实交际中的言语作品。所以，如果说词汇是建筑材料，语法就好比是建筑规则，二者相互作用、相互配合，才能使语言这个交际工具运转起来。

（二）语言词汇的特点

1. 词汇的系统性

语言是一个由多种要素构成的多层面的系统，词汇是其中一个子系统。词汇的特点之一是系统性。词汇系统不像语音和语法系统那样清晰严密，但其内部依然是有规律的。词汇的系统性是潜在的，它主要通过词汇单位的各种聚合类体现出来。我们可以依据不同的标准把词汇划分为不同的系列，各系列以某一相同的特点聚合在一起。比如，以语体类型为标准，可以划分出口语词汇和书面语词汇；以使用频率为标准，可以划分出常用词汇和非常用词汇。这样，不同层次的不同词汇聚合构成了整个词汇系统，详细内容我们稍后再讲。

2. 词汇的任意性和理据性

我们在第一章谈到过语言符号的任意性，而这一点体现在词汇中，即就词本身看，音与义的结合是任意的、不可论证的。任何语言的词汇，特别是意义单一的根词，用什么音表示什么意思都是由各族人民约定俗成的，如汉语把“天”叫作“天［$t^{h}iæn^{55}$］”，把“牛”叫作“牛［$niəu^{35}$］”，不是必然的；而英语中把“天”叫作“sky［skai］”，把“母牛”叫作“cow［kau］”，把“公牛”叫作“bull［bul］”。不同的语言把相同的一个概念用不同的声音表达，充分说明语言符号的任意性、词汇的任意性。词汇的理据性则体现在具体语言中语素与语素的组合、词与词的组合是相对可论证的。如表示“玫瑰花”，之所以用“玫瑰花”而不是“玫瑰草”，这是相对可论证的；又如汉语中的“雨衣”、英语中的“raincoat”表示“下雨的时候穿的衣服”也是可以论证的。

要是从纯理论上讲，一方面，任何单个词的音与义之间的关系都是任意的，它们的音和义之间没有什么必然的联系。不同的民族可以用这样的声音，也能用那样的声音表示某一个词义（当然，一旦约定俗成，固定下来，每个词就增加了强制性）。不同民族语言用不同的声音表示同一个词义，同一个民族语言词的音义关系也有古今的变化都说明了这一点。另一方面，人们用什么样的音义结合来给客观物命名应该是有理据的，只不过，随着时间的推移和历史长河的冲洗，一些理据性已经不易看清了。应该说，单个词，特别是根词，音义关系具有绝对任意性，词组和词与词的组合往往具有相对可论证性，必须按照一定的规则进行组合。这也可以叫作相对任意性或相对可论证性。

3. 词汇的普遍性与民族性

语言中的词汇，特别是实词，与逻辑上的“概念”往往密切相关，因为概念是对客观事物的反映，而词汇则标记了概念。因此可以说，只要客观事物存在某种概念，就一定会有相应的词来表达它。这对于所有语言都一样，这就是词汇的普遍性。例如客观存在着“日”“月”的概念，那么无论哪种语言中都会有反映这些概念的词语，如汉语中有“太阳”“日头”“月亮”，英语中有“sun”“moon”。但不同民族反映相同概念的词语往往是不同的。这体现在词的音义关系的差别上，就是词汇的民族性。词汇的民族性还体现在词语搭配关系和感情色彩上，它反映了不同语言词语组合功能和感情义的差异。如汉语中的“狗”往往表示贬低的含义，有“狼心狗肺”“狗眼看人低”等；而英语中的“dog”，则有表示亲密、可爱的感情色彩，如可以称呼自己的爱人为“my dog”。汉语的“高”“低”“矮”“长”“短”和英语的“high”“tall”“low”“long”“short”的搭配也存在很大差异：

汉 语	英 语
高（指物）←→低（指物）	high（高，指物）←→low（低，指物）
高（指人）←→矮（指人）	tall（高，指人）←→short（矮，指人）
长（指物）←→短（指物）	long（长，指物）←→short（短，指物）

4. 词汇的变化性与稳定性

与语音、语法比较起来，词汇与社会生活的关系更加直接。因此，社会生活的发展变化，都会很快地反映到词汇中。这就使得一些旧词语逐渐从人们口中消失，而很多新词语又不断在交际以及传播媒体中出现，这就是词汇的变化性。如早年的“斗私批修”“红卫兵”等词，现在已经基本不使用了，而“上网”“电子邮件”“微信”等词都是近年来出现并大量使用的。一般说来，各种语言的要素中，词汇要素中的一般词汇变化是最快的。同时，词汇的变化并不是随心所欲的，它要受到词汇系统的影响和严格制约，有着极强的稳定性。所谓词汇系统的制约，一方面是指很多词语的声音、意义和结构形式一旦形成就基本固定下来，不能随意改变。例如，无论社会如何发展变化，一种语言的基本词汇往往是极其稳定的，像“山”“河”“天”“地”“日”“月”这样的词，中国人沿用了几千年，至今没有改变过；一些熟语和固定用法也是如此，如“半斤八两”，尽管现在的1斤不再是古代的16两，可我们也没有把这个词语说成“半斤五两”。词汇系统的制约，另一方面体现在一些新词的出现往往是根据现有的词汇、固定的词汇结构造出来的，如上面说的“电子邮件”“微信”等，有些一般词汇甚至可能在一定历史时期和一定条件下转变为基本词汇。我们说，词汇的变化性使语言单位不断增减、更替，满足了社会发展的需要，而词汇的稳定性保证了语言系统的稳定和平衡，使交际能够正常进行。

二、语言词汇的单位

语言词汇的单位有两种：一种是词，一种是由词的固定组合构成的固定词语。二者功能相同，但形式不完全一样。固定词语从表面看是比词大的单位，但在造句中的作用相当于词，是词的等价物。

词是词汇中最基本的单位，它的数量远远超过固定词语。同时，词还是语法分析的基本单位之一。从其自身规律来看，要想掌握词这种语言单位，首先要澄清两个问题：一是“词究竟是什么”，二是“词和非词的界限”。

固定词语，也称固定短语，是一种特殊的词汇现象，人们像运用词一样，把它作为一个单位来使用。固定词语之所以成为词汇系统中另一种词汇单位，是因为它具有和词相同的功能：做句法结构的成分，成为构成句子的最小单位。因此，我们说固定词语是词的等价物。从形式上看，固定词语虽然是由词组合起来的短语或句子，是比词大的单位，但在语言运用中，它却相当于一个词，是句法结构分析中最小的单位。

三、词

(一) 词的定义

1. 词的界定

词是语言中可以独立运用的最小音义结合单位。所谓独立运用，是指这个语言单位可以单独造句或单独做句子成分、单独回答问题或单独起语法作用。例如，“火!”就是由一个词组成的句子。再如敲门时的一问一答：“谁?”“我。”这两个最小的语言单位能独立运用，因而是词。再比如“他来自北京”中的“他”“来”“北京”都能够单说，单独做句子成分，因而都是词；而“自”虽然不能单独回答问题，但能单独起语法作用，这也算独立运用，我们称之为虚词，跟“自”相似的还有“和”“跟”“了”，等等。

既然词是音义结合单位，又要受语法规律支配，那么每个词就是由语音、语义、语法三个要素凝聚而成的。也就是说，每个词都有一定的语音形式、语义内容和语法属性。如：

“玫瑰”语音：[mei^{35} kuei]

语义：蔷薇属的一种植物或花，植物茎通常有皮刺，叶互生，奇数羽状复叶。

语法：名词，可以做主语、宾语、定语。

词有两种功能：指称功能和组合功能。指称功能是指词是表示客观事物、现象、关系概念的符号；组合功能是指词的语法功能，词是句法结构的基本单位，可以根据自身的语法属性和语法功能组成短语和句子。

2. 词与语素的区分

语素是语言中不能独立运用的最小的音义结合体，而词是可以独立运用的音义结合单位。二者的区分点就在于能否独立运用。语素是不能独立运用的，它一般不能直接用作句法结构的成分。如现代汉语中的“览”，必须和其他的语素组成“游览”“博览”“展览”“阅览”等词，才能充当句子成分。但是，我们可以看到，有些语素可以直接进入句法结构，如“天”“人”“走”等。这些语素从不同的层面来说具有两种身份，一种是语素，一种是词，当它们进入句法结构时，它们是词，是由一个语素构成的词。某些词在一定语境中加上语调，还可成为独词句，如：“走!”

3. 词与词组的区分

词和词组的界限则在于：是不是“最小单位”。词可以独立运用，词组也可以独立运用，但词组不是最小的独立运用单位，也就是说词组还可以进一步拆分为词。如：

美丽的玫瑰花盛开了。

她头上插着一朵美丽的玫瑰花。

他送给情人一束美丽的玫瑰花。

“美丽的玫瑰花”作为一个词组，是可以独立运用的，但它并不是独立运用的最小单位，它还可以拆分为“美丽/的/玫瑰/花”四个最小的独立运用单位。我们用扩展法来判断一个独立运用的单位是不是最小，也就是是不是词。如果一个独立运用的单位能够扩展，那么它不是最小的独立运用单位，是词组；如果不能扩展，则是最小的独立运用单位，是词。但是，扩展法并不是随随便便使用的，只有符合以下三个插入条件的扩展才是成功的扩展，而只有能进行成功扩展的单位才是词组，否则是词。这三个条件是：第一，扩展后的语言单位的意义基本不变；第二，扩展后组合关系不变；第三，一次扩展后还可以继续扩展。举例来看，“白菜”如果扩展成“白的菜”，则原意改变了，不符合第一个插入条件，因此，扩展是不成功的，所以“白菜”是词，不是词组。再如“看书”，可以扩展为“看一本书”，原意、组合关系都没有改变，符合第一、第二个插入条件，还可以继续扩展为“看一本张爱玲写的书”，也符合第三个条件，可见“看书”是词组，而不是词。现在被一些人称为“离合词”的“洗澡、鞠躬、理发……”应该说都符合上面三个条件，本应是词组，但人们仍然喜欢称它们为词。如果这样，就要加上第四个条件：插入后，插入成分的两边仍然能够独立运用。上述“洗澡”的“澡”、“鞠躬”的“躬”、“理发”的“发”是不能独立运用的，所以插入前，仍然可以把它们算作词，或者就叫离合词。

（二）词的构成成分——语素

1. 语素的定义

语素是语言中最小的不能独立运用的音义结合单位。语素不能独立运用，但如何理解语素是“最小”和“有意义”的单位呢？举例来说，“农民”中的“农”和“民”单独看都有自己的意义，而且是不能再继续分解的最小单位，所以是两个语素。而“蜘”和“蛛”单独来看没有任何意义，只有把它们合在一起成为“蜘蛛”才有意义，所以“蜘蛛”是一个语素而不是两个语素。一些音译词如“可口可乐”“沙发”也是一个语素构成的词。因此我们要明确，一个语素并不等于一个音节、一个汉字。此外，对于一个音义结合单位是否最小的分析往往会受分析者所具有的语言知识的影响。如“经济”一词在一般人看来似乎不能再拆分了，而实际上“经济”可以分解为“经”＋“济”（如“经世济民”），“经”和“济”才是最小的有意义的单位，因而是两个语素。

2. 语素的分类

（1）根据语素能否独立运用，可以把语素分为成词语素和不成词语素。

成词语素是指可以直接成为词，即可以独立使用的语素，如“灯”“笔”“好”“忽然”“再”等；与成词语素相反，不成词语素则是指不能单独成词，即不能独立使用的语素，如“光荣”中的“荣”，“桌子”中的“子”。

（2）根据语素在构词中的作用，可以把语素分为词根、词缀、词尾。

词根是词的核心部分，它决定了词的主要词汇意义。一个词可以没有其他成分，但是不能没有词根。词根是词的结构中心，其他语素是附着在词根之上的，如汉语中的“可喜”“喜滋滋”“喜盈盈”等，“喜”是中心，不可缺少，体现了这几个词的基本意义，其他语素如“可”“滋滋”都是依附在词根“喜”之上的。如英语中的“worker（工人）”“workable（可用的）”“working（工作的）”“rework（重做）”等词中“work”是词根，是词的中心，体现了每个词最基本的词汇意义。

词缀指附着在词根之上的语素，它对词义的构成起附加作用。根据词缀在词的结构中的位置，可以把词缀分为前缀、中缀、后缀。前缀是附着在词根前面的语素，如汉语中的“老”，可以与词根构成“老虎”“老鼠”“老师”等词；英语中的“co-（共同的）”可与词根构成“cohabit（同居）”“cooperate（合作）”“coact（协作）”“coexist（共存）”等词。中缀是嵌入词根中间的词缀，这种词缀用得较少，马来语有这种词缀，如“-el-”插在词根“patuk（啄）”中间构成“pelatuk（啄木鸟）”。后缀是附着在词根后面的词缀，如汉语中的“家”，可以与词根构成“画家”“作家”“音乐家”等词；英语中的“-er”也是后缀，可以与词根构成“worker”“teacher”“writer”“speaker”“sporter”等词。

词尾指附加在词根或词缀后面只表达语法意义的语素，一般属于词的形态变化部分。比如英语“books”中的“s”、德语中的“studenten”中的“en”就是词尾，表示“复数”的语法意义。一种语言并非所有词都有词尾，也并非所有语言都有词尾，一般认为，汉语中的词没有或很少有词尾，而印欧语中大多数语言如英语、俄语、德语、法语等都有词尾。

一个词，去掉词尾的部分就叫词干。词干可以由词根组成，也可以由词根加词缀组成。

（3）根据语素能否单说，可以把语素分为自由语素、不自由（黏着）语素。

自由语素指既能够独立成词又能够单说的语素。许多自由语素也能与其他语素自由组合成词，如“书”“好”“看”等。不能够独立成词，或者能成词但不能单独说出来的就是不自由语素，即黏着语素。如“企业”中的“企”、“技术”中的“技”就属于不能成词的黏着语素，而一些虚词如“了”“吗”则属于成词的黏着语素。

（4）根据语素在构词中的位置，可以把语素分为定位语素、不定位语素。

定位语素指在构词中位置固定的语素，或前置，或后置。如“子”总要后置构成“桌子”“椅子”“筷子”等，而“老”则必须前置构成“老师”“老虎”“老鼠”等。不定位语素则是在构词中位置不固定的语素，既可能前置，又可能后置。如“体”既能后置构成“身体”“文体”等，又能前置构成“体育”“体能”等。

（三）词的结构类型

由一个语素构成的词，称为单纯词；由两个或两个以上的语素构成的词，称为合成词。

单纯词有单音节的，如“天”“地”“看”“好”等，也有多音节的，多音节单纯词中又以双音节为主，可分为联绵词、叠音词、音译外来词等。

1. 联绵词

指两个音节连缀成义而不能拆开的词，有双声、叠韵、非双声叠韵三种。

（1）双声，指两个音节声母相同的联绵词，如：

参差、仿佛、蜘蛛、崎岖、忐忑、尴尬、玲珑、吩咐

（2）叠韵，指两个音节的韵相同的联绵词，如：

彷徨、窈窕、逍遥、蟑螂、哆嗦、烂漫、叮咛、匍匐

（3）非双声叠韵，如：

芙蓉、蝴蝶、蝙蝠

2. 叠音词

指由两个相同音节重叠而成的单纯词，如：

猩猩、姥姥、蝈蝈、蛐蛐、饽饽

3. 音译外来词

音译外来词如：

咖啡、沙发、巧克力、可口可乐、歇斯底里

合成词包括复合词、派生词和重叠词。

复合词由两个或两个以上的词根复合构成。复合词在各种语言中都有。在汉语中，复合词是最主要的构词类型。构成复合词的可以是成词语素，也可以是不成词语素。如英语中的“black-board（黑板）”“rail-way（铁路）”，法语中的“cure-dent（牙签）”，汉语中的“火车”“心疼”等就是成词语素和成词语素构成的复合词；而汉语中的“端详”“技术”就是包含不成词语素的复合词。对于复合词要注意两个问题。

第一，复合词的词义与语素意义的组合并不完全对应。一般来说，语素与语素组合成词的意义应该就是语素义与语素义的组合，如“感人”的意思就是“感动人”。但有的复合词词义不等于语素义的组合，其中有些是语素义比较模糊，像“麻利”“大方”等；有些是语素义组合后意义较难理解，如“中肯”“染指”等，如果不了解历史典故，没有丰富的语言知识，是很难从语素义推知整个词义的；有些则是一部分语素义脱落，如“忘记”“妻子”“窗户”等词，这类复合词又叫偏义复合词。

第二，复合词的词类与语素的词类也不对应。一般来说，复合词的词类与组成成分的语素应该一致。比如作为组成成分的语素是名词性的或中心语素是名词性的，组合后的词也应该是名词性的，如“铅笔”“白菜”“朋友”等。但汉语中也有大量复合词词类与语素功能类组合不一致的情况，如“开关”“裁缝”是名词，“司机”“导游”“领队”也是名词。

派生词又叫附加词，由词根附加词缀构成。派生词在汉语中不多，但在形态丰富的语言中大量存在，是词的主要构造类型，如英语中以前缀“un-”和“in-”（非）构成的词数以千计。

重叠词由相同的词根相叠构成。重叠词在其他语言中不太多见，要注意的是在汉语中也并不是所有成分重叠的形式就是重叠词。重叠词首先要注意与叠音词区分，如我们前面说过的“猩猩”“蝈蝈”等，它们的意义不能再分解，本身就是一个语素，属于单纯词。重叠词还要注意与重叠形式的词组或语法的重叠形式区分，如“看看”“试试”“朵朵”“个个”等，一般来说重叠词既不像语法上的重叠形式可以增加某些语法意义，也不改变重叠语素本身的词类。汉语中的重叠词包括：名词性重叠词，如“爸爸”“姐姐”“星星”等；副词性重叠词，如“刚刚”“常常”“仅仅”等。

（四）词的构成方法

词的构成方法就是构词法。构词法有广义和狭义两种理解：广义的理解指一切新词的构造方法；狭义的理解指由语素组合成词的方法。狭义的构词法与语法的关系更加密切。广义的构词法涉及很多方面，与词汇学的关系更加密切。广义的构词法，总的来看包括语音构词、语义构词和语法构词三种。

1. 语音构词

语音构词主要指由模拟自然的声音构词的方法。如汉语中的“蛐蛐”“蝈蝈”等表示动物名称的词，又如表示动物叫声的词“哞”“咩”，以及纯粹模拟自然声音的拟声词“呼呼”“哗啦”等。英语中的“bomb（炸弹、轰炸）”“tick、ticktack（钟表走时的声音）”“tinkle（叮当声）”“patter（吧嗒声）”等也是语音构词。

2. 语义构词

语义构词是指新词产生是由于旧词的语义滋生、分化，即由于词义的比喻、借代等，或者是由于词义的联想。这是一种历时的造词方式，如汉语的“信（诚实）”引申为书信、信息，由“杜鹃（鸟名）”联想到“杜鹃（花名）”等。古英语“boc（榉木）”通过借代（用材料指物品）引申为现代英语的“book（书）”，由原始日耳曼语“tunaz（篱笆、围墙）”引申为现代英语的“town（市镇）”等。

3. 语法构词

用语法手段来构成新词，其中包括狭义的构词法（复合法、派生法）构成合成词，还包括转化法。下面我们分别讨论。

（1）复合法。两个词根语素以句法关系为手段组合成词，这种方法又叫句法构词。根据语素组合关系的不同，复合构词又分为如下类型。

主谓式，又叫陈述式，即前后两个语素分别表示被陈述物和对这个陈述物的陈述。如英语的“earthquake（地震）”“sundown（日落）”，汉语的“性急”“胆怯”“日食”“雪崩”“祖传”等。

偏正式，又叫修饰式，即前一个语素表示性质状态或方式程度等，后一个语素表示被修饰的事物或动作。如英语的“boyfriend（男朋友）”“greenhouse（温室）”“blackboard（黑板）”，汉语的“重视”“回顾”“地毯”“火车”“狂热”等。

支配式，又叫述宾式，即前后两个语素分别表示动作行为和动作行为所涉及的事物。如英语的“pickpocket（扒手）”“breakwater（防波堤）”，汉语的“司机”“干事”“起床”“丢脸”“动人”等。

并列式，又叫平行式，即前后两个语素分别表示相关、相近或相反的事物、性质或动作。如英语的“downfall（垮台）”“deaf-mute（聋哑人）”，汉语里的“开关”“是非”“起伏”“光明”“道路”。

此外，汉语还有一种述补式或后补式，如“弄清”“阐明”“搞好”等。

（2）派生法。又叫附加法、加缀法，即在词根上附着词缀构成新词，根据词缀位置不同又可分为如下类型。

前缀＋词根：如英语中的“subway（地下通道、地铁）”“unfair（不公平）”“dislike（不喜欢）”，汉语中的“老虎”“初一”“阿姨”等。

词根＋后缀：如英语中的“teacher（教师）”“friendship（友谊）”“realism（现实主义）”，汉语中的“桌子”“木头”“作者”“绿化”等。

中缀放在词中：如菲律宾旁托语“kilad（红的）”加上中缀“um”成为动词“kumilad（红了）”，有人把汉语中的“古里古怪”“吊儿郎当”等也看作由中缀构成的派生词。

几种词缀同时出现：这样的词叫多重派生词，如英语中的“inter-nation-al（国际的）”“un-friend-ly（不友好地）”，汉语中的“泛美主义”“超导电性”等。

（3）变性转化。语素的结构不变而词类功能发生变化而形成另一类词。在印欧语中，词的基本形式不变，但其语法形态随着词类不同而变化，因而可看成形成了新词。比如一个语素本来表示事物，即语法功能上是名词性的，但在成词时，不但形成了动词，还形成了名词。如“telephone”，可以是“a telephone（名词）”，又可以是“to telephone（动词）”。在现代英语中通过这种方法形成了很多的动词和名词（有时也搞不清楚哪个在前，哪个在后），如 cook（厨师）与 to cook（烹饪）、mask（面具）与 to mask（伪装）、smile（笑容）与 to smile（微笑）、tramp（流浪汉）与 to tramp（流浪）。汉语中这种形成词的方法更加普遍，如锁（名词/动词）、热（形容词、动词）、在（动词、介词、副词）。因为汉语没有形态变化，所以这种现象被看作词的兼类。

（4）变形转化。即把原本合成词中的不成词语素变为成词语素从而形成新的词，包括逆序成词和缩略成词。

逆序成词：就是把原来只有合成词形式没有单纯词形式的词，反向截取其中的一个语素再形成单纯词。如英语中的“beggar（名词：乞丐）”可以分解为两个语素“beg”和“ar”，其中“ar”可看作表示名词意义的词缀，而“beg”原本并不是成词语素，后来从“beggar”中截取了这个语素形成了“to beg（动词：乞讨）”一词，类似的还有 cobbler（鞋匠）与 to cobble（修鞋）。

缩略构词：不是指简缩词语，而是指那些经过缩略已经凝固为典型的单纯词的那些词。如英语中的“APEC（亚太经合组织）”“FBI（美国联邦调查局）”，汉语中的“亚太”“经合”等都只是简缩词语，还没有定型为单纯词。而如英语中的“jeep（吉普车）”来自“general purpose [多用途（车）]”，“radar（雷达）”来自“radio detection and ranging（无线电探测定位）”，“laser（激光）”来自“light amplification by stimulated emission of radiation（受激辐射式光频放大器）”，就属于已经固定为单纯词的缩略构词。

四、固定词语

固定词语也称固定短语，是指构成成分和结构关系固定，具有完整意义的词语。固定词语作为构成句子的最小单位，作为句法结构的成分，具有和词相同的功能。因此我们说固定词语是词的等价物。固定词语在语言的使用中形成了两大特点。

（一）结构的定型性

所谓结构的定型性是指固定词语是一种特定的组合形式，词与词的组合关系和前后顺序已经固定了，不能改变其结构形式。具体来说，包括：（1）不能颠倒原有成分，如“颠三倒四”不能说成“颠四倒三”，“朝思暮想”不能说成“暮思朝想”；（2）不能替换原有成分，哪怕意义相近的成分也不行，如“泼冷水”不能说成“浇冷水”或“泼凉水”，“拍案叫绝”不能说成“拍桌叫绝”；（3）不能插入或删减成分，如“世外桃源”不能说成“世外的桃源”，“非亲非故”不能说成“非亲故”。

（二）意义的完整性

所谓意义的完整性是指固定词语的意义并不是构成成分意义的简单相加，而是经过约定俗成，有一个整体性的意义。这种意义的完整性主要表现在固定词语往往有特殊的引申义和比喻义。如前面说的“泼冷水”并不是“把冷水泼向某个人”的意思，而是比喻“打击人的热情”，英语中的“break the ice”也不是“打碎冰块”的意思，而是表示“打破沉默、打破僵局”。固定词语意义的完整性还表现在往往需要了解形成固定词语的文献典故、历史事件才能理解其意义，如“四面楚歌”不是“四面都唱楚国的歌”而是“四面受敌、陷入困境”，“一枕黄粱”表示“不能实现的梦想”。

固定词语有两种类型：一类是专有名词，即用各种复杂词语的形式来表达事物的名称，这类专有名称无论多长，其作用都相当于一个词。如“The New York Times（纽约时报）”“中华人民共和国”“亚洲太平洋经济合作组织”。值得注意的是，专有名词常常有简缩现象，如“亚洲太平洋经济合作组织”简缩为“亚太经合组织”，“中国人民大学”简缩为“人大”，“Test of English as a Foreign Language”简缩为“TOEFL（托福）”，这些简缩词语我们也都看作固定词语的一种。另一类固定词语是熟语，即人们常用的定型化了的词语，包括成语、惯用语、歇后语、俗语、谚语、格言。如“一箭双雕”“破釜沉舟”属于成语，“背黑锅”“领头羊”属于惯用语，“哑巴吃黄连——有苦说不出”是歇后语，“头发长，见识短”是俗语，“瑞雪兆丰年”是谚语，“三人行，必有我师”则是格言。

五、词语系统

（一）词汇系统

我们在前面谈到过词汇的系统性，词汇这一系统是由不同层次的词的聚合构成的。词的聚合又是以不同的身份、从不同的角度相互联系而构成的集合。每个词汇单位如同词汇系统这张网上的结，它的触角伸向四面八方，同其他词汇单位有着种种联系。因此词汇系统（我们下面要谈的词汇系统是词的系统，不涉及固定词语）可以从不同角度分成不同的子系统，这些子系统即各种不同的词聚。而由于分类角度不同，子系统之间会产生交叉。

1. 从形式上看

从词的形式上来看，是指根据词的语音形式或书写形式来划分词汇的子系统。

根据词的语音形式还可以形成以下词聚。

（1）从构成词的音节数量上来看，可把词汇系统分为单音节词、多音节词两大子系统：如英语中的“sun（太阳）”“boy（男孩）”“love（爱）”，汉语中的“灯”“书”“看”“打”“好”“热”是单音节词；英语中的“water（水）”“social（社会的）”“university（大学）”，汉语中的“写作”“干净”“沙发”“红彤彤”“罗曼蒂克”“冰糖葫芦”就是多音节词。现代汉语词汇以双音节词为主。

（2）双声词：指两个音节连缀成义不能拆开，而且两个音节声母相同的词。如“参差”“仿佛”“蜘蛛”“琵琶”“崎岖”。

（3）叠韵词：指两个音节连缀成义不能拆开，且两个音节的韵相同的词。如“彷徨”“窈窕”“逍遥”“蟑螂”“哆嗦”（此外，还有前面提到的非双声叠韵的联绵词和“叠音词”，如“芙蓉”“蝴蝶”“猩猩”“蝈蝈”等）。

（4）同音词：两个语音形式完全相同而意义不同的词就是同音词。所有同音词聚合在一起形成的词聚就是同音词聚。同音词有两种类型。一是同音同形，指两个词的书写形式和语音形式完全相同而意义不同，如：

英语的“book（书）”和“book（预定）”

"well（井）"和"well（好）"

汉语的"花（植物）"和"花（花费、使用）"

"成人（长大成人）"和"成人（成年人）"

二是同音异形，指两个词的语音形式相同，意义和书写形式不同。如：

英语的"right（正确）"和"write（写）"

"there（那里）"和"their（他们）"

汉语的"会议"和"会意"、"条理"和"调理"

"蜜蜂"和"密封"、"规格"和"闺阁"

此外，还有前面提到的叠音词和各种拟声词。

根据词的书写形式可以形成同形词聚。

同形词：两个书写形式相同而意义不同的词是同形词。具有同形关系的词聚合在一起形成同形词聚。同形词有两种。一种是同音同形，这种关系我们在上面已经说过；另一种是同形异音关系，即两个读音不同、意义不同而书写形式相同，如：

汉语的："应声［jiŋ^{55} ʂəŋ^{55}］（出声回答）"和"应声［jiŋ^{51} ʂəŋ^{55}］（随着声音）"

"登场［təŋ^{55} tʂ^{h}ɑŋ^{35}］（运到打谷场）"和"登场［təŋ^{55} tʂ^{h}aŋ^{214}］（出现在舞台上）"

英语的："tear［tiə］（眼泪）"和"tear［tɛə］（撕开）"

"minute［'minit］（分钟）"和"minute［mai'njuːt］（微小的）"

2. 从意义上看

从词的意义上看，词汇系统中有以下词聚。

（1）同义词和反义词：这是就词与词之间意义关系相同或相反而言的。

第一，意义相同或相近的词叫作同义词，同义词又有两种情况。

等义词：意义完全相等的词。有的等义词不仅意义完全相同，而且在任何语境下都可以替换，如"维生素"和"维他命"，"激光"和"镭射"；有的等义词则有不同的使用环境，如"暖壶（北方）"和"热水瓶（南方）"。严格来说，真正绝对的等义词是很少的。

同义词：大都可称为近义词，即基本意义相同，但存在程度、范围的差别，或感情色彩、语体色彩不同，或用法有差异。如"战争"和"战役"是范围大小不同，"成果""结果""后果"是褒贬色彩不同，"充足"和"充沛"是搭配对象不同。

第二，意义相反或相对的词叫作反义词。反义词主要分为以下两种。

互补反义词：指两个词，肯定甲必然否定乙，肯定乙就必然否定甲；同时，否定甲就必然肯定乙，否定乙就必然肯定甲。如"生—死""动—静""白天—晚上"。

极性反义词：指两个词，肯定甲必然否定乙，肯定乙就必然否定甲；但否定甲不一定就肯定乙，否定乙也不一定就肯定甲，因为在二者之外还有其他意义。如"黑—白""大—小""快乐—忧愁"。

（2）单义词与多义词：这是就词意义的多少而言的。

第一，单义词指只有一个义项的词。单义词的意义确定，鸟兽、草木、器物的名称（如"驴""梨""杯子"），人名、地名（如"蔺相如""景德镇"）大多是单义词。单义词在语言中占少数。

第二，多义词指有多个有联系的义项的词。多义词可根据其所包含的词义义项的情况分类。

全部义项是词义的多义词。如：

闹 ①喧闹；不安静：热～/～哄哄/这里～得很，没法看书。
②吵、扰乱：又哭又～/孙悟空大～天宫
③发泄（感情）：～情绪/～脾气
④害（病）；发生（灾祸或不好的事情）：～肚子/～笑话
⑤干；弄；搞：～革命/把问题～清楚

有的义项是词义，有的义项是语素义的多义词。如：

富 ①财产多（跟“贫穷”相对）：～裕/～有/他家很～
②资源；财产：财～
③丰富；多：～饶
（注：①是词义，其他为语素义）

（3）上义词和下义词：这是就词义的类、种关系而言的，是相对的概念。类和种的关系从本质上来说是一般与个别的关系。例如，“牛”的概念对于一头牛来说是一般的，而对于“动物”这一概念来说是个别的；“动物”对于“生物”而言又是个别的，也就是说“牛”是“动物”的下义词，“动物”是牛的上义词，而“动物”又是“生物”的下义词。从词的意义所适用的对象和表示对象的特征来说，上义词适用的对象大于下义词，而下义词表示的对象特征深于或多于上义词。值得注意的是，不能把上义词和下义词的关系混淆为整体与部分的关系，如“屋顶”“门”“窗户”“墙壁”是“房子”的部分而不是它的下义词。

（4）褒义词和贬义词：这是就词义的感情色彩而言的。褒义词是词义为肯定的词，如“漂亮”“雄伟”“英雄”；贬义词则是词义为否定的词，如“丑陋”“凶恶”“败类”。褒义词和贬义词都带有较强烈的感情色彩，而语言中大部分词是不带固定感情色彩的中性词。

3. 从功能上看

从词的社会功能上看，词汇系统形成了以下词聚。

（1）根据词汇单位在语言及词汇系统中的作用，可以把词汇分为基本词汇、一般词汇两个子系统。

第一，基本词汇。基本词汇是语言中词汇的核心部分，它和语言中的语法一起构成语言的基础。基本词汇指语言中产生较早而又比较稳定、使用频率高的词，为全民所理解。基本词汇由基本词构成。基本词所标记的概念大多是与人类生存和人类社会生活密切相关的事物、现象和行为。一般认为基本词汇包括以下八种词：表示自然事物和现象的词，如“天”“地”“风”“云”“火”“水”；表示生活与生产资料的词，如“房”“碗”“米”“灯”“刀”；表示人体部位、器官的词，如“心”“手”“头”；表示最基本的性质、状态的词，如“好”“坏”“大”“小”“甜”“苦”；表示最基本的动作变化的词，如“走”“跑”“吃”“生”“死”；表示数量的词，如“一”“十”“百”“斤”“两”；表示人称和指代关系的词，如“我”“你”“他”“这”“那”“什么”；表示时令、方位概念的词，如“年”“月”“春”“夏”“上”“下”。

基本词汇有三个特点：

普遍性。这是从共时角度说的，基本词汇是普遍常用的，它们在交际中频繁出现，不分行业、社会阶层，不分地域，广泛地为各地区各阶层所使用。

稳定性。这是从历时角度说的，基本词汇大都产生很早，而且在长期历史发展过程中变化很少，有的尽管语音形式和意义发生了变化，但其指示范围和对象不变。

能产性。基本词大多数可以作为词根构词，有很强的复合和派生能力。如“天”可以构成“天才”“天鹅”“天敌”“天良”“天体”“天平”“天堂”“苍天”“今天”“春天”等难以计数的词。

第二，一般词汇。词汇中基本词汇以外的词汇称为一般词汇。一般词汇由一般词构成。相对于基本词，一般词的数量大、变化快，总有新词产生和旧词消亡。一般词汇与基本词汇的关系如下。

基本词汇中的词复合、派生构成的新词大多是一般词汇。

一般词汇中有些词，随着社会生活的发展，所表示的事物和概念在很长的历史时期与人们的生活关系密切，具有基本词汇的特点，就进入了基本词汇，如“党”。

随着社会生活的发展，某些属于基本词汇的词所表示的事物、概念，在人们的社会生活中已显得不甚重要，或者过时，这个词就退出了基本词汇，成为一般词汇中的词，如“君”。

（2）根据词汇的使用频率，可以把词分为常用词汇和非常用词汇两大类。在语言中使用频率高的词为常用词。常用词可以是基本词汇中的词，也可以是一般词汇中的词，常用词构成了常用词汇。出现频率低的词为非常用词，非常用词构成了非常用词汇。常用词根据四个标准确定：词次，即在较大使用范围内该词出现的次数；频率，即该词在较大使用范围内出现的次数占全部语料总词次的百分比；分布，即该词在什么语体、什么言语作品中出现；使用度，即把词次与分布情况结合在一起，按一定公式计算出的使用指数。人们把使用度在 6 以上的词作为常用词。这样，现代汉语有八千多个常用词。从内容上看，常用词有两类：一类是构成语句不可缺少的虚词；一类是表达基本概念的代词、数词、动词、形容词和部分名词。从统计上看，常用词的覆盖率占全部统计语料的 95％以上。

（3）根据词汇使用的范围和群体，可以把词汇分为专业词汇和非专业词汇。专业词汇包括各个科学部门运用的术语，如“质数”“微分”是数学术语，“核糖核酸”“基因”是生物学术语，而“音素”“单纯词”“主语”则是语言学的术语；专业词汇还包括社会中某个职业集团所用的行业语，如“税率”“信贷”是金融业用语，“花旦”“水袖”是戏曲业用语。专业词汇以外的词汇即非专业词汇。

（4）根据词汇使用的场合，可以把词汇分为口语词汇和书面语词汇。语言在交际使用过程中有两种形式，口头形式和书面形式。二者各用于不同的交际场合，适用于不同的交际关系。这两种形式对于词的使用存在不同的选择限制，一些词适用于口语，另一些词适用于书面语。这样，适用于口语的词构成了口语词汇，适用于书面的词构成了书面语词汇。一般来说，口语词汇的特点是通俗、活泼、生动、形象，有时不免粗野些；而书面语词汇的特点是文雅、庄重、严密、准确，有时不免过于抽象。实际上，在许多情况下，口头说的词也能书面运用，能书面运用的词也能口头说，因而口语词汇和书面语词汇的划分没有明确的量化标准，只能从直观感觉上去判断。

从词的语法功能上来看，可以把词汇划分为实词和虚词两种。

（1）实词：能充当主语、谓语、状语、定语等句子成分的词就是实词，其共同特点是有实在的词汇意义，位置不固定，数量开放，包括名词、动词、形容词、副词、代词、数词、量词。

（2）虚词：不能充当句子成分的词就是虚词，包括介词、连词、叹词、象声词、冠词、助动词。副词到底归入实词还是虚词，在我国语法学界还有不同意见，副词由于可以充当句子成分，但本身词义比较“虚”，因此是一种半实半虚词。

4. 从来源上看

从词的来源上来看，可以形成以下词聚。

（1）古语词。古语词包括历史词和文言词两类，因为它们可以表达特殊的意义或感情色彩、语体色彩，所以被普通话吸收。

历史词指表示历史上曾经存在过，现在已经不存在的事物、现象、行为的词，还包括历史上出现过的神话传说中的事物的名称。历史词在日常交际中很少应用，只是在涉及历史现象、事件、人物时，特别是在历史学的学术著作中运用。如表示古代官职的“宰相”“太尉”“御史”“刺史”，表示古代神话传说人名的“共工”“精卫”“刑天”，表示古代器物的“鼎”“阙”“圭”，都是历史词。历史词所指的事物，现实中已不存在，因此，现代汉语中没有与之对应的词存在。

文言词是指古汉语文言著作中的词，如“余”“其”“若干”“如此”，虚词“之”“而”“亦”“甚”“及”等。文言词所表示的事物、现象和观念，现实中还存在，所以文言词一般有与其对应的现代汉语词，如“忤—违背”“倘—如果”“尚—还”“俱—都”。文言词在口语中不大使用。在正式场合使用文言词可以使文字简洁、匀称，如“郭老虽须眉皓然，但精神矍铄”；在贺电、唁文、重要声明文件中使用文言词，可以表示庄重严肃的感情色彩，如“铭记”“瞻仰”“拜谒”“吊唁”等词；在政论杂文、文艺作品中使用文言词，可以表示幽默、讽刺、激愤等感情色彩，如：“嗟来之食，吃下去肚子要痛的。”（毛泽东《别了，司徒雷登》）；又如：“鄙人有一事不明，要在您台前请教一下，不知肯赐教否？”（相声《牵牛记》）。文言词虽然有独特的作用，但绝不可滥用，否则会半文半白，显得不伦不类。

（2）新词。新词指过去没有而新创造出来的词。狭义的新词指示对象是新的，或者代表的概念是新的，同时它的形式也是新的；广义的新词则包括原有的词在使用过程中产生了新的意义和用法，如“宰”用来表示商家用不正当手段卖高价。社会不断发展，新事物产生，旧事物消失，因而在不同的历史时期都会出现不同的新词，有的词在过去是新词现在却已经被淘汰不再使用，如“土改”“人民公社”“样板戏”等，所以说新词是一个相对的概念。新词的产生主要是利用原有的语言材料，按照原有的构词方法构成，如“电脑”“互联网”“电子邮件”；也有些新词是音译外来词，如“克隆”“比基尼”等。

（3）方言词。广义的方言词指各方言区的方言词汇；狭义的方言词则是指那些本来在方言地区通行，但进入了共同语，并被全社会接受和比较广泛使用的词。我们这里谈的方言词是狭义的。吴语中的“尴尬”“瘪三”“名堂”，粤语中的“看好”“靓”“新高”是进入了普通话的方言词；而吴语中的“白相”“拆烂污”“结棍”，粤语中的“拍拖”“屋企”“行街”，还没有完全流行和固定下来，就不能算作方言词。值得注意的是，表示方言地区特有事物的名称，如“橄榄”“槟榔”“青稞”等，不能看作方言词。

（4）外来词。外来词也叫借词，即从外族语言中连音带义借用来的词，外来词不包括意译词，意译词是根据原词的意义，根据本族语言的词汇材料和构词方式创造的新词，如“科学”“民主”“青霉素”就属于意译词而非外来词。汉语从汉代开始就有了匈奴和西域的借词，如“葡萄”“琉璃”“石榴”“琵琶”等。佛教传入中国，也带来了一些外来词，如“佛”“菩萨”“塔”。到了近现代，外来词更成为汉语词汇不断丰富的重要途径，如“沙发”“夹克”“巧克力”“蒙太奇”就是典型的外来词。

外来词可以分为三种形式：

一是完全音译，如“雷达”“拷贝”“沙龙”“咖啡”“奥林匹克”等；

二是音译兼意译，如“绷带”“俱乐部”“香波”等；

三是半音译半意译，即音译后加上表意义类属的语素，如“卡车”“啤酒”“芭蕾舞”“沙丁鱼”等。

（5）同源词。每个词都有一个来源，即该词最开始被创造出来的源头。但这种源头有时往往不可考察。所以，我们现在所讲的词源主要是指一个词比较早期的古代的情况及其同别的词的联系，尤其是指古词语的分化、发展。一个古词语经过分化、发展，到今天就可能变成不同的词，因此，由一个古词语分化而来的几个词自然就有了语源上的联系。此外，由同一个词根派生出来的派生词以及同其他词根组成的复合词也有语源上的联系。

如果现在的词是由较古阶段的词分化而来的，那么这些词之间的关系就是同源关系，具有同源关系的词聚合在一起形成同源词聚，称为同源词。词的分化首先表现为出现词的语音形式、语义内容或语法性质的变体，然后，经过一段漫长的时间，这些变体独立成为新词，于是较古阶段的词就分化为同源词了。根据同源关系形成的主要原因，可以把词的同源关系分为如下两种类型。

第一，由书写形式或语音形式的分化而形成的同源关系。随着语言的发展，词的意义也有了变化，由单义变为多义进而引起书写形式或语音形式的分化，最后形成一组同源词。比如汉语的“受”本来有“接受”和“给予”两个含义，后来，“给予”这一含义的书写形式分化为“授”，“受、授”就成了同源词。又如英语的“sample（样品）、example（例子）”则是由于语音形式的改变而形成的同源词。

第二，由语义的分化而形成的词的同源关系。许多词都是由语义的分化而产生的，从构词角度看，语义构词所形成的新词与原词都有同源关系。也就是说，一个词由单义词变成多义词，再由多义词又分化为两个或几个词，这几个词就是同源词。比如汉语的“刻”：

刻（用刀在竹、木、石上雕刻）{ 刻$_1$（刻度）
刻$_2$（15 分钟）

再如，英语的“hospital（医院）”“hostel（青年旅舍或招待所）”“hotel（旅馆）”也是词义分化引起语音分化产生的同源词。

（6）同根词。语言中有许多词根语素有很强的构词能力，它可以与其他许多词根组成复合词，也可以与词缀组成派生词。含有同一个词根的各个词之间的关系称为同根关系，这些词聚合在一起形成同根词聚，即同根词。如：

汉语的“读”——“读本”“读物”“读者”“攻读”“借读”“精读”“泛读”“朗读”“领读”“通读”“宣读”“研读”“阅读”“走读”“可读性”……

英语的“social（社会）”——“socialism（社会主义）”“socialist（社会主义者）”“sociality（社交，社会性）”“sociable（好交际的）”“sociability（善于交际，社交性）”“sociology（社会学）” “antisocialism（反社会主义）” “biosociology（生物社会学）”“sociocultural（社会与文化的）”“unsocial（非社会的，不合群的）”……

（二）语汇系统

我们已经知道词汇不仅包括词，还包括固定词语（也叫固定短语）。这些特殊的固定词语构成了一个语汇系统，我们把它们分为成语、惯用语、谚语、俗语、歇后语、格言，这种定型化了的固定词语又叫熟语。

1. 成语

成语是一种相沿习用、具有书面语色彩的固定词语，成语一般是四音节的，是汉语使用量最大的熟语。成语来源于以下几个方面：（1）神话、寓言，如“叶公好龙”“开天辟地”“刻舟求剑”“火中取栗”；（2）历史故事，如“望梅止渴”“完璧归赵”“闻鸡起舞”“四面楚歌”；（3）诗词文句，如“学而不厌”“舍生取义”“老骥伏枥”“物转星移”；（4）社会口头语和流行语，如“狼子野心”“过河拆桥”“欢天喜地”“百花齐放”。也有个别成语不是四个字，如“莫须有”“醉翁之意不在酒”“螳螂捕蝉，黄雀在后”。成语作为特殊的固定词语，具有稳定性，但也不是一成不变的。有的意义改变了，如“明目张胆”在古代是用来形容不畏权势，有胆略有气概，含褒义，现在则指公开大胆地干坏事；有的则是形式改变了，如“揠苗助长”多改为“拔苗助长”。

2. 惯用语

惯用语是指活跃在口语中表达习惯性比喻含义的短小固定词语。汉语的惯用语多为三音节词语形式，如动词性的“背黑锅”“走后门”“戴高帽”“碰钉子”，名词性的“老油条”“领头羊”“铁饭碗”“定心丸”。也有一些非三音节形式的惯用语，如“打退堂鼓”“你一言我一语”。惯用语的主要特征是简明生动，通俗有趣。英语中也有类似惯用语的固定词语，称作“俚语”，如“a jack of all trades（三脚猫）”“carry the house（满堂彩）”“kiss the hare’s foot（姗姗来迟）”。

3. 谚语

多年流传，包含深刻的社会经验、生产经验的简练形象的语句叫谚语。谚语有的反映生产和生活经验，如“瑞雪兆丰年”“黄梅无雨半年荒”；有的表达讽诵或劝诫，如“富人四季穿衣，穷人衣穿四季”“要打当面鼓，莫敲背后锣”；有的揭示一些道理，如“磨刀不误砍柴工”“众人拾柴火焰高”；有的概括地方风土人情，如“东北有三宝：人参、貂皮、乌拉草”“上有天堂、下有苏杭”；有的总结衣食住行知识，如“饭后百步走，活到九十九”“坐北朝阳，冬暖夏凉”。英语中也有许多谚语，如“No pains，no gains（不劳无获）”“A friend in need is a friend indeed（患难见真情）”。

4. 俗语

流传在群众中表达某种客观现象或意义的形象、精练的句子叫俗语。俗语不像谚语那样内容深刻，如“清官难断家务事”“敬酒不吃吃罚酒”“跑得了和尚，跑不了庙”“三天打鱼，两天晒网”。俗语与谚语向来界限不清，《礼记·大学》朱注：“谚，俗语也。”《汉书·五行志》颜注：“谚，俗所传言也。”现在要把俗语和谚语严格划分开来也是不可能的，有的人则认为俗语是谚语的一种。

5. 歇后语

歇后语是一种特殊的熟语形式，由两部分组成。前一半是对形象的表述，类似于谜面；后一半是对这个形象表述的解释和说明，类似于谜底。这两部分之间有间歇，在具体运用中，后一半常常可以不说出来。歇后语形象风趣，在口语和文艺作品中经常使用。歇后语可分为两类：一是寓意，一是谐音。寓意的歇后语前半部分是一个比喻，后半部分是解释，如“大路上的电线杆——靠边站”，“懒婆娘的裹脚布——又臭又长”，“洗脸盆里扎猛子——不知深浅”；谐音的歇后语，后一部分要借助音同或音近手段来表达真实含义，是一种双关，如“小葱拌豆腐——一清（青）二白”，“外甥打灯笼——照舅（旧）”，“腊月里的萝卜——动（冻）了心”。

6. 格言

格言又叫警句，指揭示深刻道理、具有警醒作用的语句，往往来自名人话语或名家作品。如“三人行，必有我师”，“书山有路勤为径，学海无涯苦作舟”，“梅花香自苦寒来”。

第三节 言语词汇

一、名家、名著词汇

我们前面已经说过言语词汇是就一个人、一部作品或一个特定使用环境而言的，名家、名著的词汇是最具代表性的言语词汇。一个作家、一部优秀的作品往往会形成特定的风格，而其词汇则是其风格的重要体现。言语词汇不但具有个人的风格，而且必须结合上下文，在一定的语境中进行动态研究。下面我们将集中考察一些名家、名著词汇的风貌。

(一) 鲁迅

鲁迅原名周树人，浙江绍兴人。他的主要作品有小说集《呐喊》《彷徨》，散文集《朝花夕拾》，散文诗集《野草》，杂文《坟》《华盖集》《而已集》等。鲁迅在创作中形成了鲜明的个人特点，如言语犀利、思想深刻等，而鲁迅言语词汇的特点也是其个人风格的重要组成部分。

分析举例

鲁迅的词汇特点

1. 文言词语的使用

很多人读鲁迅的作品，总有生涩的感觉，这是因为鲁迅作品中使用了大量文言词语，比较固定的有：用“愈”代替“越”，用“么”代替“吗”，用“倘”代替“如果”，用“日”代替“天”等。我们来看看更具体的例子：

然而这故事却于阿Q更不利，村人对于阿Q的“敬而远之”者，本因为怕结怨，谁料他不过是一个不敢再偷的偷儿呢？这实在是“斯亦不足畏也矣”。

——鲁迅《阿 Q 正传》

至于我看那好戏的时候，却实在已经是“远哉遥遥”的了，其时恐怕我还不过十一二岁。

——鲁迅《社戏》

跳蚤的来吮血，虽然可恶，而一声不响地就是一口，何等直截爽快。蚊子便不然了，一针叮进皮肤，自然还可以算得有点彻底的，但当未叮之前，要哼哼地发一篇大议论，却使人觉得讨厌。如果所哼的是在说明人血应该给它充饥的理由，那可更其讨厌了，幸而我不懂。

——鲁迅《夏三虫》

这几句话中所用的文言词语有“于”“者”“本”“敬而远之”“料”“斯亦不足畏也矣”“至于”“远哉遥遥”“其时”“吮”“何等”“便”“不然”“更其”“幸而”。

2. 绍兴方言词的使用

鲁迅是浙江绍兴人，他的作品的语言受到了方言的影响，绍兴方言词则集中体现在《阿 Q 正传》《孔乙己》《故乡》中，这些作品虽然是当时整个中国农村的缩影，但多以浙东为背景。其中的绍兴方言词大致包括以下几个方面。

事物名称及人称：白鲞、阿嫂、堂前、娘娘、三道头、狗气杀（养鸡的器具）。

生活用语：挨（拖、拖延）、困觉、郎中、弹子、赖学、见气、乘风凉、到得（等到）、暗（黑，“那时恰是暗夜，一队兵……”）、不道/弗道/勿道（想不到）。

词序颠倒的：背脊、火着、闲空、和暖、省俭、苦痛。

地方风俗：出丧、福礼、做阴寿、转折亲、做戏文。

地方熟语：活得弗快活；文不像誊录生，武不像救火兵；瘟头瘟脑；弗入调（不入流）；丢俏眼（抛媚眼）。

古代文学作品中使用的，但现在只保留在方言中的：回头人（见《水浒》）、劳什子（见《红楼梦》）、长班（旧社会官吏、仆从、跟班。见《警世通言》第三卷“小的是湖州府苏爷的长班”）、倒灶（倒霉，见《西游记》二十五回“你遇着我就该倒灶，干我甚事”）等。

3. 口语词的使用

鲁迅在刻画人物时，往往使用一些口语词，达到了生动、形象的效果。如：

伙计本来是势利鬼，眼睛生在额角上的，早就努撅着狗嘴的了……

——鲁迅《肥皂》

我明白了。这是他们娘老子教的！

——鲁迅《狂人日记》

阿 Q，这不是儿子打老子，是人打畜生。自己说：人打畜生！

——鲁迅《阿 Q 正传》

4. 凝练的词汇运用

鲁迅的作品里，凝练的词汇运用是一大特色，我们看看下面的例子：

> “先生，——我家的宝儿什么病呀？”
> “他中焦塞着。”
> “不妨事么？他……”
> “先去吃两帖。”
> “他喘不过气来，鼻翅子都扇着呢。”
> “这是火克金……”
>
> ——鲁迅《明天》

这段对话只有寥寥数语，所运用的词也都是最简单的词，但把单四嫂子的淳厚、老实、慈爱、焦虑，何小仙的冷漠、麻木、故作高深描绘得淋漓尽致。

（二）老舍

老舍原名舒庆春，字舍予，北京人。老舍以长篇小说和剧作著称于世，他的作品大都取材于市民生活，为中国现代文学开拓了重要的题材领域。他所描写的自然风光、世态人情、习俗时尚，运用的群众口语，都呈现出浓郁的“京味”。优秀长篇小说《骆驼祥子》《四世同堂》便是描写北京市民生活的代表作。老舍的作品中有着丰富的京味口语词，这形成了老舍词汇的主要特点。

分析举例

老舍“京味”口语的特点

1. 大量儿化词的使用

如：“门脸儿”“死心眼儿”“随手儿”“自个儿”等。

2. 大量后缀的使用

如由形容词加上后缀：“白花花”“臭烘烘”“气哼哼”“傻不噔”“蔫乎儿乎儿”等。

3. 大量熟语的使用

如：

> 羊群里出骆驼，哪个学校收你？
>
> ——老舍《方珍珠》
>
> 可就怕我武大郎捉奸，有心无力，帮不上您的忙。
>
> ——老舍《方珍珠》
>
> 那咱们江水不犯河水。
>
> ——老舍《方珍珠》

我妈妈说："售货员呀？癞蛤蟆想吃天鹅肉！"

——老舍《女店员》

4. 北京方言词语的使用

如"言语""咱"，又如"个"的使用：

妈妈一动气就对她说："买卖了你个小丫头！"

——老舍《方珍珠》

我们再来具体分析一下以下两段话：

北平的洋车夫有许多派：年轻力壮、腿脚灵利的，讲究赁漂亮的车，拉"整天儿"，爱什么时候出车与收车都有自由；拉出车来，在固定的"车口"或宅门一放，专等坐快车的主儿；弄好了，也许一下子弄个一块两块的；碰巧了，也许白耗一天，连"车份儿"也没着落，但也不在乎。这一派哥儿们的希望大概有两个：或是拉包车；或是自己买上辆车，有了自己的车，再去拉包月或散座就没大关系了，反正车是自己的。

比这一派岁数稍大的，或因身体的关系而跑得稍差点劲的，或因家庭的关系而不敢白耗一天的，大概就多数的拉八成新的车；人与车都相当的漂亮，所以在要价儿的时候也还能保持住相当的尊严。这派的车夫，也许拉"整天"，也许拉"半天"。在后者的情形下，因为还有相当的精气神，所以无论冬天夏天总是"拉晚儿"。夜间，当然比白天需要更多的留神与本事；钱自然也多挣一些。

年纪在四十以上，二十以下的，恐怕就不易在前两派里有个地位了。他们的车破，又不敢"拉晚儿"，所以只能早早的出车，希望能从清晨转到午后三四点钟，拉出"车份儿"和自己的嚼谷。他们的车破，跑得慢，所以得多走路，少要钱。到瓜市，果市，菜市，去拉货物，都是他们；钱少，可是无须快跑呢。

——老舍《骆驼祥子》

"你这小子不懂好歹！"……"这儿有你的吃，有你的穿；非去出臭汗不过瘾是怎着？老头子管不了我，我不能守一辈子女儿寡！就是老头子真犯牛脖子，我手里也有俩体己，咱俩也能弄上两三辆车，一天进个块儿八毛的，不比你成天满街跑臭腿去强？"

——老舍《骆驼祥子》

第一段话描写的是北京洋车夫，极富生活气息与地方色彩，其中所用的词汇有的是北京洋车夫的行业用语，如"拉整天儿""拉晚儿""车口""车份儿""包月""散座""出车"，有的是北京当地的土话，如"哥儿们""着落""要价儿""精气神""嚼谷"，正是这些词语的使用使得老舍对洋车夫们的描绘既形象又生动。

第二段话是虎妞对祥子所说的话，里面用到的北京口语词有"怎着""体己""块儿八毛""咱俩"等，熟语有"守女儿寡""犯牛脖子"，这些极具生活化的词语一下子把虎妞大胆、泼辣的性格活灵活现地表现了出来。

（三）《围城》

《围城》是钱锺书先生唯一的长篇小说，也是一部家喻户晓的现代文学经典，有论者认为它是现代中国最伟大的小说之一。《围城》内涵充盈，兼以理胜于情，是小说中的宋诗。其语言风格幽默，妙譬可人，读之颇可领略汉语的丰赡粹美。《围城》是典型的文人小说，其词汇体现出典型的文人色彩。

分析举例

《围城》的词语特点

1. 词语的书面化

红海早过了，船在印度洋面上开驶着，但是太阳依然不饶人地迟落早起，侵占去大部分的夜。夜仿佛纸浸了油，变成半透明体；它给太阳拥抱住了，分不出身来，也许是给太阳陶醉了，所以夕照晚霞隐褪后的夜色也带着酡红。到红消醉醒，船舱里的睡人也一身腻汗地醒来，洗了澡赶到甲板上吹海风，又是一天开始。这是七月下旬，合中国旧历的三伏，一年最热的时候。在中国热得更比常年厉害，事后大家都说是兵戈之象，因为这就是民国二十六年（一九三七年）。

……法国人的思想是有名的清楚，他们的文章也明白干净，但是他们的做事，无不混乱、肮脏、喧哗，但看这船上的乱糟糟。这船，倚仗人的机巧，载满人的扰攘，寄满人的希望，热闹地行着，每分钟把沾污了人气的一小方水面，还给那无情、无尽、无际的大海。

这是《围城》开篇的段落，其中“侵占”“仿佛”“隐褪”“酡红”“红消醉醒”“兵戈之象”“喧哗”“倚仗”“扰攘”等书面词语的使用，一下子便使小说的文人色彩彰显出来。这种特点一直持续并蔓延在小说中的各个角落，即使是人物对话也不例外。

2. 词语的讽刺化

《围城》中采用了大量比喻、象征的手法进行讽刺和反嘲，而有的词语则采取玩弄文字游戏的办法赋予了讽刺意味。如：

那些男学生看得心头起火，口角流水，背着鲍小姐说笑个不了。有人叫她“熟食铺子”，因为只有熟食店会把那许多颜色暖热的肉公开陈列；又有人叫她“真理”，因为据说“真理是赤裸裸的”。鲍小姐并未一丝不挂，所以他们修正为“局部的真理”。

据说“女朋友”就是“情人”的学名，说起来庄严些，正像玫瑰花在生物学上叫“蔷薇科木本复叶植物”，或者休妻的法律术语是“协议离婚”。

三间大学校长高松年是位老科学家，这“老”字的位置非常为难，可以形容科学，也可以形容科学家。不幸的是，科学家跟科学不大相同，科学家像酒，愈老愈可贵，而科学像女人，老了便不值钱。

3. 文言词的运用

《围城》中经常使用各种典故、格言，或引经据典地来写人物的言语，为了达到讥讽、幽默的效果，文言词随处可见，如方鸿渐与方老先生通家书一节，是《围城》中最集中的使用文言词的地方，这些文言词的使用十分清晰地刻画了方老先生的自矜、褊狭、保守和迂腐。

方鸿渐的父亲是一乡之望，周经理少不得上门拜访，因此成了朋友，从朋友攀为亲家。鸿渐还在高中读书，随家里做主订了婚。未婚妻并没见面，只瞻仰过一张半身照相，也漠不关心。两年后到北平进大学，第一次经历男女同学的风味。看人家一对对谈情说爱，好不眼红。想起未婚妻高中读了一年书，便不进学校，在家实习家务，等嫁过来做能干媳妇，不由自主地对她厌恨。这样怨命，怨父亲，发了几天呆，忽然醒悟，壮着胆写信到家里要求解约。他国文曾得老子指授，在中学会考考过第二，所以这信文绉绉，没把之乎者也用错。信上说什么：“迩来触绪善感，欢寡愁殷，怀抱剧有秋气。每揽镜自照，神寒形削，清癯非寿者相。窃恐我躬不阅，周女士或将贻误终身。尚望大人垂体下情，善为解铃，毋小不忍而成终天之恨。”他自以为这信措辞凄婉，打得动铁石心肠。谁知道父亲快信来痛骂一顿：“吾不惜重资，命汝千里负笈，汝埋头攻读之不暇，而有余闲照镜耶？汝非妇人女子，何须置镜？惟梨园子弟，身为丈夫而对镜顾影，为世所贱。吾不图汝甫离膝下，已濡染恶习，可叹可恨！且父母在，不言老，汝不善体高堂念远之情，以死相吓，丧心不孝，于斯而极！当是汝校男女同学，汝睹色起意，见异思迁；汝托词悲秋，吾知汝实为怀春，难逃老夫洞鉴也。若执迷不悔，吾将停止寄款，命汝休学回家，明年与汝弟同时结婚。细思吾言，慎之切切！”方鸿渐吓矮了半截，想不到老头子竟这样精明。忙写回信讨饶和解释，说：镜子是同室学生的，他并没有买；这几天吃美国鱼肝油丸、德国维他命片，身体精神好转，脸也丰满起来，只可惜药价太贵，舍不得钱；至于结婚一节，务请到毕业后举行，一来妨碍学业，二来他还不能养家，添他父亲负担，于心不安。他父亲收到这封信，证明自己的威严远及于几千里外，得意非凡，兴头上汇给儿子一笔钱，让他买补药。方鸿渐从此死心不敢妄想，开始读叔本华，常聪明地对同学们说：“世间哪有恋爱？压根儿是生殖冲动。”转眼已到大学第四年，只等明年毕业结婚。一天，父亲来封快信，上面说：“顷得汝岳丈电报，骇悉淑英伤寒，为西医所误，遂于本月十日下午四时长逝，殊堪痛惜。过门在即，好事多磨，皆汝无福所致也。”信后又添几句道：“塞翁失马，安知非福，使三年前结婚，则此番吾家破费不赀矣。然吾家积德之门，苟婚事早完，淑媳或可脱灾延寿。姻缘前定，勿必过悲。但汝岳父处应去一信唁之。”鸿渐看了有犯人蒙赦的快活，但对那短命的女孩子，也稍微怜悯。

4. 夹带外文词

《围城》中偶尔夹带有外文词，主要都是讽刺作用，其中有英文、法文和德文，如方鸿渐相亲时与张先生的对话：

到了张家，张先生热闹地欢迎道："Hello! Doctor 方，好久不见！"张先生跟外国人来往惯了，说话有个特征——也许在洋行、青年会、扶轮社等圈子里，这并没有什么奇特——喜欢中国话里夹无谓的英文字。他并无中文难达的新意，需要借英文来讲；所以他说话里嵌的英文字，还比不得嘴里嵌的金牙，因为金牙不仅妆点，尚可使用，只好比牙缝里嵌的肉屑，表示饭菜吃得好，此外全无用处。他仿美国人读音，惟妙惟肖，也许鼻音学得太过火了，不像美国人，而像伤风塞鼻子的中国人。他说"very well"二字，声音活像小洋狗在咕噜——"vurry wul"。可惜罗马人无此耳福，否则决不单说 R 是鼻音的狗字母。当时张先生跟鸿渐拉手，问他是不是天天"go downtown"。鸿渐寒暄已毕，瞧玻璃橱里都是碗、瓶、碟子，便说："张先生喜欢收藏瓷器？"

"Sure! Have a look see!"张先生打开橱门，请鸿渐赏鉴。鸿渐拿了几件，看都是"成化"、"宣德"、"康熙"，也不识真假，只好说："这东西很值钱罢？"

"Sure! 值不少钱呢，Plenty of dough。并且这东西不比书画。买书画买了假的，一文不值，只等于 waste paper。瓷器假的，至少还可以盛菜盛饭。我有时请外国 friends 吃饭，就用那个康熙窑'油底蓝五彩'大盘做 salad dish，他们都觉得古色古香，菜的味道也有点 old-time。"

方鸿渐道："张先生眼光一定好，不会买假东西。"

张先生大笑道："我不懂什么年代花纹，事情忙，也没工夫翻书研究。可是我有 hunch；看见一件东西，忽然 what d'you call 灵机一动，买来准 O.K.。他们古董掮客都佩服我，我常对他们说：'不用拿假货来 fool 我。O yeah，我姓张的不是 sucker，休想骗我！'"关上橱门，又说："咦，headache——"便捺电铃叫佣人。

鸿渐不懂，忙问道："张先生不舒服，是不是？"

张先生惊奇地望着鸿渐道："谁不舒服？你？我？我很好呀！"

鸿渐道："张先生不是说'头痛'么？"

张先生呵呵大笑，一面吩咐进来的女佣说："快去跟太太小姐说，客人来了，请她们出来。Make it snappy!"说时右手大拇指从中指弹在食指上"啪"的一响。他回过来对鸿渐笑道："headache 是美国话指'太太'而说，不是'头痛'！你没到 States 去过罢！"

(四)《儒林外史》

吴敬梓的《儒林外史》被鲁迅称为"讽刺之书"，书中塑造了各种类型的知识分子形象："有心艳功名富贵而媚人下人者；有倚仗功名富贵而骄人傲人者；有假托无意功名富贵，自以为高，被人看破耻笑者。"作者吴敬梓在书中勾勒出一幅幅多姿多彩的士林风情图，人物描写可谓"烛微索隐，物无遁形。……使彼世相，如在目前"。作者在遣词造句时，充满了天才的想象和社会解剖家的冷峻，形成了特有的词汇风格。

分析举例

《儒林外史》的词汇特点

1. 浓郁的江淮方言韵味

吴敬梓是安徽全椒人，他的童年和青年时代就是在那里度过的。在写作《儒林外史》时，江淮一带的方言自然成了该书的基础方言。书中的很多词汇都是江淮一带所特有的，有着浓郁的地方风情。

先以名词为例。书中把热闹红火的日子叫作“大红日子”，如第四十二回中就有“我们好些时没有大红日子过了”这样的句子。再有一些生活起居之物的称谓也较独特，如称吊灯为“灯挂”。第二十一回中老和尚让牛浦郎来寺里看书，说：“我这殿上有张桌子，又有个灯挂儿，你何不就着那里去念。”

在书中家族成员的叫法也别具地方特色，如称儿子、女儿为“儿花女花”，例如第十七回中：“黄公……却是三十岁上就断了弦，夫人没了，而今儿花女花也无。”在江淮地区，还有一个更有趣的现象是称自己的妻子为“房屋”，例如在第二十一回卜老道给自己的外甥女提亲时就说：“假如你焦他没有房屋，何不替他娶上一个孙媳妇，一家一计过日子？”

再如一些动词和形容词：

短：抢夺，拦截。例：“严乡绅执意不肯，把小的驴和米，同稍袋都叫人短了家去，还不发出纸来。”（第五回）

逗：劝诱。例：“要作游，除非到南京去。那里有极大的书坊，还可逗着他们刻这三部书。”（第四十八回）

胡枝扯叶：东拉西扯，乱七八糟。例：“聘娘道：‘我不知怎的，心里慌慌的，合着眼就做出许多胡枝扯叶的梦。’”（第五十回）

眉花眼笑：眉开眼笑，非常高兴的样子。例：（牛浦郎）“将这两本书拿到灯下一看，不觉眉花眼笑，手舞足蹈的起来。”（第二十一回）

书中还有一些江淮地区特有的极生动的短语，也十分有表现力。

比如：“疙瘩事”指麻烦事；“隔壁帐”指与自己不相干的事；“骨头骨脑”指残剩的骨头；“恨如头醋”是说恨像初制未掺水的醋一样，比喻恨之入骨；“扭头折颈”则把忸怩作态的样子形容得淋漓尽致。还有一些歇后语更是颇有江淮特色，为别处所无。江淮水多河多，船只到处可见，所以就有如“河水不洗船——两下里干净”这样的歇后语。再如“毡袜裹脚靴——寸步不离”一语，我们也可以从中想见当时江淮人的穿着习俗。

2. 科举气与八股气

《儒林外史》写了一群被科举、八股所害的文人，文中自然少不了与科举应试有关的专门词汇。从中我们几乎可以了解到清朝科举制度的全貌，可以这么说，《儒林外史》俨然是一幅科举制度的全息像，如第三回中写周进：

……到京会试，又中了进士，殿试三甲，授了部属。

荏苒三年，升了御史，钦点广东学道。……却自心里想道："……自己当权，须要把卷子都细细看过，不可听著幕客，屈了真才。"主意定了，到广州上了任。

次日，行香挂牌，先考了两场生员。第三场是南海、番禺两县童生。周学道坐在堂上见那些童生纷纷进来……那童生还穿著麻布直裰，冻得乞乞缩缩，接了卷子，下去归号。

周学道看在心里，封门进去。出来放头牌的时节，坐在上面，只见那穿麻布的童生上来交卷……

不长的一段文字，几乎涵盖了一个文人一生的道路。由一介布衣捱到蟾宫折桂的过程是如此漫长，要经过童生、生员（俗称秀才）、举人、进士好几个门槛。其中的佼佼者就是殿试的前三名，即状元、榜眼、探花。除上文所列的功名以外，文中还出现有"贡生""监生"等称谓，这些都是不经过正式的考试，受到推荐而得来的功名。

文人们八股文读多了，自然会有一股酸儒气，言谈举止中"掉书袋"的倾向很明显。一些常人并不经常使用的生僻语词在这里出现，在某些场合甚至会成为常用词。如"开蒙""讲书""破题""破承""起讲""题比""中比""束脩""督课""历科程墨""宗师考卷""理真法老"等等，没有经过专门的研究，很难真正理解其意。

3. 句无可删，字无可削，一个动词就足以创造一个形象

在《儒林外史》中，作者行文时删去了一切可有可无的字句，剪除了一切分散注意力的东西。所以，比起其他名著来，本书中形容词、副词所占比重少，所起作用也次要一些。作者把形象化的任务和艺术的功力主要集中在动词上。动词不仅出现频率高，描摹功能也较强，是创造人物形象的最有力手段。

(1) 作者时常用一连串的动作描写让一个人物在读者眼前立起来。

在"马二游西湖"一段中，虽然西湖风光无限，但八股信徒马二先生已经失去了对美的鉴赏力，"全无会心，颇煞风景"，作者只用了一连串的动词，就表现出了他的迂儒本色。

马二先生……腆着大肚子，穿着一双厚底破靴，横着身子乱跑，只管在人窝子里撞。女人也不看他，他也不看女人……

……楼上供的是仁宗皇帝的御书，马二先生吓了一跳，慌忙整一整头巾，理一理宝蓝直裰，在靴桶内拿出一把扇子来当了笏板，恭恭敬敬，朝着楼上扬尘舞蹈，拜了五拜。

作者没有用华丽的、繁复的辞藻来形容马二的性情如何，只是通过他的动作来刻画他。动词所拥有的力量由此可见一斑。

(2)《儒林外史》中的动词多而不滥，字字精当。

如第一回写夏雨过后，"那黑云边上镶着白云"。这"镶"字下得精巧，不仅写活了夏天云彩的细微美妙之处，而且透露了大自然造景的"天巧"，仿佛自然也有了生命。

再如范进中举笑疯，被打晕在地，“众邻居一齐上前，替他抹胸口、捶背心，舞了半日”，一个“舞”字就把争相奉承的势利心、装腔作势的丑态写得活灵活现。

(3) 作者对近义动词的细微差别把握得十分到位。

（众人）捺着姓荀的出了一半。
屠户被众人局不过。
王冕屈不过秦老的情，只得应诺了。

“捺”“局”“屈”同是“勉强”之意，却各有各的姿势和神情。“捺”字写出了众人吃冤大头的蛮横劲，“局”是限于用情面去硬劝，用“屈”字表明了完全是碍于情义勉为其难。正是在这些细微之处方显出作者笔功之精妙。

鲁迅先生曾深以《儒林外史》无人欣赏为憾，感叹道“伟大也要有人懂”。除了思想和社会价值外，它在语言上的“伟大”之处也值得一“懂”。从言语词汇使用的角度来重新审视这本古典名著会给我们带来新的理解思路，使我们更好地了解作者和那个时代，从而更深刻地体会到这部名著的真味。

(五) 雨果

维克多·雨果（Victor Hugo）是法国浪漫主义文学的领袖，其作品《巴黎圣母院》发表于1831年，这个时期的雨果正是写《〈克伦威尔〉序言》的雨果，是已经与古典主义决裂，成为浪漫主义主帅的雨果；而《巴黎圣母院》正是雨果将浪漫主义信条应用于文学的产物，是他浪漫主义创作中的杰出代表。

分析举例

《巴黎圣母院》言语词汇特点

1. 表达“美”与“丑”之对立的用词

在《序言》中，雨果认为：“万物中的一切并非都是合乎人情的完美……丑就在美的旁边，畸形靠近着优美，粗俗藏在崇高的背后，恶与善并存，黑暗与光明相共”，因此文艺的真实“产生于崇高优美和滑稽丑怪的非常自然的结合”。这种主张和古典主义将崇高优美与滑稽丑怪截然分开，只表现前者而排斥后者的做法是针锋相对的。从这一主张出发，雨果力求自己的作品既含有“美”的成分，又含有“丑”的成分；而且这两种成分都是经过主观化处理的，作者有意将其夸张到理想化的程度，形成强烈对比和大幅度的落差。

在《巴黎圣母院》中，雨果就设置了至少两种对立：一是女主人公爱斯梅拉达与敲钟人卡西莫多在外貌形体上“奇美”与“奇丑”的对立；二是卡西莫多与主教克洛德在心灵品质上“极善”与“极恶”的对立。为了渲染这些对立，雨果在语言上采取了有益的手段。

（1）选用有强烈感情色彩的形容词和名词。

比如：

在形容爱斯梅拉达之美貌的时候，作者说她是“超自然的生灵”“天生尤物”“天堂的生灵”，带有“纯洁的芬芳”“童贞的魅力”；并且用“纯净”“悠扬”“空渺”“虚飘”“和谐”等一连串有褒义倾向的修饰词来形容其歌声。

而描写卡西莫多形态之丑的时候，作者说他是“可怖的”“可怜的”“拙劣的”“笨拙的机体”“丑得不成形”“厚厚墩墩的”“恶狠狠的”“怪异可怖的”。

固然，作者这么说是有事实根据的，爱斯梅拉达确实有那么美，而卡西莫多也确实有那么丑，但是作者运用这些有强烈感情色彩的词语做评论，无疑会拉大对比的落差，使美与丑的对立更加明显。

（2）运用极端性的程度副词。

比如：

> 卡西莫多对于副主教就是最卑顺的奴隶，最听话的仆人，最警觉的猛犬。
>
> 他的啼叫却显得相当有力气，十分健壮。
>
> 他那宽阔的前额没有了头发，脑袋总是低垂着，胸膛总是因叹息而起伏。

这种极端性的程度副词显然会使对立的事实得到强化。

（3）采用内涵反差极大的喻体。

比如写到爱斯梅拉达的时候说：“这姑娘是人，是仙，还是天使？”“这是一个火精，一个山林女仙，一个女神，曼纳路斯山的酒神祭女！”

而卡西莫多则被写成“可怜的小魔鬼”“天谴的怪物”。

又如：“教士凝视着，目光像鹫鹰……环绕那麦地里缩成一团的可怜的百灵鸟。”

或许事实上的冲突与对立并没有那么强烈，但喻体间的极大反差造成了作品内在较大的起伏，甚至会产生夸张的效果。

以上词汇的特点又是和句式上的排比、铺陈以及写法上的对比、衬托相联系的。

比如：

> 这样美丽的姑娘，鲜艳、纯洁、妩媚，同时又这样纤弱，却这样虔诚地跑去救助如此不幸、如此畸形、如此邪恶的怪物。这样的景象在任何地方见了，都是令人感动的。
>
> 卡西莫多的感激之情是深沉、热烈、无限的；尽管养父的脸上时常乌云密布，时常声色俱厉，尽管养父的言词惯常简短、生硬、专横。
>
> 这是一个可怜的、拙劣的、笨拙的机体对另一个高傲、深湛、有力、优异的智慧的俯首帖耳、垂目乞怜。
>
> 她那艳丽容颜跟随着歌声万般情绪的起伏转折，从最粗犷的激情突发直至最纯贞的尊严傲岸，变幻莫测。直若忽而是疯子，忽而是女王。

将对比性的词语罗列、并陈，缩短间距，有助于造成瞬间的大幅度落差，就像把好几段瀑布挪到一块儿，水流从顶部奔泻至最底部，一气呵成，其气势也更浩大。

2. 丰富多彩的平民语汇

雨果在序言中还批判了古典主义者在高级体文学中不准使用“粗俗”词语的规定，认为“所有的词语都一律平等”，主张使用丰富多彩的平民语汇，“法文、拉丁文、法律条文、王公贵族的辱骂、民间的俗语、喜剧、悲剧、笑、眼泪、散文和诗，把这一切都传达给观众”。

可以说，《巴黎圣母院》这本书中遍布着形形色色的平民语汇，这是当时其他很多作家的很多作品都不具备的特点。

(1) 诅咒与谩骂语。

这类语汇是书中最醒目的一道景观，可以说是俯拾即是。一方面，这是由于作品所描写的人物绝大多数是处于社会的底层，包括各种小手工业者以及乞丐、强盗、小偷等，他们的言语无疑是比较粗俗的；另一方面，这也是雨果“美与丑并存”的主张在言语上的反映：“丑”的言语也是生活真实的一部分。

以下是从书中搜集的诅咒与谩骂语：

教皇的肚子！　　教皇的肚脐！　　上帝的脑袋！
上帝的肚子！　　上帝的角！　　鬼的指头！
基督的身子！　　犹太人的肚子！　　牛的角！
肚子和雷！　　帕斯克——上帝！　　帕斯克——马洪！
基督和撒旦！　　地狱里的（知了儿/吉卜赛女人）！
反基督的丑八怪！　　骑扫帚的魔鬼！　　鬼把你抓了去！
当心鬼捶你的门！　　下地狱的！
跳蚤、臭虫！疯狗、魔鬼！

甚至还有连骂的情景：

> 上帝的血！上帝的肚子！妈的上帝！上帝的身子！别西卜的肚脐！教皇的名字！角和雷！

（帕斯克：“复活节”的意思；别西卜：“撒旦”的别称。）

由上，我们很容易发现：当时法国人的谩骂不像我们的“国骂”，它们不是从侮辱女性（常常是母辈）出发的，而是从亵渎上帝或神明出发的；正如他们往往把“升入天堂”作为美好的祝福一样，他们往往把“下地狱”“见魔鬼”作为最恶毒的诅咒。这些都带有很强的宗教色彩。实际上，这也是西方人诅咒与谩骂的普遍特点。

(2) 隐喻性或象征性的多义词或双关语。比如：

辣椒→贪污受贿　　长角的→戴绿帽
鹅→笨蛋　　尾巴→随从
海豚→嗣子　　公山羊→淫猥邪恶

小苹果→又羞又恼　　　　猫→诡诈、阴险
苹果→乳房　　　　百合花→法国王权

（箭头所指为隐喻义或象征义。）

这些多义词与双关语与它们的含义之间，有的是约定俗成不可论证的。有的则可以从社会文化中推导，比如："公山羊"之所以是"淫猥邪恶"的象征，是因为在圣经故事中，它是撒旦在人世间寄寓的肉身；"小苹果"专指一种半边红半边白的苹果，与人们"又羞又恼"的脸色差不多。

（3）谚语、俗语。

这些语汇常常是以其他语言形式出现的，如西班牙语、意大利语、拉丁语、希腊语，也有以法语形式出现的，而以拉丁语形式最多。比如：

"从夏里德到席拉"——原文以法语形式出现，"夏里德"和"席拉"是两个有名的暗礁，整句话犹言：从泥坑到火坑，除了灾祸还是灾祸。

"Besos para golpes."——西班牙语，"以吻换揍"，即别人打了你，你还去吻他的手。

"Spira，spera."——拉丁语："呼吸着就有希望。"

"Qui non laborat non manducet."——拉丁语："不劳动者不得食。"

"Lasciate ogni speranza."——意大利语："要进去的人，先把希望留在门外。"（但丁）

"Vinum apostatare facit etiam sapientes!"——拉丁语："戒酒也使人理智。"

这些谚语、俗语有的类似成语格言，使小说有史诗的意味，不同的语言又使小说富于变化，充满异域色彩。

以上几类言语词例并不能涵盖雨果在文学创作中的所有言语倾向，但它们是比较突出醒目的方面，是雨果浪漫主义言语词汇的很好体现。

二、新鲜的网络语

越来越多的人正处于网络文化的新时代当中，而语言也正随着网络的扩展在一个新的时空延伸。目前，人们对网络语言或言语的研究，还很不充分，但是令人应接不暇的网络言语现象早已在网络上、生活中亮相，并已经成为语言生活的一部分。相比于线下，在网上，人的语言行为与能力都在悄悄地改变。网络对于语言和言语的发展意味着什么？语言一旦与网络结合将会发生什么变化？这些变化是如何产生的，有什么特点？人们又应如何面对这些变化？这些都是网络语言或言语研究应当回答的。

从文化学的角度来看，一种具有影响力的新事物一经产生，总会给现有的文化体系带来冲击，从而改变原有的文化体系结构。正如"电"的产生给人类的生存和发展带来巨大变革一样，"网络"的产生和发展正冲击着我们现有的生活，改变着原有的文化体系。"网络文化"一词早已被媒体炒得沸沸扬扬，就我们看来，"网络文化"可以涵盖网络发展带来的一切新的变革，包括认知领域、艺术领域、社会领域等。在这里采用"变革"一词，是因为我们认为网络虽然正冲击着原有的文化体系，然而真正的网络文化体系并没有完全建立，也就是说，"网络文化"尚处于建构当中。这种"网络文化"由于其形成环境的特殊性，不可避免地带有与网络相适应的鲜明特征，我们把这些特征总结为以下几点。

一是快捷性。网络信息的传递速度无疑是人类以前拥有的任何一种交流方式所无法企及的。

二是丰富性。网络的产生为人们拓展了新的生活空间，也为人们带来了新的生活方式，在这里，人们可以获得几乎无限丰富的各种信息。

三是自由性。网络上的信息交流空前自由，各种各样的人在这里通过这种方式传递着各种各样的信息，可以说，网络是许多现实约束的真空地带。当然，这种自由的隐含意义是网络信息在一定程度上的虚假性，因为，“在网上，没有人知道你是一条狗”。

四是交互性。网络上的一切信息都处于所有上网者的交互当中，在网上，每个人不仅仅是一个信息接收者，同时他还是信息发布者，这种交互的特点由于网络的快捷而显得尤为突出。

基于以上几点，英国语言学家D. 克里斯特尔（D. Crystal）总结出了网络语的总特性：第一，个人交际的言语性；第二，建立在音义语言基础上和形、音、义文字基础上的视觉符号性。

一种新的交流方式的产生与一种新的文化体系的建构，必然会带来语言的变革，与特征鲜明的“网络文化”相适应的是同样特征鲜明的“网络言语”。我们之所以不叫“网络语言”是因为“传统的语言是音义结合的符号系统”，而“网络言语”是人们在网络这一特殊环境中运用语言文字的过程与结果。目前的网络上还未令人信服地单独出现与语言毫不相关的另一套系统。我们所能见到的是由网络产生而带来的言语交流的变革，这些纷繁复杂的甚至抛弃语音的网络言语现象对于传统的语言定义无疑是一个冲击，以至有人认为网络的这种现象是传统语言的一种特殊变体或变异。其实在语言学中我们已经明确指出，有限的音位和无限的音位变体是语言和言语的关系。所以变体或变异归根结底还应该属于言语的范畴。在到底是“网络语言”还是“网络言语”的探讨展开和结束之前，我们不妨用一个较为中性的词——“网络语”。“网络语”与“网络文化”的关系应当包含以下两方面：

第一，网络语现象是网络带来的，是网络文化不可或缺的一部分。

第二，网络语现象又影响制约着网络文化，乃至网络的发展。

下面，我们从各类网络语现象出发，对网络语的特点及其形成原因做最初步的分析。

（一）网络词汇

词汇可分为语言词汇和言语词汇，前者一般指一种语言或方言词的总汇，后者则指某人或某一特殊领域所用的词语的汇集，我们这里谈到的网络词汇是属于网络这一特殊领域的言语词汇。词汇中的一般词汇是语言中反映社会发展变化最敏感的要素。一种新事物的产生必然会带来与之相适应的各种新词语。历史上，“电”的产生就曾经给人类的语言注入过难以计数的新词语。在今天，网络的产生和发展同样给我们的语言带来了各式各样的新词语。我们把这些由于网络产生而出现或有了新发展的词语，即在网络这一特殊领域的词语汇集称为“网络词汇”，它完全可以归入言语的词汇里。

1. 网络词汇的分类

网络和网络文化的特点决定了“网络词汇”不仅包括与网络相关的词语，还包括在网络这样一个特殊空间使用的词语，因而，我们对“网络词汇”做了如下分类。

（1）与网络相关的技术性词语。

局域网　服务器　调制解调器　拨号上网　浏览器　搜索引擎　连接　链接　友

情链接　超级链接　TCP/IP（网络协议）　防火墙（网络安全软件）　网络蚂蚁（下载软件）

网络首先是作为一种新科技出现在我们面前的，其生存和发展无疑需要大量的技术支持，随着网络进入生活，这些看似遥远的技术名词与我们的生活越来越近，在网络上，这些与网络相关的技术性词汇更是人们不可或缺的交流工具。

（2）与网络相关的非技术性词语。

指称网络：

网　网络　网路　互联网　因特网　国际网　Internet　信息高速公路　空间　朋友圈

与网站相关：

网址　网站　站点　个人网站

与页面相关：

网页　主页　个人主页　首页　导航条

与平台相关：

留言板　论坛　微博　微信　帖子　回帖　跟帖

与用户相关：

账号　用户（ID）　用户名　通行字/密码（password）　申请新号　微博名　微信名

与电子邮件相关：

电子邮件　E-mail 地址　电子信箱　收件箱　草稿箱　通讯录　回复　垃圾邮件　抄送　密送

与聊天相关：

聊天室（chat room）　上线　下线　离线　在线　掉线　隐身　群　漂流瓶　沙发

各种行为：

上网　冲浪　访问　浏览　下载　抓图　抓音轨　版聚（版内网友聚会）　删除好友　拉黑　屏蔽　举报　摇一摇　扫一扫　视频　顶　宅　加好友

各种人物：

网主　站长　网虫　网民　网友　黑客　骇客　红客　网管（webmaster）　版主　斑竹（版主的谐称）　版猪（版主的谐称）　系统管理员　版副（副版主）　板斧（版副的谐称）　大 V　群主　群猪（群主的谐称）

其他：

乱码　网吧　网恋　IT 业　电子商务　电子货币　电子报刊　电子杂志　电子贺卡　网上购物　网上寻呼（ICQ，OICQ）　网上救援（net SOS）　虚拟现实

比起技术性词语来，这些词语是网络上使用频率更高的词语，也是更深入地进入我们的生活的词语。正如“电”带来了“电灯”“电话”“电视机”一样，网络的产生和发展使

一系列与之相关的新事物产生了，如“网吧”“网恋”“电子商务”“电子货币”等；而网络的种种功能造成了“BBS”“聊天室”“电子信箱”“空间”“朋友圈”等的出现；同时也造就了与这些功能相关及在其内部使用的诸多词语，如在电子信箱内部使用的“收件箱”“草稿箱”“垃圾箱”“回复”“抄送”“密送”等。网络仿佛一个大连环，连接到哪里，哪里便出现与之相适应的新词语。

（3）网上通用的特殊词语。

菜鸟：指刚刚上网的新手。

打工人：上班族的自称。

杠精：指经常通过抬杠获取快感的人、总是唱反调的人、争辩时故意持相反意见的人（贬义）。

尬聊：指尴尬的聊天，气氛陷入冰点。

晒：指在网络上展示自己的照片等。

高富美：高挑、富有、美丽的女生。

其实，我们所提出的所有词语都是在网上通用的词语。在这里，“网上通用的特殊词语”指称的是那些由特定的网络环境造就的而不是由网络或网络的子连环直接带来的词语。这些词语充满新奇感，通常出现在聊天话语中或网络空间的文章中，在网络这样一个特殊空间中开花结果。由于网络的影响力以及与电脑网络相关刊物的推广作用，这些词语正步入我们的生活。

这里，对网络词汇做出类型上的划分，只是为了更清楚地理解这些词语，实际上，我们很难对这些词语做出明确的归类，因为它们的确都密不可分。

2. 网络词汇的来源

新事物的出现、新交流空间的界定要求大量新词语出现以满足应用的需要，网络通过各种方式找到了它所需要的词语。

（1）原有词语产生新义。

网络的产生和发展使得许多传统词语被赋予了新的意义。《现代汉语词典》（第7版）对“网”的解释是：

①用绳线等结成的捕鱼捉鸟的器具。

②形状像网的东西。

③像网一样纵横交错的组织或系统。

④特指计算机网络。

⑤用网捕捉。

⑥像网似的笼罩着。

对“网络”的解释是：

①网状的东西。

②由若干元器件或设备等连接成的网状的系统。

③由许多互相交错的分支组成的系统。

④特指计算机网络。有的地区叫网路。

在网络时代的今天，“网”和“网络”无疑已经超越了它们的基本义，获得了词典尚未收录的新义，而且这种新义已经成为其基本义以外最重要的意义。这些传统词语往往由于其意义上的特点符合网络的需要，而被借用于表示与网络相关的新义。如“冲浪”原指一种水上运动，但由于其寻求刺激和愉悦的特点与上网有相似之处，所以“冲浪”一词在网络词汇中被赋予了“在网上进行查询、娱乐等各种活动”的新义，而“青蛙”则因形态丑陋被用于指代“相貌丑陋的上网男性”。此外，“通讯录”“抄送”“论坛”“浏览”“账号”“用户”“用户名”等都是将其本义置入网络环境，而使之获得了网络词汇中的新义。

（2）新词语产生。

借用原有词汇显然不可能完全满足网络词汇的需要，非传统的新词语才是网络词汇的主流，而这些词语的来源极其广泛，主要有以下几方面。

第一，英文外来词。

电脑和网络本来就是西方国家的发明，技术上的优势造成了语言上的侵入，英文对中国当代的网络词汇有着莫大的影响力，许多网络词语源于英文，它们的取词方式又各有不同：

直接音译　　如“E-mail”——“伊妹儿”
半音译半意译　　如“Internet”——“因特网”
音译兼意译　　如“hacker”——“黑客”
音译加表义语素　　如“E-mail 地址”——伊妹儿地址
直接借用英文或英文缩写　　如“Internet”
“Bulletin Board System”——“BBS”
“webmaster”——“WM”

第二，港台借词。

我国港台地区技术先进而又与内地处于同一语言体系中，因而许多网络词语直接借用于港台，如“网路”一词就源于台湾。当然，其中也不排除近年来港台文化对内地影响巨大的因素，如“菜鸟”一词源于香港，本义指“新手”，在网络中，它则被赋予了“网络新手”的特定含义。

第三，规范造词。

对于一个完整的语言系统来说，按照原有的语法和词汇特点造出的与新事物、新环境相适应的词汇，最易融入原有语言体系，也最易为人理解和接受，这一点已经被历史所证明，网络词汇同样如此。上文列出的网络词汇当中绝大多数词语是按照汉语的词汇特点和语法特点造出的。

动宾结构：上网　上线　下线　在线　掉线　离线　抓图　抓音轨　灌水（形象化地形容往 BBS 上贴文章）

偏正结构：局域网　服务器　浏览器　网站　主页　首页　网页　电子邮件　垃圾邮件　聊天　站长　网主　电子商务　电子货币　电子贺卡　微博　微信

第四，不规范造词。

网络的自由性决定了网络词汇不可能全部按照既有的规范来创造，这些不规范的网络词语在网络上颇为引人注目。

一是标音词，构成这类词的汉字起音节作用，我们把这种词称为标音词。如“斑竹”其实是“版主”的谐称，代表与“版主”相近的音节。这样看来“斑竹”一词的形成带有更多的偶然性因素。“竹叶”表示“主页”、“板斧”表示“版副”也是如此。然而，“美眉”一词的标音却是有意的选择，[$mei^{214}mei^{35}$] 是对“妹妹”的可爱化，来源于台湾，“美丽的眉毛”是女性的一道风景。

二是为了戏谑或可爱，如用“版猪”表示“版主”，“群猪”指代“群主”，带有戏谑的色彩，而“东东”表示“东西”之义，只是单纯追求可爱，这种词几乎没有什么道理可讲。

(二) 缩略语

我们在论及语言的词汇时谈到过缩略构词，然而网上的缩略语并不完全能等同于缩略词，因为网络中的缩略语并没有像缩略词一样完全固定下来，并得到所有人的认可和使用。

分析举例

网络中的基本缩略语

1. 英文缩略

ASAP：as soon as possible	尽快
BTW：by the way	顺便问一下
BF：boy friend	男朋友
BBL：be back later	一会儿就回来
CU：See you.	再见。
DS：dunce smiley	傻笑
CUL：See you later.	再见。
F2F：face to face	面对面
FF：face to face	面对面
FOAF：friend of a friend	朋友的朋友
FE：for example	例如
GF：girl friend	女朋友
GA：Go ahead.	继续。(我等着)
IMO：in my option	按照本人的意见
IOW：in other words	换句话说
IAE：in any event	任何情况下
IC：I see.	我明白了。
JAM：Just a moment.	等一会儿。
MORF：Male or female?	男士还是女士?
O：Over.	完毕。(该你说了)
OIC：Oh，I see.	哦，我明白。
R U THERE：Are you there?	你在那里吗?
TY：Thank you.	谢谢你。
TNX：Thanks.	谢谢。
VG：very good	很好

WYMM：Will you marry me?	你愿意嫁给我吗？
OMG：Oh，my God!	我的天！（已经收入《牛津字典》）

2. 汉语拼音缩略

XSWL	笑死我了	YYDS	永远的神
MM	美眉	GG	哥哥
JJ	姐姐		

3. 数字缩略

886	bye bye 了	39	thank you
1414	意思意思	147	一世情
282	饿不饿	687	了不起
456	是我啦	520	我爱你
555	呜呜呜	596	我走了
745	气死我	837	别生气
8384	不三不四	9958	救救我吧

4. 汉语缩略

不明觉厉：虽然不明白你在说什么，但是听起来感觉很厉害的样子。

十动然拒：十分感动，然后拒绝了他。

男默女泪：全称为“男生看了会沉默，女生看了会流泪”，常用来形容某篇文章的主题，多与情感、爱情有关。

累觉不爱：“很累，感觉自己不会再爱了”的缩略形式。源自一个帖子，一名95后男孩感叹“很累，感觉自己不会再爱了”，引发众多二三十岁的青年议论。

喜大普奔：喜闻乐见，大快人心，普天同庆，奔走相告。

细思恐极：仔细想想，觉得恐怖至极。

人艰不拆：人生已经如此艰难，有些事情就不要拆穿了。

缩略语最大的特点是简洁，往往用寥寥几个简单字符来表达一个完整的意思。为了追求简洁，人们用字母或数字表意主要依靠四种方式：第一，用英文单词或汉语拼音的首字母代表一个词，绝大多数缩略语采用这种最直观的方式；第二，缩写单词，如将“Thanks”写为“THX”；第三，用与某个词发音相似的单个字母或数字表示这个词，如用“8”表示“bye”，“O”表示“oh”，“R”表示“are”，“U”表示“you”，“C”表示“see”，因此“see you（再见）”可用“CU”表示；第四，用形象化的字母表示相关意义，如用“O”表示完成、结束之意。

网络交流中，人们为什么要使用缩略语，是一个值得探讨的问题。我们认为原因有三：

（1）节省时间：要在有限的时间内发送、传递、接收最丰富的信息，使用缩略语，简便经济，不失为一个好办法。

（2）制造新奇感：作为网络使用的主要群体，受过相当教育的青年人具有强烈的创新意识和好奇心，这是网络缩略语能够迅速发展、扩增、流行的重要因素。

（3）隐讳：一些不宜直接出现的脏话用缩略语表示，可以起到隐讳的作用。

（三）表情符号

网络交流中，表情符号的出现无疑是对传统语言学的冲击，表情符号的本质是通过各种符号组合，以人脸为轮廓，表示一定意义的符号，然而它只具备直观可视性，不标记语音。表情符号可以分为“正视表情符号”和“侧视表情符号”两种，前者是指正视即可看明白的表情符号，如“^_^”，后者则指需转脸 90°看的表情符号，如“:-)”。

分析举例

网络语中的表情符号

下面举几个表示表情的例子。

1. 表示笑

:-) 最普通的侧视笑脸，通常加在句尾或文章结束的地方。表示开玩笑的意思，或表示微笑。

:-D 非常高兴地张嘴大笑。

|-) 眯着眼笑。

:-9 舌头舔着嘴唇地笑。

:- 无奈的笑脸。

:-< 难过时候的苦笑。

:-/ 犹豫不决的笑容。

:-[带着吹毛求疵的嘲讽式微笑。

8-) 同样是笑脸，但笑的人眼睛很大。

^c^(^_^) 最一般的正视笑脸。

(-_-) 神秘笑容。

^O^ 笑脸。

~c~(~_~) 坏笑。

^Q^ 吐舌头笑。

2. 表示惊讶

:-0 表示吃惊或恍然大悟。

:-() 更吃惊。

:-o 目瞪口呆。

8-0 吃惊得眼睛也睁大了。

:-@ 很吃惊，嘴张得比较大，小舌头都看得见。

3. 表示生气、痛苦

:-(最一般的生气。

:-C 比较生气。

:-{ 比较生气。

:—(　脸都气长了。

:-*　生气了，嘟着嘴巴。

:<　很烦。

~~ : -(　极度愤怒，都快要爆炸了。

>:-<　哇！眉毛都竖起来了，已经快发狂、要气炸了。

>>-(　哇！他真的要杀人了，你千万别再惹他了。

(: -……　心碎。

c(*_*)　哭了。

~~~~>_<~~~~　大声哭、用力哭。

随着网络技术的发展，现在聊天更是发展到直接上图片。各色的图片，形象而诙谐，被称为“表情包”，也权算是表情符号的一种吧。

（四）网络语的规范化问题

作为网络文化的一部分，网络语的现状是网络发展的必然。网络的产生给人类的生活带来前所未有的冲击，随着网络的出现，人类的生活方式发生了改变，对于人类来说，网络不仅仅意味着一种新事物，它还意味着新的交流方式和新的交流空间，人们的语言行为会随之相应地发生变化，而这些变化无疑会烙上网络的色彩，网络语的许多特点是由网络这一特定环境决定的，更与特征鲜明的网络文化密切相关。语言的发展总是从言语到语言的，无论人们如何看待现存的各种网络语现象，目前它尚处于发展阶段，也就是说网络语言还没有形成一个完整、完全的体系，它的各种规则、规律还在进一步形成和发展，也需要人们进一步探索。

探索网络语现象，相应提出的一个问题就是网络语的规范化问题，要讨论网络语的规范化，就要先明确网络语的现状，总的看来，网络语现状包含以下几个要点。

1. 自由性、主观性较强

这一点在网络语现象的各方面都有所体现，如用于指称网络语的词汇有“网络”“互联网”“因特网”“Internet”，这足见这一词语的随意性和自由性；又如“防火墙”“蚂蚁”最初都是某种特定软件的名称，然而由于其技术优势的影响，这两个词已成为网络安全措施和下载专用软件的代名词了，可见这两个词的形成有很强的主观性。陈原先生认为，社会生活中的新词汇，都是约定俗成而固定下来的，而科学技术的新词汇，则带有更多的主观决定因素——或者由发明者和倡导者提议，或者由某些机构或社会集团一致决定。我们认为陈原先生的论断可扩大而用于理解整个网络语现象。使用网络的主体是文化教育程度较高的青年群体，网络语现象的大部分受这些群体的主观性影响，而其中又存在个人或某些集团的主观影响，网络使用主体的求新、求异心理也决定了网络语的自由化，同时网络空间的充分自由为网络语的自由提供了现实可能性。

2. 没有超越原有语言体系

网络交流的主要凭借依然是传统的语言文字体系，而网络语现象中诸如许多网络词汇是合乎传统语言文字规范的，那些不符合传统语言规范的语言现象如表情符号、缩略语在
~~~~

网络交流中只是起辅助作用，而没有代替原有的语言文字体系。网络语是人类正常语言的特殊运用，从其运用的过程和结果来看，它不属于索绪尔所说的语言的语言学，而应该属于言语的语言学。就目前来说，新奇的网络语不可能完全超越原有语言体系，更不可能代替原有语言体系。

3. 存在自身规范问题

网络语尽管比较自由、主观，然而依然有自己的约定俗成和规范。如人们一般会接受和使用“电子信箱”“电子邮箱”“E-mail 信箱”“E-mail 地址”，却不会使用和接受“电子地址”“E-mail 邮箱”，这不能不说是网络用语本身的习惯和规范。同样，表情符号中用“：”表示眼睛，“-”表示鼻子，“)”或“(”表示嘴巴，也是被所有人认可和接受的。这说明网络语其实存在自己的规则、规律，尽管它们不如传统语言规范那么易于发现，那么明确。

无论如何，网络语需要一个从“言语”走向“语言”的过程。哪些词最终发展成全民词汇，哪些词被淘汰，需要一个过程。

网络语词汇同样需要规范化。对于网络言语的现状而言，其过于自由和主观的一面确实需要适当的引导，比如，对“人艰不拆”“细思恐极”之类汉语缩略词，曾经有规定要求各类广播电视节目和广告严格按照规范写法和标准含义使用，不使用或介绍根据网络语、仿照成语形式生造的词语。然而语言规范究其实质也是一种社会习惯，它只能通过约定俗成的途径建立，而不能由语言机构或语言学家向壁虚构。固然不能说全部语言规范都是对约定俗成的说法的追认，却可以说大部分是如此。网络语既然存在自身的规范，而且并没有完全超越原有的语言规范体系，对其做过于强制性的规范是没有必要的，也是不恰当的。语言是交际的工具，语言的生命力体现在其交际价值上，既然网络语词汇的使用者乐于使用它们，而且对于这些特定的使用群体，网络语词汇能使他们在一个特定的交流空间中更好地交流，这说明网络语词汇存在着亲和度和生命力。新词语是新事物新生活的一部分，流行词语与人们的生活言语环境和心理状态密切相关。时间和社会将是流行词语能否最终流行的决定因素，全新的网络言语现象同样如此：“个人言语性和视觉符号性是网络语最大的特点，时间和社会是网络语现象能否继续前进和发展的最终决定因素。”（可参见英国著名语言学家克里斯特尔 2006 年著作《语言与因特网》）

第四节 词汇的发展变化

语言在言语活动中不断发展变化，词汇当然也不例外，词汇单位的语音形式、语义内容、语法功能都可以发生变化，从系统的角度看，总是有新词产生和旧词消失。

一、新词的产生

词汇是语言中反映社会发展变化最敏感的要素。当出现一些新事物、新现象或新观念时，就可能要创造一些新词来标记它们，以满足交际的需要。

新词产生主要通过以下方式实现。

（一）造词

即利用构词法和原有语素构造新词。比如汉语中，利用语法构词中的复合法，可以把语素“石”“油”组合在一起构成新词“石油”，“管”“家”复合成“管家”；也可以用派生法构成新词，如英语的“subsonic（亚音速的）”“subeditor（助理编辑）”；还可以用语义构词的方式构成新词，比如汉语的“昏”本义为黄昏，后来因为古人结婚仪式多在黄昏举行，引申出结婚的含义，人们又为这个含义新造了字“婚”，于是，这个意义便独立为新词。

（二）旧词新用

有的词已经消亡，人们不再使用，但由于交际需要，人们又赋予了它新的意义而重新使用。对于这个词来说，虽然形式未变，但由于有了新的意义，也看作新词。如汉语的“经济”本来指经国济世，但是随着时代的发展和社会形态的改变，这个词义没有被沿用。到了现代，人们赋予这个词以新的含义：（1）以社会生产关系为研究对象的科学；（2）有关物质资料的生产管理的事；（3）收支情况。从这个角度看，“经济”也是一个新词。

（三）借词

即把外语词的音和义全部照搬的方法。因此，严格地说，只有传统的“音译词”才是借词。对借用者来说，这也是一种新词。借词是语言间相互接触的结果。如中国本来没有坦克，随着它传入中国，人们也借来了其名称“tank”，音译成“坦克”。其他如“拷贝（copy）”“霓虹（neon）”“沙龙（salon）”都是从英语中借来的。此外，“布尔什维克”“伏特加”是从俄语借来的；“香槟”“蒙太奇”是从法语借来的；“卡拉 OK”是从日语借来的；英语的“tea（茶）”、俄语的“чай（茶）”是从汉语中借去的。随着语言接触的日益扩大，借词成为一种越来越常见的现象。

二、旧词的消失

社会在不断发展变化，在出现新事物、新现象的同时，旧事物、旧现象也不断消失，旧的生活方式也不断改变，这必然导致旧词的消失。比如汉语的“九宾”“太尉”“乡试”等，只保留在古代的文献中。又比如，在古代，马和日常生活息息相关，所以古人对马区分非常严格，跟“马”有关的词就有很多：跑不快的马叫“驽”，跑得快的马叫“骥”，青黑色的马叫“骐”，纯黑色的马叫“骊”，黑嘴的黄马叫“騧”……随着时代的进步，马不再是人们主要的交通工具和运输工具，所以人们不再严格区分这些职能和特性不同的马。因此，其名称大大减少，只剩下“马”这个词的类概念词，其他的词大量消失。

三、词语的替换

词语的替换就是事物名称的改变。这种现象的产生原因比较复杂，有政治、历史、文化等方面的原因。当然，也有语言系统本身的原因。词语替换的例子很多，例如普通话中：

替换词	被替换词
吉他	六弦琴
歇斯底里	癔症
水泥	水门汀
维生素	维他命

从词汇发展的方向上看，新词的产生要比旧词的消失快得多，数量也大得多，因此，一种语言的词汇量会随着社会的发展而越来越大，词汇也因此不断地丰富和发展着。

【本章小结】

作为语言的建筑材料，词汇是一个集合概念，同时，词汇也是一个完整的系统。我们把词汇区分为语言词汇和言语词汇，分开进行考察。语言词汇系统具有绝对任意性与相对理据性、普遍性与民族性、变化性与稳定性的特点。我们说，语言词汇的单位包括词和固定词语（也叫固定短语）。固定词语从表面看是比词大的单位，但在造句中的作用相当于词，是词的等价物。词是词汇中最基本的单位，它的数量远远超过固定词语。从其自身规律来看，要想掌握词这种语言单位，必须区分词和语素、词和词组。我们根据语素能否独立运用，可以把语素分为成词语素、不成词语素；根据语素在构词中的作用，可以把语素分为词根、词缀、词尾；根据语素能否单说，可以把语素分为自由语素、不自由（黏着）语素；根据语素在构词中的位置，可以把语素分为定位语素、不定位语素。我们把由一个语素构成的词称为单纯词，由两个或两个以上的语素构成的词，称为合成词。单纯词有单音节的，也有多音节的；合成词则包括复合词、派生词和重叠词。词的构成往往通过一定的方法和手段，广义的构词法，从总的来看包括语音构词、语义构词和语法构词三种，其中语法构词包括狭义的构词法（复合法、派生法）构成合成词，还包括转化法。

词汇系统可以从不同角度分成不同的子系统，这些子系统即各种不同的词聚，而由于分类角度不同，子系统之间会产生交叉。从词的形式上来看，根据词的语音形式可以形成单音节词与多音节词、双声词、叠韵词、同音词、叠音词、拟声词等词聚；根据词的书写形式则可以形成同形词聚。从词的意义上看，可以形成同义词和反义词、单义词与多义词、上义词和下义词、褒义词和贬义词等词聚。从词的社会功能上看，可以形成基本词汇和一般词汇、常用词汇和非常用词汇、专业词汇和非专业词汇、口语词汇和书面语词汇等词聚，其中基本词汇和一般词汇是根据词汇单位在语言及词汇系统中的作用界定的，具有重要意义。从词的来源上来看，可以形成古语词、新词、方言词、外来词、同源词、同根词。同时，一些特殊的固定词语也构成了一个语汇系统，我们把它们分为成语、惯用语、谚语、俗语、歇后语、格言，这种定型化了的固定词语又叫熟语。

与语言词汇不同的是，言语词汇是指个人运用语言的词汇，它是允许存在偏离语言常规，显现个人运用特色并独具个人风格的。在词汇系统里，一般词汇是语言要素中最活跃的成分。每天，我们都能够听到一些新制造出来的词语，属于言语的范畴。至于它们能否进入语言的词汇中，要待时间的考验、社会的选择和大众的约定俗成。语言学家往往多重视词汇的规范性，文学家往往重视言语的突破与创新。我们在这一章涉及了名家、名著词汇，以及新鲜的网络语词汇这两类言语词汇。名家、名著词汇是最具代表性的言语词汇，一个作家、一部优秀的作品往往会形成特定的风格，而其词汇则是其风格的重要体现。其中，我们对鲁迅、老舍、《围城》、《儒林外史》、雨果的言语词汇的形成及特点做了具体的分析。而网络语现象则是信息时代网络与语言相互碰撞的结果，它集中体现为在网络这一领域内使用的网络词汇、缩略语和表情符号等。

从历时的角度来看，词汇系统总不断地会有新词产生、旧词消失，词汇也因此不断地丰富发展着。

【思考与练习】

1. 关键词

词汇　语言词汇　言语词汇　词　固定短语　语素　词根　词缀　词尾　单纯词　合成词　复合词　派生词　重叠词　联绵词　叠音词　同形词　同音词　古语词　新词　方言词　外来词　同源词　同根词　基本词汇　一般词汇　熟语　成语　惯用语　谚语　俗语　歇后语　格言

2. 填空

(1) 语法构词有复合法、派生法、________、________。

(2) 熟语包括成语、惯用语、________、俗语、歇后语、______。

(3) 构词法的主要类型有________、________、________三种。

(4) 词汇单位有两种：一种是__________，另一种是__________，它是________。

(5) 词汇是一个________概念，不能指________。

(6) 根据语素在构词中的作用，可以把语素分为________、________、________。

(7) 根据词的结构类型，可以把词分为单纯词、合成词。其中，合成词又包括________、________、________。

(8) 固定词语的特点是________和________。

(9) 基本词汇的特点是________、________、________。

(10) 古语词包括________、________。

3. 选择

(1)“白纸”是　（　）

A. 词根　B. 语素　C. 词　D. 词组

(2)“绿化、超导电性”属于　（　）

A. 单纯词　B. 复合词　C. 派生词　D. 缩略成词

(3)“民”“辉”“原”是　（　）

A. 词根　B. 词缀　C. 词尾　D. 词干

(4)“黑格尔”是　（　）

A. 一个词根和一个后缀组成的词　B. 两个词根组成的词

C. 三个词根组成的词　D. 一个三音节的词

(5) 区分词和语素要看　（　）

A. 能否独立运用　B. 是不是音义结合体

C. 有无意义　D. 能不能用扩展法

(6)“人民、机械、学校”用的构词法是　（　）

A. 转化法　B. 缩略法　C. 复合法　D. 派生法

(7)“公式、攻势、宫室”是　（　）

A. 同形词　　　B. 同音词　　　C. 同义词　　　D. 同根词

(8)“沙发、镭射、卡拉 OK”属于　（　　）

A. 新造词　　　B. 古语词　　　C. 行业术语　　　D. 外来词

(9)“大众化”和“四化”所用的构词法是　（　　）

A. 语音构词　　　B. 语义构词　　　C. 语法构词　　　D. 旧词新用

(10)“积极性、年轻化”属于　（　　）

A. 单纯词　　　B. 复合词　　　C. 派生词　　　D. 缩略词

4. 简答

(1) 举例说明语言词汇的特点。

(2) 举例说明如何区分词和固定词语。

(3) 固定词语有哪些特点和类型?

(4) 从词的来源上看，可以形成哪些词聚?

(5) 举例说明语法构词的类型。

(6) 分析古今中外你最喜爱的一个作家或一部巨著的言语词汇特色。

(7) 你是如何看待网络语现象的，应该如何对其进行规范?

5. 运用

(1) 指出下列各词中的语素类型。

呆子　虾子　傻子　瓜子　孔子　孟子　电子　质子　中子　百事可乐　木头　舌头　龙头　鱼头　吃头　看头　日头

(2) 分析下列各词所用的构词法。

海啸　现代化　锁　反作用　猫　布谷　杜鹃　眉目　好歹　奇迹　雪白　雪耻　司机　打倒　改善　嘴硬　地震

(3) 指出下列词的结构类型。

A. 性急　初一　建设　徘徊　回顾　改良　老鼠　刺耳　原则性　可口可乐

B. books　care　careful　blackboard　unkindness　worked　reading

(4) 指出下列单位哪些是词，哪些是固定词语，并说明其区分方法。

歌　唱歌　水　喝水　头发　理发　白菜　白纸　写信　看见　改良　准备好　机枪　工业　洗澡　鞠躬　羊肉

(5) 请列举网络语中新奇的言语。例如：

菜鸟　大虾　菌男　霉女　7456　286　:-)　:->　偶稀饭　其司……

“BTW，我真是 ZQSG 地爱上了乒乓球，中国乒乓 YYDS!”

“办公室新来的 MM 界面友好，生活方式很 IN，还是几个 BBS 的斑竹呢。”

“886，我们中午去吃 ><(((*> 呐！当然了是 AA 制。”……

与同学们一起讨论并用语言学理论发表你的看法。

6. 论述

第 11 版《新华字典》以例证（例词、例句）的形式，增加了部分与国计民生相关的语汇，比如“便民”“信息产业”“文化产业”“产业工人”“持续发展”“福祉”“和谐”“打着募捐的幌子骗人”“农民工”“计算机盲”“媒体”“以民为本”“民生”“灾民”“侨民”“股民”“网民”“炮制假新闻”“装了一台电脑”等；同时，删除了“合作社”“马力”“马达”“煤油”等在现代社会检索频率低的词。

请从上述语言事实出发，论述语言和言语的关系以及语言与社会的关系。

第五章
语　法

依照传统的方式，大多数语言的语法都在句法（syntax）和词法（morphology）两个标题下进行讨论……关于这种分界的用途以及关于这两个标题的范围，曾经有过很多的争论。

——布龙菲尔德《语言论》

盖一座大楼，光有砖瓦和预制板是不够的，还要用各种方法，按照一定的设计和规则把它们粘连成形。如果把词汇比作砖瓦、预制板，那么，语法就是把它们黏合在一起的规则。在这一章里我们仍然从形式与内容两个方面分析词法与句法两个范畴。词法涉及词形范畴和词类范畴以及各种词法范围的语法形式，中心问题是形态问题。句法角度，我们则从显性和隐性的不同方面介绍几种析句法，如句子成分分析法、直接成分分析法和转换分析法。

第一节 语法的性质及其单位

一、语法和语法学

语法是音义结合的各结构单位之间的组织规则的汇集，它包括词的构形、构词规则和组词成句的规则。一种语言的语法规则是指说这种语言的人必须遵守的习惯，它存在于每个说话人的脑子里，表现在他说出的话语中。每个人运用这些规则都得心应手、灵活自如，尽管他对这些规则的掌握是不自觉的。一个人说出来的话一般都符合他所掌握的那种语言的规则（有时也难免会犯一些语法错误），但是如果没有经过专门的学习，他是不会觉察到他说的这种语言是有规则的，更不知道究竟有哪些规则。传统语法学把语法分为词法和句法两部分。由于构词法近年来有独立的趋势，所以语法系统可以认为是由构词法、词法（主要是构形法）和句法三个系统组成。构词法是指词的内部构造规律和构成新词的规律，我们已把它放在词汇一章进行阐述。本章主要讨论词法和句法。词法研究词的语法范畴和语法形式，中心是形态问题。句法研究词组和句子的构造规则和关系。专门研究语法的学科叫语法学。

语法学是语言学的一部分。和语言学的分类一致，从方法上，语法学可相应分为历史语法学、对比语法学、历史比较语法学、描写语法学；从对象上，可相应分为个别语法学和普通语法学。和语言学的发展阶段一致，语法学又可相应分为传统语法学、历史比较语法学、结构主义语法学、形式语法学、篇章语法学、功能语法学、认知语法学等。

二、语法的特点

（一）抽象性

语言是一个有限的结构成分系统，人们把它从无限的言语中概括出来，又可以用它说出无限多的话，写出无限多的文章。和词义一样，语法最重要的特点是抽象性。然而，语法的抽象和词义的抽象是不同性质的抽象。词义的抽象是对某一类客观物质或现象的抽象，抽象出来的是词汇意义；语法的抽象是对词或句之间的关系进行抽象，抽象出来的是语法意义。例如，“头发”一词是长在人头上的毛发的总称，不是专指黑发、白发、长发、短发；“桌子”则概括了所有的大桌、小桌、长桌、方桌；“跳”一词的某一义项概括了“腿上用力，使身体突然离开所在的地方”这一类现象。这些都属于词义的抽象。至于把“头发”“桌子”归为同一类名词，在句子中常作主语或宾语，“跳”是动词，在句中常作谓语，才是语法的抽象。语法抽象的结果常常是一些结构、关系、模式、类型。

（二）递归性

这是从数学中借来的术语，指语法结构的某个单位可以不断地被一个同功能的结构去替换与扩展。例如“唱歌”是动宾结构，我们可以通过偏正结构的递归把其中的宾语不断扩展，如“唱一支歌”“唱一支优美的歌”“唱一支我写的优美的歌”“唱一支我写的献给妈妈的优美的歌”等。语法正是因为有了递归性，才能以有限的规则生成无限多的句子。

（三）稳定性

语法是语言结构要素中最为稳定的一个要素。拿汉语来说，不少基本的语法结构从古到今并没有什么太大的变化。例如周朝时期的《诗经・小雅》中有这样的诗句：“南有嘉鱼”“我有嘉宾”，其结构形式就是现在的主谓宾结构。正是由于每一种语言都有着自己基本稳定的语法格式，语言学家才能根据语言的语法形态把语言分成不同的类型。

（四）民族性和地方性

语法具有民族性，例如汉语主要采用“主谓宾”的构造形式；塔吉克语和藏语则有“主宾谓”的形式；高山语有“谓主宾”的形式；俄语有更加灵活的形式。语法还有一定的地方性，例如北方方言区的人说“我先走”，广州人说成“我行先”；北方方言区的人说“这又奇怪了”，广州人说成“奇怪了，又”。

三、语法的单位

语法单位有语素（也叫词素）、词、词组、句子。它们都是在语句中活动的、能被替换的成分。语素和词已经在词汇一章讨论过了，这里主要讨论词组和句子。

（一）词组

词组在句子中具有相当于词的作用，但它是比词大的语法单位。关于词组有不同的定义。严格按照句法组合关系来说，词组是实词与实词的有机组合。这种组合是按照一定的语法关系进行的。词组可根据不同的角度进行分类：根据组合关系可把词组分为陈述、支配、修饰、平行、补充五种关系；根据组合层次可把词组分为简单词组和复杂词组（前者只能进行一次切分，如“美丽的校园”；后者可以进行两次以上的切分，如“非常重要的工作”“同意执行新计划”)；根据组合的紧密程度可把词组分为自由词组和固定词组（固定词组可归入固定词语、固定短语，是词的等价物，“词汇”一章已有论述）；根据中心词的词性可把词组分为名词性词组（如“他的自行车”）、动词性词组（如“打球”）、形容词性词组（如“极好”）。

（二）句子

句子的模式属于语言，具体的句子属于言语，句子是语法系统中最大的结构单位，也是言语活动中最小的交际单位。关于句子，历来也有不同的定义。比较理想的定义应该综合句子的形式和意义，以及结构和功能几个方面，即句子是具有一定语调的，表达相对完整的思想和感情，按照一定语法规则组织起来的交际的基本单位。形式和意义是句子必备的成分，结构和功能是句子的分类依据。根据句子的结构，可把句子分为主谓句和非主谓句；根据句子的表述功能，可把句子分为陈述句、疑问句、祈使句、感叹句几种。

第二节 词 法

一、语法意义和语法范畴

词不但具有词汇意义，而且具有语法意义。词的语法意义是指词在组合与聚合中所产生的关系意义。例如，英语“She likes green（她喜欢绿色）”中的“likes”由于进入了组合，它的词形要在原来“like”的基础上发生变化，除了具有“喜欢”这个词汇意义外，还具有第三人称、单数、现在时的语法意义。此外，我们可以通过联想想到“likes”的聚合类如“reads”“watches”……它们是一类动词，在句中常做谓语，这些都是语法意义，它又可进一步分为范畴义、关系义与功能义。语法意义通常离不开词汇意义，语法意义也要以一定的形式表达。其实，比词大的语法单位如词组和句子也都有语法意义。这里主要讨论词的语法意义。

把语法意义进一步综合与概括所形成的意义类别就叫语法范畴。词的语法范畴包括词形范畴和词类范畴两种。

（一）词形范畴

指用词形变化表现出来的语法意义的概括种类。一般包括性、数、格、体、时、态、式、人称、级等。

1. 性

指通过一定语法形式所表示出来的语词的性属范畴，一般包括阴性、阳性和中性。俄语名词有阴性阳性之分，阳性如“дом（房子）”“путь（道路）”，阴性如“школа（学校）”“фамилия（家庭）”，中性如“письмо（信）”“здание（楼房）”。俄语形容词也如此，阳性的如“красивый（美丽的）”，阴性的如“красивая（美丽的）”，中性的如“красивое（美丽的）”。法语也是，阳性的如“un paysan（男农民）”，阴性的如“une paysanne（女农民）”。英语的名词不分阳性、阴性与中性，只是在代词中有“性”的残余，如“he”“she”“it”。应该指出语法中的性和生物的性没有必然的联系。汉语没有性的范畴，即没有用词尾或词形变化表现的语法上的性别观念种类。

2. 数

指运用词形变化表明某类词的数量特征的语法范畴。一般表现为单数和复数两种。俄语用“ы”“и”“а”“я”等词尾表示复数，如“сестра（姐妹）—сёстры（姐妹们）”，“товарищ（同志）—товарищи（同志们）”，“поле（田地）—поля（田地，复数）”，“окно（窗户）—окна（窗户，复数）”。英语的复数通常用词尾表示，如“book—books（书）”，“cat—cats（猫）”。汉语有无数的范畴，不同学者有不同的看法。[①]

3. 格

即从名词、代词、形容词在句中与其他词的关系中，以词形变化的形式概括出来的语法范畴。俄语有六个格，主格如“перо（钢笔尖）”、属格“пера”、与格“перу”、宾格“перо”、工具格“пером”、前置格“пере”。英语一般名词有两个格：普通格和所有格；代词有三个格：主格如“I”，属格如“my”，宾格如“me”。汉语没有格的范畴。

4. 体

指动词依词形变化表示行为动作进行状态的语法范畴。俄语动词有未完成体和完成体；英语有普通体、进行体、完成体。汉语中的“着”“了”“过”一般认为是表示体。

5. 时

即表示行为发生时间的语法范畴。俄语有现在时，如“я решаю（我决定）”；过去时，如“я решал（我决定过）”；将来时，如“я буду решать（我将决定）”。英语也有现在时，如“I love（我爱）”；过去时，如“I loved（我爱过）”；将来时，如“I shall love（我将爱）”。汉语无时的范畴。

6. 态

即以动词词形变化表明主体或客体与动作关系的语法范畴。一般分为主动态和被动态。如俄语“Плотники строют дом（木工们建筑房子）”中的“строют”是主动态。“Дом строится плотниками（房子由木工们建筑着）”中的“строится”是被动态。

---

① 吕叔湘．汉语语法分析问题．北京：商务印书馆，1979.

7. 式

即用动词词形变化表示说话人对所谈事物所持的态度的语法范畴。俄语有陈述式，如“он читает（他读）”；命令式，如“читай（读）”；假定式，如“он читал бы（假如他读）”。现在有人认为，区别语气的助动词（如英语的“shall”“can”等），也属式的范畴。英语有陈述式、命令式、疑问式、虚拟式。汉语主要用语调和语气助词区别。

8. 人称

即以动词词形变化表示行为发生者的语法范畴。如俄语“я иду（我走）”“ты идёшь（你走）”“он идёт（他走）”。英语动词的现在时第三人称单数加词尾“s”，如“He reads（他读）”。再如英语的系动词“be”和“你”“我”“他”连用时词形发生变化：“I am”，“you are”，“he（she、it）is”。汉语无人称的范畴。

9. 级

即以形容词和副词的词形变化表示性质或属性的程度区别的语法范畴。一般分为原级、比较级和最高级。如俄语“высокий（高的）”和英语“young（年轻的）”的三个级是：

	原级	比较级	最高级
俄语	высокий	выше	высочайший
英语	young	younger	the youngest

汉语没有严格的级的范畴，但可用“更”“最”等词汇手段表示，如“美丽”“更美丽”“最美丽”。

（二）词类范畴

词类在传统语法中称为 parts of speech，现代语法理论常用术语 word classes，是语法中的一个重要概念。词类指词的语法意义的分类。应该根据什么标准进行分类？各种语言的词到底可以分为几类？长期以来，尽管语言学家把这些问题作为语法的中心问题进行研究，但始终没有得出统一的完满的结论。归纳起来大致可以分为三类：形态标准、意义标准、功能标准。

形态标准即根据词的词形变化确定词类，如俄语等语言中，有性、数、格变化的常常是名词、代词或形容词；有体、时、态、式、人称变化的常常是动词。

意义标准指建立在词汇意义基础上的一种范畴意义。如“山”“水”“花”“草”等词，从意义上我们就可以把它们归到名词里，同样，我们可以把“走”“跑”“跳”等词归到动词里。

功能标准包括：（1）词与词的组合能力。例如汉语中的名词一般不能与“不”字和“了”字组合，动词和形容词可以；动词一般不能与“很”字组合，而形容词往往可以与“很”组合。（2）词的句法功能。即看词在句中能充当什么成分。例如经常充当主语和宾语的常常是名词，经常充当谓语的是动词和形容词。（3）词的重叠方式。形容词的重叠方式多是 AABB，如“老实—老老实实”；动词的重叠方式多是 ABAB，如“整理—整理整理”。

以单一的标准划分词类是很难做到的。因此，语法学家在给一种语言划分词类时，常常是以某一条标准为主，综合考虑其他标准。例如，印欧语以形态标准为主，其他为辅；

汉藏语以功能标准为主，其他为辅。面对语言事实，还应该具体问题具体分析。

无论用何种标准划分词类，大多数语言都可以把词分为实词和虚词两大类。实词意义较实在，一般能充当句子成分；虚词意义较“虚”，一般不充当句子成分。汉语中的实词有名词、动词、形容词、代词、数词、量词。副词属于半实半虚。虚词有介词、连词、叹词、象声词等。其他一些语言中的冠词、前置词、后置词、助动词也属于虚词。

语法范畴除了词形范畴和词类范畴之外，有人认为还可以包括句法范畴。但由于研究得不够深入，且超出了词法的范围，这里不做论述。

二、语法形式和语法手段

语言是音义结合的词汇系统和语法系统。任何一种词汇意义和语法意义都不可能离开一定的语音形式而单独存在。语法形式是表现语法意义的物质形式，主要指可感知的语音形式（如音位和音位序列等），但也包括语序、停顿、层次等能够表达语法意义的其他形式。对语法形式再概括所得出的类别就是语法手段，也叫语法方式，一般包括内部屈折法、附加法、重叠法、异根法、重音法、词序、虚词、语调、冠词、前置词和后置词、助动词等，除了词序和语调外，大都可归入词法的范围。

1. 内部屈折法

指在词根内以语音交替变化为手段改变语法意义的一种方法。例如英语的“foot（脚，单数）”用“feet”表示复数，“begin（开始，现在时）”用“began”表示过去时。俄语的“собирать（收集，未完成体）”用“собрать”表示完成体。

2. 附加法

指在词根上加词缀或在词干上加词尾改变语法意义的方法。如俄语的“писать（写，未完成体）”加上构形前缀“на”，“написать”就是完成体。英语的“book（书）”加上词尾“s”，“books”就表示复数。

3. 重叠法

利用词根全部或局部的重叠表达一定的语法意义的方式。如日语的“かずかず（数数）”“やまやま（山山）”，汉语的“人人”“户户”“高高”“大大”等。

4. 异根法

用不同的词根表达同一个词的不同语法意义的方法。如英语的“I—me”“she—her”“we—us”，就是用不同的词根表达“我”“她”“我们”的主格与宾格。“good—better”就是用不同的词根表达“好”的原级与比较级。俄语的“хорошо（好）—лучше”也是如此。

5. 重音法

利用词中重音移动的方法表达一定的语法意义。例如俄语的“окна（窗户）—о`кна”“до`ма（房子）—дома`”就是用重音的移动表示单数第二格和复数第一格的。英语的“im`port（输入，动词）—`import（输入，名词）”也是用重音移动来改变语法意义的。

以上几种方法属于综合型手段。

6. 词序

运用句子中词与词组合次序的变化表达一定的语法意义。缺乏词形变化的语言，词序具有重要的语法作用。如汉语“我请他”和“他请我”意思是完全不同的。英语“Mother loves her daughter（妈妈爱女儿）”和“Daughter loves her mother（女儿爱妈妈）”也是不能混淆的。俄语的词序则比较自由，例如：“Я читаю книгу（我读书）”可以说成“Книгу я читаю”，也可以说成“Книгу читаю я”。

7. 虚词

专门表达语法意义的词，在句法组合中表达不同的语法关系。如俄语的“и（和）”“чтобы（为了）”等，英语的“and”“of”等，汉语的“的”“和”等。

8. 语调

在句子中运用不同的声调表达说话人的不同态度。例如汉语：“他来了。”表陈述。“他来了?”表疑问。“他来了!”表惊叹。“来!”表命令。语调还可以包括逻辑重音和停顿等。例如：“他请你看电影。”重读不同的词，就有不同的强调义。还可以用不同的停顿来区别句义，如：“一班打败了，二班取得了胜利。”“一班打败了二班，取得了胜利。”句子以上的语调问题是言语的问题，可归入言语的语言学（见“语音”一章）。

以上几种方法属于分析型手段。

9. 冠词

冠词主要作为名词的指示语并对该名词加以修饰或限制。它可以有多个功能，例如：作为名词的标志；表示名词有定与无定的范畴；表示性或数的范畴。如英语“the boy”“a book”；法语“un camarade（男同志）—une camarade（女同志）”“la table（桌子）—les tables（桌子的复数）”。

10. 前置词和后置词

表示词与词在话语中的各种关系。如俄语的前置词“на”“в”“с”“из”；蒙古语的后置词“дотор”“дур”；汉语的“在屋里”“从家里来”的“在”“从”，有人认为相当于前置词；“屋里”“窗外”的“里”“外”相当于后置词。

11. 助动词

位于动词前后表示某种语法意义的词。如俄语的“буду”，英语的“shall”“will”等。

以上几种方法可以称为综合—分析型手段。

三、形态和形态分类

形态一般指词法范围内的语法形式。对形态的定义有不同的理解。狭义形态指的是构形法，也叫构形形态，即用一个词的词形变化表示不同的语法意义。如前面提到的内部屈折法、异根法等方法，其特点是不改变词汇意义。广义形态不但指构形法（构形形态），而且兼指狭义构词法（也叫构词形态），即在词根的基础上按照一定的规则创造新词的方法。

其特点是产生新词，大多改变词汇意义。

我们可以把内部屈折法、附加法等在词的内部进行变化的语法手段称为内部形态，把词序、语调等词外的语法手段称为外部形态。

根据形态手段的选用情况，可以把语言相对地分为综合语（如俄语）、分析语（如汉语）、综合—分析语。

根据形态的结构可以把语言相对地分为孤立语（也叫词根语，如汉语）、黏着语（也叫胶着语，如土耳其语）、屈折语（如俄语和德语）、多式综合语（也叫编插语）。世界上各种语言在词的结构上呈现出纷繁多样的性质。形态学分类粗略地分出几种类型，大体上反映了语言中的一般情况，为研究和教学提供了一定的方便，因此沿用至今。但是这种分类有很大的相对性，事实上没有任何一种语言是纯粹属于哪一类型的，而且有的语言很难说是属于哪一类型。这是语言形态学分类的局限性。

四、形态学描写的几种模型

语言的形态学描写可以有不同的方法，在语言学中主要有三种不同的模型：WP，即“词和词形变化”模型（word and paradigm）；IP，即“项目和变化”模型（item and process）；IA，即“项目和配置”模型（item and arrangement）。

WP 模型是传统语法中分析词的构形的标准方式。这种分析以词作为分析的基本单位，形态分析的任务就是把每个词的全部语法形式一一记录下来。一个词的全部语法形式构成一个聚合体，称为词形变化表。例如：名词各个格和数的变化、动词各个人称和数的变化形式。

IP 模型也有较长的历史，它是 19 世纪比较语法学家采用的主要方法。这种方法把构形和构词看成同样的一种派生过程。例如：动词过去时形式“took”是由现在时形式“take”经过语音交替的派生过程构成的，而“kicked”则是由“kick”经过加缀的派生过程构成的。同样，名词复数形式“feet”是由单数形式“foot”经过语音交替构成的，而“boys”则是由“boy”经过加缀构成的。

IA 模型是由美国描写语言学派创立的一种后起的分析方法。这种方法以语素作为语法分析的基本单位，融词法和句法于一体，把构形和构词看成同词组成短语和句子一样，都是由单位（项目）配置（即组合）而成。例如“kicked”是由词根“kick”和过去时后缀“-ed”两个语素一前一后配置起来组成的，而 boys 则是由词根“boy”和复数后缀“-s”配置而成的。

这三种模型是研究者在不同时期，从不同理论出发，针对不同语言总结出来的，因此各有优缺点。

第三节 句　法

人们在交际中说出来的具体的句子属于言语，其数量是无限的。句法研究的是句子的模式，即句法结构。句法结构属于语言，其结构模式是有限的。和其他语言成分一样，句法结构具有形式和意义两部分。

一、句法结构的关系意义

（一）显性意义

指用一定的语法形式表现出来的各种语法关系。和词组一致，句法关系通常可以分为陈述关系、修饰关系、支配关系、平行关系、补充关系。它们分别形成五种结构模式：主谓结构、偏正结构、动宾结构、联合结构、后补结构。偏正结构、联合结构和后补结构可以归入向心结构（指整体结构的功能等同于某个组成成分的功能的结构）；主谓结构和动宾结构可以归入离心结构（指整体结构的功能不同于其中任何一个组成成分的功能的结构）。

（二）隐性意义

指隐藏在显性意义后面的各种语法关系，通常表现为施事与动作、动作与受事的关系等。

（三）显性意义与隐性意义的对立统一

显性意义和隐性意义同时存在于句法结构中，互为依存。显性意义是一种表层的语法结构关系，隐性意义是一种深层的语法结构关系。显性意义和隐性意义并非对应的关系。主语可以是施事也可以是受事，如“他看书”的主语“他”是施事；“好花人人喜爱”的主语“花”则是受事。此外，一种显性意义可以有几种隐性意义，如“他也找过了”的“他”，可以是施事，也可以是受事；同样，一种隐性意义可以用不同的显性意义表达，如“他打开了窗户”也可以说“他把窗户打开了”或“窗户被他打开了”。

二、句法结构的外部形式

（一）显性形式

句法结构的外部形式是线条性的，我们把它叫作显性形式。句子是语言符号的组合，如总论中说的，符号只能在时间的线条上一个接一个地出现，不能同时说出两个以上的符号。当我们用文字把句子记录下来的时候，这种线条性就能充分表现出来。如果用 A、B、C、D 代表不同的符号，显性形式的组合方式是 A+B+C+D……

（二）隐性形式

句法结构的外部形式具有层次性。这种层次性不能从外表一眼就看出来，需要我们从小到大地去分析，因此我们把它叫作隐性形式。例如：

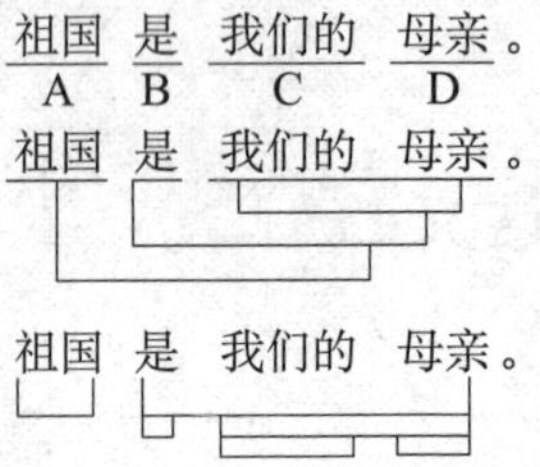

从小到大的层次分析次序是 A+［B+（C+D)］。

从大到小的层次分析次序是 A+（B+C+D）→B+（C+D）→C+D。

（三）显性形式和隐性形式的对立统一

显性形式和隐性形式都是句法结构的外部形式。哪里有显性形式，哪里就有隐性形式，隐性形式必须通过显性形式才能分析出来。显性形式可以凭直觉按一定的先后次序直接感觉出来，隐性形式则必须在显性形式的基础上理性地从大到小或从小到大地切分或联结，次序比较复杂。

三、句法结构的分析方法

（一）句子成分分析法

句子成分分析法，也叫中心词分析法，是从句法结构的关系意义特别是显性意义入手，对句子成分的功能和地位做分析的方法。根据句子成分功能和地位的不同，可把主语、谓语、宾语称为基本成分；把定语、状语、补语称为次要成分或附加成分。北京师范大学中文系黎锦熙先生是我国最早运用图解法分析句子成分的学者之一。其方法是先画一条横粗线，分开基本成分和次要成分（前者位于线上，后者位于线下）；然后在线上把基本成分的主语、谓语、宾语分开，主谓之间画两条竖道，在谓宾之间画一条竖道；最后，在线下把次要成分的定语、状语、补语划分出来，用曲折线表示。如“祖国是我们的母亲”这个句子，图解法是：

再如，“我们的生活一天天地好起来”：

加线法是图解法的简化，是中小学教学比较常见的方法。例如：

祖国 是（我们）的母亲　（我们）的生活［一天天］地好〈起来〉。

（其中，____主语，____谓语，____宾语，（　）定语，［　］状语，〈　〉补语。）

句子成分分析法的优点是：句中各个词之间的关系主次分明，各个词的作用和功能比较清楚，有利于修正病句。句子成分分析法在学校语法教学中仍具有一定影响。这种分析法的缺点主要是：从词出发，以词定成分，这在很多情况下行不通。有时，在句中作为一个成分起作用的不是单个的词，而是短语。忽视这一点，有些句子往往无法进行分析，或者强行机械分析而得出好笑的结果。如：解放区的天是明朗的天（天是天）；小琴的娘是于福的老婆（娘是老婆）。

（二）直接成分分析法

指从句法结构的外部形式，特别是隐性形式入手，对句子的直接组成成分进行分析的方法。由于句子的直接成分与句子的层次性一致，所以也叫层次分析法（现在中国流行的层次分析法和国外的直接成分分析法不尽相同，中国的方法一般分析到词，而且各成分之间注明结构关系，如“主谓”“动宾”等）。又由于通常的直接成分分析法是对句子结构的各个部分不断地一分为二，所以又叫二分法（但有时可以一分为三）。如上述的层次分析一样，可以从大到小层层二分，也可以从小到大层层二连。例如：“他的父亲是一个英勇的海军军官。”

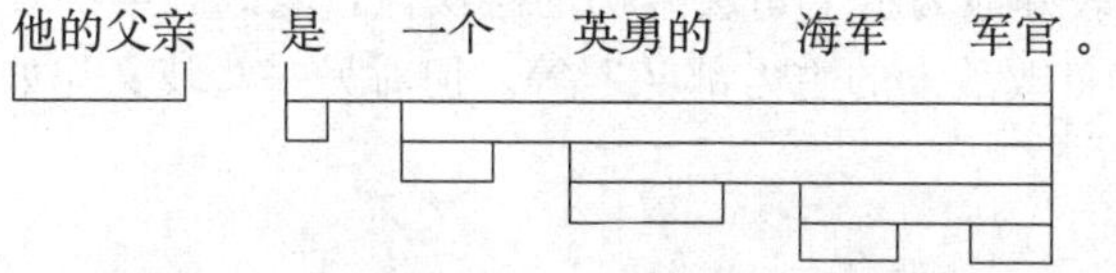

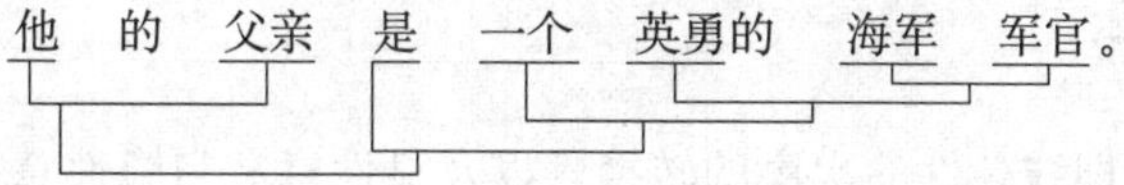

直接成分分析法一般分析到词为止，但也可以分析更小的语素，如美国结构主义语言学家霍凯特对句子“The sons and daughters of a man are his children”（一个人的儿子和女儿就是他的孩子）是这样分析的：

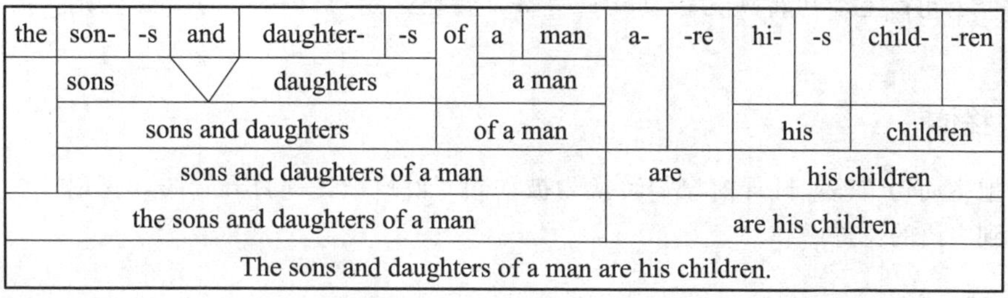

直接成分分析法的优点是：它用多层次的分析来代替句子成分分析法的单层次的分析；结构体的直接成分可大可小，小句、短语、词、语素视结构体的不同都可以成为直接成分，避免句子成分分析法中以词定成分可能遇到的麻烦。另外直接成分分析法还可以分化歧义。如汉语的“咬死了猎人的狗”可以有两种不同的分析，两种不同的层次结构：“（咬死了）猎人的狗”或“（咬死了猎人）的狗”。不同的分析和不同的意义相联系。直接成分分析法的缺点在于它只指明结构体的层次结构，并未提供有关结构体内各个单位之间的结构关系、各个单位的作用和功能的信息。另外像划分并列关系的短语、处理像“Is he coming?”这样的非连续成分，都是这种方法难以解决的问题。

直接成分分析法的进一步发展是树形图，它可以揭示短语结构的关系（如图 5－1 所示）。

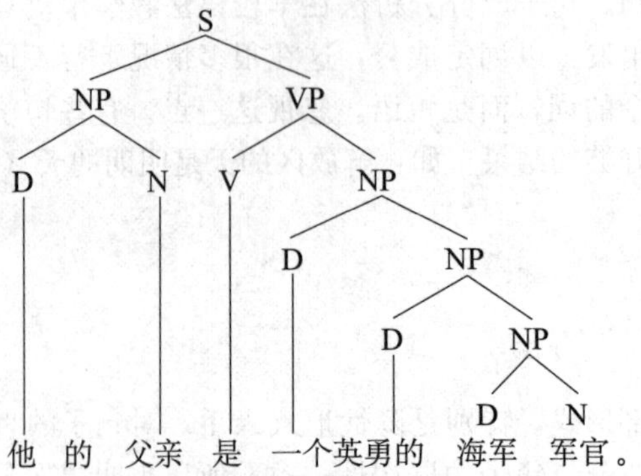

图 5－1　树形图

图 5－1 中 S 表示句子；NP 表示名词性词组；VP 表示动词性词组；N 表示名词；V 表示动词；D 表示定冠词和修饰语（乔姆斯基的树形图比较复杂，这里不做全面介绍）。建立简明的树形图可以先在句子下面由大到小地进行层次分析，然后在其基础上由小到大（由低到高）按步骤、有层次、有对应地在句子的上面进行。

直接成分分析法较好地揭示了句法结构的层次性，能区分某些歧义句如“一班打败了二班取得了胜利”，“打败敌人的主力部队”等。但对另一些歧义句如“鸡不吃了”就无法揭示其深层的结构。

(三) 转换分析法

主要指显性形式即线条性的次序的转换，以及显性意义与隐性意义之间即表层结构与深层结构之间的转换。

显性形式的转换主要指句式线性的转换，所谓句式就是句子的格式或模式，句式的转换指把句子模式转变为另外一些句子模式。例如，陈述句转换为疑问句、命令句；肯定句转换为否定句；主动句转换为被动句；等等。转换必定遵守一定的转换规则，可归纳为四条。

1. 移位

如把主动句“莲莲打开窗户”转换为被动句“窗户被莲莲打开”时，宾语“窗户”就要移位到主语的位置。

2. 插入

主动句转换为被动句一般要插入一个“被”字。如上例。

3. 删减

把陈述句“莲莲打开窗户”转换为命令句“打开窗户”时，要删减主语“莲莲”。

4. 复写

如把陈述句“It is really beautiful”（这真美）转换为疑问句“It is really beautiful，isn't it”（这真美，不是吗）时后一个“it”就是复写。

显性形式的转换可以检验一些表面结构相同而实际上不同的句子。例如“在黑板上写字”和“在操场上打球”两个句子表面结构相同，前句可以转换为“把字写在黑板上”而后句不能转换为“把球打在操场上”。

显性意义与隐性意义的转换主要指句子表层结构与深层结构之间的转换，特别是歧义句的转换。用转换方法分析歧义句可以分为以下几个步骤：

第一，找出歧义句的两种句式（可以理解为找出两个深层结构），并用最简练的语言表达（形式可以不止一种）。

第二，分别指出显性意义的句法关系和句法结构。

第三，运用操作规程（移位、插入、删减）分别把两种句式一步一步转换为原句（可以理解为深层结构向表层结构的转换）。

第四，指出其施受关系，即隐性意义。

例如“鸡不吃了”：

A. 鸡不吃食了。
B. ××不吃鸡了。（第一步）
A. 鸡不吃食了。——（显）陈述关系，主谓结构
支配关系，动宾结构
修饰关系，偏正结构（第二步）
↓删减一个“食”（第三步）
鸡不吃了。——（隐）“鸡”是施事
“食”是受事（第四步）
B. ××不吃鸡了。——（显）支配关系，动宾结构
陈述关系，主谓结构（第二步）
修饰关系，偏正结构
↓删减××
不吃鸡了。
↓移位（把“鸡”移到句首）（第三步）
鸡不吃了。——（隐）“鸡”是受事
××是施事（第四步）

再如“咬死了猎人的狗”：

A. ××咬死了猎人的狗。（第一步）
B. 狗把猎人咬死了。
A. ××咬死了猎人的狗。——（显）支配关系，动宾结构
修饰关系，偏正结构
陈述关系，主谓结构（第二步）
补充关系，后补结构
↓删减××（第三步）
咬死了猎人的狗。——（隐）“狗”是受事
××是施事（第四步）
B. 狗把猎人咬死了。——（显）陈述关系，主谓结构
修饰关系，偏正结构
补充关系，后补结构（第二步）
↓删减“把”

狗猎人咬死了。
↓移位（把“咬死了”移到句首，“狗”移到句末）
咬死了猎人狗。
↓插入“的”（第三步）
咬死了猎人的狗。——（隐）“狗”是施事
“猎人”是受事（第四步）

不难看出，转换分析可以帮助我们揭示显性意义与隐性意义之间、表层结构与深层结构之间的转换关系，对计算机运用具有重要意义。

第四节 篇章语法

篇章语法，一般也称为篇章分析，是语言学研究领域中一个比较新的领域。“篇章分析”这个术语是从英文“discourse analysis”译过来的。这个术语最早大概是美国结构主义语言学家哈里斯（Z. Harris）于1952年写的《篇章分析》（Discourse Analysis）一文中提出来的。

结构主义语言学和形式语言学主要研究句子以下的语言结构，属于语言的语言学。篇章语法超出了句子的范畴，属于言语的语言学。关于篇章的概念，语言学家有不同的理解。本书认为，篇章既可以指书面语言又可以指口头语言。篇章研究的是比句子大的语言整体，但不能说凡是句子的排列就是篇章。例如：

A. 他是大学生。这是我的书。我们去图书馆。

B. 他是本科生。我是研究生。但我们经常一起去图书馆。

A不是篇章，B才是篇章，因为篇章与非篇章的重要区别就在于语言形式上有无粘连性、在语义逻辑上有无连贯性。篇章可以是一次对话，也可以是一部著作。如果是著作，则有可能具备篇（卷）→章→节→段→句组→句等层次，单句语篇或块式语言则没有这样的层次。

一、篇章的粘连性

粘连也叫衔接，它体现在篇章的表层结构上。具体表现为照应、替代、省略、连接、词汇手段等。

（一）照应

指用人称代词、指示代词以及与其他事物相比较的词表示语义关系。

用人称代词表示语义关系的叫人称照应。如“我”“你”“他”“我们”“你们”“他们”等，以及“我的”“你的”“他的”等。例如：“我和我的朋友第一次到北京，我们都觉得很兴奋。”“我们”就是指代“我和我的朋友”。

用指示代词表示语义关系的叫指示照应。如英语的“this”“that”“these”“those”“the”“here”“there”，汉语的“这”“那”“这些”“那些”等。例如，“昨天我们去了颐和园，这真是一个好地方!”“这”就是“颐和园”的指代。一般说来，英语“that”的绝对使用频率要大于“this”；汉语“这”的绝对使用频率要大于“那”。

用与其他事物相比较的词表示语义关系的叫比较照应。如英语中“such”“similar”“differently”“other”等，汉语的“同样”“相反”等。如：“赛场上，甲方的队员斗志昂扬；相反，乙方队员显得无精打采。”

(二) 替代

指用替代的语法手段去替代在上下文中出现的词语。英语中常用“one”“the same”等替代词替代名词，如：

Jim needs a new bicycle.（吉姆需要一辆新自行车。）He has decided to buy one.（他决定买一辆。）

再如：

A：I'll have a cup of black coffee with sugar，please.（请给我来一杯加糖的清咖啡。）

B：Give me the same，please.（请给我来一杯同样的。）

英语常用“do”替代动词，如回答问题时常用“Yes，I do”；常用“so”替代分句，如“I think so”。

(三) 省略

也叫零替代，即用省略的语法手段粘连上下文。被省略的部分一般可以在语境中找到。省略也可分为名词性省略、动词性省略、分句性省略。如：

A：“你买了那本新书了吗?”

B：“我买了。”（省略了“那本新书”）

又如：

A：“你去滑冰吗?”

B：“我去!”（省略了“滑冰”）

再如：

A：“你昨天是不是进城买东西了?”

B：“是。”（省略了“进城买东西了”）

替代和省略常常是为了避免重复，突出重点。

(四) 连接

指通过使用各种连接词，将句与句粘连在一起。如汉语中的“不但……而且……”，“虽然……但是……”，“因为……所以……”等；英语的“and”，“not only…but also…”，“however”等。

(五) 词汇手段

指通过词的重复、同义、反义、上下义等关系粘连上下文。

“马路的这边是一片麦地，马路的那边是一片果园。”重复使用“马路”以及使用“这边”和“那边”进行粘连。

重复某一结构也可进行粘连（许多诗歌常采用这种方式），美国著名黑人民权领袖马丁·路德·金的著名演说《我有一个梦想》(I Have a Dream)，就是反复重复这一主题句来展开的。

“圣诞节时他得到不少礼物，所有的礼品都用礼品纸包着。”句中的“礼物”“礼品”是同义词。

“Jane is a good teacher，but she is a bad wife.”（简是一个好老师，但不是一个好妻子。）句中的“good”和“bad”是一对反义词。

“昨天的赛马真是热闹，这些四条腿的动物简直成了赛场上的英雄。”“动物”是“马”的上义词。

“他昨天借了几本书，《复活》是他最爱看的一本。”句中的《复活》是“书”的下义词。

二、篇章的连贯性

连贯性指篇章的语义关联，它存在于篇章的底层，是一种语义逻辑的联系。分析篇章的连贯性可以研究篇章中所表达的各种概念或论点之间的关系。篇章中的概念和论点可以分为两大类：一类是基本概念，中心论点；另一类是次要概念，非中心论点。前者是篇章的组织核心，后者是进一步发展与说明，必须有连贯性地展开。

分析举例

天下古今成败之林，若是其莽然不一途也。要其何以成，何以败？曰：有毅力者成，反是者败。

盖人生历程，大抵逆境居十六七，顺境亦居十三四，而顺逆两境又常相间以迭乘。无论事之大小，必有数次乃至十数次之阻力，其阻力虽或大或小，而要之必无可逃避者也。其在志力薄弱之士，始固曰吾欲云云，吾欲云云，其意以为天下事固易易也，及骤尝焉而阻力猝来，颓然丧矣；其次弱者，乘一时之意气，透过此第一关，遇再挫而退；稍强者，遇三四挫而退；更稍强者，遇五六挫而退；其事愈大者，其遇挫愈多，其不退也愈难，非至强之人，未有能善于其终者也。

夫苟其挫而不退矣，则小逆之后，必有小顺；大逆之后，必有大顺。盘根错节之既破，而遂有迎刃而解之一日。旁观者徒艳羡其功之成，以为是殆幸运儿，而天下有以宠彼也，又以为我蹇于遭逢，故所就不彼若也。庸讵知所谓蹇焉、幸焉者，彼皆与我之所同，而其能征服此蹇焉，利用此幸焉与否，即彼成我败所由判也。更譬诸操舟，如以兼旬之期，行千里之地者，其间风潮之或顺或逆，常相参伍。彼以坚苦忍耐之力，冒其逆而突过之，而后得从容以度其顺。我则或一日而返焉，或二三日而返焉，或五六日而返焉，故彼岸终不可达也。

孔子曰："譬如为山，未成一篑，止，吾止也；譬如平地，虽复一篑，进，吾往也。"孟子曰："有为者，譬若掘井，掘井九仞，而不及泉，犹为弃井也。"成败之数，视此而已。

——梁启超《论毅力》

通过阅读本文，我们不但可以进一步了解篇章的粘连性，而且可以了解篇章的连贯性。本文的基本概念是"毅力"，中心论点是"有毅力者成"。文章开头从"成败"说起，直接引出中心论点，然后分三层进行论述：人生必遇顺逆两境，只有毅力至强的人才能获得成功；顺逆可以转化，有毅力才能变逆为顺；利用孔孟名言说明成败的关键在于有无毅力，与开头相呼应。全文语义连贯，一气呵成。"毅力"是篇章的组织核心，其他一些概念从属于这个概念。在展开论述时严格按照一定的逻辑排列句子。例如，对待顺逆两境，不同的人有不同的表现，作者按照"志力薄弱之士""其次弱者""稍强者""更稍强者""至强之人"进行阐述。谈到挫折时有"阻力猝来""再挫""三四挫""五六挫"；谈到遇逆而返的人时有"一日而返""二三日而返""五六日而返"。极强的语义连贯性在文章中得到最充分的体现。

当然，篇章的语义关联和语境有密切关系，有些篇章对话离开了语境似乎是不连贯的，但在一定的语境中是连贯的，如：

A：门铃在响。

B：我在练气功。

A：好。

表面、孤立地看，以上的对话是不连贯的，但在一定的语境中，例如一对夫妻在家，忽然有人来访，妻子叫丈夫开门，丈夫在练气功，于是有了这样的对话，那么语义是连贯的。还有一些文学作品（如马致远的《天净沙·秋思》），看起来似乎没有什么逻辑联系，篇章的连贯性要依靠读者的想象和联想才能体会到。

第五节 语法在运用中演变

语言的四要素（语音、语义、语法、词汇）中，语法是语言系统中最为稳固的要素，但在历史发展与实际运用的过程中，语法也会发生变化。

一、词法的变化

如实词虚化，即表示词汇意义的实词逐渐变成只表示语法意义的虚词，现代语言学理论中经常称作“语法化”（grammaticalization）。不过，现在讲的“语法化”不仅指实词转化为虚词，还指语法结构和语法范畴的形成，因此，范围要比“实词虚化”更广。俄语系词“быть”、英语助动词“have”都是实词虚化的结果，汉语的实词虚化现象更为突出。例如词缀“子”和“老”都是由名词虚化来的；汉语副词“颇”“太”“均”“正”“常”是由形容词虚化来的；汉语副词“渐”“尽”“已”等，汉语介词“给”“为”“由”“对”等，汉语连词“跟”“就”“越”，助词“着”“了”“过”等都是由动词虚化来的。

二、句法结构关系的变化

如词序的变化，古代汉语常有所谓宾语提前的结构关系，如：“不患人之不己知，患不知人也。”“而良人未之知也”这种句式现代汉语已不多见。再如古代汉语的修饰关系中有类属名称在前、具体名称在后的词，如“城濮”“丘商”“草芥”等，现代汉语的词序则往往相反。古代汉语的疑问句词序较灵活，如“吾与之孰强?”，也可以说“吾孰与之强?”，现代汉语只能说“我和他谁强?”，不能说“我谁和他强?”。

三、类推

类推，即以语言中某些词和形式为标准使另一些词和形式向它看齐。类推可以表现在词法中，也可以表现在句法中。著名语言学家帕默尔指出，当一个小孩造出 sheeps（羊）这一复数形式的时候，他是比照了 cows（牛）、dogs（狗）以及 pigs（猪）这类词的模式。人的这一思维过程可以用一个数学公式即比例式来表示。例如：dog：dogs；cow：cows；sheep：×，×＝sheeps。古汉语中的动宾结构中，偶尔有宾—动的形式，如“未之知也”“不之击”等，在类推的作用下，这种形式被认为是不规范的形式而逐渐消失。现代汉语中，动宾结构中常可插入一些其他成分，如“唱歌—唱完歌”，“写信—写完信”。在日常言语中，常可类推使用。

【本章小结】

在本章中我们按照传统的方式在词法与句法两个标题下讨论了语法的各种问题。当然，索绪尔的组合与聚合关系也在本章得到充分的体现。语法也可以分为语言语法和言语语法两大类。语言语法的单位指句子以下的单位，是相对静态的备用单位；言语语法的单位是指大于句子的单位。篇章语法就是言语语法，它是相对动态的、千变万化的、具有个人特征的“所说”或“所写”，可归入言语的语言学。语法的问题争论特别多，这是本章的一大特点，学习时我们特别要对比中、西方语法，找出它们的共性与个性。词法在西方具有悠久的传统，这是因为西方的许多语言词形变化即所谓形态十分丰富，在语法意义的再概括——语法范畴，如性、数、格、体、时、态、式、人称、级等各个领域中都有表现，而汉语在这些领域中要么全无表示，如性、格、时、人称等；要么有一定的任意程度。在语法形式的再概括——语法方式，如内部屈折法、附加法、重叠法、异根法、重音法、词序、虚词、语调等领域中也应注意中外对比。从普通语言学的角度，我们把形态分为狭义形态与广义形态、内部形态和外部形态。汉语缺乏狭义形态，具有的是广义形态和外部形态。至于句法也可以从形式与内容、显性意义与隐性意义、显性形式与隐性形式等不同方面去研究。句子成分分析法特别注意句子的显性意义，直接成分分析法特别注意句子的隐性形式，转换分析法则较多考虑显性与隐性之间的关系。无论在国内还是在国外，语法的研究都日新月异，我们需要与时俱进，借鉴各种先进理论发展我国自己的语法理论。

【思考与练习】

1. 关键词

语法　语法学　词组　句子　语法范畴　词形范畴　词类范畴　语法手段　形态　词法　句法　显性意义　隐性意义　显性形式　隐性形式　句子成分分析法　直接成分分析法　转换分析法　篇章语法　篇章的粘连性　篇章的连贯性

2. 填空

(1) 语法的特点是________、________、________、________。

(2) 词组按照组合关系可分为________、________、________、________、________五种；按照组合层次可分为________和________两种；按照中心词的词性可分为________、________、________三种。

(3) 词形范畴包括________、________、________、________、________、________、________、________、________。

(4) 划分词类的标准大致可以分为________、________、________。

(5) 语法手段一般包括________、________、________、________、________、________、________、________、________、________、________。

(6) 根据形态手段选用情况，可以把语言相对分为________、________、________。

(7) 根据形态的结构可以把语言相对地分为________、________、________、________。

(8) 一般的转换规则有________、________、________、________。

(9) 篇章的粘连性具体表现为________、________、________、________、________。

(10) 语法的变化可从________、________、________几方面观察。

(11) 形态学描写的几种模型是________、________、________。

3. 选择

(1) 语法的抽象性是指 （ ）

A. 某一类客观事物或现象的抽象 B. 某一种观念的抽象

C. 对词或句之间的关系的抽象

(2) 按照形态的结构可把语言分为 （ ）

A. 汉藏语、印欧语、闪含语…… B. 综合语、分析语、综合—分析语

C. 孤立语、黏着语、屈折语、多式综合语

(3) 俄语（法语、德语……）属于印欧语的 （ ）

A. 拉丁语族 B. 斯拉夫语族 C. 日耳曼语族

(4) 构形法是 （ ）

A. 构成词的形式的方法

B. 依照一定的形式构成新词的方法

C. 用一个词的词形变化表达不同语法意义的方法

(5)“老王也问过了”这句话中有 （ ）

A. 一种显性意义，一种隐性意义 B. 一种显性意义，两种隐性意义

C. 两种显性意义，两种隐性意义

4. 简答

(1) 举例说明语法的抽象性和词义的抽象性有何不同。

(2) 常见的语法范畴有哪些？常见的语法方式有哪些？

(3) 汉语有没有语法范畴？同印欧语比较，汉语的语法范畴有什么特点？

(4) 汉语有没有形态？

(5) 词类划分的标准是什么？印欧语的词类划分标准和汉藏语的词类划分标准有什么不同？

(6) 举例说明显性意义和隐性意义、显性形式和隐性形式。

(7) 举例说明构词法和构形法的区别。

(8) 比较句子成分分析法、直接成分分析法和转换分析法的优缺点。

5. 运用

(1) 运用图解法分析下列句子。

A. 亿万人民学雷锋。

B. 火红的战旗在硝烟中高高飞扬。

C. 在这场比赛中，他投中了 6 个球。

(2) 用直接成分分析法分析下列结构和句子。

A. 老的男人和女人

B. 这次中奖者中青年占大多数。

C. 一连打败了二连取得了冠军。

(3) 用直接成分分析法结合树形图分析下列句子。

A. 他的父亲是一位十分和蔼的工程师。

B. 老将军高兴地看到战士们占领了敌人观察我军火力的山头。

C. I know that he is reading a book.

D. Солце нагревает эемлю.

(4) 用转换分析法分析下列句子。

A. 击溃敌人的主力部队。

B. 老李也找过了。

C. 呜呜叫他叔叔。

(5)“在黑板上写字”“在操场上打球”两个句子结构是否相同？请简要分析。

(6)根据下列祖鲁语、英语、汉语普通话的部分词语对应情况回答问题。

	单数	复数
英语	horse	horses
祖鲁语	unfani（男孩）	abafani（男孩们）
汉语普通话	学生	学生们

A. 说明祖鲁语和英语表示单复数的语法手段的异同。

B. 汉语普通话和英语、祖鲁语表示复数的语法手段相同吗？为什么？

6. 论述

语法和用法的关系一直是理论语言学界形式主义学派和功能主义学派争论的焦点。来自形式句法学派的弗里德里克·纽迈耶（Frederick Newmeyer）提出“语法非用法”：语法在一定程度上决定用法，而语言的具体使用不在语法中进行表征。来自认知语言学学派的琼·拜比（Joan Bybee）则认为“语法即用法，用法即语法”：语言的使用直接作用于语法表征，这种作用主要体现在每次使用语言的体验都会对语法表征产生影响。请结合下面所给“too…to”的用法，论述语法和用法的关系，进一步体会语法中语言和言语的关系。

“too…to”结构的基本形式为“too＋形容词或副词原级＋to do…”，表示“太……而（或以致）不能……”。它在形式上是肯定的，但所表达的意义上却是否定的。例如：

It's too cold to go in the sea yet. 天太冷还不能下海。

The symptoms disappear too quickly to be attributed to weight-loss alone. 症状消失如此迅速，不只是减肥所致。

另外，“too＋形容词＋名词”也是形式上表示肯定，意义上表否定，但是在这种结构中，如果名词是单数，不定冠词必须放在名词之前，例如：

It's too long a journey to make in a day. 路程太远，一天之内到不了。

“too…to…”结构的上述用法是中学英语教学的重点。对英语学习者来说，它几乎是一条不言自明的语法规律。然而，在语言运用过程中，“too…to…”结构还可以用来表示肯定意义，这往往容易为英语学习者忽视，也因此成为他们在英语学习中的难点。“too…to…”结构表达肯定意义通常有以下几种情况。

(1)当to前或too前有否定词构成双重否定时，前者表示“太……不会不……”，后者表示“不太……所以能……”。

He is too angry not to say it. 他在盛怒之下，难免要说出这样的话来。

English is not too difficult to learn. 英语并不太难学。

(2)与can not连用时，表示“怎么……也/都不过分；越……越好”（同上）。

You can not be too careful to cross the street. 你过街时越小心越好。

(3)too前有only、all、but、simply、just等词修饰时，only/all/but/simply/just too相当于very或very much，表示“非常；十分”。

I am only/just/simply too glad to help you. 帮助你，我非常高兴。

(4)too后是ready、willing、apt、easy、eager、inclined等词时，too相当于very或extremely，意思是“十分；极其”。

She is too ready to speak. 她特爱说话。

(5)当不定式在句中作定语或真正的主语时。

There are too many things to do. 有太多事情要做。

It may be too much to say these celebrities have no sense of humiliation. 说这些名流没有耻辱感可能太过分了。

第六章 文字

盖文字者，经艺之本，王政之始，前人所以垂后，后人所以识古。

——许慎《说文解字·序》

文字是文字学的专门研究对象，由于文字同语言的关系十分密切，并且在完善语言的交际功能方面起着特殊的作用，因此，文字也是语言研究应该涉及的问题。同样，用语言的语言学和言语的语言学理论观察，文字系统相当于语言，是一种相对静态的书写工具，我们运用文字系统书写的过程和结果就相当于言语。对文字的运用必须遵循文字系统的规范，不能随心所欲地胡乱使用。文字的应用是动态的，具有很强的时代特点和个人色彩。书法艺术、广告中的文字效应乃至字谜、字联等，都是基于文字系统的对文字的灵活运用。

通过本章的学习，应该对文字的概况有一个大致的了解。其中，文字的性质、文字的类型以及文字的运用等几个问题为本章的重点。

第一节 文字的性质

一、标记语言的书写符号系统

世界上有众多的文字，不管以何种形式出现，都是用来标记语言的。存在没有文字的语言，但不存在不标记任何语言的文字。文字是一种标记语言的书写符号系统。它是通过视觉感知的形式来标记语言的。

我们说“字如其人”，每个人的笔迹都具有个人风格特点，但都必须通过同一个文字系统来实现。文字的书写方式可以是多种多样的，如契刻、雕凿、笔写、打印等，都能造成视觉效果。盲文是靠触觉来“认字”的，是一种触觉符号，可以看作文字的一种变体。文字是书写符号，但书写符号并不一定就是文字。我们在日常生活中所见到的许多指示性标记，不管它们是否具有标准化的形体符号，都只表达某种意义，例如作为商品包装物上的指示标记或作为交通标志等。而文字则标记具体的语言单位，是标记语言的书写符号系统，这是一般书写符号不能比拟的。

语言是音义结合的统一体，这样，用来标记语言的文字也就相应地有了语音和语义。此外，文字还具有语言所没有的形体。文字正是通过线条组成的形体把语言由听觉符号变成视觉符号的。这样，文字就有了形、音、义三个要素。文字标记语言，一般是标记语言中的词和语素。以汉语为例，古代汉语单音节词占绝对优势，原则上是一个字标记一个词；从理论上说，现代汉语有不少词是双音节甚至是多音节的，需要用两个或两个以上的字标记一个词，在这种情况下，一个字就只标记一个语素了。

另外，汉语有的词虽然有两个以上的音节，却只有一个语素，即所谓的联绵词，例如“葡萄”“玻璃”“芙蓉”等，其中单个的字只有字形、字音而没有字义，在这种情况下，一个汉字就仅仅代表一个音节。由此可见，只有当一个汉字标记一个词或一个语素时才同时具有文字的三要素。现在世界上多数文字（拼音文字）在记录词或语素时也同时具有形、音、义三个要素。例如，在英语中，“I”这个形体的读音为［ai］，意义是“单数第一人称代词”；俄语中表示相同意义的词的书写形式为“я”，读音为［ja］，如此等等。文字的形、音、义三者基本是统一的，但其间的关系是错综复杂的，这种统一并不排除一形多音、一形多义或者一音多形的现象。

二、完善和扩大语言交际功能的书写符号系统

语言是一种符号体系，语言符号的物质形式就是语音。语音同其他音响形式一样，延续的时间是短暂的。当我们说完一句话，语音一落，这句话随即就消失了。当然，我们可以把某个人说过的话储存在记忆里，但人的记忆力是有一定限度的，也不能做到像录音机那样准确无误。要把某人说过的一大段话毫无差错地记住，是非常困难的，即使暂时记住了，过一段时间也会忘记。有时很简单的一句话，过后要复述时也往往走样。在文字诞生以前，人们主要依靠语言来一代一代传递过去的历史、文化遗产和劳动经验等。口耳相传的方式显然有很大的时间上和空间上的局限性。

文字的发明，打破了语言的时空界限性。利用文字标记语言，可以使语言在另一种形式中得到保存，从而完善和扩大语言的交际功能。需要指出的是，即使在现代，文字仍有着重要作用。电信传话固然可以在较长的距离之间进行语言信息的传递，人为地缩小交际空间，但它的作用远不能和文字相比，它的使用不如文字那样广泛、频繁，而且它无法满足特殊的交际需要。此外，现代的录音设备尽管可以把语言录制下来，但在现在以及将来很长时期内，录音都难以完全取代文字。

文字是人类所发明的最重要的符号系统。文字的产生，标志着人类告别了原始的蛮荒时代而进入文明时代。有了文字，人类得以更好地总结生产经验、发展科学技术、扩大生产规模、创造文化艺术。也正是有了文字，才使得后人能直接从前人那里继承生产经验、文化艺术而不必再从头开始摸索。只有在这样的历史条件下，才可能建立具有高度发达文化的奴隶制国家、封建制国家、资本主义国家……才可能一步步向更高级的社会演变。文字为人类社会的文明与进步做出了巨大贡献，这些可以通过分析那些没有文字的民族的状况得到反证。世界上一些地方的居民由于没有文字，仍然过着相对落后的生活。当然，造成这种状况还有其他方面的原因，但总的说来，文明社会没有文字是不可思议的。

文字和语言不同，语言是第一性的，文字是第二性的。文字是在语言的基础上产生的，是标记语言这一符号系统的符号系统，语言对文字有决定性作用。另外，文字对语言又有很大影响，文字不是消极地适应它所记录的语言。文字把语言记录下来，形成书面语使之向横的方向和纵的方向传播，这也使人们有可能对语言进行加工和锤炼，使之愈来愈丰富，愈来愈精密细致，进而形成书面语言。此外，语言中有的词语是在文字基础上创造出来的，如汉语的“丁字尺”“八字脚”“十字街”等。

第二节
文字的符号和类型

一、字符

字符也就是文字符号，是文字最基本的单位，也就是直接跟某种语言单位相联系的符号。

各种文字的字符，大体上可以归纳成三类，即“意符”“音符”“记号”。

文字系统中的字符跟文字所代表的语言单位在意义上有联系的字符是意符，如汉字“镜”当中的“金”，“符”字里面的“竹”。在语音上有联系的是音符，如“驱”字里面的“区”，“愈”当中的“俞”。在语音和意义上都没有联系的字符是记号。记号往往来源于原始的契刻符号，如“一”“二”“三”等；记号也可以是硬性规定的，如现代简化字“环”里面的“不”，“鸡”里面的“又”，“动”里面的“力”，“烛”里面的“虫”，等等。

音符最初都是由已有的意符转化而来的。例如，古汉字的“暴”本义为“晒”，字形原像双手捧着米在太阳底下晒，恰好和本义相贴切。它原本是一个意符，后来采用这个字的字音去表示“暴露”“残暴”等意义，“晒”的意思就抛开不管了。在这种情况下，“暴”就成了只在语音上跟有关的语言单位有联系的音符，例如，现在用“曝”这个字来表示“晒”的意思，在这个字中，“暴”只是作为一个音符存在。

从另外一个角度来分类，字符又可以分为“单纯字符”和“复合字符”两种。

所谓单纯字符，即不能再分解为更小字符的字符。例如汉字的“口”就是一个单纯字符，虽然“口”还可以分解为几个笔画，但是笔画不是字符。因为字符必须是跟某个语言单位有固定联系的文字符号，而笔画跟任何语言单位都没有联系。同样，每一个拉丁字母都是一个单纯字符，如 a、b、c、d 等。

复合字符是由字符组合而成的字符，既包括由多个单纯字符组合而成的字符，也包括由单纯字符和复合字符再组合而成的字符。例如，汉字的“加”是单纯字符“力”和“口”组合而成的，是复合字符；“符”是由单纯字符“竹”和复合字符“付”组合而成的，而“付”又是由单纯字符“人”和单纯字符“寸”组合而成的。

由单纯字符组合为复合字符有一定的规则，不同语言的字符组合规则也不尽相同。例如，英文、德文等的字符组合规则就很简单，大多都是字母的线性排列。而汉字这样的非表音文字的字符组合规则就很复杂，两个或几个单纯字符组合在一起的方式并不固定，左右、上下、包孕等多种组合都有可能出现。例如，“纯”“好”是左右组合，“合”“寻”是上下组合，“司”“边”是半包孕结构，“国”“圆”是全包孕组合，如此等等。

关于字符，还有两个问题值得注意。其一，并不是所有的图形部件都是字符。文字不同于一般图形的地方，就是这种视觉图形和一定的语言单位建立了稳定的联系。因此，只有跟一定的语言单位建立起稳定联系的图形才有可能成为字符。其二，单独的字符还不等于文字，例如，单独一个汉字或单独一个英文字母还不成其为文字。文字是一个由一套字符、一套字符组合规则、一套字符书写规则有机组合的书写语言的符号系统。

二、文字的类型

(一) 几种不尽相同的分类标准

文字的类型可以根据几种不同的标准来进行划分。

第一种标准，按照文字系统中的字符跟何种语言单位相联系来分类，在理论上各种文字可以分为“词语文字”“语素文字”“音节文字”“音位文字”，其中“音位文字”又可以分为“辅音音位文字”和“全音位文字”。全部或绝大多数字符都只跟语言中的词语相联系的文字是词语文字（有一种图画文字是和句子或句子以上的单位联系的，由于不能被读出固定的声音，也没有严格的系统，一般不被认为是真正的文字）。全部或绝大多数字符都只跟语言中的语素相联系的文字是语素文字。全部或绝大多数字符都只跟语言单位中的音节相联系的文字是音节文字。全部字符只跟辅音音位相联系的文字是辅音音位文字，平时就称为辅音文字；既有代表辅音音位的字符，也有代表元音音位的字符的文字是全音位文字。日文的假名是典型的音节文字，每一个字符代表一个确定的日语中的音节，而且同一个音节只由一个假名符号来表示。阿拉伯文字的字符表示阿拉伯的辅音音位，没有表示元音的字符，因此是一种辅音文字，尽管后世增加了一些附加符号来表示元音读音，但是整个文字体系仍然可以认为是辅音文字。希腊文既有表示辅音的字符，又有表示元音的字符，也就是所有的音位都有相应的字符，是一种全音位文字。此外，英、法、德、意、俄、西班牙等文字都是音位文字。

但是要注意，在这几种文字当中，语素文字只是理论上的类别。全部字符都只代表语素，而任何一个语素都不单独成词的文字还没被发现。

第二种标准，按照字符跟语言单位的语义还是语音相联系来分类，在理论上各种文字可以分为“表意文字”“表音文字”“意音文字”（索绪尔根据他一贯的两分法原则，只把文字分为前两种）。全部字符都是意符的文字是表意文字。全部字符都是音符的文字是表音文字（表音文字习惯上又称为拼音文字）。一部分字符是意符，一部分字符是音符的文字是意音文字。

同样需要特别注意的是，从分类理论上来讲，似乎可以有全部字符都是意符的表意文字，但实际上至今还没发现只有意符而没有音符的表意文字。

第三种标准，按照形体来源来分类，文字可分为自源文字和借源文字。自源文字指独立发展起来的文字，文字的形体、体系都是自己独创的。汉字、埃及象形文字、楔形文字都是自源文字。借源文字指借用或参照其他文字的形体、体系建立起来的文字。现今世界上文字大多是借源文字，文字的借用是非常普遍的现象。

但是，这几种分类标准又不是截然割裂的，它们之间存在着交叉，有一定的对应关系。已知的自源文字都是词语文字，因为这些文字中绝大多数单纯字符和复合字符代表的是语言中的“词”，或者说“词语”。古埃及语和苏美尔语的词语还有不少是多音节的，所以一个字符可以代表几个音节。汉语在古汉语阶段绝大多数词语是单音节的，一个汉字代表一个音节，少数双音节的词语也是用两个单音节的字符来书写的，如“葡萄”“旖旎”等。不过这种现象是汉语特有的现象，跟古汉语的词语绝大多数是单音节的特点分不开，并不是所有的词语文字的字符都只代表一个音节。

另外，所有的自源文字都既有意符，又有音符，因此，自源文字又都是意音文字。自源文字在发展过程中，都出现过“假借字”的情况，即为了表示无法用图形来表示的词语，便假借已有的同音或音近的字符来替代。假借字直接表音，间接表意，久借不还就成了“表音字符”，也就是音符。例如前面提到的，“暴”原来是意符，而残暴、残酷等意思没法用图形来表示，就借用相同或相近的语音形式对应的文字来表示形容词的“暴”。其他的自源文字也与汉字类似。

表音文字的字符，或者说字母，只跟语言单位的语音发生联系，情况比较简单。不论是音节文字，还是辅音文字，抑或是全音位文字，根据是与语言单位的语义还是语音相联系的标准来归类，都是表音文字。

（二）汉字的类型问题

关于汉字的类型问题，现在比较一致的意见是：汉字根据字符跟语言中什么样的语言单位相联系的标准来归类，是一种词语文字；根据字符跟语言单位的语义还是语音相联系的标准来归类，是一种意音文字。

有人认为汉字是一种语素文字，这不是从字源角度加以考察的。因为在创制汉字的时代，汉字的词语绝大多数是单音节的，现代的语素，在当时绝大多数都是词语。不过，说汉语是词语文字还是语素文字仅仅是立足点和着重点不同而已。从汉字创制时期来看，汉字字符绝大多数代表的是词语。但是从今天来看，也可以说多数汉字代表的是语素，因为现代汉语的多音节词语在绝对数量上已经占多数。还有人说汉字是一种“语素—音节”文字，那是因为：一方面，现代汉语的词语从绝对数量上来说已经多数是双音节和多音节的，所以在这些词语中汉字代表的只是语素而不是整个词语；另一方面，每一个汉字只代表一个音节。不过，一般所说的音节文字是指一个字符代表一个音节的表音文字，可是汉字说不上是表音文字。在汉字当中，有些字往往代表不止一个音节，而同一个音节又往往由很多不同的汉字来代表，这些都是没有规则可循的，所以严格地说，汉字不太符合音节文字的条件。

另外，有的人受汉字大多数是形、音、义的统一体的影响，把拼音文字中按分词连写规则分写的字母组合跟汉字等同起来，进一步把笔画跟字母等同起来。近年来，由于汉字编码中根据汉字字形，特别是根据部件和笔画设计编码的研究盛行，有人就认为汉字是一种“拼形文字”，把汉字的笔画或部件跟拼音文字的字母等同起来，这样就必然进一步把汉字跟拼音文字中分写的“词语”等同起来。这也是一种误解。因为文字的类型是根据文字系统中的字符是跟什么样的语言单位或跟语言单位的语义还是语音发生联系来决定的，而笔画也好，部件也好，本身根本不是字符而只是字符的图形构件，跟文字类型的分类沾不上边，而拼音文字的字母则是跟语言单位的音位有稳定联系的地地道道的字符，而不是字符的图形构件。①

① 胡明扬．语言学概论．北京：语文出版社，2000.

理论争鸣

汉字到底是什么样的文字

现代语言学的奠基人索绪尔在《普通语言学教程》中认为，世界上的文字可以分为两种体系："1. 表意体系……这个符号和整个词发生关系，因此也就间接地和它所表达的观念发生关系。这种体系的典范例子就是汉字。2. 通常所说的表音体系，它的目的是要把词中一连串的声音摹写出来。"索绪尔的这个论断，是和他一贯坚持的语言二分法相吻合的。

美国语言学家布龙菲尔德认为，汉字是表词文字。所谓表词文字，即汉字基本上都是用来表达语言中的词的。

苏联文字学家伊斯特林称古汉字为表词文字，现代汉字为词素文字。他认为记录古代汉语时，大多数情况下是一个汉字表达一个单音节词。而记录现代汉语时，大多数情况下是一个汉字表达一个词素。

赵元任把汉字视为语素文字，并认为这个名称适用于古今汉字。因为汉字在记录古汉语中的单音词时，显然是一个汉字表示一个语素，一个成词语素；在记录合成词时，也是一个汉字表达一个语素，一个不成词语素。

在国内，汉字性质的问题在20世纪70年代末80年代初曾成为讨论的热点，至今并无定论。有的学者认为，"形＋声"结构型的汉字占了汉字总数的90%以上，并据此认为汉字在整体上属表音文字。有的学者则认为形声字的声符虽是从记录语音入手，但往往也兼有表意的作用，且从造字来源上看，仍是表意的符号。因而从根本上来说，汉字是直接记录语言的语义层的，它的性质是表意文字。

在讨论中，裘锡圭提出，在认识汉字的性质时，有必要区分文字作为词或语素的符号和文字所使用的符号这两个层次。他认为，汉字在象形程度较高的早期阶段，基本上是使用意符和音符的一种文字体系，后来随着字形和语音、字义等方面的变化，逐渐演变成为使用意符、音符和记号的一种文字体系。而从汉字是表达语言中的什么单位出发，裘锡圭认为汉字应称为语素—音节文字。

近年来，还有的研究者提出，文字不应该分为"表音文字"和"表意文字"。所有的文字都是"表意"的，仅仅是表意的手段不同而已。文字应分为"记音文字"和"记事文字"。英文是"记音文字"，汉字是"记事文字"。汉字虽不"记音"，但可"示音"。以"形声字"为主流的汉字也发挥了"提示字音"的功能。

本书编者岑运强和郭莉在2003年于韩国召开的"汉文教育国际学术大会"上，宣读了题为《关于汉字性质的讨论及中国内地汉字初等教育的若干问题》的文章。他们在这篇论文中提到，关于汉字到底是什么样的文字，最好要有一个统一的分类标准，他们赞同胡明扬先生的意见，要紧紧抓住文字的最基本的单位——字符，从理论和实际两方面去观察。所谓字符，是文字结构最基本的单位，也就是直接与某种语言单位相联系的符号，一般分为意符、音符和记号三种。所有字符都是表音的文字是表音文字；所有字符都是表意的文字叫表意文字。他们认为文字的分类有两种。第一种是根据字符跟语言单位的语义还是语音相联系来分类。照此标准，汉字从造字的初期来看，可以说是表意文字，但从现状来看，汉字的字符既有意符，又有音符，所以应是意音文字。第二种是根据文字系统中的字符跟何种语言单位相联系来分类。按照这个标准，从理论上说，尤其是从双音节越来越多的现代汉语看，汉字是一种语素文字，但从实际上，汉字不是全部字符只代表语素而不表示词语，所以仍然可叫作词语文字。至于汉字是不是音节文字，他们认为，音节文字是一种表音文字，汉字谈不上是表音文字，在汉字中有些字往往代表不止一个音节，而且一个音节又往往由许多不同的汉字代表，所以严格来说汉字不宜被视为音节文字。

近年来，由于受到西方解构主义和后现代主义如德里达等人的影响，一些人对语言与文字的关系提出异议，怀疑“语言是第一性，文字是第二性”的说法。有人把文字的起源与作用同语言的起源与作用并列，甚至认为文字的起源与作用超越语言的起源与作用。我们认为这种看法是不正确的。其根本的错误在于没有区分语言和言语、文字系统和刻划。正如言语不等于语言系统，刻划与图画不等于文字系统。从历时看，刻划和图画可能和人类的言语同时或更早出现，但这不等于文字早于言语或语言，因为它们还不能够称为真正的文字系统。真正能够读出来的文字系统至今只有几千年，而语言系统一般认为具有万年以上甚至十几万年以上的历史。从共时看，当今世界上有四分之三的语言没有文字。这都说明：文字系统在语言系统的基础上产生，又反作用于语言系统。贬低或夸大文字的作用都是不正确的。

第三节 文字的起源和发展

一、萌发文字的因素

文字是人类社会发展到一定阶段，由于交际的需要而产生的。社会的需要是文字产生的前提。

人类在发明文字之前，普遍经历了用实物和图画来记事和传递信息的阶段。

实物记事的方法有结绳、结珠和锲木等。结绳使用得较普遍。《周易》中说：“上古结绳而治，后世圣人易之以书契。”《周易集解》引《九家易》也说：“古者无文字，其有约誓之事，事大，大其绳，事小，小其绳。结之多少，随物众寡，各执以相考，亦足以相治也。”古时候秘鲁人在一根主绳上系上各种颜色的绳子，用来代表各种不同的事件。如红色代表战争和兵卒，黄色代表黄金，白色代表白银和和平，绿色代表禾谷。还在绳上打结代表数字，每个单节表示“十”，每个双节表示“一百”，等等。每个市镇还设有结绳官，专管结绳、解绳之类的事务。琉球人也使用过结绳的方法。结珠是用绳子把贝壳串起来，以不同颜色的贝壳来代表和区别不同的事物。北美印第安人、易洛魁人都常用这种记事方法。锲木是在木棒或木板上刻出各种花纹、符号或插进各种东西，用来记事记数、传达命令、表示权力、证明盟约等。实物记事，方法笨拙，用起来很不方便，这种方式对文字的产生没有直接作用。

图画记事，作为辅助性的交际手段，比实物记事大大前进了一步。人们利用各种线条和图形，可以对各种事物进行描摹，因而更简单、形象、明了。近代一些落后的民族也曾用图画来记事和表达某些抽象的概念和思想。

实物记事和图画记事都是传递信息的方法，图画记事已经具有书写的性质和图形的特征，可以说已经有了萌发文字的因素。

图画记事虽然能记述和传达事情的大意，但是由于各人的生活习惯和生活经历不同，同样一张图画并非人人都看得懂；同时，图画所表达的意义是不确定的，同一幅图画可以有多种解释。所以，图画终究不是记事传意的理想方法。随着社会生活的日益复杂，人们需要记录和传达的信息越来越多，为了便于区别和记忆，要求记下来的内容更加具体和准确。于是，人们通过长期地摸索，终于找到了一种办法，那就是在记事图画的基础上，简化图形，用经过简化的图形作为符号来代表语言中的词，这样就产生了人类最早的文字——象形文字。应该注意的是，图画和文字有着本质的区别，这是因为：（1）文字是约定俗成的符号，而图画可以随意拟画，没有定规；（2）文字一般代表的是语言中的词，图画却不是，往往需要许多句子以上的话语来描述；（3）文字有一定的读音，图画则只能意会，不能诵读。

二、文字的产生和传播

在公元前4000年左右，现在属于伊拉克的地方居住着苏美尔人。他们发明了一种实用的文字，用象形的图形记录表示实物的词语，如“牛”“驴”“谷穗”等，用假借的形声字记录多音节的人名的读音，用刻画表示数字。这种文字就是高度象形的古苏美尔文字。后来他们开始用芦管在泥板上压印文字。因为压印出来的字的笔道像一个个楔子，所以后人给这种文字取了一个名字，叫“楔形文字”。后来的阿卡德人、巴比伦王朝的阿莫里特人、亚述帝国的亚述人都继承了这种楔形文字。从公元前3500年到公元前2000年，楔形文字向周围扩散传播。在传播过程中，使用不同语言的别的民族采用同音假借的办法来改变原有字符的性质，这样基本字符的总数就越来越少。到了公元前2000年以后，由于外族不断入侵，两河流域的古文明就逐渐消亡了，楔形文字也随之而消失了。直至公元18世纪和19世纪，才有一批考古学家和语言学家经过不断探索，解决了楔形文字的释读难题。

而古埃及的文字由于使用场合的不同，分化出了不同的字体。圣体字用于特别庄重的场合，刻在雕像座上、庙宇的墙上、金字塔墓室的石头和祭器上。这是一种象形程度很高的文字符号，但是已经是可以用来书写古埃及语的成熟的文字。这种文字在5500年前就存在了。跟圣体字并行的还有一种，称为“僧侣体”，它是僧侣阶层平时使用的已经线条化的近乎草书的文字。公元前7世纪还出现了一种在僧侣体基础上简化而成的字体，称为“平民体”，这是老百姓使用的字体。圣体字、僧侣体、平民体仅仅是在字体上存在差别，文字的性质和功能并没有什么不同的地方。

汉字的起源，目前还是一个没有完全弄清楚的问题。今天能看到的最可靠最早的汉字资料是公元前14世纪到前11世纪的商代后期的甲骨文、金文。汉字从甲骨文、金文到现代汉字，在字形方面发生了重大变化，这是字体的演变。汉字大致经历了甲骨文、金文、篆书、隶书、楷书等几个不同字体的阶段。汉字是除了苏美尔人楔形文字和古埃及文字以外影响最大，并且直到今天还在使用的自源文字。3000多年以来，汉字的字体虽然发生了很大的变化，但是汉字的性质并没有发生根本性的变化，现在仍然是一种意音文字。

而文字的另外一个发展方向——表音文字则源于腓尼基人的创造。公元前20世纪初期，在现在的黎巴嫩和叙利亚沿地中海一带生活着一支腓尼基人。大约在公元前13世纪，他们在借用古埃及文字来书写自己的语言的过程中，第一次只采用表音符号而放弃了表意符号，这样就出现了不同于以往意音文字的辅音文字，也就是只写辅音音位不写元音音位的拼音文字。不过，辅音文字只表示辅音音位，不表示元音音位，还不是一种全音位文字，所以传统上就把它叫作辅音文字。但是辅音文字也好，辅音加元音的全音位文字也好，都是音位文字。

腓尼基人创造了辅音文字以后，这种文字很快地向周围扩散传播。腓尼基字母的传播分为东西两大分支。东支包括阿拉米亚字母（阿拉伯字母、亚美尼亚字母、格鲁吉亚字母、犹太字母、叙利亚字母、维吾尔字母、古蒙古字母、满语字母，等等）；西支有东希腊字母（古希腊—拜占庭—斯拉夫字母、古希腊—拉丁字母）。其中，当希腊人借用这种文字来书写希腊语时，因为希腊语跟腓尼基语不同，词根中的辅音和元音都区别意义，不写出元音就无法区分不同的词语，因此就增添了元音字母。这样，字符代表语言中全部音位的音位文字就诞生了。

三、汉字的拼音化问题

由上可知，目前世界文字的发展是两个方向并行：一个是意音文字，一个是表音文字。而有的学者认为，表音文字是目前世界上最优越的文字类型，是世界文字发展的最终归宿，并由此认为汉字是落后的文字，它仍处在文字发展的初级阶段，因而必须改革，走世界文字的“共同道路”——拼音化。我们认为，这种结论下得过于武断。

所谓“由表意到表音”的世界文字发展规律，是西方语言学家对以往印欧语系历史发展过程的总结，它并不能表明世界文字未来的发展方向，也不一定适合汉字的特殊发展规律。汉字是记录汉语的，它的完善与否，改革与否，以及如何改革，都取决于它记录汉语的准确程度，即它能否满足记录汉语的需要。如果能，说明它仍具有生命力；如果不能，就必须对它进行改革。

与拼音文字相比，除构形理据之外，汉字还有许多特殊的地方。就其记录汉语的单位而言，在今天的一般情况下，一个汉字记录一个音节，而一个音节往往代表一个语素。这与英文一个字母代表一个音位，几个字母组成一个词的记录方法迥然不同。

就形体特点而言，汉字是在一个两维度的空间上来构形的，这种构字方式与表音文字的字母线性排列方式也是很不一样的。

汉字的这些特点是在意音文字的基础上形成的。它之所以能形成和保持这些特点，是因为这些特点与汉语是相适应的。因此，汉字长期保持这些特点，不是偶然的，而是汉字自然发展趋势和汉语的特点决定的。这也说明，起码在目前看来，作为记录汉语的工具，汉字依然是合格的。

第四节 字　　母

世界字母的源头是腓尼基字母，它共有 22 个字母，其书写顺序是由右向左。

现今世界上用得较多的是希腊字母、拉丁字母、斯拉夫字母和阿拉伯字母。

希腊字母是历史上非常重要的字母。希腊人在腓尼基字母的基础上，增添了元音字母，使希腊字母成为世界上第一种具有元音的字母，成为较为完善的音位字母。希腊人把腓尼基字母的外形改造成为形体简单、确定、均匀的字母，并将从右到左书写改为从左到右书写。直到今天，希腊人还在使用这种字母。希腊字母如下：

Α Β Γ Δ Ε Ζ Η Θ Ι Κ Λ Μ Ν Ξ Ο Π Ρ Σ Τ Υ Φ Χ Ψ Ω

拉丁字母又称罗马字母，是公元前 7 世纪拉丁人在希腊字母的基础上创造的。拉丁字母最初只有 21 个，未能完全适应拉丁语的特点。到了公元前 2 世纪，又把废除的 Y、Z 两个字母重新加入字母表。到了中世纪，又增加了 J、U、W 三个字母。这样形成了现在通用的 26 个字母：

A B C D E F G H I J K L M N O P Q R S T U V W X Y Z

拉丁字母继承并发展了希腊字母的优点。早期的拉丁字母只通行于罗马及其附近地区。随着罗马帝国的建立和不断强盛，拉丁字母传播的范围越来越广。罗马的官吏、士兵、商人，把拉丁字母带到欧、亚、非三大洲受罗马统治的地区。基督教成为罗马"国教"后，欧洲的许多民族都信奉基督教，拉丁文是那时唯一被允许书写基督教典籍的文字。政治、经济、宗教、文化等诸方面的影响，使拉丁字母自中世纪以来成为国际化的字母。现在，世界上使用拉丁字母的人口占世界人口的 30%到 35%，它所标记的语言，涉及世界语言中的六大语系。从发展趋势来看，使用拉丁字母的区域、民族和人口将不是减少而是增加。新中国成立后我国为一些少数民族创制文字，大多以拉丁字母为基础，制定《汉语拼音方案》也采用了拉丁字母。此外，在世界范围内，人们在自然科学领域中广泛地使用拉丁字母。

斯拉夫字母是 9 世纪传教士西里尔等根据希腊字母创造的，又名西里尔字母。最初这种字母只在保加利亚一带流行，10 世纪末，东斯拉夫各部落正式信奉基督教以后，这种字母开始向周围地区流传。斯拉夫字母体系有很大的独创性，它充分适应了它所标记的语言的语音特点。斯拉夫字母共 43 个，有 19 个字母是希腊字母没有的。今天使用斯拉夫字母的有俄罗斯、保加利亚、塞尔维亚和蒙古国等。俄文字母经过多次修改，现在共有 33 个字母：

А Б В Г Д Е Ё Ж З И Й К Л М Н О П Р С Т У Ф Х Ц Ч Ш Щ Ъ Ы Ь Э Ю Я

阿拉伯字母属于形成于公元前 8 世纪的阿拉米亚字母系统。阿拉伯字母共有 28 个符号。只有表示辅音的字母，元音有的用附加符号，有的用一定字母加附加符号来表示。词典、小学教科书及《古兰经》上的文字都加元音符号，一般书报则不加元音符号，很容易读错。另外，阿拉伯字母的形体差别不够明显，附加符号多，一个字母在不同的位置就有不同的写法，书写或印刷时自右向左。目前使用阿拉伯字母的有埃及、叙利亚、伊拉克、黎巴嫩、沙特阿拉伯、也门、约旦、阿尔及利亚、阿富汗、伊朗等。我国的维吾尔文也使用阿拉伯字母。阿拉伯字母如下（从右到左）：

ا ب ت ث ج ح خ

د ذ ر ز س ش ص

ض ط ظ ع غ ف ق

ك ل م ن ه و ي

另外，还有两种比较特殊的字母，一种是朝鲜的谚文字母，一种是日本的假名。起初，朝鲜没有自己的文字，政府发布文告、文人著书立说全使用汉字。15 世纪，出现了汉字笔画式的谚文字母。1948 年，朝鲜才废除汉字。日本的假名是在汉字的基础上创造的。每个假名有两种字体，一种是基于汉字楷体演化而来的，叫“片假名”，一种是基于汉字草体演化而来的，叫“平假名”。日语五十音图如表 6－1所示：

表 6－1　日语五十音图

段 / 字体 / 行	あ段	い段	う段	え段	お段
	平片罗 假假马 名名字	平片罗 假假马 名名字	平片罗 假假马 名名字	平片罗 假假马 名名字	平片罗 假假马 名名字
あ行	あアa	いイi	うウu	えエe	おオo
か行	かカka	きキki	くクku	けケke	こコko
さ行	さサsa	しシshi	すスsu	せセse	そソso
た行	たタta	ちチchi	つツtsu	てテte	とトto
な行	なナna	にニni	ぬヌnu	ねネne	のノno
は行	はハha	ひヒhi	ふフfu	へヘhe	ほホho
ま行	まマma	みミmi	むムmu	めメme	もモmo
や行	やヤya	（いイ）i	ゆユyu	（えエ）e	よヨyo
ら行	らラra	りリri	るルru	れレre	ろロro
わ行	わワwa	（ぃイ）i	（ぅウ）u	（ぇエ）e	をヲo
んンn					

第五节
文字的价值和应用

一、文字的价值

作为交际的最重要的辅助工具，文字发挥着巨大的作用。它是与文明社会密不可分的。政治、军事、法律、经济、文化等各个领域都离不开文字。尤其重要的是，文字还是人们积累知识、传播科学的重要媒介。人们总是在继承历史的和外来的科学文化知识的条件下不断推动社会向前发展，文字在这方面有着难以替代的承前启后的作用。前人在生产、生活各方面的创造性成果大都以文献资料的形式传给了我们，我们在这些成果基础上的新的突破同样也要借助于文字传给后代。国家与国家、地区与地区、民族与民族之间的科学技术和经济文化的合作与交流也必须有文字参与。所有这些都要求文字必须充分、有效地发挥作用。除了一些常规的应用之外，文字还有一些特殊的用途，以下简要介绍几种文字的特殊应用。

二、文字的应用

（一）电脑信息处理中的文字问题

所谓电脑信息处理中的文字问题，它既涉及书面形式（如打字、公文制作、排版印刷等），也涉及语音形式（如电脑朗读、电脑语音识别、数字电话等），还涉及文字不断深化的各个等级或层面：字符（拼音文字中的字母及意音文字中的汉字）、字符串（词、短语）、句子、段落、篇章乃至语境和文化背景。

20世纪60年代至70年代，发达国家的英文信息处理取得了巨大的成功。20世纪80年代初期以来，国际标准化组织（ISO）着手制定面向世界范围各民族文字的通用字符集（Universal Character Set，即UCS），美国数十家大公司联合起来开展类似的工作（指跨国集团Unicode Consortium推出的Unicode）。这更在空前广泛的视野上推进了对各种不同类型文字的综合比较研究。

另外，语言文字学方面提出的大量问题也需要依赖计算机处理，这从另一方面推动了电脑专家与某些语言文字学专家的联合。

电脑信息处理中的文字问题是多方面的。这里着重介绍文字和语音转换的问题。

近十余年来，计算机语音信息处理获得了许多重要成果，一些商品化的技术产品已经开始投入市场。如声音打字机、数字电话、电脑朗读机、电脑辅助校稿系统、语言应答软件等。在人类的发展中，有声语言的历史远远长于文字的历史，但计算机信息处理却是从文字处理起步的，并且文字信息处理成了语音处理的必要基础。上述语音处理成果，大体上可以视为文字变语音和语音变文字两类。

就计算机存贮的用于合成语音的信息单元来看，文字变语音有两种方法：一种是规则合成法，计算机中存贮的基元是音素，由它们按合成规则合成语音，这种方法存贮量不大，可合成无限词汇，但合成规则复杂，可懂度及自然度都难以做到令人满意。另一种是以音节或词的语音信息为基元，直接利用语音波形进行编辑。这种办法需要的存贮量大，可合成词汇有限，但合成规则简单，合成语音的自然度和可懂度都较好。

使用上述的音素合成法，最关键的问题有：一种语言有多少音素；怎样由文字形成导出音素形式；这种导出的规则是否简单、一致；如何处理拼音文字中发音规则变例甚多的问题。若直接使用音节基元，最关心的是：一种语言一共有多少音节；在音节总数不是很多时，如何直接存贮语言各音节波形样板。

（二）广告中的文字效应

许多商业广告离不开作为书面语交际工具的文字。在现代商战中，文字以其自身的种种特征发挥了独特的宣传效应，构成了现代商业文化的一大特殊景观。

例如，一家服装厂为自己生产的衬衫设计了一条广告宣传语："望眼欲穿。""望眼欲穿"本是一句成语，形容盼望殷切，而在这句广告词中，"欲"作"想要"讲，"穿"作"穿衣"讲，意思是：望上一眼就想穿上这种衬衫。

再如，一个药品厂为了宣传自己的一种咳嗽药，在广告词里这样说："咳不容缓。"将"刻不容缓"当中的一个"刻"字换成了"咳嗽"的"咳"，提醒消费者咳嗽不是小事，一定要及时用药。

毫无疑问，这种广告词自有其独特的宣传效果，将为人熟知习用的文字形式翻出新意，而又与被宣传的商品及经营项目的性质正好吻合，因而达到新奇醒目、耐人寻味、使人过目难忘的效果。很明显，在这类广告词中，汉字的自身特点，如同音字、多义字等是基本的促发因素。作为一种语言的记录符号，汉字的一大特征便是其意蕴的丰富多维。翻开任何一部略具规模的汉语字典辞书，我们都会发现，很难找到意义单一的文字，而在绝大多数的文字下，都罗列了数个乃至数十个意义。既然汉字具有同一视觉形式兼表多种意义的特点，那么人们在使用过程中自然会自觉或不自觉地利用这种特点来进行艺术创造。因此，在商品经济高度发达的今天，随着人们对商品广告宣传效果的刻意追求，汉字的多义性特点在现代商战中得到应用，也是有其必然性的。

当然，人们对于文字广告一向是有不同意见的，最重要的是要用得得体、恰当，不能为追求新奇而哗众取宠。

（三）速记中的文字运用

广义地说，速记就是按照语言的规律和手、眼活动的生理规律，采用一种系统的、科学的简便符号和缩写法则，来记录言语或表达个人思维的快速书写、打印或转换技术。它是文字的辅助工具，也是重要的信息手段。目前按其表现手段不同，可分为手写速记、机械速记和电脑速记三大类。

速记是在一定的时间、地点、条件下，发挥特殊用途的专用文字。速记是以意义为单位，也就是以词或语句为单位进行符号的连写，或采用省略方法对常见词语进行缩写。速记符号笔画简单、数量少，基本上是一音一符、一符一笔。一般只有30多个基本符号，每个符形有2～3级比例，对出现频率高的音，配置最简单易认的符形。一般人的讲话速度是平均每分钟150个字左右，汉字每分钟记录80个字左右，而速记每分钟记录言语最多可达200字以上。比如："国际共产主义运动""中国共产党"等词都可以只用一两个符号交叠或位置变化表示出来。

近年来，欧美国家的速记技术，已经向机械化、电子化的方向发展。一种数键互击的轻便速记打字机在文秘、审讯等专业的记录工作中已经广泛使用。在速记符号译写成文字的过程中，已经开始采用电脑配合。

（四）书法

书法是由文字生发出来的，以文字为表现形式的特殊的抽象造型艺术。文字是书法艺术赖以存在和显现的本体要素，书法是以文字系统为工具，以书写文字为基本视觉形式的个人艺术创造。文字的发展又以书法的发展为催化剂，二者密不可分。

书法属于"言语"的范畴，因为书法是对文字的一种运用，研究的是"写"和"所写"。作为一种审美艺术，它具有很强的时代性和个人特点，不同时代有不同的书法，不同书法家擅长不同的书体，甚至每个人的笔迹都有自己的风格与特点，可谓"字如其人"。

正如言语必然受到语言的规范和制约，个人文字的书写与运用也必然受到文字模式与系统的制约。甲骨文的书写方法是契刻，这就决定了书法的创造会受到限制。因此，甲骨文的字形大多瘦硬挺拔，缺乏弹性，笔画形态大多呈方折，呈现出朴实无华的自然形态。金文由于是范铸的，对方折笔画的表现有很大的难度。因此，金文书法主要在笔画形态上下功夫。其书体呈现出以下特点：笔画圆匀丰润，起笔、收笔、转换都多用圆笔。小篆书法的线条修长圆转，结构疏密匀称，体现出刻板而又温文尔雅的书法风格。汉隶讲究笔画蚕头燕尾，讲究体势上的左右开张。在用笔的点画间出现了明显的变化和差别，笔画特征上显示出空前的丰富多彩。

此外，不同书法家的书法也有很强的个人色彩。魏晋时期王羲之的书法以当时流行的行、草书为表现形式，在实用的基础上加以去粗取精的艺术提炼和加工。他学习前代书迹，又不离开今体去复古，从而达到了那个时期行、草书法的最高峰。而王羲之的儿子——王献之，其书法面貌却有别于其父。他结合自己的心得、根据自己的审美情趣对当时古朴的书风进行了大胆的革新，开创出一种既美俊豪迈、饶有气势，又潇洒多姿、婉转妍媚的新风格。历经陈、隋、唐三代的欧阳询，初学"二王"，后又广泛学习北碑，进而形成了自己的独特风格，其书法刚健、法度谨严，能于平正之中见险绝，世称"率更体"或"欧体"。唐代的张旭性情狂放，他创造了晋唐以来前所未有的草书风格，其书法萦回连绵、气势激越、汪洋恣肆。同为以草书见长的书法家，宋代米芾的书法又有别于前人。其笔调倜傥纵横，但又不妄作狂怪；体势雄浑、跌宕多姿，而又自然天成。其字中牵丝不多，字字独立，但又气势通贯，韵调和谐。

外国的文字虽然没有汉字这样辉煌的艺术地位，但也同样具备自己的文字系统（相当于语言），同样有个人运用的过程与结果（相当于言语）。

由此我们可以看出，书法一方面要遵循文字规范，但它同时又是一门对文字加以运用的艺术，有鲜明的时代烙印和个人性。

第六节 文字规范化

一、文字规范化的基本要求

文字规范化是根据文字发展规律，为文字的应用确定各方面的标准，使文字充分、有效地发挥作用，最重要的一点是我们必须正确地、规范地使用文字。

文字规范化的目的在于把那些符合文字发展规律的新成分、新用法固定下来，加以推广；把那些不符合文字发展规律的和没有必要存在的歧义成分及用法，加以处理，使文字更好地为交际服务。

文字规范化的内容包括字形规范、字表规范、字音规范、标点符号规范、字组合规范和版面组合规范等。

对拼音文字而言，它们总要落后于其所标记的语言的发展变化，于是出现了一些词的拼写形式已经与它们的实际读音不相符的现象。如英语的“light”“right”“sight”等词中的“gh”在古代是发舌根擦音的，现在已经不再发音了，可这些词在拼写时，中间的“gh”仍然不能少；英语的“often”也存在类似情况，它中间的“t”一般也不再发音了，但在拼写中不能少了它，否则就错了。当然，也存在读音不变，拼写形式发生变更或简化的现象。如美国英语对英国英语的拼写形式做了很多改动：“colour、gaol、travelled、realise、centre”等分别被改作“color、jail、traveled、realize、center”。北欧的一些国家不惜动用官方的力量对它们各自语言中词语的拼写形式进行调整，并加以规范。其中瑞典政府差不多每过一代就要做一次这样的工作。可以看出，无论保持还是改动，都是围绕着规范进行的。中国的汉字属于意音文字，它在历史上的发展变化是非常大的，最为突出的一点就是汉字的简化，目前，汉字的简化工作已基本完成，汉字在相当长的时间内估计不会做进一步简化了。汉字的规范化现在是语言文字工作者的中心议题。针对社会用字的混乱情况，近年来国家语言文字工作委员会与其他有关部委联合发布了一系列规定，主要有：《关于地名用字的若干规定》《关于广播、电影、电视正确使用语言文字的若干规定》《关于企业、商店的牌匾、商品包装、广告等正确使用汉字和汉语拼音的若干规定》《出版物汉字使用管理规定》等。这些规定发布后收到了良好的社会效果。

二、汉字错别字问题

分析举例

错别字趣话

求爱信

一个男青年在给他倾慕的女子写情书时，错将“心爱的姑娘”写成“心爱的姑妈”。姑娘将信退回并附诗一首：“怪你眼睛瞎，姑娘喊姑妈。我若嫁给你，羞死我全家。”

“呆霸王”念“庚黄”

我国的古代小说家，像罗贯中、曹雪芹等都是研究汉字的专家，在他们的小说中，经常会出现有关汉字的趣话。例如，在《红楼梦》第二十六回有“薛蟠读画”一段：

> 薛蟠道：“可是呢，你明儿来拜寿，打算送什么新鲜物儿?”宝玉道：“我没有什么送的……惟有写一张字，或画一张画，这才是我的。”薛蟠笑道：“你提画儿，我才想起来了：昨儿我看见人家一本春宫儿，画的很好。上头还有许多的字，我也没细看，只看落的款，原来是什么‘庚黄’的，真好的了不得。”宝玉听说，心下猜疑道：“古今字画也都见过些，那里有个‘庚黄’?”想了半天，不觉笑将起来，命人取过笔来，在手心里写了两个字，又问薛蟠道：“你看真了是‘庚黄’么?”薛蟠道：“怎么没看真?”宝玉将手一撒给他看道：“可是这两个字罢？……”众人都看时，原来是“唐寅”两个字，都笑道：“想必是这两个字，大爷一时眼花了，也未可知。”薛蟠自觉没趣，笑道：“谁知他是‘糖银’是‘果银’的!”

纠正错别字是文字规范化中的一个重要内容。通常讲的错别字现象，包括写错别字和读错别字两种情况。其中，写错别字又有写错字、写别字的区别。写错字，指写得不成字；写别字，指把甲字写成乙字。

错别字现象是一种“发病率”极高的语言现象，上至文人骚客，下至普通百姓，许多人都闹过错别字的笑话。但很多时候，这“一字之差”不光是令人捧腹而已，它还可能引起巨大的损失。因此，错别字问题应该引起我们充分地重视。

纠正错别字应注意以下几个方面。

（一）注意字形

有的形似字是形声字，声符相同，形符不同。对这类字要注意辨析形符的意义。如，“咯、胳、铬”这三个字声符相同，形符不同。“咯”的形符是“口”，用“口”作形符的字，原义一般同吃或声音有联系。“胳”形符是“月”，原义同肉体有联系，表示胳膊。

"铬"的形符是"金"，用"金"作形符的字，与金属有关，铬是一种金属元素。了解这几个字形符的意义，它们的意义和用法就不会弄错了。

（二）注意字义

汉语的词是用汉字记录的。大部分汉字记录的是语素，在词内是有意义的。因此，了解字义对纠正错别字很有好处。如"创伤"的"创"有人误写作"疮"。"创"是形声字，从刀仓声，原义是伤，"刀创、予以重创"都是用"创"的原义。"疮"也是形声字，从疒仓声，是一种皮肤上的溃疡病。"创伤"指身体受伤的地方，或指外伤，因此用"创"不用"疮"。

有的词语，通用的是引申义，原义一般人不清楚。必须了解它的原义，才能正确运用。如"提纲"，有人误作"题纲"。"纲"是渔网的总绳，引申指事物的关键部分或文章的主要精神。"提纲"的原义是提着网的总绳子，引申作要点、要领讲。了解这个道理，就不会误写成"题纲"了。又如"针砭"，有人误写成"针贬"。"砭"的原义是古代用石针扎皮肉治病。"针砭"是联合式结构的合成词，原义是扎针治病，引申作指出错误，以求改正义，如"痛下针砭""针砭社会"。了解这个道理，就不会写成"针贬"了。

有些成语，来自古代的历史故事或寓言，不了解它们的来历，也容易写错。

（三）注意形声字的声符

由于古今语音的演变，形声字的声符表音准确的大约有1/4。不少读错的字，是受了声符的影响。

大部分形声字按声符读是错误的。如"澄清"的"澄"不念dèng，"轮廓"的"廓"不念guō。

（四）掌握多音多义字

一个字的读音不同，字义也不同，这叫多音多义字。如"炮"，读páo，当"烧"讲，如"炮烙"，是古代一种酷刑；"炮制"的"炮"也读作páo，是制中药的一种方法；读bāo，如"炮干""炮羊肉"的"炮"，分别指"烘烤"和一种烹调方法；读pào，如"大炮"，是一种重型武器。

多音多义字，有一大批是因为词性不同而读音不同。如"背"，读bèi，指脊背、背部，是名词或名词性语素；读bēi，如"背着东西""背包"，是动词或动词性语素。记住不同词性的不同读音，有利于掌握这类多音多义字。

有些多音多义字，除通常读音外，还有作姓氏、地名、外来语等时的特殊读音。如"堡"，一般读bǎo，如"城堡""堡垒"等；作地名用读bǔ，如"吴堡（在陕西）""柴沟堡（在河北）"，或读pù，"五里堡""十里堡"等。"华"，一般读huá，如"中华""精华""升华"等；作地名或姓用读huà，如"华山"、姓"华"等。记住这些特殊的情况，有利于掌握这类多音多义字。

有些多音多义字词性相同或交错，几种用法都相当通行，应分别记住它们的意义。如"调"，"调皮""调和""调节""协调"，读tiáo；"调查""调度""强调""声调"，读diào。

有些字，用在不同的词里字音不同，但字义相同，这叫多音同义字。如"剥"，单用读

bāo，如“剥花生”；在复合词里读 bō，如“剥削”“剥夺”。这类字比较少，但容易读错。

第七节 文字改革和文字创制

一、文字改革

文字改革指对原有的文字体系进行调整和改革，使它更加有效地为社会语言生活服务。文字改革是一种比较常见的现象，现在世界上的文字大都进行过不同程度的改革。一般说来，文字改革主要有以下三种情况：第一种是文字体系内部的改动或调整；第二种是整个文字体系的改变；第三种是文字制度的彻底改革。

文字改革常常受到语言系统的面貌、文化传统、民族意愿以及国家的政治态度等各种因素的影响。

法文原先只用拉丁字母中的 22 个，1762 年经过改革，增加了 i、k、v、w 四个字母。英国也有人尝试对英文的拼写法进行改革。如前所说，英语的 light、right、sight 现在的实际发音是［lait］、［rait］、［sait］，可以看出，这几个词中的“gh”是不发音的，可书写中还保留了它们。这样，由于文字的拼写与实际发音不符，造成学习和使用上的很多不便。英国著名作家萧伯纳曾留下遗嘱，让把他的财产的一部分作为奖金，奖给英语拼写法最好的改革方案的设计者，并用这种方案的拼法刊印他的一部分没有发表的作品。

历史上有很多改革整个文字体系的实例。古英语用的是鲁纳字母，基督教传入英国后，英语便改用拉丁字母。土耳其从 20 世纪 20 年代起放弃使用了 1000 多年的阿拉伯字母而改用拉丁字母。印度尼西亚在历史上曾先后使用过天城体字母和阿拉伯字母，后改用拉丁字母。如此等等。

历史上也有文字彻底改革的实例。古埃及文字是表意的，而现在埃及使用表音文字。

汉字的改革是件比较复杂的事情。我国的汉字改革运动已经有百余年的历史了。辛亥革命前后就有许多文人学者提倡文字改革，创制了各种各样的拼音方案。1913 年，“读音统一会”制定了“注音字母”，将“反切法”变为“拼音法”。1926 年，钱玄同、黎锦熙、赵元任等制定了“国语罗马字”，首次用罗马字母（即拉丁字母）拼写汉语。1956 年，中国文字改革委员会发表了《汉语拼音方案（草案）》，国务院公布了《汉字简化方案》。1958 年，周恩来在《当前文字改革的任务》的报告中明确指出了有关文字改革的几项任务，即简化汉字、推广普通话、制定和推行汉语拼音方案。1985 年 12 月 16 日，国务院决定将中国文字改革委员会改名为国家语言文字工作委员会，以加强新时期的语言文字工作。1986 年 1 月 6 日至 13 日，国家教育委员会和国家语言文字工作委员会在北京召开会议，制定了我国语言文字工作的方针和任务。新时期语言文字工作的方针是：贯彻执行国家关于语言文字工作的政策和法令，促进语言文字规范化、标准化，继续推动文字改革工作，使语言文字在社会主义现代化建设中更好地发挥作用。当前语言文字工作的主要任务是：做好现代汉语规范化工作，大力推广和普及普通话；研究和整理现行汉字，制定各项有关标准；进一步推广汉语拼音方案，研究并解决实际使用中的有关问题，研究汉语、汉字信息处理问题，参与鉴定有关成果；加强语言文字的基础和应用研究，做好社会调查和社会咨询、服务工作。总而言之，汉字的改革是一项长期而艰巨的任务，我们现在要做的是正确执行新时期语言文字工作的任务，不必花费过多精力去论辩汉字将来如何发展、走不走拉丁化道路这样的问题。

二、文字创制

文字创制是指在现代社会里为没有文字的语言创制文字，特别是政府或语言学家为还没有文字的民族创制文字，不涉及历史上各种民族语言的文字的创制过程，它是特定历史条件下的一种现象。

新中国成立后，为了扫除文盲，提高各族人民的文化水平，国家选派专家学者为那些没有文字但要求创制文字的民族创制了文字。至 1958 年，专家学者已为壮、布依、苗、彝、侗、哈尼、傈僳、佤、纳西、黎十个民族设计了拉丁字母文字方案。

但是新的文字方案没有得到很好地推行，一部分民族的文字问题并没有真正解决。

第八节 特殊的文字

一、女书

女书，也称女字，在我国湘南江永县潇水流域已经流传很久了，是当地妇女专用的文字符号（她们称汉字为男书），这种文字传女不传男，男人不学也不用。女书至少存在几百年之久了。

女书是当地乡村妇女，特别是中老年妇女的文化工具、精神伴侣。女书具有独特的社会功能。这种妇女专用文字基本用于创作女书作品、记录女歌，一般为七言（也有五言、四言、三言的）诗体唱本。每篇长的可达四五千字，短的只有几十个字。女书作品一般书写在精制手写本、扇面、布帕、纸片上。

女书是一种由单音节符号构成的音节文字，其字形是右高左低的长菱形，属于广义汉字式的文字的类型。在 600 多个通用女书符号中，和汉字的形体、意义明显相关的有 140 多个，约占全部女书的 1/4，有的完全相同，有的稍作更改。女书有五种基本笔画：点、斜、竖、弧、圈。笔画组成的“结构体”有 20 多个，少则 1 画，多则 11 画。“结构体”有的自成独体字，有的相互结合成合体字。结合的方式和表意无关。风格上女书和篆书更接近；但是从数量看，女书和楷书渊源密切。专家认为：女书脱胎于方块汉字，是它的变异，即女书是借源于方块汉字的一种系统的再生文字。

据文字学家目前收集到的几十万字女书原件资料来看，女书基本单字共有 1 000 多个，其中常用字有 700 个左右，基本上能比较完整地记录当地方言。

关于女书的起源，至今仍然没有完全弄清楚，根据现有的材料，有的专家做了这样的设想：在我国古代的某个时期，比如唐、宋时期，或明、清时期，江永一带的某个或某些有一定汉文基础的妇女，为了能有机会和场合倾诉自己由于社会地位低下、生活寂寞而造成的苦闷，而又不愿意男子知晓，便根据汉字创造了只在妇女当中使用的秘密文字。为了用有限的字记录更多的词，多采用同音、近音假借方法，所以女书很接近音节文字。由于同音假借、近音相借，甚至近形相借比较普遍，因此，女书显得不那么“科学”和“准确”。这也是由这种文字的特殊性决定的。这种文字的总体形象为菱形斜体，这可能是由于不少字和汉字相同，为了不让男子看懂，就使用了只有妇女才熟悉的纺织和女红中常见的菱形图案体，又由于她们所识汉字有限，不得不创造一些新的，但可能符合原始思维，与某些古汉字或刻画符号相近的文字。

二、盲文

盲文，又称盲字，是针对盲人眼不能看的特点设计的供手指摸识的文字体系。国际通用的是六点浮雕式盲文。用六个点的凸、平表示不同的字母。它不是一般文字定义所说的目视阅读的书面表示。但因为它和普通文字能做简单转换，本身也是纸面上记录语言信息的方式，所以通常还是把它列入文字的范围。

盲文是带有国际性的文字体系，世界上普遍使用布莱尔的六点浮雕式表示法。1824 年法国盲人布莱尔发明了供盲人用的文字表示法。这种方法中，一个符号用六个点位的凸、平表示。6 个点位分 3 行 2 列。左列由上向下编号为 1、2、3 点，右列从上向下编号为 4、5、6 点。每个点有两种状态：凸起和平点。6 个点的凸、平构成 64 种可能状态。布莱尔用 1 号点凸其他点平表示字母 a，用 1、2 号点凸表示 b，等等。布莱尔的设计中不分大小写，这样，英文仅用去 26 种状态。他把省出的状态用来直接表示介词 and、for、of、with 和双字母串 ch、gn、sh、th、wh、ed、ou、ow、en、st 及 ing。例如用 6 点全凸起表示 for，用第 5 号点平其他点凸表示 and，等等。

布莱尔盲文表示法提出后即为其同事采用，但直至他死后两年（1854 年）才为法国政府所采用。1916 年，美国采纳推行布莱尔盲文。1932 年美、英联合在伦敦开会制定标准布莱尔盲文。

中国先后有康熙盲字、心目克明盲字和新盲字。三种盲字都采用布莱尔六点浮雕式，利用双拼法表示汉字，再利用浮雕点表示双拼的声韵母。

【本章小结】

文字是一种标记语言的书写符号系统。它是通过视觉感知的形式来标记语言的。文字具有形、音、义三个要素。文字的形、音、义基本是统一的，但其间的关系是错综复杂的，这种统一并不排除一形多音、一形多义或者一音多形的现象。文字也是完善和扩大语言交际功能的书写符号系统。

文字的发明，打破了语言的时空界限性。利用文字标记语言，可以使语言在另一种形式中得到保存，从而完善和扩大语言的交际功能。文字和语言不同，语言是第一性的，文字是第二性的。文字是在语言的基础上产生的，是标记语言这一符号系统的符号系统，语言对文字有决定性作用。另外，文字对语言又有很大影响。“字符”也就是文字符号，是文字最基本的单位，也就是直接跟某种语言单位相联系的符号。

各种文字的字符，大体上可以归纳成三类，即“意符”“音符”“记号”。文字系统中的字符跟文字所代表的语言单位在意义上有联系的字符是意符，在语音上有联系的是音符，在语音和意义上都没有联系的字符是记号。此外，字符还可以分为“单纯字符”和“复合字符”。文字的类型可以根据三种不完全相同的标准来划分：第一种是根据文字系统中的字符跟何种语言单位相联系的标准来分类。在理论上各种文字可以分为“词语文字”“语素文字”“音节文字”“音位文字”。全部或绝大多数字符都只跟语言中的词语相联系的文字是词语文字。全部或绝大多数字符都只跟语言中的语素相联系的文字是语素文字。全部或绝大多数字符都只跟语言单位中的音节相联系的文字是音节文字，如日语就是典型的音节文字。全部字符只跟辅音音位相联系的文字是辅音音位文字，平时就称为辅音文字。既有代表辅音音位的字符，也有代表元音音位的字符的文字是全音位文字。英、法、德、意、俄、西班牙等文字都是音位文字。第二种是根据字符跟语言单位的语义还是语音相联系的标准来分类，在理论上各种文字可以分为“表意文字”“表音文字”“意音文字”。全部字符都是意符的文字是表意文字。全部字符都是音符的文字是表音文字，表音文字习惯上又称为拼音文字。一部分字符是意符，一部分字符是音符的文字是意音文字。第三种是根据形体来源来分，文字可分成自源文字和借源文字。汉字应该是词语文字（今天也可以叫语素文字）、意音文字和自源文字。世界字母的源头是腓尼基字母，现今世界上用得较多的是希腊字母、拉丁字母、斯拉夫字母和阿拉伯字母。除此之外，我们还应该从历时的角度来掌握文字的问题，如文字的产生、发展、传播以及文字的改革和创新。

用理论分析语言和言语，文字系统相当于语言，是一种相对静态的书写工具，我们运用文字系统书写的过程和结果就相当于言语。文字规范化问题之所以提出，主要就是为了强调对文字的运用必须遵循文字系统的规范。同时，由于文字的应用是动态的，具有很强的时代色彩和个人特点，因此，在现实生活中，我们得以看到多姿多彩的文字现象，例如，计算机中的文字处理、书法艺术、广告中的文字效应以及各种各样的文字游戏，都是以文字系统的规范为基础对文字的灵活运用。在文字应用中，女书、盲文以及在大众与社会中纠正错字与别字等问题也都是一些重要的课题，要花大力气去研究与应对。

【思考与练习】

1. 关键词

文字　表音文字　表意文字　意音文字　音节文字　词语文字　语素文字　字符　自源文字　借源文字

2. 填空

（1）任何文字都有________、________、________三要素，其中________为文字独有，其他两方面则与语言的________和________相对应。

（2）人类在发明文字之前，普遍经历了用________和________来记事和传递信息的阶段。

（3）人类历史上最早的字母是________，现在所使用的各种表音字母大多数由它分化、派生而来。

（4）音位文字可分为________和________两种。

（5）复合字符可以是由________组合而成的字符，既包括由多个单纯字符组合而成的字符，也包括由________和________再组合而形成的字符。

（6）现今世界上用得较多的是________字母、________字母、________字母和________字母。

3. 选择

（1）以下不属于字符的是（　）

A. 意符　B. 音符　C. 记号　D. 笔画

（2）以下文字属于自源文字的是（　）

A. 日文　B. 朝鲜文　C. 阿拉伯文字　D. 苏美尔文字

（3）全音位文字是指（　）

A. 全部或绝大多数字符都只跟语言单位中的音节相联系的文字

B. 全部或绝大多数字符都只跟语言中的词语相联系的文字

C. 全部字符只跟辅音位相联系的文字

D. 既有代表辅音音位的字符，也有代表元音音位的字符的文字

（4）日文的片假名的基础是（　）

A. 汉字　B. 英文　C. 腓尼基字母　D. 楔形文字

（5）汉字“趣”属于（　）

A. 笔画　B. 契刻符号　C. 单纯字符　D. 复杂字符

（6）楔形文字的发明者是（　）

A. 阿拉伯人　B. 汉人　C. 苏美尔人　D. 埃及人

4. 简答

（1）文字和一般符号有什么不同？

（2）举例说明字符的三种类型——意符、音符和记号的区别。

（3）简述词语文字、语素文字、音节文字、音位文字的区别。

（4）举例说明如何纠正错别字。

（5）文字改革主要有哪几种情况？试举例说明。

（6）试联系你的生活实际，简要分析三种文字运用的情况。

（7）你是如何看待“汉字拼音化道路”这个问题的？

（8）指出下列语言的文字采用的是哪种字母。

英语　俄语　法语　德语　日语　朝鲜语　保加利亚语　波兰语　罗马尼亚语　意大利语　阿拉伯语　西班牙语　维吾尔语

5. 论述

正文中指出，关于汉字的类型问题现在比较一致的意见是：汉字根据字符跟何种语言单位相联系的标准来归类，是一种词语文字。而根据字符跟语言单位的语义还是语音相联系的标准来归类，是一种意音文字。这也是本书编者岑运强教授所持观点。同时我们还注意到，伍铁平教授主编的《普通语言学概要》（第二版），不同意“表意文字”这种提法，认为世界上的文字应该分为表词文字和表音文字两大系列，表音文字可以进一步区分为音节文字和音位文字。

请结合本书相关论述和伍铁平教授主编的《普通语言学概要》（第二版）的相关论述（第九章第二节“文字的起源与发展”以及该书“后记”），谈谈自己的认识。

第七章

交叉语言学

当今世界交叉科学正面临一场突破，预计到本世纪（20 世纪）末还将产生一系列边缘学科、交叉学科。从某种意义上说，从本世纪（20 世纪）到下一世纪将是交叉科学的时代。

——钱三强《迎接交叉科学的新时代》

语言学被称为“领先学科”，不是说它走在一切学科之前，而是说它能及时地配合各时代的主流科学，较早地形成一套系统的、先进的对其他学科具有启发、引导意义的语言理论。有些理论甚至走在某些自然科学的前面。交叉科学已发展为当今的主流科学，语言学也进入交叉语言学阶段，成为交叉科学的一个分支。这一章里，我们将介绍一些相对独立的新学科，如社会语言学、文化语言学、心理语言学、神经语言学、认知语言学、功能主义语言学、计算语言学、语言类型学、应用语言学、模糊语言学等语言学，在交叉科学成为主流的今天，它们大多属于交叉语言学。

第一节 功能主义语言学

提起“功能主义”（functionalism），总让人感觉到它是与“形式主义”（formalism）相对立的一个语言学派。其实功能主义语言学，固然在基本精神上与形式主义不同，但不能称为一个“学派”，因为在功能主义语言学领域，有许多各种各样的理论与学说，不但对语言的看法不同，而且在研究方法上也各异其趣。当然，这些理论与学说之所以能统称为功能主义，也是有其道理的，它们有一个基本的共同之处，即它们都重视语言的功能。这里面的“功能”有两个含义：其一，语言形式在其所处的结构中的作用（比如语法功能）；其二，语言（形式）在交际中的职能或功用。探源溯流，功能主义语言学应该说是从布拉格学派开始的。下面简要介绍功能主义语言学的发展历史。

一、布拉格学派的功能主义

布拉格学派根据音位的对立特征和辨义功能创建了和语音学相区别的音系学，这个业绩无须多说。这派学者对语言的元功能也率先进行过很深入的研究。在语法研究上，该派创始人马泰休斯提出了句子的实义切分理论，即按实际语境将句子切分为表述的出发点［即主位（theme）］、表述的核心［即述位（rheme）］以及将主位和述位连接起来的“连位”（transition）三个部分。这是一种基于信息流向的功能分析法：主位是已知信息，述位是新信息，连位是过渡成分。比如：The man in the wildness（主位）//said to me（述位）。

法国学者马丁内（A. Martinet）继承和发展了布拉格学派的功能主义。他认为语言的最重要功能是交际功能。语言是具有两重分节（double articulation）的交际工具；功能主义语言学包括语法学和音系学，研究对应于两个分节［符位切分和音位切分］的问题。语言的使用和结构贯穿着经济（即节约）原则。语言研究的对象是人们的言语活动，其中的语言事实要依照语义功能来确定和分析。

俄裔学者雅柯布逊等是布拉格学派的重要成员。苏联学者采纳并发展了句子的实义切分理论，将这种切分应用于几部权威的俄语语法书。他们中著名的有维诺格拉多夫、拉斯波波夫、佐洛托娃等。

二、当代功能主义的基本出发点及其语言观

当代功能主义语言学派继承了布拉格学派的传统，但其体系里的“功能”主要指语言的交际功能或社会功能，即语言的元功能。他们把语言视为一种社会现象，一个信息传递的系统。语言能力或知识不限于语法知识，还包括恰当地使用语言的各种知识，即交际能力（communicative competence）。他们认为“句法”（syntax）不是一个独立体（autonomy），也非语言结构基石。它只是语言结构的一个层面，与语义、语用（pragmatics）息息相关。语言结构来源于语言使用的环境及其功能，因而对语言结构的理解不能脱离其使用的语境与功能。语言研究的中心问题是透过语境与功能来解释形式，即语言的使用环境与功能对语言结构所起的决定性作用。语言功能不是与生俱来的，而是人在社会、认知成长过程中逐步发展起来的。具体讲，其语言观大致如下。

第一，自然语言既是人类认知活动的产物，又是认知活动的工具，其结构和功能应视为人类一般认知活动的结果和反映，人类的语言能力不是人脑里独立于其他认知能力和知识的完全自主自足的天赋的部分，而被看作与一般认知能力密切相关。比如，一个女子长得漂亮，我们常说“她有一张漂亮脸蛋”，不会说“她有一双漂亮的手”或“她有一个漂亮的后背”，这是因为我们要认识一个人的长相一般是先观察他的脸而不是别的部位。可见，“她有一张漂亮脸蛋”这样的“转喻”说法不光是修辞现象，也不光是语言现象，而是跟人的一般认知方式密切相关的。①

第二，跟形式主义相反，功能主义者认为，句法作为语言结构的一部分并不是自足的（autonomous），它跟语言的词汇和语义部分是密不可分的，没有明确的界限。把句法独立出来完全是人为的，只是为了研究方便而已。句式的变换一般认为是句法问题，但不少句式的变换其实跟词义的搭配有关，是词汇问题，例如：

(1) 我不喜欢吃米饭⇒米饭我不喜欢吃

(2) 我不喜欢踢足球⇒足球我不喜欢踢

可以有（1）的变换，但（2）的变换不行，关键在于“吃”和“米饭”的搭配跟“踢”和“足球”的搭配在语义上有差别。“米饭”只是可吃的主食中的一种，而可踢的球类只有足球。一般说来，词义搭配只涉及个别的词，句法涉及一类词，但一类词的“类”可大可小，成员可多可少，因此从词汇问题到句法问题是个逐渐过渡的连续统（continuum），很难一刀切。②

第三，语义学和语用学形成一个连续统，二者都作用于语言的意义，语言的意义并不限于语言系统内部，而是源于人类与世界互动过程中形成的物质经验，源于语言使用者的知识和信仰系统。因此，语义是我们总体概念系统的一部分，不是完全独立的模块（module），它并不能与百科知识截然分开。比如传统语义学用成分分析法把英语 bachelor（单身汉）的词义分解为［＋成年］［＋男性］［＋未婚］，并声称这是界定此概念的充分必要条件，但可以设想以下类型的男子：

---

① LAKOFF G，JOHNSON M. Metaphors we live by. Chicago：The University of Chicago Press，1980.

② 沈家煊. 不对称和标记论. 南昌：江西教育出版社，1999.

天主教神父或佛教出家的男子（僧侣、喇嘛）

与某个女子有长期、稳定的未婚同居关系的男子

与同性同居的同性恋男子

从小被抛弃在森林中成为狼孩，至成年都未与人类社会接触的男性

这些都是符合条件的成年未婚男性，但说英语的人通常不会将其称作 bachelor。这源于人们的常识、经验：(1) 人们是异性恋的；(2) 人们到了某个年龄就该结婚；(3) 结了婚的男人赡养、照顾妻儿，等等。[①]

第四，语言共性（universals）及语言里的一般规律往往体现为某种趋势，而不一定是绝对的规则。例如有一种倾向性的共性，主语位于宾语之前，但通过大规模的语言调查发现，有一些语言违反了这个共性，如马尔加什语的基本词序是 VOS，赫克斯卡里亚纳语的基本词序也是 VOS。但是违反这个共性的语言（大概少于全世界语言的 1%）和符合这个共性的语言数量上相差悬殊。功能主义不主张因为极少的例外就否定共性。[②]

第五，对语言规律的形式化或以构造形式化模式作为对语言共性的解释，其实都不是严格意义上的解释，而只是描写或模拟（modeling）。对语言共性更有意义的解释往往需在形式之外寻找，如从语义、表达交际功能、认知能力及策略等方面去探求。

三、功能主义语言学研究的侧重点及研究方法

功能主义者与形式主义者在所研究的语言现象上各有侧重。相对于形式主义用特殊的规则或原则来描写语言事实而言，功能主义比较侧重于研究一些难以用概括性很强的原则来描写的语言事实，或难以做形式化描写的那部分语言事实。这部分语言事实基本上属于乔姆斯基学派所说的语法的外围部分；形式主义者侧重于研究那些看来是约定俗成的语言结构，功能主义则侧重于研究那些说话人有选择余地的结构变体。这些变体能反映各种语境、语用功能因素，容易给予这些结构以功能上的解释；形式主义者的研究重点一般集中在体现英国学者韩礼德（M. A. K. Halliday）所说的“表意功能”的语料，而功能主义者则比较喜欢体现韩礼德所说的“人际功能”与“篇章功能”的这部分语料，因为这部分语料的结构容易含有个人的主观成分或较多地反映语境、语用、功能等因素对结构所起的作用。

功能主义语言观及研究的侧重点决定了它在具体研究中的路子：重视实际交际中的语料，尽量少使用个人的内省语料或人造语料（区别于形式主义）；语言描写不强求形式化，认为许多语言事实，如说话的目的、各种语境因素等难以形式化；重视语义，更重视对说话人的用意的研究；重视对语用、篇章的研究并充分考虑语言使用中的语境及功能，试图从这些方面来理解形式结构；语言的共性来自人类交往行为的共同需要、规范、语境、功能等语言的外部因素。显然，功能主义语言学的许多内容都可归入言语的语言学和外部语言学。

功能主义语言学所说的从语言外部因素来解释结构规律，其含义大体指以下三个方面。

(1) 从语言的功能上来解释：语言是人与人之间信息交流的工具，语言的结构就是为信息交流的具体需要而不断自我调适的结果。

---

① 张敏．认知语言学与汉语名词短语．北京：中国社会科学出版社，1998.

② COMRIE B. Language universals and linguistic typology. Chicago：The University of Chicago Press，1981.

（2）从认知上来解释：功能学派认为人的语言能力也属于人的一般认知能力，各种语言在结构上的异同实际上是各民族认知方式差异的反映。

（3）从语言的历史演变来解释语言的共时结构，认为语言结构演变的原因有多种：有的是为适应新环境中信息交流的需要，有的是人们在认知上不断通过联想、类推等方式创造性地使用语言。

四、功能主义语言学常用的基本概念

（一）原型

原型就是不拘泥于严格的分类而着重于发掘最典型的形态，并以此典型的形态（即“原型”）为中心向外扩散，而渐次推得非典型的形态。有人曾对“鸟”的范畴进行了实验，列出了鸟的 13 种属性，这些属性包括：生蛋、有喙、有双翼和双腿、有羽毛等。鸟范畴具有原型结构，知更鸟是与其他成员具有更多共享属性的成员，所有其他成员与原型具有相似性。原型是物体范畴最好、最典型的成员，而其他成员具有不同程度的典型性（different degrees of typicality），如较之鸵鸟和企鹅，麻雀更易被确定属于“鸟”的范畴。在语言学里面也存在同样的问题。例如，名词的原型是“可数的具体的物件”，由此扩散至“不可计数的抽象的非物件”，如“成功”“理想”，甚至可以扩至事物的性质，如颜色“红”“绿”等。如此可以解释为什么后者既有名词性质，又有形容词性质这个事实。

（二）连续统

无论功能还是形式，很多情况都是无法一刀切开、截然分割的，事实上，很多分类都是人为的，而不是真实的自然现象。例如：名词与形容词之分，形容词与动词之分，在许多语言中或多或少地都是经过人为分割而存在的。例如汉语的介词与动词，就是一个连续统。比如说“用”有时用作介词，有时用作动词，有时很难说清到底是介词还是动词。无论根据哪种理论，都无法在这个连续统上的任何一点，将其自然而然地分割成两个截然不同的词类。上述两个观念其实是一个问题的两个方面，是相辅相成的。

（三）标记性

语言中的标记现象是指一个范畴内部存在的某种不对称现象。例如就“数”这一语法范畴而言，英语中的复数是有标记的（marked），单数是无标记的（unmarked）。表示“男孩”的名词 boy，复数要加-s 这一标记，成为 boys，单数不加这个-s。概括地讲，凡是有“数”这个范畴的语言，复数有标记项，单数无标记项。有关这种不对称现象的理论就叫标记理论（markedness theory）。标记理论是布拉格学派的两位大师特鲁别茨柯依和雅柯布逊创立的，最先应用于音位学，后来应用在语义和语法上，是功能主义语言学常用的概念。

（四）象似性

语言的形式，往往或多或少地反映外在世界的各种事实，这个现象就是语言的象似性

(iconicity)，根据戴浩一的研究，汉语有极强的象似性。例如“他坐公共汽车到这儿”与“他到这儿坐公共汽车”或“他在马背上跳”与“他跳在马背上”等之间的差别，都可以用象似性来解释。

（五）语法化

语法化研究语法形式来源和固化的问题，是语言学家长期关心的问题。目前语法化研究主要有两个方面：一是实词虚化，即由实义的词单位逐渐演变为虚义的语法成分的过程，偏重于从人的认知规律来探索语法化的原因。如汉语的很多介词都是从动词虚化来的。二是着重考察章法成分如何转化为句法成分和构词成分，偏重从语用和信息交流的规律来探究语法化的原因。

总之，以上这五个概念，虽然不能涵盖功能主义语言学的全部，但是几个非常基本的概念。还有很多别的概念，如“及物性”(transitivity)、“话题性”(topicality) 等也是功能主义语言学常用的概念，这里就不一一介绍了。

五、功能主义解释的实质与局限

当代的语言学家，不管是形式主义者还是功能主义者，都不满足于语言是个约定俗成的符号系统这个看法。他们都想了解语言结构所谓的“约定俗成”的原因，对于功能主义者而言，句法不是自主、自足的系统，而是由句法之外的语义、语用、篇章功能等因素形成的，句法可以由这些因素推导出来。这种解释由于涉及一些比较直观的因素，同时也涉及实际使用的语句，解释与被解释对象之间的联系比较容易掌握；然而，对于一些看来是“约定俗成”的结构，某种解释必须涉及历史上的因果关系的追溯，与现阶段人们对句法结构的知识无直接联系。另外，由于语言演变以及形式与功能之间的对应关系经常不是一对一的，因此功能与形式之间因果关系的建立并不是容易的。还有，许多功能主义解释所涉及的概念，如话题、新旧信息、焦点等并不十分精确，可以有不同的理解。除此而外，功能主义与形式主义解释面临同样的问题，他们所提出的“普遍”原则及其适用性经常是有限的，只是具有相对的普遍性或倾向性，而不是有绝对的有效性，经常经不起新语料的考验。

六、当代功能主义语言学的内部分类

目前功能语法的研究大致可以分为两类：第一类，以自然语言的功能观为基础，注重语言在交际中的作用，主要代表有韩礼德的系统功能语法（systemic functional grammar）、桑德拉·汤普森（Sandra Thompson）的话语语法（discourse grammar）、凡·瓦兰（Van Valin）的角色和指称语法（role and reference grammar）、久野璋的功能语法（主要研究主题、次主题等问题）、狄克（S. Van Dik）的功能句法（狄克、久野璋的学说因其形式化特点而成为功能主义中的异类，也被一些人归入形式主义）。第二类，认知语法：以认知为基础的功能语法，语言观本质上是功能主义的，如兰盖克（Ronald W. Langacker）的认知语法（cognitive grammar）、海曼（John Haiman）以句法象似性为中心的自然语法（natural grammar）、戴浩一的认知功能语法（cognition-based functional grammar）。

七、韩礼德的系统功能语法

功能语法各个学派中，国内介绍得比较多的是英国语言学家韩礼德的系统功能语法，这里我们也做些简单介绍。

（一）学术发展阶段

韩礼德曾跟随中国语言学家罗常培、王力和英国语言学家弗斯（J. R. Firth）学习过。这个学术背景为他日后广泛深入地研究语言学理论提供了有利条件。他的学术发展阶段大致如下。

1. 阶与范畴语法（scale and category grammar）

这个体系是他在博士论文《〈元朝秘史〉汉译本的语言》（The Language of the Chinese "Secret History of the Mongols"）和专著《现代汉语的语法范畴》（*Grammatical Category of Modern Chinese*）两部著述中提出的。他认为语言有四个范畴：单位（unit）、词类（class）、结构（structure）、系统（system），它们相互关联，无先后、主次之分。英语中有句、小句、词组/短语、词、语素 5 个单位；结构是成分在位置上有顺序的排列（说明组合关系），如冠词＋形容词＋名词；词类是指具备在一定结构位置上具有某一共同特征的词项（说明聚合关系）；系统主要说明类与类之间的选择关系。这四个范畴又和以下三个阶相联系，即级阶（rank）、精密阶（delicacy）和说明阶（exponence）。级阶表示各范畴自上而下的不同层次的联系；精密阶说明对语言描写深入细分的程度，是选择在系统中前进的方向，在上者精密度低，越往下精密度越高；说明阶表示范畴与语料的关系。

2. 系统语法（systemic grammar）

韩礼德在《深层语法札记》（Some Notes on "Deep" Grammar，1966）中提出语义的深层是可以进行语义选择的系统，深层语法应当是系统语法。其主要观点是：

（1）在系统描写时，任何一个系统中的某一个特征同时出现于另一个系统，可以是有序的、有等级的或同时的，如"陈述式/疑问式"系统和"直陈式/祈使式"系统有等级关系，如果要在前一系统中进行选择，先要在"直陈式/祈使式"系统中选择"直陈式"。

（2）系统描写是对语言项目底层语法的描写。结构不是系统的起始点，而是系统特征配置的体现。

（3）语调是不能从结构环境中预示的，但可以作为系统特征的一个体现形式，它具有与结构成分同样的抽象程度，但不是结构成分。

3. 功能语法（functional grammar）

韩礼德在《英语及物性和主位札记》（Notes on Transitivity and Theme in English，1967—1968）、《英语小句主位组织的某些方面》（Some Aspects of the Thematic Organization of the English Clause，1967）、《英语小句的选择与功能》（Options and Functions in the English Clause，1969）、《语言结构与功能》（Language Structure and Language Function，1970）、《从英语情态和语气角度看语言的功能多样性》（Functional Diversity in Language，as Seen from a Consideration of Modality and Mood in English，1970）、《语言功能探索》（Explorations in the Functions of Language，1973）、《功能语法导论》（An Introduction to Functional Grammar，1985）中全面阐述了该观点。韩礼德认为在语言的系统网络中，各个系统的起点是语言的使用者对语言的要求和语言所应具备的功能。所有文化都会在语言中反映出一些具有普遍意义的元功能或纯理功能（metafunction），即概念（ideational）功能、人际（interpersonal）功能和语篇（textual）功能。其中概念功能又可分为经验（experiential）功能和逻辑（logical）功能。对这些元功能应根据语言用途划分出若干语义功能及其相应的子系统，如：概念功能包括及物性（transitivity）系统、语态（voice）系统和归一性（polarity）系统；人际功能包括语气（mood）系统、情态（modality）系统和基调（key）系统；语篇功能包括主位（theme）系统、信息（information）系统和衔接（cohesion）系统等。

（二）六大核心思想

从韩礼德的系统功能语法中，我们可以看出贯穿于其理论的下述核心思想。

1. 纯理功能的思想

韩礼德认为语言的性质决定人们对语言的要求，即语言所必须完成的功能。这种功能当然是千变万化的，具有无限的可能性，但我们可把它们归纳为若干个有限的抽象的功能，这就是“纯理功能”或“元功能”。

2. 系统的思想

韩礼德把语言系统解释成一种可以进行语义选择的网络，当有关系统的每一个步骤一一实现以后，便可产生结构。

3. 层次的思想

语言是有层次的，至少包括语义层、词汇语法层和音系层。多个层次之间存在着“体现”（realization）的关系，即对“意义”（语义层）的选择体现于对“形式”（词汇语法层）的选择；对“形式”的选择又体现于对“实体”（音系层）的选择。

4. 功能的思想

韩礼德的功能思想属语义分析的概念。与上面所说的纯理功能不同，这里所说的功能是形式化的意义潜势的离散部分，即构成一个语义系统的起具体作用的语义成分；词汇语法中的成分或结构只是它的表达格式。

5. 语境的思想

韩礼德认为，如果把语言系统当作整体来考虑，那就必须从外部来确定对语义系统进行区别的标准，即属于同一语义类型的语言材料是否具有同一意义标记。这就要求联系社会语境或情景进行考察。

6. 近似的或盖然的思想

韩礼德从信息论中汲取了“近似的”（approximative）或“盖然的”（probabilistic）思想。语言固有的特征之一是盖然的。这种规律性特征在人们选择词汇时表现得最为明显，例如，从英语中选择表示“人行道”的词语时，有人好用“pavement”，有人好用“sidewalk”，这样，人们只能从相对频率来掌握其使用范围。

第二节 模糊语言学

一、综述

模糊性是自然语言的一种本质属性。早在古代希腊哲学中，模糊现象就引起了人们的注意。对于“什么是模糊性”，不同语言学家有不同的理解，具有代表性的是扎德（L. A. Zadeh）的模糊理论，他的定义是：模糊集合是其成员隶属度构成一个连续集的所有成员组成的一个类。

模糊语言学是模糊集合论与现代语言学相结合形成的一门新学科，它运用模糊集合论与现代语言学的基本原理来分析语言的模糊性。人类语言在其诸层次及诸方面上都存在一些与模糊性相关的问题，这就要求我们用模糊集合论去对之进行比较科学和充分的解释，人类语言的语音、语义、词汇、句法、语用以及与之紧密联系的一些方面都成为模糊语言学的研究内容。

模糊语言学的研究始于30多年前，迄今为止已取得颇为可观的成果，它的研究方法主要受扎德的模糊集论的影响。模糊集论的主要思想是集合的界限具有伸缩性，元素对集合的归属性并非一刀切。换言之，元素对集合的隶属度除了用传统方法中的“0，1”两个真值来表示以外，还可以取两值之间的任意实数来表示。

在我国，伍铁平先生是最早引进并研究模糊语言理论的学者。

二、语言的模糊性

如前所述，语言是由语音、语义、词汇、语法四大因素组成的系统，每一个因素各有自己的小系统。每一个小系统都具有自己的模糊性。下面即从语音、语义、词汇、语法这四个方面探讨语言的模糊性。

（一）语音的模糊性

所谓语音的模糊性就是指绝对正确的语音标准附近的语音系统及其变化规律。对语言中模糊语音的论述我们将分两个部分进行。首先是关于元音和辅音系统，其次则是关于音位的系统。在论述中，除了对一般的模糊性进行论述外，我们还将用模糊隶属度进行模糊分析。

从生理学角度，音素可分为元音音素和辅音音素两大类。其实，元音和辅音并不是两个普通的集合，而是两个模糊的集合。若用模糊集合的观点来处理元音和辅音，将会非常自然。如果我们把最小的语音单位音素作为元素，把人类所能发出的全部音素看作全域 Q，那么“元音”和“辅音”就是定义在 Q 上的两个模糊子集，现记为 Y 和 F。接着根据发音器官气流产生阻碍的状况，可以用实验语音学的方法，给 Q 中的每个元素 q 确定一个对于 Y 的隶属程度 u。例如，[a]、[ʌ] 等的 u=1；[i]、[u] 等的 u=0.6；[j]、[w] 等的 u=0.5；[z]、[v] 等浊擦音的 u=0.2；塞音的 u=0（以上只是用模糊集合论的思想和方法处理元音和辅音，隶属程度的取值可进一步研究）。而各音素对集合 F 的隶属程度，因为 F 和 Y 互为补集，所以 u（辅）=1−u（元）。所以对于集合 F 下的隶属程度，[a]、[ʌ] 等是 0；[i]、[u] 等是 0.4；[j]、[w] 等是 0.5；[z]、[v] 等浊擦音是 0.8；而塞音则为 1。现在，我们定一个置信水平 a，就可把“元音”和“辅音”变成两个普通集合。例如：设 a=0.7，则 [ʌ]、[a] 等归入元音，[j]、[w] 等归入辅音。如设 a=0.4，则 [j]、[w] 也归入元音了。①

下面我们再看看音位。模糊集合的理论可以很合理地解释音位的概念。若将所有音素看作一个无限元素集 Q，那么根据确定某种语言的音位的标准（如区别意义、互补原则、相似原则等），音位就是定义在该无限元素集 Q 上的有限个模糊子集。典型的音位，隶属程度为 1；其余的各变体视具体情况分别有不同的隶属程度，不属于某音位的音素，隶属程度为 0。某种语言，音位的划分与归并，比起上面元音和辅音的划分要复杂得多。我们可以采用模糊隶属度这一工具，任意给定一个音素，它应当归入哪一个音位，可以根据该音素对于哪一个音位的隶属程度较大来确定。以汉语的北京话语音系统为例，[ʌ]、[o] 是两个音位，则元音音素 [ɑ]、[ɔ]，前者对于 [ʌ] 的隶属度最大，后者对于 [o] 的隶属程度最大，所以前者应归入 [ʌ] 音位，后者则应归入 [o] 音位。

（二）语义的模糊性

模糊语义是指语言单位的意义所指对象的范围不易确定，对其所指对象的观照上有朦胧不清的地方。模糊语义是主客观共同作用的产物，是主观见之于客观的现象。

语言的模糊语义最重要的是模糊词义，因此下面主要谈谈语义系统中词义的模糊性。所谓模糊词义就是指有些词的意义所概括的范围没有明确的界限。例如，“高”所概括的范围没有明确的界限。

1. 模糊词义的类型

从意义角度，模糊词可分为名词性模糊词、形容词性模糊词、副词性模糊词、代词性

① 以上隶属程度取值参见：张黎．模糊语义刍议．北方论丛，1986（6）．

模糊词等。名词性模糊词，如英文的“morning”是表示时间的名词，它和名词“night”之间词义上没有一个严格的界限。又如：颜色词“red”、方位词“北方”“亚热带”等，它们的具体界限都是不存在的。

形容词性模糊词，例如“长”和“短”，“深”和“浅”，“高尚”和“卑鄙”等，它们的精确程度都很难确定。

副词性模糊词，例如“很”“最”“非常”“稍微”等，它们的确切的界限无法确定。“正在”“目前”“现在”“过去”，它们的确切时间界限也不能确定。

代词性模糊词，例如“那里”和“这里”二词，它们分别在什么样的确切距离下采用，我们无法确定。

2. 模糊词的结构分类

模糊词的外延分为上、下两限，据此我们可把模糊词分为三类：第一，外延的下限无明确界标，上限则有一定限度的模糊词。例如，“高个子”的上限可以是世界上最高的成年人，而其下限则不能确定，这是因为它的下限处于与“中等个”相交的“模糊区间”之中。第二，外延的上限无明确界标，下限却有一定限度的模糊词。例如“冷水”的外延下限可以定为最低的水温，而其上限处于与“温水”外延相交的“模糊区间”。第三，外延的上限和下限均无明确界标的模糊词。例如，“中年”一词，因为它的上下限都处于“模糊区间”内，所以都没有明确的界限。

（三）词汇的模糊性

对语言中的模糊词汇，我们主要谈谈词和“非词”之间界限的模糊性问题。

其实“词”和“非词”（即语素和词组）是两个模糊集合，它们之间确切的界限是不存在的。如果把某种语言（比如现代汉语）里的每个语素看作元素，全部语素看作全域 U，那么“词”（能独立使用的语素）就是定义在 U 上的一个模糊子集。对于这个模糊子集来说，每个语素，根据一定的语法关系及其他条件，都有一个隶属程度 u。以名词性的语素为例，名词性的语素可以根据三种语法关系：一是能否放进“数—量—名”结构，二是能否单独做主语，三是能否单独回答问题和其他特殊条件，逐个确定名词性的语素对于“独立语素”（即词）这一模糊集合的隶属程度。比如：

“人”“笔”这类语素完全符合上述三个条件，其隶属程度定为 1；

“夏”“氧”这类语素在书面语里（“氧”在科技文章里）可以单独做主语，不符合第一和第二个条件，其隶属程度应低于 1，可定为 0.8；

“民”“言”这类语素也不符合上述三个条件，而只能在某些固定词组（成语、谚语）中相对独立使用，如“劳民伤财”“三言两语”等，与上面的词比较，范围更窄、限制更严了，故其隶属程度可定为 0.5；

“劳模”的“模”，“公厕”的“厕”这类语素只能在简称、略语中相对独立使用，其隶属程度更小，可定为 0.2；

“蝴蝶”的“蝴”，“骆驼”的“骆”可以看作没有独立性的例子，隶属程度定为 0。

从以上的讨论我们可以清楚地看到，“词”与“非词”之间并不存在一条“一刀切”的明确界限，而是处于渐变的状态，“词”与“非词”的界限是模糊的。

（四）语法的模糊性

语法的模糊现象其实并不罕见，关于模糊语法的讨论开始于20世纪70年代。运用模糊理论可以解释语法中的模糊现象。例如，康姆里（B. Comrie）讨论了主语、名词和形容词范畴的模糊性。而迈耶（C. Meyer）指出同位式的范畴也是模糊的，因为同位式、补足式以及并列式之间的界限是模糊的。罗斯（J. R. Ross）对模糊语法研究的贡献很突出，他认为名词性词组的界限是模糊的。此外，拉波夫（W. Labov）对模糊语法的研究也有一定的代表性，他把模糊集理论应用于语法范畴界限的研究。

以上是对模糊语法的简单综述，下面我们将从词法、句法等层面进行具体论述。

1. 词法中的模糊现象

词法的主要研究对象是词的语法范畴和语法形式，形态问题是其中心问题。下面我们将主要就词类的模糊性展开论述。长期以来，词类的划分一直是语法研究的中心问题，争论很多，其中的原因之一就是各词类之间存在模糊现象。下面以名词与动词间的模糊为例加以论述。

请看下面的例句：

（1）We found some paintings.（我们发现了一些画。）

（2）Brown's deft painting of his daughter is a delight to watch.（当布朗以娴熟的技巧画他女儿时，在旁观看是一件乐事。）

（3）Brown's deftly painting his daughter is a delight to watch.（同上例）

（4）Painting his daughter, Brown noticed that his hand was shaking.（当他画他女儿时，布朗注意到他的手在抖。）

（5）Brown is painting his daughter.（布朗正在画他的女儿。）

显然，（1）中的painting可以用“pictures”或者“photos”来代替，因此它是十分典型的具体的可数名词，它们与动词“paint”的关系只是构词上的关系。

（2）中的painting，还是名词，因为它不仅有所属格，还有形容词deft，但是它不能用“picture”或者“photo”代替，只能用抽象不可数名词来代替。因此该句中的painting是抽象不可数名词，它们是这样形成的：在名词短语前在动词后加-ing，插入of，该名词短语可以被看作逻辑主语或逻辑宾语。

因此，该painting可以称为动词性名词。

（3）中使用了所属格Brown's。但是没有使用（2）中的形容词deft，使用的是副词deftly，从而增加了painting的动词色彩，用名词短语his daughter取代了of短语，显然是做painting的逻辑宾语，但由于仍有所属格Brown's，painting仍具有名词的特性，因此该句中的painting是动词和名词特性的混合物，我们可称之为动名词。（4）中，painting已经完全是现在分词了，动名词的痕迹不见了，但painting并没有用作主要动词。而（5）中的painting已变成主要动词，与is一起构成句子的谓语。

总的看来，从（1）至（5），painting的名词性由强变弱，动词性由弱变强，逐渐过渡，意义比较模糊，其模糊程度取决于painting对名词或动词的隶属程度。

以上以painting为例说明了英语中名词和动词之间存在模糊区域，其实在汉语中这类现象也很多，例如“建设”一词，既可以做名词，也可以做动词。

2. 句法的模糊性

（1）宾语和状语之间的模糊性。

在句子“They walked fifty miles that day.”和“The box weighs eighty pounds.”及“The book only cost me thirty cents.”中，一般认为谓语后面的名词是状语而不是宾语，原因有两个：第一，这些程度和量度名词短语出现在量度动词后面，所以都不能用于被动句中；第二，对这两种短语都能用 how far 或 how much 提问。但实际上，这些表示程度的短语有时也可以在类属句中做被动句的主语，例如：“A mile can't be run in two minutes.”而且对量度短语也可以用 what 来提问，如：“What does it cost?”可见它们既不单纯是状语，也不单纯是宾语，而是处于状语和宾语这两种语法范畴之间的过渡，可见状语和宾语之间界限不是清晰的。

（2）主句与状语分句间的区别也不是一刀切的。

我们认为主句与状语分句间的区别是模糊的，如转述分句，由于它们可以用 what 提问，并引出直接引语作为其回答，如无直接引语做宾语句子结构就不完整，因此可被分析为主句；但同时，转述分句也可被分析为状语分句，这是因为像大多数状语一样，转述分句可放在各种位置上。可见，转述分句既有主句特点又有状语分句特点，而这一现象正证明了：与状语分句之间存在亦此亦彼的现象，即模糊现象。

在此，我们主要以英语为例讨论了语法的模糊现象，由于能力及篇幅有限，只能略举几个例子，但这并不意味着所得结论不具有普遍意义。比如，汉语语法也同样存有模糊性，例如：汉语中的实词与虚词以及名与动、名与形、形与动等各词类之间的分类大都是模糊的。另外，词素与词、词与词组、词组与句子之间等，也都存在模糊现象。

三、言语的模糊性

以上讨论了语言范畴中的模糊现象，以下我们将具体分析存在于言语范畴中的模糊现象。

（一）言语的模糊语音

言语的交际过程实际就是发音器官播出信息和听觉器官接收信息的过程。一般来说，这个过程是通过语音完成的。但是在实际交际过程中，完成播出信息任务的发音器官有时很难甚至不可能将信息准确无误地传递给接收信息的听觉器官；同样，听觉器官也很难甚至不可能完完全全地接收播出的信息，因此，便有了言语中的模糊语音。如：汉语中的“埋”“麻”“忙”这三个字，用国际音标来描写它们的舌面元音，其音素是不同的：“埋（mɑi）”中是前元音，描写为［a］；“麻（mɑ）”中是中元音，用［ʌ］来描写；而“忙（mɑng）”中则是后元音，应用［ɑ］来描写。可是在实际的交际过程中，发音器官和听觉器官很难甚至不能完全将它们分辨出来，可见在交际过程中的语音常常是模糊的，但是必须指出的是，这种模糊并没有妨碍信息的正常传递，更没有影响我们日常的交际。

前面我们已谈过元音音素和辅音音素具有各自不同的共性，但在实际发音中，元音与辅音的界限不是清楚的。从生理上看，它们的区别主要是看有无阻碍，而有无阻碍在发音时是很难掌握的，半元音既有元音的特点又有辅音的特点；从物理上看，区别主要为有无噪音，而噪音和乐音的界限也不是绝对的。此外，在元音中，我们不难看出，决定一个元音的音质是由舌面或舌尖的高—低、前—后，以及圆唇—不圆唇决定的，但我们在言语的具体发音时很难做到精确。例如：高到什么程度算高、低到什么程度算低、前到什么程度算前、后到什么程度算后、圆到什么程度算圆都不是非常清楚的，因为它们本身就是模糊的。同样，在发辅音时决定因素是发音部位和发音方法。发音部位中，形成阻碍的所谓舌面前、中、后，舌尖前、中、后，发音方法的清与浊、塞与塞擦、送气与不送气之间等都很难划出一条绝对的界限。我们在发各种音素时，都不能做到绝对精确。即使发同一个音素，两次发音都只是相似，而不能绝对相同。布拉格学派把音素归入言语并非没有道理。音素是无穷的，每次发音都是一个音素。当然我们用来标记音素的有限的国际音标符号可以认为是属于语言的，这些符号只是一些模式，代表一个范围的音素。这些范围之间大都很难划出清晰的界限。因此，在记录具体发音时，我们常常添加一些严式符号来增加清晰度、减少模糊度。

言语的模糊语音在语流音变上也有明显的表现。如前所述，所谓语流音变，就是语言单位的读音进入言语之后，其中一个音由于受到前后音或者各种因素的影响而在发音上产生某种变化。常见的语流音变现象有：同化、异化、弱化、脱落、增音等。由于语流音变而产生的语音模糊现象是常见的，例如：英语的“I have been”，在交际中，常常说成“I've been”，显然它的音素有了变化。语流中的音变现象免不了会产生模糊现象，但是由于这种音变处在连续的语流中，因此它被前后语境制约着，所以它本身有确切的含义，不会影响交际。

还有一点要指出的是：在说话时，发音的标准和不标准之间也没有绝对的界限，比如在普通话测试中，即使根据“三级六等”的标准，有时不同的老师对同一个学生也会给出不同的评定（当然，“三级六等”本身的界限也不是很清楚的）。又如，生活中有些人的发音，说它合乎规范，它却与标准音不同；说它错误，它又能为听话人理解。总而言之，言语中模糊语音现象很普遍。

（二）言语的模糊语义

在这部分中，我们将从言语的模糊句义、言语的模糊词义以及语义演变中的模糊现象这三个方面展开描述。

首先，我们要谈的是言语的模糊句义。

含模糊词句子的句义常常是模糊的，例如：“他是一个高个子”，因为“高个子”一词词义具有模糊性，所以整个句义也带有了模糊性，也就是说句子并未能说清他到底有多高。上文已详细讨论了模糊词，这里不再重复。

其次，我们来看言语的模糊词义。

这里所说的言语的模糊词义是与语言的模糊词义对应存在的。前面就概念义讨论了语言的模糊词义，以下主要结合感情义、风格义、搭配义具体阐述言语的模糊词义。

所谓感情义是附着于理性意义之上的人们对客观事物的主观评价和态度，主要包括喜爱、憎恶等。每种语言都有褒义词和贬义词，比如汉语中的“雄心”和“野心”，它们的理性意义基本相同，只是前者是褒义的，内含说话者的喜爱、赞许，而后者则是贬义的，反映了说话人的厌恶与不屑。但是同时，感情义也是不确定的，即褒与贬之间不能一刀切。再以上面的两个词为例，它们在英文中都用“ambitious”表示，“ambitious”是褒是贬，要看它所描述的人。但是由于主观认识和评价的不定性，在很多场合中这个词并不明显地带有褒或贬的感情色彩。换句话说，在贬与褒之间，这个词有一个模糊的变化区域。如褒义词“generous”可以表示不同程度的慷慨大方，它与不慷慨的界限不能确定，其决定因素常常是说话人的主观评价或判断。比如有这样一种情况：一个吝啬鬼因为偶尔施舍一个乞丐几次而被这个乞丐认为是“generous”。可见，“generous”与“stingy”的感情义是模糊的。

所谓风格义就是词的风格色彩或语体色彩，根据交际环境的不同，我们可将语言分为正式、非正式、亲昵等。以英语的“horse”和“steed”为例，它们都表示“马”，不过前者是一般用语，而后者主要用于诗歌文体。它们的区别只在于它们的风格意义。可是这种区别也不是可以一刀切的。语言中的大多数词既可以出现在正式文体中，也可以出现在非正式文体中。在正式和非正式之间存在着一个渐进的、模糊的中间阶段，因而，许多词的文体意义是模糊的。之所以如此，是因为这些词没有可以明确确定的文体意义。

搭配义是指在语言单位的使用中，由固定的组合关系而产生的意义，如“姿势”和“姿态”，理性意义大致相同，但搭配意义不同，前者强调的是静态，后者强调的是动态。

但是，在许多情况下搭配义的区别不是绝对的，而是模糊的。例如，都可以表示“漂亮”的 pretty 和 handsome，它们搭配义的区别是：pretty 经常与 girl、woman、flower 等连用，而“handsome”则常与 boy、man、car 等连用，但二者之间的区别不是绝对的，例如我们可以称“仪态端庄的女人”为“a handsome woman”。

最后，我们再看看语义演变中的模糊现象。

语义的演变就是指语义在不同历史时期所发生的变化，在语义演变中，由于各种原因，如社会原因、历史原因等，有可能精确词变为模糊词，模糊性较少的术语变为模糊性较多的术语。由此可见，在语义演变中，模糊现象并不少见。比如汉语中的“叔叔”一词，原本指有血缘关系、与父亲同辈但年纪较轻的男子。可是看看现在的“叔叔”一词，例如“张叔叔”“王叔叔”“解放军叔叔”等，显然已经失去了血缘关系和年龄的限制，含义已十分模糊了，也正是因此，在日常交际中，我们很难决定对某人是应该称叔叔，还是称呼哥哥。

（三）言语中语法的模糊性

如前所述，许多语法范畴的含义有模糊性。其实在言语交际中，语法同样存在模糊现象。这是因为语法范畴的存在必然要求我们在交际中遣词造句要合乎语法。可是，合乎语法与不合乎语法之间并无截然分明的界限。例如“专家所到之处，受到群众欢迎”一句，说它的句法规范，它却与标准句法并不相同；说它错误，它又能传递信息，为别人所理解。这说明它在句法上并不是完全错误的。此外，复句、句组、句段、篇章这些言语语法的范畴之间的界限也是很不清楚的。以篇章为例，一般来说，比句子大的结构只要具有粘连性、连贯性，都被看成篇章，但是它与句组之间的界限不能一刀切，何况粘连与不粘连、连贯与不连贯之间也很难划出一条精确的界限。

（四）交际中模糊语言的运用

以上我们谈的是言语范畴中存在模糊现象，以下我们看看，在言语交际中，人们对模糊语言的运用。

当然，在言语交际中，语言的精确性是必不可少的，但是有些情况下，也需要模糊。例如：请别人帮忙找一个他不认识的人时，如果你准确地说出被找的人的身高 170 厘米，腰围 90 厘米，鼻高 3 厘米……那么你恐怕找不到要找的人；相反，如果你使用“高个儿、胖子、高鼻子、大耳朵”等模糊词，结果可能就不同了。

其实，在言语表达中模糊语言有精确词语难以企及的魅力。

利用模糊语言的例子在文学作品中其实不胜枚举，而且有时运用模糊语言的效果要比用精确语言好得多。譬如，脍炙人口的美丽诗句：“从别后，忆相逢，几回魂梦与君同。”如果改用精确词语：“从别后，忆相逢，十一回魂梦与君同。”这不就有点煞风景了吗？又如苏轼的名句：“我欲乘风归去，又恐琼楼玉宇，高处不胜寒。”这句也是运用了模糊词语，如果改用精确词：“我欲乘风归去，又恐琼楼玉宇，十楼不胜寒。”这不就味同嚼蜡了吗？

四、结语

马列主义经典作家曾告诉我们：既要承认非此即彼，也要承认亦此亦彼，应该在对立中注意模糊的中介。事实也证明，事物在发展过程中，存在大量的中间状态，从而形成了模糊地带，我们既要重视处于对立两端的事物，更要重视由一方向另一方过渡时出现的中间状态。

扎德提出的模糊理论引起了人们思维上一次巨大的变革。我们在语言和言语中、语言系统的各个子系统中都看到了大量的模糊中介地带，本节主要从言语范畴（动态）和语言范畴（静态）两个角度，对语言学的模糊性进行了探讨，从而得出语言和言语具有模糊性特点、模糊理论在语言研究中具有普遍意义的结论。在讨论过程中，只是做了很粗浅的分析，很多内容限于篇幅没有展开详细的讨论。

但是毋庸讳言，模糊语言学这一课题的研究方兴未艾，我们相信，模糊性无论对于语言还是言语都具有重大的价值，随着研究工作的深入，模糊语言学将取得更多的成果。

第三节 社会语言学

社会语言学（sociolinguistics）是联系社会因素研究语言的一门学科。

语言是一种社会现象，存在于社会中的各种因素都可能对语言产生影响，使语言产生变异；社会语言学正是力图通过研究社会现象对语言产生的影响及其结果，从而更深入地揭示语言的本质属性。由于社会语言学中引进了语言自身系统之外的许多因素，拥有新的语言观，并接纳和使用了新的研究方法与研究步骤，所以社会语言学呈现出交叉语言学的典型特征。

一、社会语言学的兴起

社会语言学是在20世纪60年代才兴起的一门新的学科。社会语言学的出现有其特殊的社会背景和学术背景。

(一) 社会背景

从第二次世界大战结束到20世纪60年代的短短20年间，世界发生了巨大的变化。从全世界来看，民族解放运动和人民民主运动逐渐高涨，科学技术迅猛发展，对人们的文化知识水平提出了更高的要求。不论在哪个国家，都涌现出了一系列亟须解决的社会问题。比如资本主义国家的失业问题、犯罪问题、种族歧视问题等，这些问题需要政府通过制定合理的政策、增加就业机会、普及文化教育来解决。而在新独立或解放的民主国家里，如何处理民族语言与共同语的关系、制定合理有效的语言政策、规范民族共同语，也是其面临的艰巨任务。这些情况使社会语言学的研究工作显得异常重要。

从社会语言学最先出现的美国来看，美国是一个移民大国，民族成分十分复杂，存在大量的种族、文化、语言的差异，第二次世界大战促进了人民的觉醒，他们开始反对种族歧视、反对阶级偏见和争取民族平等。这一切都对联系社会来研究语言问题提出了迫切的要求，也吸引了学者的研究兴趣。

(二) 学术背景

20世纪五六十年代也是交叉科学兴起的年代，各学科间的渗透、交流和相互影响越来越普遍。语言学的研究深受这种趋势的影响，开始进入一个与其他学科互相渗透融合、互相影响的时期。

回顾语言学发展的历史，我们可以看到，社会语言学的产生是语言研究发展到一定阶段的必然产物。语言学自产生以来，一直十分重视对语言自身的研究。从最早的语法研究到历史语言学、历史比较语言学，语言学者们的兴趣大都只存在于对语言的内部结构进行探索上；而自索绪尔提出区分语言和言语以来，特别是结构主义问世以来，语言学者更是专注于研究语言的语音、语义、语法等内部要素，忽视了语言在整个社会中所处的地位，忽视了社会因素对语言的巨大影响。因此，虽然长期以来的语言学发展使人们对语言的内部结构有了较为深刻、全面的认识，但这些研究却因为脱离了实际的社会生活而显得不够完善，无法解决社会生活中的许多实际语言问题。而形式主义不但继承了研究语言系统内部问题的传统，更着重探求语言的普遍性和共性，不注意语言在社会中的变异和差别。正如乔姆斯基曾经说过的，他的语言学研究的是语言的生成能力而不是语言的运用。但现在，随着时代和社会需要的发展，人们越来越认识到，进行“纯语言”的研究是有缺陷的，语言作为一种社会交际工具，具有重要的社会属性，应联系社会研究语言。所以在这个时候，改变语言学研究方向，联系社会来研究语言从而有效地探索语言的差别和变异就成了语言学研究的一条重要思路。而这一时期其他社会科学和人文科学如社会学、人类学、心理学等的发展也为社会语言学提供了不少可以移植或借鉴的方法和概念。在这种情况下，带有边缘学科性质的社会语言学获得了充分的生长土壤，开始了迅速的发展。

“社会语言学”这一术语早在1952年就由库里（Haver C. Currie）在一篇论文中提出了。但这个术语得到真正的确立还是在20世纪60年代。1964年，第一次社会语言学的会议在美国加利福尼亚大学洛杉矶分校召开。同年，另一次社会语言学家的讨论会也在美国印第安纳州立大学语言学院召开。可以说1964年是语言学研究上的一个重要的转折点，它标志着社会语言学这一术语的真正确立，标志着社会语言学作为一门学科的形成。

二、社会语言学的语言观和研究对象

普通语言学的奠基人索绪尔不但提出了著名的“语言”和“言语”的区分，还提出区分“内部语言学”和“外部语言学”。对语言学“内部”和“外部”的区别也有着重要意义：“内部语言学”侧重研究语言的内部结构系统，“外部语言学”则侧重联系语言系统以外与语言相关的一切因素研究语言。我们可以说，在社会语言学之前的各个语言学发展阶段，语言学家们大都主要致力于对“内部语言学”的研究，而社会语言学则把对语言的审视目光从语言内部移到了外部。

（一）社会语言学的语言观

总的来说，社会语言学认为语言是一种社会现象，重视语言的社会属性，重视联系社会因素考察语言。社会语言学家认为，语言和社会是互相依存的。语言的起源离不开社会，语言是人们在集体劳动中因交流思想的需要而产生的。原始社会生产力低下，交际是集体协作的迫切需要，当手势、身势、叫喊和刻划都无法满足频繁交往的需要时，语言便应运而生了。人类社会的产生就伴随着语言的产生，语言从一开始就是一种社会现象。社会的发展变化也促进着语言的发展变化。无论是语言的分化、统一还是消亡、转移都与人们的社会活动密切相关。因而，从社会因素着手去考察语言是社会语言学的特点。

社会语言学认为语言作为一种社会现象，是受各种社会因素如文化、信仰、民族、阶级阶层等影响的。对这里的“语言是一种社会现象”，我们不能简单地理解为“一个社会有一种语言，一种语言总是依存于一个社会”，社会语言学所理解的“社会”是以各种社会关系联系在一起的各式各样的大大小小的群体。每一个这样的群体都具有不同于其他群体的一些特征，比如老年人群体、年轻人群体、知识分子群体、工人群体。这些群体可能是交叠的，群体中的某个个体可能同时属于好几个群体，比如一个年轻工人就既属于年轻人群体，又属于工人群体。

社会语言学通过这样认识社会和社会群体，勾画出这些群体的特征和界限，可以进一步找出这些群体中的成员使用语言的特征，从而对语言现象做出解释。对社会语言学家来说，研究语言的含义还包括研究社会成员在现实的社会环境中，在不同的社会场合里、不同的交际目的下，不同地运用语言的社会活动，即他们的言语活动。

（二）社会语言学的研究对象

1. 研究对象

社会语言学的上述语言观决定了其研究对象是语言在不同社会群体中、不同的社会条件中所产生的变异。有的学者把社会语言学的研究对象又分为两类。一类从宏观来说，指的是从民族、社会的角度来看的语言的变化、差异，其中包括语言的规划、民族语言文字的创制、语言政策的制定等，比如如何处理双语现象，如何确立民族共同语，如何处理少数民族语言和共同语的关系；一类从微观来说，指的是语言在社会条件下所产生的各种变异，包括研究各种语言社团的语言变体和具体环境下的语言运用情况，比如不同行业的语言社团里语言的变异情况，或不同年龄、性别的语言社团里语言的变异情况。总的来说，语言的社会变异就是社会语言学研究的主要对象。

其实语言的变异研究并不是从社会语言学才开始的，因为以往语言学的研究往往也都需要做出“相同”或是“不同”的判断。比如在传统的音位学中就常常需要判定两个从发音角度来看不尽相同的音素在某一语言中是否被认为是相同的音。例如“掰”“白”“摆”“败”这几个发音对于说汉语的人来说是显然不同的，但是对于母语是无声调语言的人比如英国人来说，这几个音节的不同音高变化是没有什么意义的，这几个音节可以都等于“bye”。对于差异的研究虽然早已经存在，但传统语言学却很少联系语言的社会环境来研究语言的差异，他们关注的差异仅限于语言结构系统内部。而在社会语言学中，只有“社会性”的变异，即由社会因素引起的变异才是特别受到重视的，这里就包括语言社团内部各种由社会条件所限制的集体性变异，以及各种由特殊社会身份所造成的个人变异。在后一种情况中，其研究的重点仍然是社团成员与社团的关系所反映出来的有关社团内部组织的一般规律，而不是强调个人的特殊性，更要排除非社会性的，比如生理性的个人因素。

2. 几个重要术语

对于社会性变异的称呼方式，社会语言学界沿用的是由英国语言学家赫德森（R. Hudson）提出的一套重要概念。其中最核心的一个是“变体”（variety）。“语言变体”可以用于指称各种层次上的语言单位，它的定义被描述为“一组具有相同社会分布的语言形式”。任何一个“语言变体”都有一个相应的语言社团作为它的存在区域，即“社会分布”。“变体”这一概念可以充分地取代许多不够精确和精密的术语，比如“方言”“地方话”“流行语”“行业用语”等，从而形成社会语言学的一套客观科学和严谨的术语体系，比如“社会变体”“地域变体”“功能变体”，它们分别指的是跟说话人社会身份、所在地域、语言使用场合有关的语言变异。和“变体”相关的两个概念是“语言变项”（linguistic variable）和“变式”（variant）。语言变项指的是在相关语言变体中有不同实际表现形式，从而起到区别变体的作用的项目。一个变项总是由一组变式组成。比如我们假定有两个不同社会阶层的语言变体，在指称同一事物时一个阶层用A来表示，一个阶层用B来表示，那么这里对此事物的指称方式就是变项，而A与B则分别是这个变项的两个变式。

三、社会语言学的研究方法与步骤

除了带来从内部语言学向外部语言学的研究转向，拓宽了语言学的研究领域以外，社会语言学对语言学的贡献还在于它为语言学的研究引入了全新的研究方法和观念。

社会语言学家对语言的研究极多地采用了社会科学和自然科学的研究方法——定量研究、收集语料、抽样调查。

（一）定量研究

定量研究本来是自然科学研究常用的方法，是从一个变项出发来看另一个变项，看两者间有什么相关性，有没有因果关系，比如植物的日照时间长短和生长速度快慢就是两个具有相关性的变项。社会语言学家吸收了自然科学的定量研究方法来研究社会变项和语言变项的关系。比如把一个人的社会地位高低作为一个社会变项，把某个语音的发与不发看做语言变项，那么研究的问题就是，社会地位的高低和发不发这个音之间有没有关系，是不是相关。

在定量研究中，首先必须确定社会变项。例如划分社会阶层，就是要确定社会阶层这一社会变项中有哪些变式，如下层、中层和上层。年龄也可以是一个社会变项，在这个变项中可以划分出青年、中年、老年三个变式。可是怎样为变项的各个变式做出具体归属呢？比如：如何对一个人的社会地位做出有效的定义？换句话说，什么样的人属于中层，什么样的属于下层或上层呢？主要有两种标准：一是客观衡量标准，一是主观衡量标准。

客观衡量标准：指的是研究者通过对社会实际存在的层次观察指标来确定一个人的社会层次。一种方法是“地位特征指数”（index of status characteristic，简称 ISC）测量法。这种方法包括衡量教育程度、收入、住房情况等一系列社会因素，然后把这些等级综合起来就得到一个指数。

主观衡量标准：这是由万纳（P. Warner）提出的一种“参与估价法”（evaluated participation，简称 EP），假设社会成员总是有意无意地把别人划分到不同的阶层中去。研究者可以问他们互相如何看待，应该属于哪一个阶层，也可以问他们自己认为自己属于哪一个阶层。

（二）收集语料

收集语言材料在社会语言学研究中是十分重要和关键的一环。社会语言学家们想要收集的是人们在相当自然的情况下不自觉地使用语言而产生的话语材料，所以他们往往采用以下一些方法来获得实际话语材料：

1. 即席谈话

即席谈话是一种十分自然随意的方式，能够使被调查对象处于十分放松的状态，从而不自觉地用自己最习惯的方式说话。社会语言学主将之一拉波夫曾指出：我们必须观察人们如何在不被观察的情况下说话的情形。

语言学家通常用录音来取得语料，但录音可能会使被调查对象感到不自然，说出来的话和平时实际说的话可能不一样，所以在谈话中调查人会尽量引导说话人把注意力集中在谈话的内容上，而不要注意说话的方式。他们鼓励被调查对象说话，即使偏离话题也无妨。

2. 直接提问

即席谈话中可能无法获得我们想要的语言材料，所以有时候调查人采用直接提问的方法来检查被调查人的语言使用情况。

3. 重复法

重复法就是模仿测试，即让被测试、被调查的人把调查人说过的句子重复一遍。这种方法常用于儿童语言能力研究。

4. 结构诱导

社会语言学需要的一些语言材料可以用结构诱导的方法来得到，即填充法。

5. 朗读

为了对正式和非正式的风格进行比较，常常进行朗读试验，然后将朗读时得到的材料和在其他语言环境中得到的材料进行比较，从而看出风格的变化。朗读的内容可以是一段文字，其中有目的地放进一些挑选出来的语言形式。此外，孤立的句子、成对的词语都可以用来进行有意识的结构诱导。

6. 主观反应的诱导

在某一语言社团中，人们对于方言或各种语言变体的差别有什么样的看法，及人们对于某一种语言的社会价值的主观反应（态度）也是很重要的。社会方言的存在很大程度上缘于人们认为它们有差别，因此要对社会方言进行充分的描写就不能不考虑人们对各种语言的主观态度。测量人们对语言差别的主观评价的方法多种多样，常用的方法是问卷法。另一种重要方法是"配对变语法"。请一个两种语言都说得很好的人来录音，然后告诉被试人，说这是两个人，并且要求被试人来判断说这两种语言的人有哪些特征。

7. 快速匿名调查法

这是拉波夫 1966 年在纽约进行的一次小规模的调查研究时使用的方法，该项研究后来成为一个更全面的调查的试点部分。研究的语言变项是 r 这个音。他假设，现在纽约人对元音后的 r 赋予比较高的社会价值，因此社会地位高的人在比较正式的社会场合会发这个音。为了证实这个假设，他选择了纽约的三家百货公司，它们分别为高档、中档和低档。他到这三家百货公司去一个一个地问售货员卖某种商品的部门在几楼，目的是要引出售货员说：在四楼（fourth floor）。他对同一个人问两次，第一次比较随便，他假装没有听清楚，再问一次。第二次售货员会比较注意，说得比较正式。这样从每个人那里得到两次回答。这些人可能两次都不发 r 音，可能两次都发，或者一次发，一次不发。这样就可以比较出社会层次比较高的公司和较低的公司中人们发 r 音的不同情况，他最后得到的结果证实了他的设想。这样的方法就是快速匿名调查法。

（三）抽样调查

从调查范围来看，一般有个案调查、普遍调查和抽样调查三种，最常采用的是抽样调查。抽样调查就是抽出整体的一部分进行调查，一般采用随机取样的方法。取样就是在某一范围内抽取少量样本，这一范围就是研究的对象。随机的意思是虽然大部分人没有被实际抽到，但是在该范围内，每一个人都有被抽到的均等机会。但是，这种结果只是一种概率的统计，带有误差。用什么样的筛选方法抽样要取决于研究的目的。

（四）研究步骤

社会语言学家对社会语言变异现象的研究一般包括以下几个步骤。

1. 选题，确定调查变项

确定研究课题，对需要调查的课题进行初步了解，建立调查假设并对它做出理论解释。正如前面拉波夫的调查实验中，他就事先通过对课题的初步了解做出了这样的假设：纽约人对元音后的r赋予比较高的社会价值，因此社会地位高的人在比较正式的社会场合会发这个音。

2. 拟定调查提纲与制定调查指标

这个步骤包括选择调查对象、确定调查范围、设计调查表格、安排调查日程等几个方面。其中制定调查指标是最重要也是最复杂的一项工作。指标是揭示和语言变量相对的另一变量间相互差异的具体标志，比如在调查青年人某种语言现象差异时，他们的学历、工作、生活环境、父母职业都可能应该视为指标之一。在语体研究中，有一个成功的指标设计是关于人们在不同语境中对自己话语注意程度的差异的，具体分为四级：（1）朗读词语表；（2）朗读短文；（3）谈话；（4）在正式谈话间隙随便地聊天。这个指标设计在各种语言的语体调查中都显示出了成功，从（1）到（4），正式程度越来越弱，成为区分正式语体和随便语体的重要依据。现在，这个指标在研究各平面上的差异与语体的相互关系时得到普遍的使用。

3. 收集语料

一般是以抽样调查的形式，用一定的方法如谈话、快速匿名调查等来收集语言材料。

4. 对收集到的语料进行统计分析

在调查完毕之后，必须对调查得到的语料进行数学统计和数理分析，将结果数量化，计算出数值，然后制作为直观的图表。

5. 对结果进行解释

研究者在调查结果直观化之后还须对这个结果做出一定的解释，联系社会历史、文化、习俗及其他因素说明这种情况产生的缘由。

四、社会语言学的重要研究课题及成果

（一）语言的地域变体

前面说过，变体是社会语言学研究中极为重要的一个概念，它指的是一组具有相同社会分布的语言形式。我们可以从地理的角度来审视语言形式的社会分布，这样得到语言的地域变体即方言。传统上对语言的地域变体的研究也就是方言学的研究。方言的意义可以从两个不同的角度去看它：一个是从结构去看，一个是从功能去看。从结构上去看，如果我们说某语言有三个方言，那就意味着它们是三个在结构上可以辨别的不同系统，而且可以证明它们具有同源关系。从功能上去看它，我们可以说这三种变体都各有自己的通行地区，而这三种变体的共同语则能够在这三个地区都发挥作用。例如，汉语一般被认为包括八个方言体系：北方方言、吴方言、湘方言、赣方言、客家方言、粤方言、闽北方言、闽

南方言（现在有人又加上晋方言、平方言、徽方言）。北方方言区包括中国长江以北的地区以及西南地区，吴方言区包括江苏和浙江地区，湘方言区在湖南省，赣方言区主要在江西省，客家方言区以广东东部和北部为中心，粤方言区分布在广东和广西，闽北方言以福州话为代表，闽南方言以厦门话为代表。

划分方言应该综合考虑以下三个标准：语言标准、历史标准和社会文化标准。语言标准的含义是“相似”：这些方言彼此之间虽然有差别并各自构成一个系统，但是它们在语音方面有一定的对应关系，语法和词汇方面又有许多相同之处。历史标准的含义是“同源”：方言间往往具有同源关系，而且在历史发展过程中互相影响、互相渗透。社会文化标准的含义是在确认某种语言的方言时还应该综合考虑社会、文化等因素，比如印度的印地语和乌尔都语，以及塞尔维亚语和克罗地亚语，无论从使用的人口数量还是法律的角度来讲，都被公认为不同的语言，并非方言，然而这些语言在语法方面却几乎是相同的。又比如在荷兰和德国边境上，那里的方言分别被认为是荷兰语和德语的方言。标准荷兰语和德语的差别相当大，但是边境地区的这两种方言却相当近似，相互之间比它们与各自的标准语的关系更加紧密。由此我们不难看出，方言与社会、政治、文化等因素有着相当大的关系。

标准语是与方言对立的一个概念。标准语不仅是各方言地区之间互相交际的工具，而且是各方言的标准，对各方言产生重要的影响。标准语往往是在某方言的基础上建立起来的，比如普通话就是在北方方言的基础上建立的。标准语是社会里威望最高、可用于一切场合的语言变体。

（二）语言的社会变体

语言的社会变体在语言的各种变体中是十分重要的一种。社会变体指的是由人们结合成各种不同的社会群体所引起的语言变异。社会群体的内涵其实是相当广泛的，但是在语言学中，我们所指的社会群体主要是阶级、阶层、行业等在社会生活中具有特殊作用的群体。

只要我们深入进行调查研究就可以发现，不同的社会阶级、阶层和行业在语言的使用上是有着相当大的区别的。在西方，阶级、阶层的主要划分标准是经济情况。而一般来说，一个人的经济收入主要取决于他的职业以及这种职业的社会地位。比较有代表性的一种划分阶级和阶层的理论是德国社会学家马克斯·韦伯（Max Weber）的社会分层理论，他根据人们的财产、地位和声誉等综合指标把社会成员分为六个阶层：上上阶层，相当于老财阀；下上阶层，相当于新财阀；上中阶层，相当于医生、教授、律师、商人、经理等高等白领；下中阶层，相当于秘书、工厂职员等普通白领；上下阶层，相当于工厂里的技术人员、农场中的技术工人等蓝领阶层；下下阶层，相当于没有技术专长的、文化水平很低的普通体力劳动者。但有一位英语调查者经过调查指出，语言间最大的差异存在于“下层中产阶级”和“上层工人阶级”之间。阶层之间的语言差异表现在语音、词汇、语法等各方面。比如英国伯明翰、利物浦“工人阶级方言”的特征是辅音的舌根化色彩，英国诺里奇市的“工人阶级方言”的特征是高喉音，这些特征是这三个城市的“中产阶级方言”中所没有的。

在我国，社会语言学的研究主要从人们的职业性质、文化程度、居住环境的差别来探讨不同社会群体的语言变体。例如我国的知识分子和工人这两个阶层的语言差异就比较显著。有一个对北京 55 名中老年人的调查显示，其中知识分子在对上一辈非亲属的称谓上，主要使用的是“老师、大夫、先生、同志”等非亲属称谓，而工人则大部分使用的是“大爷、大妈、大叔、大婶”这样的亲属称谓。由此就可以看出，文化程度、经济条件较好的阶层，语言要较为文雅、含蓄，但也显得较为客气、生疏。

社会变体还可以指由性别与年龄等因素引起的语言使用的差异。男女在使用语言上有着显著的差异，表现在语音、词汇、语法等各个方面。比如在语音上，女性的发音比男性通常声调高，而且在某些具体的音上，男女的发音可能有着相当明显的差异。比如北京话中有所谓“女国音”，特征是把舌面辅音［tɕ，tɕʻ，ɕ］的发音部位前移，发成一种近似于［ts，tsʻ，s］的音。比如把“今天”发成［tsin tʻiæn］，“明显”发成［miŋ siæn］等。在词汇上，有的语言中女性使用着许多专有词汇，比如在英语中，有某些指称颜色的词汇是妇女专用的：“beige（米色）”“ecru（淡褐色）”“mauve（紫红色）”等，如果一位男子口中说出这样的词汇，而他又并非从事与色彩有关的专门行业，那么他往往就会受到人们的嘲笑。此类的词汇现象在英语里还有很多。更为典型的例子是美洲小安的列斯群岛上的加勒比印第安语，在这种语言里，男女对一种事物的称呼是不相同的，甚至让外来的游人认为他们说的是两种语言。而在语法上，女性往往会选择比较含蓄、客气的说法，尤其是在祈使句里，女性的说法往往比男性有礼貌、委婉。

在年龄上，由于老、中、青三代人从性格、文化程度到成长环境都有很大差异，因此他们的语言不可避免地会出现一些差异。比如对于某种方言人群来说，年轻人的语言受共同语的影响往往比老年人要大得多，方言的特点会越来越不明显，中年人则介于二者之间。年轻人口头的新创词汇也远比老年人要丰富、自由得多。受教育程度较高的年轻人在语言的语法上可能比较规范，更靠近书面语，但自由地、创造性地改变旧有用法的可能性也很高，而老年人语言的语法则比较稳定、不易更改，且往往相当接近他们盛年时代的语法流行规范。

（三）语言的功能变体

语言的功能变体指的是同一个说话人由于交谈对象和交际场合的不同而在使用语言上产生的变异。伦敦学派提出的“语域”这一术语就是用于研究功能变体的，它指的是语言使用上产生的一切变异，其中又包括“场景”“方式”“交际者”三个方面。场景指的是说什么和为什么说，方式指的是用什么方式传递信息（书面、口头或其他），交际者指的是对什么人说，即二人关系如何。比如一个大学女生与宿舍同学的谈话、与导师的谈话、与父母的谈话就分别属于不同的语域，在其中的语言使用情况也就自然有区别。

“语体”这个概念则是用来指称由“方式”和“交际者”的不同而形成的语言差异，据方式和交际者不同可以区分出诸如“谈话语体”“书面语体”“政论语体”“科学语体”等。语体相当于我们传统术语里的“风格”。古代汉语的书面语——文言文是一种典型的“书面语体”。另外“正式语体”和“非正式语体”也是十分重要的语体区分。“正式语体”往往用于正式、庄重的场合，如仪式、典礼及公务信函等；而“非正式语体”则往往用于家庭中、亲友间的日常谈话和书信来往等。语体间的差异也存在于语音、词汇、语法等方面。比如公文信函就有特定的用词和语法要求，与朋友间的日常书信来往有很大的不同。

社会语言学的研究课题还包括语言与政治、经济、民族、文化的关系以及双语现象、语码转换与语码混合、语言干扰、语文规划等问题。

第四节 认知语言学

认知语言学（cognitive linguistics）是近十几年来才逐渐兴起和成长的一个语言学流派。1989 年在德国杜伊斯堡召开的学术会议以及 1990 年创刊的《认知语言学》杂志，标志着一些语言学家对于这个学派的认同和参与，也标志着这个流派的基本形成。严格说来，认知语言学派并没有一个整齐划一的分析模式与公认的学术中心和领袖人物，但是他们具有许多共同学术观点和倾向，有着近似的语言观和研究角度，所以能够形成一个独具特色和成效卓著的语言学流派。本节将简要介绍认知语言学的认知观、语言观及若干重要研究成果：范畴化、认知模式、隐喻和构式语法。

一、认知语言学的经验主义认知观

在决定一个语言学派以何种方式、从何种角度来研究语言的各种因素中，一个最重要因素是他们的语言哲学思想和认知观，简单地说就是他们是如何看待语言与客观世界的关系的。

在西方哲学史上，有着两种不同的认知观——主观主义和客观主义。主观主义认为人的主观感情、感觉对于人认识世界来说是最重要的，人们依靠感觉和知觉指导一切行为。这一部分认知观主要影响了文学艺术的发展。在语言研究上影响最大的是客观主义的认知观。客观主义认为世界是由相互对立的两个部分组成的，一部分是物质的，一部分是理念的，在此基础上建立了一系列主客体对立的二元论，比如身体与心灵，形式和内容等，认为身体、形式等是属于客观世界的，而心灵、内容等则是主观世界的。他们的错误在于他们将主观的东西与客观的东西截然分开了，认为理性、思维、观念、理解等人类的内省行为是完全自主的，不受生理和物质环境的制约，不依赖于身体经验及其与客观世界的相互作用。

在客观主义哲学和认知观的影响下，语言学家将语言视为抽象的符号，并认为符号获得意义是通过与外部发生联系，于是他们持有这样一些观点：（1）思维是对抽象符号的机械运算；（2）大脑的功能是对符号进行操作，好像一台机器；（3）符号通过与外在的世界发生联系而获得意义，而与人脑和躯体的特征无关；（4）人类身体只在使用哪一种概念和超验推理的哪一形式方面起一定作用，但在确定什么构成概念和推理时却不起任何作用。

总的说来，客观主义认为自然语言具有独立于人之外的客观意义，语言的意义来自客观世界存在的事物，并不受人的意识的左右。但是这样的认识无法解释一些语言现象。比如，光的颜色是客观存在于客观世界的事物，可是不同语言却有着并不相同的颜色词。比如汉语有至少 8 种颜色词，英语也至少有 8 种，但是有的语言却只有四五种颜色词，非洲的丹尼语甚至只有两个颜色词：黑和白。客观世界相同的事物，在语言中的对应并不相同，这说明自然语言的意义并不是独立于人而存在的。

认知语言学在考察了客观主义无法解决的种种问题之后提出了经验主义的认知观与非客观主义的语言观。此处的“经验”，主要是指人生活在这个世界上、生活在人类社会中的一种普遍性的经验，尤其是人作为自然和社会环境的一部分所具有的能动的经验——人类的身体、天赋能力都是真实世界的一部分，由此而来的人类的共同经验就应该是人类思维之所以有意义的促动因素。经验主义的认知观认为：（1）思维不能脱离形体，人类认知结构来自躯体经验，并以人的感知、动觉以及物质与社会经验为基础；（2）思维是想象性的，对于不直接以感知、动觉等经验为基础的概念，人类通过隐喻或转喻等想象过程来理解。

由此我们可以看出，经验主义承认客观存在的现实性，但认为语言的意义不是直接来自与外在世界事物的对应，而是来自人在现实世界中的经验。

二、认知语言学的功能主义语言观

当代语言学中的各种流派大都可以归入形式主义和功能主义两大阵营中。认知语言学派可以视为功能主义语言学派的一个分支，他们所持有的几乎都是功能主义的语言观。

形式主义学派以乔姆斯基的一系列生成语法理论为代表，他们的语言观的核心在于对语法的“天赋性”和“自主性”的认识。天赋性的含义是：他们认为人的头脑中有一个生成和过滤句子的装置，这个装置就是语法，它的核心为人类语言的普遍特征，即普遍语法（universal grammar，简称 UG）。他们所关注的是人类特有的这种内在的、天赋的语法知识。自主性的含义是：人脑是模组化的，其中不同的子系统各自独立，各司其职，语法就是人脑中一个独立的子系统，其本身是自主自足的，独立于人类的其他认知系统；而语法本身也是模组化的，其中的句法也是自主的，不受语言其他层面因素（比如语义）的影响。

功能主义语言学的重要主张是：语言作为表达思想、社会交际、信息交流的一项重要手段，在其发生作用的时间和空间环境下具有特定的功能。功能主义语言学家不赞成形式主义对语言的上述看法。他们认为人类独有的认知能力、推理能力以及处理信息的能力是人类的天赋，而并非所谓的“普遍语法”；在自主性问题上，他们努力用经验事实来论证：语法现象在很大程度上可以用语法之外的因素去解释，句法在很大程度上具有非句法的动因：语义、认知或功能因素。

三、范畴化

范畴化（categorization）指的是人类在复杂的现实中看到事物的歧异与相似，并据以将可辨的不同事物置于一起处理，由此对世界万物进行分类，进而形成概念的过程和能力。语言形式的意义形成，即概念的形成，正是人们对所处世界进行范畴化的结果，因此范畴化是认知语言学特别关心的对象，它是语义研究的心理认知基础。

认知语言学对范畴化的认识建立在对传统范畴观念的深刻反思基础上。传统范畴理论以理性维向为哲学基础，认为：概念的区分来源于客观世界既定的范畴，与进行范畴化的主体无关；范畴由若干二元对立的充分且必要的特征来明确加以界定；范畴的界限是清晰的，相互间是离散的。认知语言学看到了传统范畴理论在处理真实世界自然类问题上的缺陷，提出：

其一，范畴并非对客观现实的被动反映，它是通过我们的身体及心智对真实世界的特性进行能动处理的结果，有生理、心理、文化因素的作用。

其二，在自然类的范畴化中，所谓的“二元对立”的充分、必要特征是难以找到的，比如“furniture”，确切分类的条件是什么？罗施（E. Rosch）1975 年的实验提出质疑：壁柜、电话、地毯，究竟算不算“furniture”？

其三，自然类的边界往往是模糊的，相邻范畴无法严格分开，其边缘成员往往容易混入其他类别，因此往往呈现为开放性的辐射状结构，比如拉波夫 1973 年实验中的“cup”“bowl”“vase”界限的模糊和范畴的开放。

在范畴化理论的基础上，认知语言学家又提出了原型理论（prototype theory）。传统范畴观认为范畴中成员的地位是平等的，而认知语言学则认为：

第一，范畴中有原型成员与边缘成员之分。如在“鸟”这一范畴中，麻雀、燕子是原型成员，而鸵鸟、企鹅、鸡等则为边缘成员。

第二，原型成员具有更多的与同类其他成员共有的属性，而边缘成员则相反，因而范畴又显示出向心性的特征。

回到语言本身，范畴化最直接的对象自然落在语义上。从范畴化原型理论出发，认知语言学认为语义范畴也是原型范畴，语义范畴的界定与人的能动认知相关，范畴是边缘模糊的、开放的体系，范畴中成员的地位不是完全平等的，它们之间有着原型成员与边缘成员的区分。比如在“椅子”这一语义范畴中，标准的有腿、坐面、靠背且比例正常的普通椅子是人们最初认识到的“椅子”，它是范畴的原型成员，但随着社会发展和新事物产生，“沙滩椅”“躺椅”“吊椅”甚至“电椅”都被人们纳入“椅子”范畴，“椅子”的定义越来越模糊，范畴的边界也变得难以确定。

从语义场来看，传统的语义场理论认为确定语义场的标准是语义特征，判定一个词是否属于某个语义场即语义范畴，是看它是否具备该义场的语义特征。比如，如果把“有翅膀”“有羽毛”“能飞”“卵生”作为确定“鸟”这一语义场必要且充分的语义特征，那么任何一个以具备这些特征的动物为指称对象的词都应该列入“鸟”这个语义场。我们很容易确定，麻雀、鸽子等应划入这一范畴，因为它们具备以上四种“必要”特征，那么，对鸵鸟、企鹅应如何处理？鸵鸟有羽毛、有翅膀、卵生，但不具备“能飞”这一特征，按理不应该列入“鸟”语义场，可是这又与常识不符。可如果凭常识把鸵鸟和企鹅划入“鸟”语义场，那么“能飞”难道不是“鸟”语义场的“必要”特征之一吗？这是传统的语义场理论无法圆满解释的问题。而利用范畴化原型理论，我们可以这样理解和处理：“鸟”语义场是一个原型结构，麻雀、燕子是原型成员，享有最多的与其他成员共有的属性，而鸵鸟、企鹅等则是边缘成员，与其他成员共同的属性较少，整个语义场呈现为边缘模糊、放射状的开放体系。

从语义成分分析来看，根据原型理论我们可以得知：一个词的各义项构成词的词义范畴，义项成员也有原型成员和边缘成员的区分。借助这个理论，我们能令人信服地对多义现象做出解释，揭示语言符号意义扩展和抽象的情况。比如 climb 的核心语义特征是：A. 向上移动；B. 用四肢攀登。我们来观察这样几个句子：

（1）The boy climbed the tree.（男孩爬上了树。）

（2）The plane climbed to 30 000 feet.（飞机爬升到 3 万英尺高。）

（3）The boy climbed down the tree.（男孩爬下了树。）

（4）The boy climbed out of his clothes.（男孩脱下了他的衣服。）

（1）句的 climb 体现了 A、B 两个核心语义特征，（2）句只体现了特征 A，特征 B 的意义则转化为“费力”的意思，（3）句只体现了特征 B，方向性由介词体现，（4）句的方向性由介词体现，而攀登的意义也只剩下“费力”的意思。

仅用传统的语义成分分析，我们难以对 climb 这一系列意义表现做出合理的解释，但利用原型理论我们就可以对其解释如下：climb 是一个包含多个义项成员的开放性的范畴，其中的原型成员为（1）句中的 climb，而（2）～（4）中的 climb 则为边缘成员，它们或多或少地体现了原型成员所带有的属于范畴的核心特征，因而整个范畴也呈现为一个开放性的辐射状范畴。

四、认知模式

认知模式理论由雷可夫（G. Lackoff）提出。菲尔墨（C. Fillmore）的语义格框理论也与此近似。基于范畴化理论，认知语言学认为，语义的范畴化过程不仅与人类的身体构造、功能及一般认知能力有关，更与说话人对身处世界（自然界与文化社会环境）的知识和信仰密不可分，因而雷可夫提出用“理想化认知模式”（idealized cognitive models，简称 ICM）研究自然语言中的概念——语义范畴和概念结构。

雷可夫认为，语义的基础是一个复杂的涉及各种相关域背景知识的认知结构，包括人的心智对时空、实体、特定社会文化、社会制度等的认知，ICM 是从这些认知域中构建出来的知识结构的综合体。因为它有不同程度的对现实的抽象和提升，故被称作“理想化模式”。ICM 有四种类型：（1）命题模式，是某个语义范畴涉及的相关认知域中的背景知识和信仰，是数个认知域里的知识形成的网络；（2）意象图式模式，是位移、形状、容器等空间结构关系因反复作用于人的身体感知而在人的经验中引起并一再呈现的图式；（3）隐喻模式，是一个命题或意象图式模式从一认知域投射到另一认知域的相应结构，包括结构隐喻、本体隐喻、空间隐喻；（4）转喻模式，即用部分代表整体。

命题概念主要描述关于世界的真假值，其作用主要体现在词汇意义层次，而意象图式、隐喻模式、转喻模式则可以从词义、句义多个层面体现对语义的解释作用。用认知模式来审视语义各个方面，可以得到较之传统语义观更有力度的解释。

下面以 mother（母亲）为例说明命题模式对词汇意义分析的作用。先看传统语义分析的缺陷，传统语义分析法将 mother 分析为［＋parent］、［－male］，并把［parent］分析为向下的生育关系，这样，mother 仅仅被定义为对孩子而言生育了他/她的女人。这看似简单清楚，可是当我们把这一分析放到实际的语言运用中时——现实社会中存在的 adoptive mother（养母）、stepmother（继母）、donor mother（供体母亲）、surrogate mother（代孕母亲）都可以称为 mother，那么 mother 一词的语义究竟应怎样界定？

雷可夫提出，mother 这个概念基于一个由一组命题模式组成的集束 ICM，其中包括：（1）遗传模式，即 mother 应是基因的提供者；（2）生殖模式，即 mother 应生产孩子；（3）养育模式，即 mother 应抚养孩子；（4）谱系模式，即 mother 应是最直接的女性祖先；（5）婚姻模式，即 mother 应是 father 的配偶。

这个 ICM 代表了人们认知 mother 一词时的一切背景知识和框架结构，在此模式基础上，我们可充分理解和确认各种场合下 mother 一词的内涵。再配合原型理论，我们对 mother 一词的词义可以形成如下认识：完全符合此 ICM 的 mother 是 mother 语义范畴中的原型，而 stepmother 符合（5），adoptive mother 符合（3），donor mother 符合（1），surrogate mother 符合（2），它们则是范畴中的非典型成员。在各种命题模式上加上不同的隐喻模式，我们还可以得到 mother 的引申义，比如“Necessity is the mother of invention（需要乃发明之母）”，其中的 mother 的意义就来自对“（2）生殖模式”的结构隐喻映射。

菲尔墨的语义格框实际也是一种理想化认知模式。他认为每个词项都有一个深层的语义格框（即 ICM）以刻画和规定语义。比如“bachelor（单身汉）”一词，用传统语义学的语义成分分析，它的意义被分解为［adult］＋［male］＋［never-married］，卡茨等人的解释语义学就是用类似的语义标示来分解 bachelor 的意义的。而菲尔墨则认为 bachelor 有如下语义格框（也即 ICM）：（1）每个人都是异性恋的；（2）婚姻是一夫一妻制的；（3）人们大致到了某个年龄就都该结婚。“bachelor”正是在这个 ICM 下所谈的未婚成年男性。这个理想化的认知模式排除了社会环境中的同性恋、因宗教等原因不能结婚等情况的存在，定义出的是一种原型的 bachelor，这个理想化模式是为大家所接受、普遍认可的，因此人们才通常难以认可与同性同居的同性恋男子、纳妾后未娶正室的旧式中国男子、天主教神父或和尚等男性宗教徒、长期与稳定女友同居的男子、卧床的植物人男子等是 bachelor。但如果从传统语义分析方式出发，我们找不到这些人不被认可为 bachelor 的合理的解释。然而人们又同意“Technically，John Paul Ⅱ is a bachelor（严格来说，教皇若望·保禄二世是个单身汉）”。这表明，在原型的 bachelor 之外，因为真实世界与 ICM 不相符，因而人们会通过自己的理解修正 ICM 从而勉强将教皇等人纳入这个范畴，使之成为 bachelor 意义范畴中的非原型成员。

意象图式模式是非命题的抽象结构，人们反复用经验中已有的意象图式理解、摹写世界，在反映对世界认识的语言中留下了意象图式作用的痕迹。比如：人对于自身身体和外在世界关系的认知在人的经验中留下了最简单的容器图式，它的基本要素是里、外、边界，从简单的空间概念的表达，如走出房间，到复杂的抽象概念的表达，如指出问题，都基于这个意象图式。隐喻模式是基于相似联想的跨越范畴的横向意义投射，包括结构隐喻、本体隐喻、空间隐喻等。转喻模式是基于接近和凸显关系，以部分代替整体。意象图式模式和隐喻模式、转喻模式可以结合起来，构建出更为复杂的认知模式，对词义拓展（如介词从空间领域向概念领域的词义扩大）、句义转移和延伸做出解释。限于篇幅，在此不对它们做更深入的描述。

五、隐喻

传统语言学只把隐喻看作一种修辞方式，认知语言学则认为隐喻是人们认识抽象概念的有力工具，是人类认知发展的产物，是认识事物的需要。他们指出，如果一种语言没有隐喻，那么结果只可能有两种：一种情况是这种语言的表达力极为有限，只能用来表达直观、具体的事物和现象；另一种情况则是这种语言的词汇多得惊人，因为一个词只能用来代表一种事物或者现象，那么这样的语言是让人无法掌握的，人脑不可能有那么大的容量。

隐喻的本质特征是“相似”，在语言中，人们在具体事物和抽象概念之间找到相似点，并借用具体事物的词语表达抽象概念，这就是使用引喻的过程。

美国语言学家雷可夫和约翰逊（Mark Johnson）在《我们赖以生存的隐喻》一书中对概念隐喻做了深入的研究。他们把隐喻看作人们思维、行为和表达思想的一种系统方式，即概念隐喻（conceptual metaphor）。他们指出，在日常生活中，人们往往参照他们熟知的、有形的、具体的概念来认识、思维和经历，对待无形的、难以定义的概念，形成一个不同概念之间相互关联的认知方式。概念隐喻在人们认识客观世界的过程中起着主要的和决定性的作用。他们把概念隐喻分为三大类：方位（空间）隐喻（orientational metaphor）、本体隐喻（ontological metaphor）、结构隐喻（structural metaphor）。

（一）方位（空间）隐喻

方位隐喻指的是参照空间或方位组建的一系列概念隐喻。

人随时身处空间中，方位或空间的概念是与人关系最为密切的、人无时不在具体感知的一组概念，因此方位或空间的概念被广泛投射于情绪、身体状况、社会地位、数量、时间等抽象概念，从而形成一些具体的概念隐喻。比如：

精神状态佳是“上”，不佳是“下”：

（1）他情绪高涨，而她却情绪低落。

（2）你不要太消沉，振作一点。

（3）He is really low these days.（他最近情绪很低落。）

（4）I am feeling up.（我感觉很好。）

身份尊是“上”，卑是“下”：

（1）旧社会，农民处于社会的最底层，命运悲惨。

（2）他一步一步爬到了权力的顶峰。

（3）她遭到了降职，成了办公室里职位最低的人。

（4）I am high on the ladder.（我拥有很高的职位。）

（5）He fell from office.（他下台了。）

数量多是“上”，少是“下”：

（1）本月的销售额直线上升。

（2）老板给我涨了薪水。

（3）你的分数比我的高。

（4）My income rose last year.（去年我的收入增加了。）

（5）The number of books printed each year keeps going on.（每年印刷的书的数量一直在增加。）

还有前后、左右，也可以用作其他概念的隐喻。比如“时间早为前，时间晚为后”，便是前后在时间意义上的概念隐喻，而政治上的“过激为左、保守为右”则是左右在思想方法上的概念隐喻。

（二）本体隐喻

本体隐喻指的是将大量抽象的、模糊的概念如思想、感情、心理活动、状态、活动等，用具体的、明晰的物质或实体去理解和体验，这样可以使理解与体验变得较为简单和清晰。比如：

思想是食物：

（1）你不觉得这种思想很难消化吗？

（2）要吃透马列主义思想。

（3）我们要为自己准备更多的精神食粮。

理论是建筑物：

（1）没有基础的理论无异于空中楼阁。

（2）他的谬论自动垮掉了。

（3）他推翻了自己的理论。

（4）我们要加强理论建设。

生活是容器：

（1）她的生活很充实。

（2）我们的生活充满了阳光。

（3）His life is full of busy activities.（他的生活充满了忙碌的活动。）

（4）Get the most out of life.（充分利用生活。）

愤怒是火：

（1）她怒火中烧。

（2）你不要火上加油。

（3）他正在火头上。

（4）He flared up.（他突然发火了。）

（5）I am breathing fire.（我在气得冒火。）

中国对抽象情绪的把握和体认深受传统中医和儒道思想的影响，许多的抽象概念都用“气”来界定、表达和认知。比如：

情绪是气：

（1）他喜气洋洋地跑了过来。

（2）她怒气冲冲地到处找他。

（3）我正一肚子怨气没处发呢。

运势是气：

（1）老王这辈子可真有福气。

（2）今天遇上你真是晦气。

（3）来，试试运气。

（三）结构隐喻

结构隐喻指人们在认知中广泛地用另一事件的结构来嵌套此事件结构，从而在理解、表述此事件时，系统地借用谈论另一事件的词语。比如：

辩论是战斗（或战争）：

（1）我们取得了辩论的胜利。

（2）他的每句话都击中我方要害。

（3）在辩论中我们应当采取灵活的战略战术。

（4）Your claims are indefensible.（你的主张没有防御性可言。）

（5）You disagree? Okay, shoot!（你不同意？好吧，开火！）

时间是金钱（或资源）：

（1）你这是在浪费时间。

（2）我在这个课题上投入了大量的时间。

(3) 做这道题花了我整整两天时间。

(4) You should use your time profitably.（你应该合理利用你的时间。）

(5) I have invested a lot of time on her.（我在她身上投入了很多时间。）

爱情是战争（或比赛）：

(1) 她终于被俘虏了。

(2) 所有的情敌都不是他的对手。

(3) 他很快就赢得了芳心。

我们的日常语言中所表现出的概念隐喻有着惊人的数量，几乎无处不在，据统计，普通生活语言中大约70%的表达方式都是源于概念隐喻。隐喻的源范畴总是我们熟悉的、具体的范畴，来源于人们与世界的相互作用，是最基本的经验。

除了以上方面之外，认知语言学的研究还包括象似性、语法化等重要课题，限于篇幅，此处不再做详细介绍。

六、构式语法

构式语法理论（construction grammar theory）是20世纪80年代末期逐渐兴起，90年代逐步形成的一种语法分析理论。这种理论的开端是菲尔墨等人对英语短语“let alone”的研究。短语let alone的意思是“更不用说”或“更别提”，但是这个短语的意思没办法从let或alone各自的词义中推导出来，菲尔墨等人就将let alone称为一个construction，也就是我们今天说的“构式”。

构式是一种看待语言的特别的角度。普林斯顿大学的学者哥尔德伯格（A. E. Goldberg）认为：“任何语言格式，只要其形式或功能的某些方面不能从其组成部分或其他已经存在的构式中得到完全预测，就应该被看作是一个构式。”①

在正式引入之前，构式的思想在一些中国学者的研究中就有体现。比如王力先生将“把”字句称为“处置句”。朱德熙先生在《语法讲义》（1982）中分析“在＋NPP＋VP”这一句法的时候，认为此句法格式从意义上可以分为两类，一类表示“事物的位置”（比如“在沙发上坐着”），一类表示“事件发生的场所”（比如“在河里游泳”）。

中国社科院的张伯江先生首先将构式语法理论引入中国，在《中国语文》1999年第3期发表了《现代汉语的双及物结构式》，提出“语言中大量使用的句式（construction），其句法—语义特征往往不是能够由词汇语义规则自然推导出来的，这些句式的语义构成是人类认知对现实的反映，它们所体现出的句法—语义的一致关系无疑应该是语法研究的核心内容。这就是近年兴起的句式语法（Construction Grammar）所要解决的课题”。

构式语法理论可以帮助我们解释一些结构主义或者形式语法无法解释的问题，比如存现句问题、论元增量句问题、虚词问题。同时，我们也要注意构式语法理论自身存在的问题，比如构式的定义、构式是否是孤立的、构式语法理论与其他语法理论的关系，等等。

---

① GOLDBERG A E. Constructions at work：the nature of generalization in language. Oxford：Oxford University Press，2006.

七、结语

从总体上说，认知语言学关注的焦点既不是传统的严整的语言符号系统，也不是所谓的天赋的、自主自足的、独立于人脑其他知识能力的形式装置，它开始把关注的目光转向虽杂乱无章但又切切实实存在、与人们的生活息息相关的自然语言，从存在与积淀于普通民众心中的日常经验和通俗观念入手、从人类复杂的认知活动入手来解决语言问题。它看到了普通的、不言而喻的心理生活原则和范式构成的网络系统对于自然语义刻画的不可忽视的解释作用，看到了人类认知和语言活动背后庞大的知识库对于语言形成变化的重要意义，因此和此前的一系列语言学说相比，它在解释上显得更有说服力，更符合人们的心理直觉。

就目前情况而言，作为一种新的理论流派，认知语言学的理论体系、语言观、研究角度都是全新的，它在语言学研究的许多方面都以其新颖观点、独特的解释角度，在与它之前的各种语言学的对比中胜出一筹，颇有后发制人之势；在人工智能的研究上，紧密结合认知科学的认知语言学更是远远地走在了研究的前沿。可是由于认知语言学选择的研究途径——从认知角度着手——是一条不太容易形式化、严密化与明晰表述的路子，因此作为新生学说的认知语言学，其发展尚待时间的验证。

第五节 计算语言学

计算语言学是利用电子数字计算机进行的语言分析。虽然许多其他类型的语言分析也可以运用计算机，计算分析最常用于处理基本的语言数据，例如建立语音、词、词元素的搭配以及统计它们的频率。——《不列颠百科全书》如是解释“计算语言学”（computational linguistics）。然而，当今计算语言学的发展已经使它的主要研究领域大大超过了建立搭配和统计频率。

我们说，现代计算语言学是通过建立形式化的计算模型来分析、理解和处理语言的学科。计算语言学是一门边缘学科。它综合了语言学、逻辑学、心理语言学、计算机科学、哲学、人工智能、数学和统计学的研究成果，将它们运用于计算机的语言分析。这种语言分析包括了语言学的所有领域：语音学、形态学、语法学、语义学、语用学。计算语言学被广泛地应用于信息检索、语音识别、机器翻译等领域。总之，在交叉语言学时代，计算语言学也成为一门单独的语言学。

一、计算语言学的兴起和发展

计算机问世不久，英美两位工程师便设想利用计算机来进行自动翻译。1952 年，在美国麻省理工学院召开了第一次自动翻译会议。两年后，美国乔治敦大学在国际商业机器公司（IBM）的协助下，利用计算机进行了第一次自动翻译试验。从此，许多人投身于此项工作。人们以为自动翻译马上就可以投入商用，但是，由于两种语言的差异不仅表现在词汇上，而且大量地表现在句法结构上，而当时的自动翻译采用的都是词对词的翻译方式，忽视句法分析，因而翻译质量低劣。不少人对自动翻译的热情也因此一落千丈，以至于 1966 年美国科学界对自动翻译工作采取了全盘否定的态度。但这也给人们一个启示：自动翻译必须以语言处理理论的研究为基础。因此，一些研究者开始重视句法分析，研究句对句的翻译系统。与此同时，另有一些研究者开始把计算机应用于情报检索、自然语言理解等许多领域，计算机和语言学越来越紧密地结合在一起。

几十年来，计算语言学已经取得了长足的发展，计算语言学的发展同时也在促进语言学的研究。计算语言学最大的特点是要求语言形式化，包括语法形式化和语义形式化——只有形式化，才能算法化、自动化——因此大大推动了语言学对行之有效的结构分析方法和语义分析方法及其互相关系的探讨。

二、计算语言学研究的范围和课题

（一）计算语言学几乎包括了语言学研究的所有层次

语音学、形态学、语法学、语义学、语用学等的知识在计算语言学研究中都起着重要的作用。

1. 语音学

语音学研究词和其相应的语音是如何相关联的。语音学的知识在基于语音的应用系统中起着至关重要的作用。

2. 形态学

形态学研究词是如何由意义的基本单位——语素构成的。计算形态学研究如何将一个词分析为词素的组合，从而导出该词的意义。

3. 语法学

语法学研究词如何组合成正确的语句，词在语句中的作用，哪些短语是其他短语的组成部分。换言之，语法学研究的是语句的组成结构。

4. 语义学

语义学研究如何从一个语句中的词的意义，以及这些词在该语句的语法结构中的作用来推导出该语句的意义。形式语义学是计算机“理解”自然语言的基础。

5. 语用学

语义学只考虑撇开了上下文的单一语句的意义，而语用学研究在不同的上下文中的语句的应用，以及上下文对语句的理解所产生的影响。

再简单地说，前四项属于语言的语言学，第五项属于言语的语言学。

（二）计算语言学主要研究的实际问题

1. 计算机形态分析

计算语言学研究如何将一个词分析为语素的组合，从而导出该词的意义。例如，将词 friendly 分析为名词 friend 和后缀-ly 的组合，计算机可以得知 friendly 是由 friend 导出的形容词。

2. 计算机语法分析

要正确理解一个语句的意义，必须了解该语句的语法结构。计算机语法分析就是研究语法学所提供的关于语法结构的规则，推导出一个语句的所有可能的语法结构。

3. 计算机语义表达

主要关注给定一个语句及其语法结构，如何根据语义学的理论推导出该语句的意义，并且将意义形式化地表达出来，从而使计算机能够在此形式表达的基础上进行推理。

4. 计算机文本生成

主要关注给定一个语句意义的形式化表达，如何由计算机产生该语句。

5. 语言的歧义研究

给定一个语句，其语法结构不一定是唯一的。不同的语法结构对应了不同的意义。计算机要“理解”一个语句的意义，必须能够从众多的语法结构中挑选出最合适的结构。

6. 计算机语言学习

以上每一个问题，都需要应用大量的语言知识。解决某一问题需要哪些知识，如果都需要人工决定，并形式化地表达这些知识的话，则需要大量的人工及专家知识。计算机语言学习的目的就是通过机器学习，自动地获得语言处理所需要的专门知识，并将这些知识形式化地表达出来。

三、计算语言学研究的基本方法

（一）理性主义和经验主义：计算语言学研究方法的哲学分野

理性主义研究方法认为，人的很大一部分语言知识是生来具有，由遗传决定的。由于在语言学中乔姆斯基的内在语言官能（innate language faculty）理论被广泛接受，理性主义研究方法从 20 世纪 60 年代到 80 年代中期主宰了计算语言学、语言学和心理学的研究。在计算语言学中，理性主义的观点表现为通过人工汇编初始语言知识和推理系统来创建自然语言处理系统。

与理性主义相反的是经验主义的研究方法。它认为人的知识只是通过感官输入，经过一些简单的联想（association）与通用化（generalization）的操作而得到的。人并不是生来就具有一套有关语言的原则和处理方法。经验主义的研究方法从 20 世纪 20 年代到 50 年代主宰了语言学、心理学、计算语言学的研究，并在 80 年代中期后重新受到了重视。表现在计算语言学中，许多研究试图从大量的语言数据中获取语言的结构知识。理性主义研究方法与经验主义的研究方法有如下具体区别。

第一，理性主义主要研究人的语言知识结构［语言能力（language competence）］实际的语言数据［语言行为（language performance）］，只提供了这种内在知识的间接证据。而经验主义的研究对象直接是这些实际的语言数据。

第二，理性主义的方法通常是基于乔姆斯基的语言原则（principles）的。它通过语言所必须遵守的一系列原则来表述语言，由此可以说一个语句是正确的（遵守了语言原则）还是错误的（违反了语言原则）。经验主义的方法通常是基于申农（C. E. Shannon）的信息论。它对语言事件赋予概率。由此可以说一个语句是常见的还是罕见的。

第三，理性主义的方法通常是通过对一些特殊的语句或语言现象的研究来得到对人的语言能力的认识，而这些语句和语言现象在语言的实际应用中并不一定是常见的。经验主义的方法则偏重于对语料库中人们所实际使用的普通语句的统计表述。

（二）计算语言学研究方法

1. 理性主义研究方法——符号处理系统

符号处理系统是由认知心理学家作为人的认知模型而提出的，它在计算语言学中得到广泛的应用。在一个符号处理系统中，符号是表示概念和意义的基本单位。符号必须具有如下的特点。

（1）符号具有任意性。一个符号的形状和其所表示的意义没有关系。由此可见，神经网络中运用的分布式表达不是符号，因为形状表达了意义：形状相近的，表达意义也相近。

（2）符号能够按照某些规则递归地构成符号结构，由此产生的组合符号结构可以表示复杂的意义。

在计算语言学中，用于自然语言处理的符号处理系统通常根据一套规则或程序，将自然语言“理解”为符号结构——该结构的意义可以从结构中符号的意义推导出来。在一个典型的自然语言处理系统中，语法分析器按照人所设计的自然语言的语法，将输入语句分析为语法结构——一种特定形式的符号结构，再根据一套规则将语法符号结构映射到语义符号结构（如逻辑表达、语义网络或中间语言）。自然语言符号处理系统中的规则集通常是先验的，也就是说是由人设计好了以后赋予机器的，因而这是一种典型的理性主义的方法。

2. 经验主义研究方法——基于语料库的计算语言学研究

（1）神经网络方法：人工神经网络是由大量的简单的处理单元（神经元）及神经之间的联结（connection）组成。神经网络中所有的神经元的激发模式（activation pattern）对应于物理系统中的输出状态。常见的人工神经网络中，神经元被分为多个集合。其中某一集合被称为输入神经元集，其激发模式对应于物理系统中的输入状态；另一集合为输出神经元集，其激发模式对应于物理系统中的输出状态。从输入状态到输出状态的映射由神经元之间的联结的强度（strength）[或称作“权”（weight）] 来决定。

当神经网络用于自然语言处理时，自然语言的各个意义组成部分，如语素、词、短语、语句，都必须表示为神经网络中神经元的激发模式，意义相近的语言组成通常具有相近的神经元激发模式。这样的知识表达被称为分布式表达（distributed representation）。神经网络自然语言处理的一个首要任务就是为语言的组成部分确定合适的分布式表达。

神经网络在计算语言学中的具体应用有动词的形态变换、语法分析、机器翻译。然而，由于自然语言处理中所需要的高层次的知识很难用神经网络中的分布式来表示，神经网络方法通常只适用于小范围的“玩具问题”（toy problem）。神经网络的自然语言处理系统通常被用于和人的语言处理的比较，从而被作为心理学中平行处理（parallel processing）理论的证据。

（2）统计学方法：统计学方法为要解决的语言处理问题建立统计模型，并且由训练数据（语料库）来估计统计模型中的参数。以机器翻译为例，我们首先建立一种语言中的语句产生其在另一种语言中的译文的过程模型。假定该模型是把语句中的某一位置按照某个概率分布对应到翻译语句中的某一位置，并由该位置上的词按照概率分布产生其相应位置上的词，则这些概率分布构成了该模型中的参数，它们可以从语料库经过机器学习来估计。

统计学的方法是基于语料库的计算语言学研究的一个重要方法。它被广泛应用于语法分析、歧义化解、机器翻译、语音识别。

（3）符号处理系统的学习：另一类基于语料库的方法是从语料库中通过学习获得符号处理系统中的规则集。该学习过程可以视为规则搜集过程：不断地搜索新的规则，使由这些规则产生出训练语料库的可能性增大。具体采用此类方法的应用有“基于转换规则的错误驱动机器学习”等。

四、当前计算语言学的研究

（一）统计学机器翻译

传统的机器翻译需要大量的人力和专家知识用于设计中间语言和编写语法，这个过程枯燥而乏味，更大的问题是，传统机器翻译是一个符号处理系统，它们很难应付口语中常出现的一些语言行为的现象，例如错误起始（false start）、不合语法的语句等。

机器学习为克服这些困难提供了有效的方法。IBM 的统计学机器翻译使用统计模型来刻画语言翻译的过程，并且能够自动地从平行双语语料库中训练出这些模型的参数。

1. IBM 统计学机器翻译

IBM 的统计学机器翻译系统使用 Hansards（加拿大国会会议记录）作为训练从法语到英语翻译器的双语语料库。一个对位（alignment）程序从双语语料库中识别出对应的句子。

对于每一对相应的句子，IBM 的统计学机器翻译系统认为它们是一个通信信道（channel）两端的信息。机器翻译的任务则成了根据接收信息而解码得出发送信息。也就是说，翻译器的任务是，在给定了法语语句 F 的情况下搜索其相应的英语语句 E，使得后验概率 $P(E \mid F)$ 达到最大值。这个极值点 E^* 就是 F 的翻译：

$$E^* = \arg\max_{e} P(E \mid F) \tag{1.1}$$

由于

$$P(E|F) = P(E)P(F|E)/P(F) \tag{1.2}$$

并且 $P(F)$ 在给定了 F 的情况下只是一个归一化（normalization）因数，不影响极值点，因而任务（1.1）也就成为搜索：

$$E^* = \arg\max_{e} P(E)P(F|E)/P(F) \tag{1.3}$$

为此，一个机器翻译系统必须建立统计模型，用于刻画 $P(E)$ 和 $P(F|E)$。刻画 $P(E)$ 的模型称为语言模型，IBM 机器翻译系统和大多数语音识别系统一样，使用 trigram 作为语言模型。刻画 $P(F|E)$ 的模型称为翻译模型。IBM 的机器翻译系统使用了五种翻译模型，我们在这里看看模型二：

（1）由英语句子的长度 L，确定法语句子的长度 m 的概率分布。在模型二中，该概率分布被假定独立于 m，L：$P(m|L)=\varepsilon$。

（2）由对位概率 $a(\mathrm{j}|\mathrm{i},\mathrm{m},\mathrm{L})$ 确定对应于法语句子的位置 i 的英语句子中的位置 j 的概率分布。其中 L、m 分别为英语句子和法语句子的长度。

（3）在某一确定的对位（其中法语句子的位置 i 对应于英语句子中的位置 $\mathrm{a_i}$）的情况下，翻译概率 $t(\mathrm{f_i}|\mathrm{e_{ai}})$ 确定从英语句子位置 $\mathrm{a_i}$ 上的词 $\mathrm{e_{ai}}$ 翻译到法语句子位置 i 上的词 $\mathrm{f_i}$ 的概率分布。

最终法语句子 F 在给定英语句子 E 的条件下成立的概率，即为在所有不同的对位 A 的情况下，由 E 翻译为 F 的概率之和。这个过程可表述为下面的公式：

$$P(F \mid E) = \sum_{A} P(F, A \mid E)$$

$$= \varepsilon \sum_{\mathrm{a_1}=0}^{1} \cdots \sum_{\mathrm{a_m}=0}^{1} \prod_{\mathrm{j}=1}^{\mathrm{n}} a(\mathrm{a_i} \mid \mathrm{i},\mathrm{m},\mathrm{L}) \times t(\mathrm{f_i} \mid \mathrm{e_{ai}})$$

2. 源语言搜索

在信道模型的翻译系统中，“源语言”和“目标语言”的用法正好与传统的机器翻译系统的用法相反。如果我们要从法语翻译到英语，法语是目标语言，英语是源语言。这是因为信道始端的信息被称为“源信息”，信道末端的信息被称为“目标信息”。而机器翻译的任务则是从目标信息复原出源信息。因此，“源语言搜索”在传统的机器翻译的意义上指的是“目标语言的产生”。

IBM 的机器翻译系统使用了栈搜索（stack search）（或称 A^* 搜索）来解码以求得Σ。其过程可以被简略地描述为：

（1）初始时，将一空字串压入堆栈。

（2）从堆栈中弹出分数最高的字串，设之为当前字串。

（3）如果当前字串标记为一完整语句，输出该语句并结束算法。

（4）对英语词汇集中的每一个词 e：扩展其字串，使结构最后一词为 e，如果 e 是 EOS（语句结束符），标记该字串为完整语句，给新扩展的字串记分。

（5）回到步骤（2）。

(二) 词类标识

一个语言中很多词存在多种词类，例如下面的英语句子：

Time（*noun*/*verb*） flies（*verb*/*noun*） like（*prep*/*verb*） an（*determiner*） arrow（*noun*）.

句中 time、flies 和 like 的词类均有两种可能。time 可为名词（时间）或动词（计时），flies 可为动词（飞）或名词（苍蝇），like 可为介词（像）或动词（喜欢）。而词类识别的任务就是要通过学习使得计算机能够根据上下文自动地识别出词的词性。像上例句子，词类标识应当给句子中的每个词标识如下的词类：

Time（*noun*） flies（*verb*） like（*prep*） an（*determiner*） arrow（*noun*）.

我们来看一下基于规则的词类标识是如何标识词类的。

基于规则的词类标识使用一个有序的转换规则集。该集合中的规则由两部分组成：重写规则和适用环境。

(1) 重写规则：将一词的标识符从“情态动词”改为“名词”。

(2) 适用环境：该词出现在限定词之后。

运用该转换规则，可得到新的词类标识，如：

the（*determiner*） can（*modal verb*） rusted（*verb*）（原）

the（*determiner*） can（*noun*） rusted（*verb*）（新）

基于规则的词类标识初始时按照某种方式来标识一个语句中的词，然后按顺序逐个地使用转换规则集中的规则来修正初始标识的错误。这里重要的是，如何通过学习来自动获得转换规则。人工设计转换规则集是不实际的，尤其是不同转换规则的使用顺序使问题大大地复杂化了。

布莱尔的“基于转换规则的错误驱动的学习”提供了获得转换规则集的方法，该方法可用图 7-1 表示：

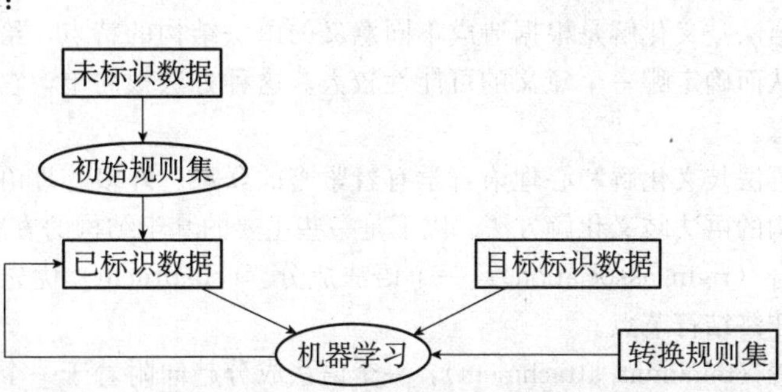

图 7-1 布莱尔的转换规则集获得方法

“基于转换规则的错误驱动的学习”的基本思想是，首先运用初始规则集标识未标识数据，由此产生已标识数据。初始规则集通常是极其简单的标识规则，例如“将所有的词标识为名词”“将所有的词标识其最常见的词类”。由于初始规则的简陋，已标识数据中必定有很多标识错误。通过比较已标识数据和目标标识数据，可以知道标识错误数。在所有可能的转换规则空间中，搜索使错误数减少最多的规则加入规则集，并使用该规则于已标识数据，从而产生新的已标识数据。重复该过程，直至没有转换规则能够使错误减少。输出最终的转换规则集作为学习结果。

(三) 歧义化解

语言中经常出现歧义现象，自然语言中存在两种歧义：语法歧义和词汇歧义。我们先看一个语法歧义的例子，对句子“The boy saw the girl with a telescope”进行不同的语法结构分析，可以得到两种理解，“那男孩用望远镜看到了那女孩”和“那男孩看到了带着望远镜的女孩”（见图 7-2）：

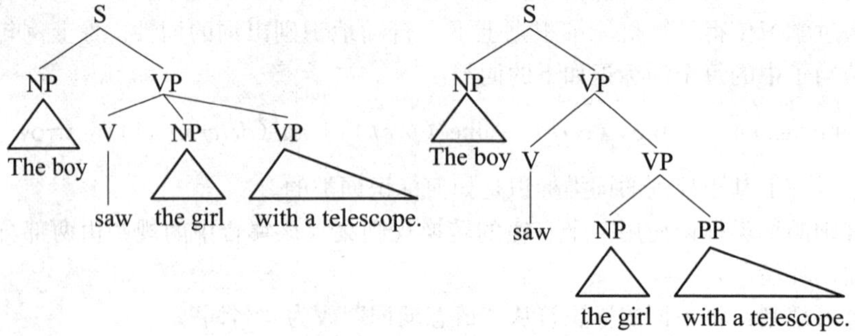

图 7-2　语法歧义

词汇歧义是指同一个词有不同的含义。如英语的“bank”，可以表示“银行”，也可表示“岸”。

歧义给计算语言学带来了一个重要的研究课题。通常，当人们使用语言时，并没有察觉到歧义的存在而对语句做出了合适的理解。但计算机只能对语言做机械的理解。它必须将一个句子分析成不同的语法结构，并从众多的可能结构中选择一个合适的语法分析。举例来说，当人们见到英语句子“Time flies like an arrow”（光阴似箭）时，通常不会意识到它有 5 种不同的语法分析，而计算机则要产生所有的语法分析，并从中挑选合适的语法分析。

1. 基于结构的语法歧义化解

基于结构的语法歧义化解是根据造成不同意义的语法结构的特点，给不同的结构授以不同的优先级，从而确定哪一个意义的可能性较大。这种方法很简单，它不需要运用语义学和上下文的信息。

基于结构的语法歧义化解和心理语言学有着紧密的联系。许多心理语言学实验被用于验证一些基于结构的语法歧义化解方法。以下是一些主要的基于结构的方法。

（1）向右结合（right association）：一个语法成分（constituent）优先附着于一个已存在的最低的语法非终结符节点。

（2）最小附着（minimum attachment）：一个语法成分趋向附着于一个已存在的非终结符节点，从而使得该附着所需要使用的新的语法节点（syntactic nodes）最少。

在刚刚提到的例子中，向右结合和最小附着做出了不同的推测：由于名词附着动词比动词附着多一个非终结符节点 NP，最小附着偏向于动词附着。而向右结合预测介词短语应附着于语法分析树中较低的非终结符节点 NP 而非 VP。

心理语言学家研究基于结构的语法歧义化解，主要用于建立模型以预测人们在语法分析时用于歧义化解的时间。他们并不否认在歧义化解的过程中，其他的因素会影响最终的结构选择。在此情况下，基于结构的语法歧义化解就不能很好地预测正确的语法分析。在实际的歧义化解系统中，必须考虑不同的词汇对结构的影响，这导致了统计学语法歧义化解的研究，我们在这里不做详细论述。

2. 词汇歧义化解

词汇歧义化解（lexical disambiguation）的问题包括：一是如何运用统计信息发现多义词；二是给定一个多义词出现的上下文，如何确定其正确的意义。

解决这两个问题的方法是基于如下的观察：不同的意义往往发生在不同的上下文中。如果我们以 n 维空间的点来表示一个词出现的上下文，并且利用一个聚类（clustering）程序对这些点进行分类，则对应于一个多义词的不同意义的上下文会出现在不同的等价类之中。因此，如果一个词的上下文出现在多个等价类中，我们可以确定其为多义词。同样，如果给定一个多义词出现的上下文，我们便可以将表示此上下文的点与对应于该多义词的各个意义的上下文等价类的中心点进行比较，并由最接近的等价类的中心点得知该词的意义。

第六节 语言类型学

一、语言类型学：语言类型和语言共性

（一）语言类型学的定义和范围

语言类型学（linguistic typology）最一般的定义就是“区分语言的结构类型”，较具体的定义则是“通过跨语言比较去发现语言的结构形式”。类型学要通过比较，从结构特点对语言进行分类，进行比较的前提就是语言间的共性（universals）；同时语言间的变异受到一定的限制，有一定的变化模式，这种普遍适应的模式也是一种共性。总之，类型学主要关注语言有哪些不同的变化类型，而语言共性研究主要关注语言类型的变化有哪些限制。

对于语言“蕴涵共性”的研究必须通过跨语言的比较才能得出，一般意义上的类型学就是这种意义上的类型学，它是在 20 世纪 60 年代由格林伯格（J. H. Greenberg）开创的，这种意义上的类型学跟“功能主义”语言研究有自然的联系，而与“形式主义”研究（如结构主义和生成语言学）相对立，因此其方法常被称作“功能类型学方法”（functional-typological approach）。

（二）语言类型学的历史背景

古典类型学，即所谓的形态分类法，是最早对语言进行类型划分和研究的一种理论。弗里德里希·冯·施莱格尔（Friedrich von Schlegel）和奥古斯特·威廉·施莱格尔（August Wilhelm Schlegel）兄弟根据带词缀的语言和带词尾变化的语言的差别将语言分类从二类改为三类：屈折语、黏着语、孤立语。如汉语和越南语缺乏形态变化，是孤立语；俄语的词缀、词根结合紧密、不可预测，是屈折语，例子如表 7－1 所示。

表 7－1　俄语某些词的形态

	主 格	宾 格	属 格	与 格	工具格
书（单数）	Knjig-a	Knjig-u	Knjig-i	Knjig-e	Knjig-o й
桌子（单数）	Stol-	Stol-	Stol-a	Stol-u	Stol-o м

土耳其语词缀排列可以预测，是黏着语：

从你们的孩子们……

Cocuk（孩子）＋lar（复数词尾）＋iniz（你们的）＋dan（方向格）

对于语言的形态，有不同的分类。洪堡特根据印第安语特点，即表示语法意义的多个语素综合在一个词中，补充了“多式综合语”。如楚科奇语“我头痛得厉害”：

t↔（单主语）-meyN↔（强烈）-levt↔（头）-p↔Φ∝t（痛）-↔rk↔n（未完成体）

后来，萨丕尔等对古典形态类型学进行改进，形成结构主义时代的类型学，萨丕尔把语言分为四类：简单纯关系、复杂纯关系、简单混合关系、复杂混合关系。

（三）当代类型学

当代类型学始于格林伯格 1966 年发表的《某些主要跟语序有关的语法普遍现象》。与古典类型学相比，当代类型学有如下特征。

第一，有更加明确的研究目的：探求人类语言的共性。

第二，拓展类型学的研究范围：以句法为主，尤其关注语序。

第三，更加完善的研究规范和方法：以抽样验证统计为方法，以蕴涵共性、四分表、等级序列为表述形式。

第四，从描写发展到解释，深刻影响语言学的主流。

目前，类型学已经成为语言学的一个重要分支或者说是语言学的一种流派。在研究范式上，类型学与其他两大学派存在不同：形式学派注重内省测试，功能学派注重语篇统计，类型学注重跨语言验证。

二、语言类型学的方法论基础

（一）蕴涵共性与四分表

蕴涵共性（implicational universals）是当代类型学中最重要的概念，与非蕴涵共性相对。必须依赖其他特征的出现而存在的共性为蕴涵共性，反之则为非蕴涵共性，“如果一种语言的基本语序是 SOV，那么它就有后置词”是蕴涵共性，“所有语言都有口元音”是非蕴涵共性。

蕴涵共性能说明语言变异所受的限制或变异的模式，从而说明两个或多个语法参项之间的依存关系，比非蕴涵共性更有意义。一个简单的蕴涵共性有时会有“例外”，但有时可以通过一个复杂的蕴涵共性来排除这种“例外”。蕴涵共性有两种表现形式：

（1）文字式：假如 P，那么 Q。

（2）逻辑蕴涵式：P⊃Q（由 P⊃Q 可推出：－Q⊃－P，但不能推出：－P⊃－Q）。

如：“假如一种语言的名词（N）位于指代词（Dem）前，那么名词也位于关系小句（Rel）前”的逻辑蕴涵式即 NDem⊃NRel，该蕴涵式在逻辑上可能的四种语序中肯定了三种：

A. NRel & NDem；B. NRel & DemN；C. RelN & DemN；* D. RelN & NDem

逻辑蕴涵式表现为语序：WX⊃YZ。例如：“假如代词性宾语后置于动词，那么名词性宾语同样如此”的逻辑蕴涵式即 VOp⊃VOn。由 WX⊃YZ 可推出 ZY⊃XW，但不能推出 YZ⊃WX。

我们可以用逻辑学上的四分表（tetrachoric）来表示蕴涵共性：

＋P，＋Q	－P，＋Q

四分表用于语序共性则是：

WX，YZ	XW，YZ
*（WX，ZY）	XW，ZY

如：

VO_p，VO_n	O_pV，O_nV
*（VO_p，OV_n）	O_pV，VO_n

（二）标记性

标记性指一个语法范畴的内部成员有的是有标记项（marked item），有的是无标记项（unmarked item）。如英语的“数”范畴，单数是无标记项，复数是有标记项。标记性是语言现象不对称的表现，与蕴涵共性相通。如刚刚所说英语“数”的范畴，用蕴涵共性可表述为：如果一种语言复数没有标记，那么单数也没有标记。这个“蕴涵共性”排除的是这样一种语言类型，即名词复数不加标记而单数加标记。

标记性又跟“典型”（prototype）范畴相通。一个词或结构同时涉及多种语法特性，例如名词同时具有数、性、格等特性，动词同时具有人称、体、时、态、式等特性。一个范畴的“核心”或“典型”成员是由一定的语法特性“聚结”而成的，例如典型的名词是主格单数阳性名词，典型的动词是第三人称单数现在时主动态肯定式动词。典型的名词也就是无标记名词，典型的动词也就是无标记动词。

（三）语法等级

语法等级（grammatical hierarchy）指语法范畴在某一语法特性维度上排列的等级。如就句子中名词性句法成分的“可及性”（accessibility，记忆中存取的难易程度）而言，存在如下等级：主语＞直接宾语＞间接宾语＞其他成分。它表示等级左边的成分显著度高于右边的成分。等级实际是一个连续统，不是“离散的”（discrete）。

语法等级是对类型学中标记模式的进一步阐释，因为过去的标记理论只承认单纯的有标记/无标记的对立，而当代类型学的研究发现，有无标记其实是个程度问题。例如就名词的“数”而言，除了单数和复数的对立，有的语言还有“双数”“三数”或“少量数”（表示“几个”），而有无标记的程度也就相当于一个“语法等级”：单数＞复数＞双数＞三数/少量数。这个等级表示左边项的无标记程度高于右边项。

三、格林伯格的语序类型

（一）四组参项的确立

格林伯格通过对五大洲 30 种样本语言的研究，确立了 4 组研究参项：

（1）使用前置词（prep）还是使用后置词（post）；

（2）陈述句中 S、V、O 的相对顺序；

（3）表示性质的形容词与名词的相对位置；

（4）所有格的位置。

（二）优势语序的发现

在蕴涵性共性中，被蕴涵项（后件）相对于蕴涵项（前件）来说是优势项。在四分表中，优势项都出现两次，而非优势项只能出现一次。用于语序也一样，处于被蕴涵项位置的语序相对于处于蕴涵项的语序来说就是优势语序。在 S、V、O 的相对顺序的 6 种可能（SVO、SOV、VSO、VOS、OSV、OVS）中，前 3 种即 SVO、SOV、VSO 是优势语序。

优势语序也存在于非蕴涵性共性中，例如条件从句在所有语言中都以前置于主句为正常语序。

格林伯格还进一步提出了 7 条基本语序的原则（共有 45 条语言普遍规则）：

（1）带有名词性主语和宾语的陈述句中，优势语序总是 S 在 O 前。

（2）使用前置词的语言中，所有格几乎总是后置于中心名词，而使用后置词的语言中，所有格前置于中心词。

（3）优势语序为 VSO 的语言总是使用前置词。

（4）SOV 为基本语序的语言，使用后置词的超过半数。

（5）SOV 为基本语序的语言，如果所有格后置于名词，那么形容词也在名词后。

（6）VOS 为基本语序的语言，都可以把 SVO 作为可能的或唯一的替换性基本词序。

（7）SOV 为基本语序的语言，若无或仅有 OVS 为其替换语序，那么所有状语都在动词前。

（三）语序和谐性的发现

语序的和谐性（harmony），又称一致性（agreement）或对应性（correlation），其内容包括：

（1）一种优势语序总是能存在，而其反面，即劣势语序，却只能在与该语序和谐的结构也存在的情况下存在。

（2）在相似的结构中，对应的成分倾向于出现在同样的语序中。

和谐性和优势语序的关系则是：

（1）两种语序有和谐关系时可以并存于同一种语言，即使其中有非优势语序。

（2）两种语序都是优势语序时可以并存于同一种语言，即使两者不和谐。

（3）两种语序没有和谐关系，而且都不是优势语序时，不能并存于同一种语言。

（四）对语序问题的关注和对介词类型的重视

在格林伯格语序类型学的开山之作中，体现了语序共性的两种既相关又冲突的现象：优势语序与和谐性。以后一些语序类型学模型的缺陷，特别是纯和谐主义（pure harmonism）的缺陷，与忽略这两者的内在矛盾、片面强调和谐性有关。

在各种语序中，格林柏格最重视的，第一是小句基本成分（主语 S、宾语 O、动词 V 的相对语序），第二就是介词（preposition）的语序。后来的类型学家认为介词类型作为语序参项居于整个类型学的核心地位，甚至比小句基本成分更为重要。一些类型学的观点存在缺憾同对介词参项的忽视和对小句基本成分语序的过分依赖有关。

四、语言类型学的发展

（一）语序类型学的发展

1. 芬内曼与莱曼基于原则的语序和谐性模型

芬内曼（T. Vennemann）和莱曼（W. Lehmann）等受到格林伯格研究的鼓舞，乐观地相信可以用更少的原则来概括和解释更多的语序现象。其共同的理论特色可以概括为基于原则的纯和谐主义，即和谐性是语序类型学所遵循的根本和首要的原则。各种语序共性乃至语序的历史演变都是由这一原则决定的。

（1）语序和谐性模型发展了格林伯格语序研究中的语序和谐性思想，都相信语序共性主要是由和谐原则决定的，并大大增加了和谐性原则的适用范围。

例如，莱曼提到的受和谐原则支配的结构按“统辖—被统辖”方式可以列举如下：介词（前置词）—名词、形容词—比较基准、头衔—人名、名—姓、系数—位数（以上归入单句结构类）；中心词—关系从句、中心词—领属语、中心词—描写性形容词（以上归入中心词修饰类）；疑问助词—句子、否定词—被否定动词（以上归入动词修饰语类）；包孕动词—被包孕小句（属于复句类）。凡是 VO 型语言，其他结构都会采取上述语序；凡是 OV 型语言，其他结构的语序则是上述语序相反的镜像。

（2）芬内曼和莱曼都赋予动宾结构以核心地位，同时认为可以忽略主语在语序类型学中的作用。

（3）芬内曼和莱曼二人都关注历时演变，用自己的和谐模式作为语序演变的主要动因。

2. 霍金斯的无例外语序共性和基于量化的跨类语序和谐性

霍金斯（B. Hawkins）是当时（1983 年）讨论语序类型最详尽的一位专家。优势语序的单蕴涵共性追求共性之质（即无例外，宁缺毋滥），反映了语序客观上的不对称性；语言和谐性研究追求共性之量（概括大量结构，忽略例外），反映了语序的对称性。可以说，芬内曼和莱曼发展了后者，而霍金斯则追求前者。

（1）追求无例外的蕴涵共性，并将有关共性系列化。

霍金斯致力于建立比格林伯格更严格的无例外共性。其方法也源自格林伯格，就是增加蕴涵关系的前提条件，克罗夫特（Croft）称之为“复式蕴涵共性”（complex implicational universals），如：

如果一种语言以 SOV 为主要语序，并且领属成分后置于支配它的名词，则形容词也如此（后置于名词）。

用双前提消灭例外。

若一种语言有 VSO 语序，并且若形容词后置于名词，则领属定语也后置于名词。

若一种语言有前置词，并且动词的位置不是 SOV，那么关系从句也后置于名词。

（2）用前后置介词取代 S、O、V 作为核心参项。

使霍金斯的共性变得更“干净”的另一因素是将核心参项由 S、O、V 改为介词（前后置词）。斯威尔斯卡（A. Siewierska）在评述霍金斯的选择时，通过对比证明介词类型学（Prep/Post Typology）比动宾类型学（VO/OV Typology）更有类型学力量。

动宾类型学：

	VO 型（共 78 种语言）	OV 型（共 64 种语言）
Prep：Post	71%：28%	8%：92%
GN：NG	29%：71%	83%：17%
AN：NA	33%：66%	45%：55%
NA＋NG：AN＋GN	51%：14%	17%：45%

介词类型学：

	前置词（共 63 种语言）	后置词（共 79 种语言）
GN：NG	10%：90%	89%：11%
AN：NA	29%：71%	47%：53%
NA＋NG：AN＋GN	70%：8%	9%：44%
VO：OV	92%：8%	25%：75%

（3）用量化的方式来处理和谐性，不追求绝对性和谐，从而减少了例外。

霍金斯不把和谐性看作严格的语序共性，而是看作一种统计意义上的倾向，他称之为“跨类和谐性”（cross-category harmony，简称 CCH）。

介词短语—名词短语的语序和谐性如表 7－2 所示。

表 7－2　霍金斯的语序和谐性*

63 种前置词语言	79 种后置词语言	特定语序的语种总数
44 种 N1（和）	7 种 N1（否）	51 种 N1 语言
14 种 N2（中）	37 种 N2（中）	51 种 N2 语言
5 种 N3（否）	35 种 N3（和）	40 种 N3 语言

* “和”“中”“否”分别表示和谐性的三种程度。“N1”“N2”“N3”表示自然、正常、标准的语言。

这大体上显示，一种语言内各结构之间语序和谐度越高，语种分布就越广；和谐度越低，语种分布越少。

3. 德赖尔对和谐性模型的发展和他的分支方向理论

德赖尔（M. S. Dryer）致力于用新的材料来验证“格林伯格式的语序对应性”（Greenbergian word order correlations）。对应性其实就指和谐性，德赖尔像芬内曼和莱曼一样只关注前一侧面，并且同样以 VO/OV 为基本参项，而不像霍金斯更着意发展后一侧面。

（1）语种库的扩大与改进（分层统计）。

德赖尔建立了一个迄今最大的语种库，收集了 625 种语言材料；同时认为单纯增加语种仍不能防止地域、谱系等对统计造成的影响。他采用的改进后的统计方法，是将 625 种语言分为 100 多个谱系上相关、地域和类型一致的亲缘组（genera）。再将这些组分为 6 个区，汉语组（含普通话及几大方言）属东南亚太平洋这一大区，其他 5 个区是北美、南美、非洲、西亚、欧洲。统计时某对对应语序必须在亲缘组数目和大区数目上占双重多数才算成立。

（2）提供了语序和谐性（对应性）的新图景，介词短语语序的地位得到凸显。

德赖尔确认下列结构是跟动宾语序有对应关系的对应配对语序（correlation pair），其中前一个是动词的对应成分（verb patterner），后一个是宾语的对应成分（object patterner），亦即 VO 型语言一般都有下列顺序，OV 型语言则正好反之：介词—被支配名词、名词—关系从句、名词—领属定语、形容词—比较基准、动词—介词短语、动词—方式状语、系词—谓语（即国内所说的系词—宾语）、表想要的动词—“想要”所带的行为动词。

（3）解释语序和谐（对应）性的假说——“分支方向理论”。

德赖尔觉得用核心成分—从属成分的模型难以全面解释语序的各种对应和不对应现象，因而提出了新假说“分支方向理论”（branching direction theory，简称 BDT）。根据这个假说，跟动词位置对应的成分都是词汇性单位，至少是不能按递归（recursive）原理充分扩展的单位，如介词、冠词、否定助词等，而跟宾语语序对应的成分都是可以按递归原理充分扩展的短语性单位，是可分支结构，如名词短语、动词短语等。简单地说，就是不可无限递归的词汇性单位在一侧，可无限递归的短语性单位在另一侧。

（二）用其他形式表现的语言共性：等级序列

语序共性喜欢采用符合象似性的表达方式，即按实际语序的相对位置由前到后排列，采用等级序列能够方便地体现多个语言共性的蕴涵关系。

第一，我们来看一下狄克的语言无关的成分的首选顺序（language independent preferred order of constituents，LIPOC）。

Ⅰ clitic＜pronoun＜noun phrase＜adpositional phrase＜subordinate clause

（LIPOC 只对 P1、P2 即话题、尾成分有效）

Ⅱ（ⅰ）for any category X，X＜PX

（ⅱ）for any category X，X＜X and X

（ⅲ）for any category X，X＜X（Y）

因而，介词短语 X 的位置是四种可能中的前三种：SVOX、VSOX、SOVX、SXVO（汉语恰恰是 SXVO）。

第二，斯威尔斯尔在其著作《词序规则》（*Word Order Rules*）中提到的在人类语言中反复出现的等级序列还有：

（1）形式等级序列：

结构简单＞结构复杂　短的＞长的

（2）显著度等级序列：

人称序列：第一人称＞第二人称＞第三人称指人词语＞较高等动物＞其他生物＞无生物体＞抽象事物

语义角色等级序列：施事＞受事＞接受者＞得益者＞工具＞空间＞时间

其中，语义角色等级序列具体又分为：

主语：施事＞受事＞接受者＞得益者＞工具＞空间＞时间

宾语：受事＞接受者＞得益者＞工具＞空间＞时间

（3）熟悉度等级序列：

较熟悉＞不太熟悉
话题＞述题
已知＞新
有定＞无定
有指称（referential）＞无指称（non-referential）

第三，有关定语语序序列的研究。

1978年，赫兹特龙（R. Heztron）提出定语原则，即越是客观和无争议的属性越靠近名词，越是主观的观点性的属性越远离名词，如：

my favourite old brown leather walking shoes（我最喜欢的棕色旧皮鞋）
a happy young blind Belgian sheep dog（一只快乐的比利时盲牧羊犬）
a large long cold sweet fruit juice（一大杯冰凉香甜的果汁）

陆丙甫在1993年提出的定语序列则是：新旧＞形体＞颜色＞质料＞功能＞核心，如：

白色尼龙游泳衣
那一批青岛的苹果
最近出土的那一批三千年的文物

艾伦（K. Allan）于1987年提出了更高层次的各等级序列之间的由上到下的序列：熟悉度序列（话题＞述题序列，已知信息＞新信息序列）＞象似性序列＞有定性和指称性序列＞人称与语义角色序列＞形式序列。

（三）主语和话题的类型研究

主语和话题是两个不同的概念：（1）主语所指的事物不必是有定的，而话题所指必须是有定的；（2）主语总是同句中某个谓语有选择关系，而话题同动词没有选择关系；（3）在功能上主语总是动词的一个论元，而话题是注意的中心；（4）话题总在句首，主语则不一定。

根据查尔斯·李（Charles Li）和桑德拉·汤普森对主语和话题的研究，语言可以分为四种基本类型：

主语优先型（SP），如印欧语；

话题优先型（TP），如汉语、多数藏缅语、印尼语、马达加斯加语；

主语—话题并重型，如日语、朝鲜语；
主语—话题合一型，如他加禄语。

五、语言类型学研究与汉语事实

一直以来，汉语语法研究缺乏类型观念，引入类型学的观点来考察汉语，对汉语研究有很大的意义，如汉语介词、方言的研究等。我们现在要讨论的是类型学的一些原则和共性与汉语事实或与对汉语通行的看法存在的差异，甚至汉语的某些事实对类型学研究的某些结论提出了反例。这是汉语对类型学的挑战，也是类型学对汉语研究的挑战。

（一）格林伯格语言共性与对汉语的通行看法对比

格林伯格语言共性与对汉语的通行看法对比见表 7－3。

表 7－3　格林伯格语言共性与对汉语的通行看法对比

格林伯格语言共性	对汉语（普通话）的通行看法
在具有前置词的语言中，领属定语几乎总是后置于中心名词。在具有后置词的语言中，领属定语几乎总是前置于中心名词。	有前置词，没有后置词，领属定语前置于中心名词。
以绝对大于偶然性的频率，以 SOV 为正常语序的语言是后置词语言。	SVO 语序，前置词。
当疑问句助词或词缀相对于整个句子有专用的位置，以远超出偶然的频率显示。位于句首时，该语言是前置词语言；位于句末时，该语言是后置词语言。	疑问句助词“吗”等位于句末，属前置词语言。
当差比句的唯一语序或语序之一是“基准—比较标记—形容词”时，该语言为后置词语言；当唯一语序是“形容词—比较标记—基准”时，大于偶然性的绝对优势可能是该语言为前置词语言。	差比句语序是“比较标记—基准—形容词”（如：比他高），前置词语言。
如果一种语言只有后缀，则这种语言是后置词语言。如果一种语言只有前缀，则这种语言是前置词语言。	普通话几乎只有后缀（“阿～”基本上是南方方言的前缀，“老～”“小～”多有实义），属前置词语言。
如果关系从句前置于名词是该结构的唯一表达法或可选表达法之一，则或者这种语言是后置词语言，或者形容词定语前置于名词，或者两者都是。	关系从句前置于名词是唯一语序，属前置词语言，形容词定语前置。

（二）德赖尔所确认的与动宾语序有对应关系的配对语序

VO 语言的表现应当为：介词—被支配名词、名词—关系从句、名词—领属定语、形容词—比较基准、动词—介词短语、动词—方式状语、系词—谓语（指表语）、表想要的动词—“想要”所带的行为动词。但其中的比较结构、关系从句、动词和介词短语的位置等，汉语均为唯一例外。

第七节 心理语言学

一、概述

（一）心理语言学的概念和研究任务

心理语言学（psycholinguistics）是一门只有几十年历史的交叉学科。它综合运用语言学和心理学的理论和实验方法来研究语言的习得、学习和使用的心理过程。

两千多年来，哲学家和语言学家们对语言做过许多研究，但是他们的研究主要集中在语言的结构和功能上。不少人认为，语言之所以有结构，是因为人类语言受到一定思维规则的支配。因此，一旦发现了语言的真正结构和功能，也就可以发现普遍的思维规律，而人们怎样说和怎样理解话语的问题也能迎刃而解了。但随着语言研究的深入，人们逐渐认识到如果抛开心理活动的过程而单单研究语言的结构和功能，还不足以揭示语言的真实面貌。于是以言语的心理过程为研究对象的心理语言学便应运而生。

心理语言学主要解决三个方面的问题。

1. 言语的产生

人们用言语表达思想的过程，也就是说话的人怎样把想表达的思想变成实际话语的心理过程。

2. 言语的理解

人们理解话语的心理过程，即听（读）者怎么样把话语还原成对方企图表达的思想的心理过程。

3. 儿童的语言获得

儿童是怎样理解和产生母语的，它的过程和机制是什么。

（二）心理语言学简史

1. 早期研究

早在1787年，德国生物学家迪德曼（D. Tiedeman）首次尝试记录一个儿童的语言发展。接着，达尔文（C. R. Darwin）于1877年发表了他对自己的孩子学说话和发育情况的观察，开创了运用进化论研究心理学的先河。但是，达尔文感兴趣的是种系发展，他关心的是对比人类和其他动物的差异。首先把个体发展作为发展心理学研究中心的是普莱尔

(W. Preyer)，他在 1882 年出版了《儿童心理》，该书逐日记录了著者儿子头三年的语言发展的结果，并系统地考察了儿童的意识、智力和意志的成长。继普莱尔之后的是德国心理学家 C. 斯特恩（C. Stern）和 W. 斯特恩（W. Stern），他们的《早期儿童心理学》是第一本关于儿童心理学的手册。但是，在这个阶段，因为一些心理学家对现代语言学懂得很少，所以对言语行为的研究还没有成为一门独立的科学。

2. 初步发展

1935 年，通过对美国语言学和其他与语言学有关的学科的调查报告，卡洛尔(J. B. Carroll）发表了《语言学之研究》，书中交错使用“心理语言学”和“语言心理学”这两个词，而且认为，现代语言科学和心理学的学习理论的高度发展，有可能使这两门科学的研究结合起来，并且用于研究各种学习和使用语言的心理现象。

20 世纪 50 年代以后，确实有些语言学家和心理学家致力于建立心理语言学这门学科，而且对儿童语言发展的某些研究也确实有所前进。有些心理学家开始认识到不能只限于描述儿童语言的形式，必须进一步去发现儿童在某一特定语言阶段获得多少语言知识。他们通过实践证明了儿童学话时也会归纳和应用规则。但是，作为一门学科来说，心理语言学那时虽然有人提了出来，但由于受到当时盛极一时的结构主义语言学和行为主义心理学的影响，其研究并未能大踏步地前进。

3. 重要发展

20 世纪 50 年代的末期，乔姆斯基相关理论的诞生，使心理语言学研究取得了飞跃性的进展。

总的说来，乔姆斯基对心理语言学的影响主要表现在以下两个方面：其一，打破了行为主义理论的禁锢，解放了思想。人们不再拘泥于行为主义的理论框架和方法，转而研究言语活动的内部过程和机制。其二，由于乔姆斯基的转换生成语法以句法为核心，以解释语言能力为目标，因此，许多心理语言学家开始重视句子水平上的心理语言学分析，另外，语义问题渐渐成为心理语言学家研究的一个热点。

到了 20 世纪 70 年代和 80 年代，心理学研究又出现了一些新的趋势，主要表现为：第一，心理语言学越来越倾向于认知的观点。第二，新的研究领域的开拓。例如把研究对象从句子扩大到了比句子大的言语单位，如语段或篇章的研究；再比如对语用的研究、跨语言的比较研究；等等。

二、儿童的语言习得

人类的语言习得过程是非常迅速的。大多数孩子在入学前词汇量就达到几千个单词。

儿童在发展过程中的不同阶段，要获得一些对该阶段非常重要的言语技能。其发展序列为：学习发音，运用单个单词，最后把单词组合成句子。张厚粲主编的《大学心理学》一书，曾把儿童的语言习得分成以下几个阶段：

3 个月大的婴儿能把音位同其他语音区分开来。在婴儿能说出第一个单词之前，他们在学习母语的声音结构方面已经取得了显著的成就。

前 6 个月，婴儿的发音主要由哭泣和笑声组成。不久，婴儿开始牙牙学语，发出各种各样的相当于音位的声音，这些声音越来越像周围环境中的人所说的言语。这种趋势体现了儿童神经结构的发展和言语器官的成熟。

到 18 个月大时，儿童大约可以说出 3 个词到 50 个词，但他们头脑中所能理解的词汇远远超出他们所能说的。儿童的词汇量增长很快，在 18 个月左右会出现一个词汇量激增的时期，并在增加词汇量的同时提高表达能力。但是他们还是不会用句子来表达自己的意思。

从 18 个月到 24 个月大时，儿童开始把单词组合成句子。

3 岁时，儿童已经可以用一些复杂的句式表达一些复杂的意思。

4 岁到 5 岁时，儿童的言语能力已经相当成熟。上学以后，儿童通过接受书面语言的写作训练，将学会说更长更复杂的句子，并且开始理解歧义句。

三、言语生成的心理机制

言语生成的第一阶段是制订计划阶段，从语篇计划到句子计划再到句子成分计划。语篇计划要决定所产生的话语是会话型还是独白型，句子计划则进一步从命题内容、言语行为、主题结构等方面加以体现，句子成分计划则想出句子骨架中可以灵活安排的成分（如词组）。

言语生成的第二阶段是建立结构阶段。建立结构居于制订计划和执行之间，是一个承上启下的过渡阶段。在这个阶段建立的是一个句子的产生系统。人们说话中的言语失误可以为我们了解建立结构的过程提供证据，但要认识结构失误，还必须先了解“理想的表达”。言语失误的原因有两大类：认知的和社会的。

言语生成的第三阶段是执行阶段，其任务是把语言信息的高度抽象的心理表征变为不断变化的肌肉活动形式，并调动发音器官，产生表达该信息的声音。这个阶段的第一步是编制发音程序，我们不但要规定语音的切分成分和它们的次序，还要规定其时间和节奏。第二步是对程序的执行，它牵涉怎样使大脑控制呼吸机制和发音机制等来发出声音。人们对这个过程有不同的解释，一个是肌肉命令假设，即认为肌肉系统的语音输入包括一些子语音单位（相当于区别性特征）。这样，输入的每一个音素都包括一些低层次的单位，而这些单位又有其相对应的不变的肌肉命令，它们无非是对特定的发音器官发出完成特定动作的神经信号。另一个是声道目标假设，按照这种假设，对产生系统输入一个音素的各种特征可转化为足以产生该音素的声道构造的肌肉表征，这就是声道目标。假设认为，所做出的特定的肌肉活动是手段，而声道目标才是目的。这些动作是产生系统“计算”出来的，不管发音器官在动作开始时处于什么位置，都可以达到特定的目标。

四、言语理解的心理机制

认知心理学认为，言语理解就是借助言语材料建构意义的过程。以两个人的交流为例，在这个过程中，听者接收了说话者发出的语音，然后使用已有的知识，包括词汇、句法和语义的知识，对输入的信息做出解释，进而揭示言语的意义。因此，从语音到建构意义的过程，也就是言语理解的过程。

言语理解不是被动地接受言语刺激的过程，而是一个主动加工的过程。在言语理解中，听话者常常要对说话者的愿望和意图进行“猜测”，也就是将说话人的愿望或意图编码为一定的主题结构，在言语交流的过程中去建构意义。譬如，人们听到有人说“请把风扇打开吧！”，就知道说话人直接地表达了开风扇的请求，这样便理解了这句话的含义。可是，在房间里很热、风扇又没开的情况下，说话人或许会说：“这房间可真热啊！”这时听者可能会揣测说话人的愿望和意图，因为这句话可能表达了说话人希望开风扇这一个间接的请求。可见，尽管这两句话的表层结构完全不同，但它们的深层意义是一致的。

广义地说，言语理解不仅包括构造的过程，而且包括使用的过程。在使用过程中，人们在建构意义的基础上，会采取一些相应的言语—认知活动。如果听到一个判断，人们会把其中的新信息在记忆中储存起来；如果听到一个问句，人们会从记忆中搜寻有关的信息，并试图去回答它。此类活动，都属于言语使用过程。当然，在言语理解中，前一种活动是主要的，此处也着重介绍这一过程。

简单地说，言语理解可以分为三个不同的层次或水平：

第一，言语识别。言语识别主要是通过知觉加工，对以听觉或视觉形式呈现的言语刺激进行初步的编码。这是言语理解的初步水平。

第二，句子的理解。句子是表达思想的单位。句子的理解过程是多种相互联系的心理活动的复杂结合。首先，句子理解要以语言识别为基础，通过对字词的物质外壳（语音或字形）进行编码，达到对字义的确切把握。这是理解句子的基本环节。其次，听者在言语识别的基础上，还必须进行句法分析和语义分析。句法分析的过程是指听者根据一定的句法关系，建立句子的结构，建构相应的命题，做进一步的理解，找到句子的意义。在句法分析过程中，听话者要先对话语进行主观上的分割，建构句子的成分。为此，他们采用了许多句法策略，做出合理的分类，去构造句子的深层命题，以得到对句子的理解。

第三，篇章的理解。在正常情况下，人们听到的和读到的不是单个孤立的句子，而是由一系列句子组成的篇章。篇章理解需要以句子理解为基础，但又比句子理解高出一个层次。就目前的研究来看，心理学家对篇章理解的过程了解得还比较少。因为文体的类型是多种多样的，理解不同体裁的篇章所包括的环节很可能有所不同。

五、几种具体的言语活动的心理机制

（一）歧义句的理解

关于歧义句的理解，人们提出了一种“综合理论”（the mixed theory）。它的主要观点如下：

第一，人们在遇到歧义结构时，往往要给出多种释义。

第二，通过上下文来选择似乎最恰当的释义。

第三，如果一个从句完了还没有消除歧义，人们就以选择的这种意义继续理解。

第四，如果人们发现后面的语境与所选择的意义有矛盾，他们就会重视前面从句的表层结构，并重新给出一个合理的释义。

此外，在综合理论中，从句的边界对歧义句的理解也有重要的作用。拜维尔等人曾做了一个实验，其目的是检验从句边界对歧义语句的理解所起的作用。在实验中，他们给被试呈现一些语句片段，包括未完成的从句和一些完成的子句，这些语句片段都是歧义的。通过比较，可以分析从句边界对剔除歧义的影响。下面是拜维尔等人使用的语句片段。

甲：Although flying airplanes can… [尽管飞机（或尽管飞行）会……]

乙：Although flying airplanes can be dangerous…he…（尽管飞行会有危险，他……）

根据综合理论，人们在完成语句片段甲时，存在着两种释义，即“someone’s flying of airplane”和“airplanes that fly”，这时人们对语句的理解没有越过从句的边界，而人们在完成语句片段乙时，由于通过了从句的边界，所以只采取一种释义。显然，乙比甲更容易理解。拜维尔等人的实验证实了在歧义句理解中从句边界的这种效应。

最后，应当指出，人们在理解过程中遇到歧义结构时，往往要给出多种释义，这种情况自然与词汇的存储形式和激活状态有关。具体说来，人们理解加工歧义语句时，首先要激活与歧义词汇有关的一些释义。然后，在句法、语义或在不同的上下文中进行选择，找出一个较为合适的释义，从而达到对句子的理解。当然，一个歧义词汇的激活状态也与它在词库中的存储形式有关，这种存储形式主要表现为一种语义关系网络。实验证明，与歧义词在语义上相近的某些词，通常处于某种激活状态，其反应阈值较低，在理解歧义结构时，是很容易提取的。

（二）写作的心理过程

写作是用书面语表达自己的思想感情的过程，是用书面语影响别人的过程，也是一种特殊的言语交际方式。写作与口语表达之间有很大的相似性。它们都是言语生成过程的具体表现形式。写作活动通常由三个阶段组成：

第一阶段是在头脑中产生所要表达的思想，选择所要写出的内容、主题和所要安排的人物、场景等，这是写作的构思阶段；

第二阶段是选择表达思想的语言结构，或利用语法规则把要表达的思想转化为言语的信息，这是写作的转换阶段；

第三阶段是执行阶段，把头脑中的言语信息转换成用文字符号表达的文章。这个阶段还包括文章写出以后的修改、加工和润色的过程。

在写作的构思阶段，作者要根据题目的要求，主动从记忆中提取出关于文章的体裁和主题内容的信息，并把这些知识进行合理的组织。由于写作过程在很大程度上依赖于作者记忆中存储的信息，所以，有人把写作称为知识的表述过程。

（三）阅读的心理过程

关于阅读，1977年鲁梅哈特提出了交互作用模型。该理论认为，当读者扫描课文时，字母就被登记到视觉信息存储中，以后由一个特征提取装置对这种信息进行操作，并且从视觉信息存储中提取了关键性特征。在阅读过程中，各种不同来源的信息以复杂的方式相互作用着。阅读活动就是同时使用所有这些感觉知识和非感觉知识的结果。

人在阅读的时候，头脑就像一个信息加工中心，不断地搜索外界输入的信息。此外，头脑中还有四个储存库，即表音法知识、构词法知识、句法知识和语义学知识。表音法的、构词法的、句法的和语义学的信息都能影响我们对文字的知觉。这些知识库能对输入的信息不断扫描，这样，一方面对视觉扫到的信息从低级阶段到高级阶段进行加工，依次经过表音法知识、构词法知识、句法知识和语义学知识，最后达到理解。另一方面，信息加工也以与此相反的方向，由高级阶段到低级阶段进行加工，即读者利用已有的背景知识和语言知识，对视觉扫到的信息立即提出假设，最先从语义学知识进行证实，然后分割成句法知识分析、构词法知识分析和表音法知识分析，通过这一系列的分析，对假设进行肯定或否定。因此，每一阶段的知识分析不仅来自更高一级的知识分析，也依赖于低一级的知识分析。也就是说，这些不同方面的信息相互影响，而且在低级阶段和高级阶段的信息加工吻合时，就产生令人满意的正确理解。否则，就要重新修改或建立，直至两种信息加工互相吻合。

六、心理语言学研究的意义和发展趋势

(一) 目的和意义

心理语言学是一门边缘科学，不仅和语言学、心理学，而且和教育学、人类学、生物学等都有密切的关系。它的研究成果不仅对探讨语言的起源、语言和思维的关系等有密切的关系，而且对语言教学（包括本族语教学和外语教学)、儿童语言的培养和发展等有重要指导作用。它的研究成果还被广泛地应用于各种言语障碍、精神病的诊治，对心理学的一些新的分支，如航空心理学、宇宙心理学、过程心理学等也都有一定的应用价值。

(二) 发展趋势

近年来心理语言学发展迅速，在研究的深度和广度方面都取得了不少成果，但是在很多根本问题上并没有取得实质性的进展，那么，心理语言学的发展趋势将会是怎么样呢?

《语言和思维心理学问题对话》一书，汇编了乔姆斯基等 5 位与心理语言学相关的学者的谈话。书中提出了 7 个问题，这在一定程度上反映了心理语言学研究今后的发展趋势。(1) 在语言获得和语言发展中认知起到了什么作用？语言学因素是否对一般认识发展有影响?（2）个体内外的言语和非言语行为怎样影响语言的获得和发展?（3）言语和非言语的信号系统是否相互联系?（4）在试图解决语言和认知领域里的基本问题时，人们怎样才能正确对待先天和后天的问题？（5）目前所进行的比较心理语言学研究有什么重要性?（6）在语言和认知心理学中最重要和最具有应用前景的研究是什么?（7）语言和认知领域的研究是否处于一个寻找新理论或新范式的过渡时期?

第八节 神经语言学

一、概述

(一) 神经语言学的概念和研究任务

神经语言学（neurolinguistics）是现代语言学的一门边缘学科，是语言学、神经科学和

心理学相互交叉、相互促进而形成的。但它不是三者的简单相加，而是用神经科学的方法研究语言习得、语言掌握、言语生成、言语理解的神经机制和心理机制，研究人脑如何接收、存储、加工和提取言语信息。

概括地说，神经语言学的研究任务主要是从微观（即人脑中的神经生理活动）和宏观（即言语行为作为人的一种社会活动）两个方面来研究人类大脑神经系统跟人类自然语言的关系，进而探索人类语言的起源、意识的起源、语言与意识的关系及其活动规律等问题。西方学者一般认为，神经语言学主要研究两个方面的问题：语言病理和正常言语的深层神经机制。实际上，神经语言学不仅应该探明语言存贮、生成和接收诸过程跟大脑神经机制诸结构的关系，而且要弄清这些机制跟语言作为一种社会行为的关系。

（二）神经语言学研究的几个发展阶段

早在19世纪，就有一些学者致力于研究言语活动的神经机制问题。例如，1836年，戴克斯（M. Dax）提出言语活动的障碍是由大脑左半球损伤引起的；1861年，布洛卡（P. Broca）发现言语构音的能力定位于大脑左半球的额下回后区；1874年，韦尼克（C. Wernicke）发现听觉性言语理解障碍是由大脑左半球颞上回后部损伤引起的；1892年，戴杰林（J. Dejerine）发现大脑左半球角回是阅读书面语的中枢部位。

到了1926年，英国神经科学家黑德（H. Head）引进了语言学概念。他对脑局部损伤导致的失语症进行语言学分析，从而得出与脑局部损伤相应的“命名性失语症”“句法失语症”“语义失语症”等，他第一次对言语障碍进行语言学分析，功绩很大；不足之处是，他把语言结构与脑区之间的联系看成直接关系。

20世纪中叶，随着心理语言学、神经语言学的产生和发展，苏联、美国、日本等国的学者对言语活动的脑机制问题进行了广泛研究。美国语言学家乔姆斯基提出的“语言能力”和“深层结构”理论，部分地涉及神经语言学的基本问题。

到了20世纪70年代，学者们广泛运用“神经语言学”这个术语来代替过去的“语言的神经基础”“语言与大脑”等说法，这标志着神经语言学作为边缘学科已经脱颖而出。

1975年苏联心理语言学家卢利亚出版了《神经语言学的基本问题》（中文本译为《神经语言学》），这本书论述了神经语言学的一些基本问题，论述了言语交际的神经心理特点、脑局部损伤导致的言语障碍等。

近十年来，神经语言学研究的深度和广度都有所发展，神经语言学的应用领域也不断扩大。

二、言语功能的生理基础

（一）三大言语中枢：布洛卡区、韦尼克区、角回区

所谓布洛卡区，指的是大脑左半球额下回后部。它负责言语运动功能，又称为前言语区或第一言语区。就其具体的言语功能来看，布洛卡区的言语功能主要是口语表达。此区损伤后，患者不能组成正常的言语，说话缓慢费力，语言贫乏，严重的患者缄默无语。

根据对布洛卡失语患者的研究，目前认为布洛卡区也与书面语表达功能有关，但它长期未被发现，这是由于通常人用右手执笔写字，而大脑左半球前部损伤时的布洛卡失语症

患者伴有右侧上肢瘫痪，因此无法了解患者书面言语的表达能力。

韦尼克区指的是包括大脑半球后部颞叶、顶叶比较广阔的区域。它承担言语感觉功能，又称后言语区。和布洛卡区相对，它主要承担接收性言语功能。这个区是听觉联合皮层，它的损伤会造成言语感觉和理解障碍，是言语感受中枢。

与布洛卡区和韦尼克区并列的第三个言语中枢是角回区，它位于顶叶，在韦尼克区后方。角回区是人听言语和读写言语的桥梁。它能把语音转化为视觉信息，使人能写下听到的话语；它又能把文字信息转化为语音，使人能诵读诗文。书面语的视像和口语的音像在这个区域建立了联系。

（二）大脑两半球的言语功能

人的语言和言语功能主要由大脑左半球承担，一般把左半球称为言语优势半球，它承担言语的接收、分析、理解、加工、储存、生成、表达等功能。相比之下，大脑右半球的言语功能相对薄弱，两半球在功能上不对称。

对做过裂脑手术的病人的检查，也显示左半球的言语优势。当感觉信息只传入左半球的情况下，其言语功能与手术前两半球协同工作时大致相等。这时，病人能正确执行闪现于右侧视野内的书面语命令，能进行四则运算，能选出别人称呼或描述的物体。多数病人在手术后的几周内只能用右手写字。以后，左半球开始对左手有些控制作用，对传入左半球的刺激，能以左手书写做出应答。

在左半球健全的情况下，右半球的言语表达能力受到抑制而退化，但保持一定的理解能力。例如，能辨认为数不多的单词，特别是理解“pen”“box”这类具体名词，也能区分肯定式和否定式这样简单的语法差别。但是，遇到抽象词语，如“relationship”“difference”之类就难以解释，也弄不清“性”“数”“格”“态”“时”“体”“级”等语法范畴。最为重要的是，右半球分管语调，给话语提供韵律。右半球损伤虽不影响话语的组织和表达，但使话语语调平淡，感情色彩弱化，甚至消失，患者辨别语调的能力也会有所下降。

但是，大脑两半球的分工不是绝对的。就拿言语功能来说，尽管言语优势在左半球，但右半球的言语功能不应忽视；特别是在左半球言语功能受损的情况下，右半球的代偿能力更不容忽视。

（三）男女的言语能力的差异

我们在语言教学中，常常发现女生比男生口齿清晰，言语流畅，这种差别在外语学习中更为明显。这是因为两半球言语功能的分化与发展存在性别上的差异。

从婴儿开始，女孩在言语方面就占优势。她们比男孩说话早，发音较清晰，语法错误比较少，说的句子比较长。在小学与言语相关的测验中，女生总的成绩高于男生，以后随着男生空间能力的发展，学习成绩才慢慢赶上。到了成年，由于言语优势半球的成熟，男女言语能力的差异已不明显。但言语功能的某些方面还是有些差别，例如实验证明，男性只有左半球损伤，言语智商才明显降低，女性任一侧半球的损伤都会引起言语智商的下降。

三、各种言语活动的神经机制

（一）认读词和书写词的神经机制

认读书面词的主要功能区在大脑左半球的枕叶。它的一级皮层区为视觉投射区，二级皮层区为投射—联络区。来自双眼的词的视觉信息分别达到对侧枕叶的一级皮层区，即来自右眼的视觉信息到达左半球枕叶皮层区，而来自左眼的视觉信息到达右半球枕叶皮层区。然后，右枕叶将所接受的词的视觉信息通过胼胝体的连合纤维传递到左枕叶，左枕叶的二级皮层区在有关言语区的协同作用下进行神经信息的整合，以发挥词的认读功能。

认读词的过程往往需要听觉分析，也就是说，要认读那些在记忆上不够巩固的或内容复杂的词，就需要通过听觉分析，才能产生知觉。这样，作为言语听觉区的左颞叶也常常参与词的认读过程。此外，词的认读还需要大脑右半球顺利调节控制眼球运动，以保持视线空间移动的连续性。

词的书写跟词的认读不同，需要手的协调动作才能够完成，因此有不同的神经机制。通常认为，对于用右手写字的人来说，书写动作是由大脑左半球前运动区的中间区域（称为爱克斯纳区）所控制。

书写和认读也有关系。我们知道，人一般是先会拼读一个不熟悉的词，而后才能写它。人们在碰到别人说到一个不太熟悉的名字时，可能会要求这个人把它拼出来。此外，也有实验证明，在书写词时拼读之，可以避免书写错误。

（二）加工和理解句子的神经机制

关于句子加工和理解的神经机制，有两种不同的理论：一是模块理论，认为句子理解的过程是由不同模块共同完成的，不同模块分管不同的操作类型，每一种操作类型仅需要有限的几类信息；二是交互理论，认为句子的意义是许多不同种类的信息交互作用的结果。

与此相对应，产生了三种关于脑外侧裂周围联合皮层与句子加工相关的理论：一是局部说，二是整体说，三是混合说。第一种认为，特定类型的句子加工是在上述大脑特定的区域中进行的；第二种观点认为句子加工涉及大脑外侧裂周围皮层所有或者大部分区域；第三种理论则认为特定的句子加工是在大脑某些特定区域中进行的，这些区域分布在大脑中不同的地方。

功能神经成像技术的使用为探知大脑句子加工的机理开辟了广阔的天地。以正常操英语者为被试进行的研究表明，在句子加工过程中（包含句法加工和句子语义加工），整个左半球外侧裂周围语言区血流量增加，而在句法加工过程中，布洛卡区脑盖部分血流量增加，这表明句法加工的某一环节可能更精确地定位在布洛卡区脑盖部分。目前，基本可以得出下述结论：句法加工是由特定的认知操作来完成的，其中的各个环节可能很精确地定位于大脑的某个区域。额下回脑盖部分（位于布洛卡区）似乎是句法加工神经网络中最活跃的部分。

（三）掌握外语的神经心理机制

在进入具体的分析之前，我们必须弄清楚两个重要概念——第一信号和第二信号。

在人的条件反射中，引起反射的条件刺激，又称信号刺激，起着一种信号作用。信号分第一信号和第二信号两种。第一信号是现实的具体信号，它是直接作用于感觉器官的具体刺激，如公共场所的警示灯、下课的铃声等。第二信号是现实的抽象信号，是语言的词汇所构成的刺激，如“水晶肘子”“香辣蟹”之类菜肴名称等等。大脑对第一信号产生反应的皮层机能系统叫作第一信号系统，这种高级神经活动能把直接刺激转化为引起机体各种活动的信号。大脑对第二信号产生反应的皮层机能系统叫作第二信号系统，这种高级神经活动能把第一信号转化为具有抽象意义的词语信号。语言是第二信号系统的外部表现。

落实到外语的学习过程中，当学习者初次遇到外语生词时，不理解其意义，不会引起对客观事物的联想。这时，这个外语生词相当于第一信号刺激，没有起到第二信号刺激的作用。以后，随着这个外语生词与本族语相应的词相结合，并多次重复，学习者理解了它的意义，概括了这个词所指的客观事物的一般特征，形成了反映客观事物本质特征的概念。这时，它就成为第二信号刺激。

人们在学习外语的时候，头脑中已经储存了大量的概念。虽然还会遇到一些没有接触过的新概念，也还需要形成新的思想，但在多数情况下，特别是经过教师的辅导，一般不需要从建立概念开始，而是以第一语言为“中介”。而且，外语的学习也需要借助实物，但初学者不能在实物和外语之间建立直接的联系，总是要自觉不自觉地利用母语进行思维活动。例如，母语是汉语的人在学习外语时听到 apple 这个声音并看到实物时，他们不会马上把二者直接联系起来，而是先把这个实物同“苹果”这个概念联系起来。只有到了比较熟练地掌握了英语的阶段，才会逐渐地学会直接用外语思维，自觉摆脱用母语进行思维的习惯。

四、几种言语障碍及其神经心理机制

（一）因脑部受损引起的言语障碍

失语症是指全部或局部丧失言语能力的现象。失语症是由于脑部受伤或病变导致的，而智能不足、感觉器官或发音功能失常所形成的言语障碍，不属于失语症。

失语症依病因可分为两大类：（1）表达型失语症，其病因是大脑左半球布洛卡区受伤或病变；（2）接受型失语症，其病因是大脑左半球韦尼克区的受伤或病变。

失语症依病象可分为 7 类：（1）运动型失语症：发音部位的肌肉运动不灵活，丧失原有正确发音的能力；（2）感觉型失语症：丧失原有的语言接受和理解能力；（3）语义型失语症：丧失了原有的对文字和口语意义的了解能力；（4）发音型失语症：丧失了原有的语言发音能力；（5）语法型失语症：丧失了原有的语法能力，不能将词组成完整句；（6）忘名型失语症：丧失了原有的见到人或物而知其名的能力；（7）识字型失语症：丧失了原有的认识文字的能力。

总的来看，失语症有许多种症状：可发生于口语，也可发生于书面语。失语症在口语表达方面的主要表现为：（1）觅词困难，患者无法回忆出应该使用哪一个词语；（2）迂回表达，当患者想不起某个词时，就采用别的词语或句子来代替这个词；（3）言语错乱，实际说出的词跟想说的词不一致；（4）语法缺失，说出的句子在语法结构方面存在缺陷，例如遗漏某些语法成分或把语法成分用错；（5）言语杂乱，患者可以流利地说出句子，但别人无法听懂；（6）言语刻板，无论在什么情况下都只能说出极为有限的几句话，例如英语失语症患者中有的只说 yes 或 no 这样的话；（7）机械重复别人的话语。

失语症在言语理解方面的主要症状有：（1）对说话人不理解；（2）不注意别人的话语；（3）对说话人表现出不解的神情；（4）不执行别人的言语指令；（5）用固定的话语回答所有问题。

失语症患者的书面表达障碍，主要有以下几种症状：（1）完全书写性障碍，即完全不能书写；（2）构字障碍，表现为遗漏或增添笔画；（3）书写错乱，用错误的字代替正确的字；（4）机械重复，写出第一个字，以后始终写这个字；（5）象形写字，患者不能写出文字时，以图画代替之；（6）镜像书写，用左手写字，写出来的字左右颠倒；（7）写字过多，书写时加入无关的字。

一般说来，每个失语症患者都有自己的特点，出现的症状也并非是单一的，它们常常是一组症状，即所谓失语性综合征。

（二）因发音功能失常引起的言语障碍

构音困难，指神经组织或发音器官病变引起的口语发音缺陷。其基本特征为，脑内言语无法准确顺利地转化为清晰的口说言语。它跟失语症的根本区别在于，它不是由大脑中枢神经病变直接引起的。构音困难的种类，这里只简要介绍常见的几种。

1. 缄默症

表现为沉默不语。常见于两种情况：一种是官能性的，如癔症或精神分裂症所引起；另一种是器质性病变。后者又分为两种情况：其一是因为患有失语症造成了表达困难，因而不愿说话；其二是因脑干网状结构被破坏，皮层缺乏非特质性投射系统传来的维持觉醒的冲动，造成患者临床不语，称为运动不能性缄默。

2. 口吃

表现为语流中断，重复发音，儿童早期最为常见。随着年龄的增长而逐渐减少。但在情绪激动时，仍可出现。据观察，口吃与左利手有密切关系，特别常见于左利手或右利手迟缓定型者。左利手的儿童被迫改用右手操作时，有时会因干扰言语中枢而引起口吃。

3. 声音嘶哑

其起因有多种，这里主要介绍因迷走神经病变而引起的声音嘶哑。喉上神经所支配的环甲肌麻痹时，发音常无障碍，偶有嘶哑和高音调缺失。喉返神经所支配的其他喉内部诸肌一侧麻痹时，发音常不受影响，但若一侧完全麻痹，则声音低弱和嘶哑。两侧喉返神经麻痹常为癔症性的，患者不能说话，或只能耳语。

五、神经语言学研究的意义、目前的困难及发展趋势

神经语言学的研究具有重要的意义。它以语言学、神经心理学、神经病理学、生物学和脑科学等为基础，广泛运用语言学和神经学诸分支的各种研究手段和方法，以临床实验取得的资料为依据。神经语言学取得的成就不仅可以为解释自然言语开辟一条新路，而且

具有广泛的应用价值，例如，目前神经语言学研究中，对言语障碍者的康复治疗是一个热点，该研究可以解除或减少言语障碍者及其家人的痛苦，进而减轻社会压力，提高和改善生活质量。

神经语言学目前所面临的最大困难在于：大部分语言学的研究成果和研究方法都是以正常人的言语为对象；而语言的神经心理学方面的研究却主要是以“非正常”人的言语为材料的。此外，作为一门交叉学科，它对研究者的要求也很高，而兼通多门学科并有丰富临床经验的学者不易多得。总的看来，这个领域的研究工作虽然已经和正在取得一些进展，但有关言语神经机制的许多问题还不能说已经确知。

而就其今后的发展来看，神经语言学主要呈现出以下发展趋势。

首先，神经语言学会呈现出越来越强的交叉性。它与医学、神经学等相关学科的联系会愈加紧密。我们已经看到，新的语言学理论和方法在神经语言学中的应用促进了它的发展。同样，近 20 年来，医学与神经科学的进步也推动着神经语言学朝纵深方向发展，从而逐渐加深人们对言语活动的神经机制的认识。

其次，神经语言学研究会更加重视其实践性和现实意义。例如，失语症的康复研究正在成为神经语言学的重要应用领域。对失语症康复治疗的研究正在兴起，这是一个具有现实意义的重要领域，必将越来越受到重视。不少人研究了大脑两半球在失语症康复中的作用。他们对言语优势半球为左半球的失语症患者进行了多方面的研究：运用临床观察、实验检测以及神经生理学、神经组织造影等手段研究其康复过程。各方面的研究资料表明，大脑左半球和右半球对言语功能的恢复都起作用。另外，由于计算机技术在这几年获得迅速发展，将各种计算机矫治方法系统运用于失语症矫治已经成为一种现实，正为大家所接受。

我国的神经语言学研究还刚刚起步，研究队伍还不大。有些专家从本专业的角度分析神经系统跟语言诸层次间的关系。但是，有志于神经语言学的研究者必须同时掌握语言学和神经心理学两方面的知识及在这些领域中取得的最新成就，才能使自己的研究工作有比较中肯的分析和令人鼓舞的创见。

第九节
文化语言学

一、语言与文化研究简述

“文化语言学”在国内是一个新生的学科名称，而在国际上“语言古生物学”“人类语言学”“语言人类学”“文化中的语言”“语言与文化”“跨文化的语言学”等，则都是关于语言与文化关系的研究。

（一）国外研究简述

语言与文化关系的研究是伴随着西方学术界的文化研究而兴起的。

早在19世纪，国外语言与文化关系研究就进入了蓬勃发展的时期。19世纪初，德国语言学家格林将有关各民族语言的个性及其与民族文化的密切联系的论述，进一步发展为“我们的语言就是我们的历史”。另一位德国语言学家洪堡特也对语言与精神文化的关系进行过许多探讨。他的语言—思维平行观认为一个民族的言语是该民族的精神，而该民族的精神就是他们的言语；语言世界观理论认为人类各种语言的不同不在于外部声音和感性符号的不同，而在于它的内涵形式对某一事物所取的观点不同，即世界观的不同。随后不久，库恩（A. Kuhn）等人便开始利用语言学来重建印欧人的神话和宗教。19世纪中期，瑞士语言学家皮克特（A. Pictet）创立了“语言古生物学”，他从各种印欧语所提供的证据中去寻找原始印欧人的文化基本特征。意大利语言学家阿斯科里（G. I. Ascoli）提出语言底层说，注意到了特殊情形下的语言与文化的关系，给通过底层语言观察底层文化的做法提供了理论依据。

到了20世纪，美国语言学家博厄斯等认为研究无文字的民族及其文化必须从语言入手，不能设想一个不懂印第安语的人能深入了解印第安人及其文化，从而创立人类语言学。萨丕尔、沃尔夫（B. L. Whorf）提出的“萨丕尔—沃尔夫假说”认为，说话人的语言通过语言系统中可能存在的语法范畴和语义类别，决定说话人的世界观，即一种语言决定一种文化感知世界的方式。德国以魏斯格贝尔（L. Weisgerber）为代表的“新洪堡特主义”的“母语中间世界”学说等，都有一定成就。许多理论语言学著作中也涉及语言与文化的问题。

（二）国内研究简述

我国有着悠久的“小学”文化传统。“小学”分音韵、文字、训诂三门，作为经学的羽翼，以“通经致用”为宗旨，即为读懂古书和学做文章服务。这种研究同中国文化的研究血肉交融，注重实用，特别是其中的文字学和训诂学的研究历来同文化有着密切的联系，不少内容正是通过语言阐释古代文化。例如先秦时代的名实之争、自汉至清对经籍的注疏训诂、有关文字构成的理据和古代名物典章制度的训释等，都直接涉及文化。清代学者阮元还有意识地、较为系统地从语言文字上探索古代文化。

近代赵元任、丁声树等人的六次方言调查，以及1955年全国范围内的方言调查，在一定程度上揭示了方言与地方文化的关系。潘懋鼎1947年出版的《中国语原及其文化》是上承梁启超语原之学，下启文化语言学的一部论文集。1950年，罗常培发表《语言与文化》，这是我国第一部自觉地研究语言和文化关系的著作，也可以说是中国文化语言学的先驱之作。内容包括从语词的语源和演变看过去文化的遗迹，从造词心理看民族的文化程度，从借字看文化的接触，从地名看民族迁徙的踪迹，从姓氏别号看民族和宗教信仰，从亲属称谓看婚姻制度等方面。以后，由于整个社会科学界忽视文化研究，语言和文化关系的探讨也处于被忽视的地位。直到20世纪80年代中期，复兴中的国内学术界出现了空前的文化热，一大批中青年学者纷纷从事此项研究，使文化语言学取得了令人瞩目的成果。

二、关于文化的理解

文化是一个复杂棘手的概念，不同资料表明，关于文化的定义，西方至少有160位学者提出过200多种，且角度各异，众说纷纭。迄今为止，国内外尚无公认的关于文化概念的定义。部分研究者认为“文化”有广义和狭义两种理解：从广义上说，文化是人类所创造的一切物质财富和精神财富的总和；从狭义上说，文化指社会的意识形态以及与之互相适应的制度和组织机构。另有观点认为，英语中的“culture”这一名词有可数、不可数二重语法和语义性质，这正反映了“文化”概念的二重性。一是指不可数文化，即与自然界相对的人类共同文化，如政治、经济、军事、法律、伦理、文艺等，它包含一切人文社会科学的研究对象。二是可数文化，即与特定群体相联系的各具特点的文化系统及亚文化、文化圈等。文化语言学要探讨的应是语言与可数文化的关系。构成文化系统的文化要素涉及人类生活的各个方面（包括物质的、精神的），但只有能形成、影响或反映特定文化系统特点的要素，才是文化学科的关注对象。

至于文化的分类，又有各个不同的角度。从文化的性质出发可分为物质文化和精神文化，从文化的类属出发可分为习俗文化、建筑文化、宗教文化等，从文化的功能出发则可以分为知识文化和交际文化。文化还可分为三个层次：表层文化，主要指可感觉到的物质文化，如服饰文化、饮食文化、酒文化等；中层文化，指制度文化，包括人际关系、各种体制规范等；深层文化，指观念文化。

三、语言与文化的关系

语言与文化之间的关系甚为密切，可以说是密不可分。

（一）社会、文化是第一性的

社会、文化与语言相比较，社会、文化是第一性的，先有社会、文化，后有语言，社会、文化发展了，语言随之发展。不同民族的特定文化影响民族语言的各个要素，使之更加精细、多样、准确，表达力更强。

以人类的服饰文化为例，岑运强在《语言与服饰文化浅探》[1] 一文中做过详细探讨，他指出，服饰文化大大丰富了语言要素，特别是词语、语义，仅就一般服饰的种类、部分、形成、所用工具、所用材料诸方面看，就可以体会到服饰文化对语言词汇的贡献。服饰的基本种类有衣、裤、鞋、帽，部分有领、袖、襟等，形成一般有量、裁、缝三道工序，工具有尺、剪、针等，材料有布、丝、毛、麻、皮、革等，这里仅以“衣”为例说明。汉语语言中关于“衣”的词不断增加，现今的“衣”可分为许多类：衬衣、毛衣、皮衣、棉衣、羽绒衣、大衣、风衣、雨衣、睡衣、浴衣、便衣、罩衣、运动衣、游泳衣、救生衣、防弹衣，还有以前的蓑衣、孝衣、金缕玉衣等。人们还围绕“衣”的本义创造出许多新词语。

---

① 岑运强．语言与服饰文化浅探//语言学理论求索集．长沙：湖南大学出版社，2010.

如称以前一些夜行者为“黑衣人”，称现在的医务工作者为“白衣战士”，称残忍的人为“衣冠禽兽”，称无能之辈为“衣架饭囊”，形容阔人常用“衣冠楚楚”，形容穷人常用“衣衫褴褛”，描绘得志归来用“衣锦还乡”，描绘完美无缺用“天衣无缝”，亲密邻邦常用“一衣带水”表达，太平盛世则用“丰衣足食”颂扬。“布衣”指一般老百姓，“衣钵”指学术思想上的继承，“糖衣炮弹”则指用金钱、美女等各种软方法攻击别人。

（二）语言是社会、文化的一部分

语言从本质上来说，同宗教、法律、文学一样，都是文化的一部分。从另一个角度看，语言是社会文化的一面镜子。一个民族的语言面貌是由该民族的文化所规定的，它是民族文化的一种表现形式。民族文化的价值、观点、准则、习俗等都在民族语言中烙下了深深的印迹。因此，人们可以从民族语言中去寻求民族文化的印迹，揭示其中积淀的文化。例如，古代汉语里的称谓系统远比现代汉语复杂，同时也显示出中西两种文化结构的差异。《尔雅·释亲》收录的对家族男性所使用的表达不同辈分的称谓语就有：前辈的“父、祖父、曾祖父、高祖父”，孙辈及以下的“孙、曾孙、玄孙、来孙、昆孙、仍孙、云孙”，再加上“子”辈和自身，共分为13级。其中兄弟排行为“伯、仲、叔、季”，按血缘关系的不同，又有“兄弟、从兄弟、再从兄弟、三从兄弟”之别。此外，与西方语言大不相同的是，还要严格区分血亲与姻亲，直至今天仍大体如此，姻亲的只能称“外公、外婆、舅父、表兄、外甥”等，跟血亲称谓绝不可混淆。由此人们无须做更多的考察，就可以推断出汉民族传统文化中是何等重视宗法关系、重视血亲与姻亲的区别以及强烈的传宗接代的观念。

再如，仍以服饰用语为例，考察这些用语可以从横纵两个方面进行。横的即“共时”的，如当今世界各民族、各种族流行的有关服饰的语言；纵的即“历时”的，如每一种服饰语言的历史演变过程。无论从哪一个角度上都能考察出不同民族的社会文化风俗。

1. 服饰用语反映风土人情及文化变迁

先秦“上衣下裳”制，多力求取象自然。《周易·系辞下》说：“黄帝、尧、舜垂衣裳而天下治，盖取诸乾坤。”这里乾为天，坤为地，上衣象天取玄色，下衣为地取黄色。到了秦朝采用“衣均玄”之服，上下都用玄色。春秋战国，赵武灵王教百姓“胡服骑射”也是一次大改革。

2. 服饰用语反映出社会地位

在阶级社会中，各个时代的各个阶级往往都有自己阶级、阶层所特有的服饰，因此，从遗留下来的有关服饰的语言中，很容易观察到穿衣人的阶级地位。例如西方社会用“白领”“蓝领”“粉领”“灰领”这几种颜色的领子划分不同阶层。我国清代官服前后裰有“补子”，叫“补服”，也叫“补褂”。文官绣禽，武官绣兽。如：文官一品仙鹤，二品锦鸡，三品孔雀，四品云雁，五品白鹇，六品鹭鸶……武官一品麒麟，二品狮，三品豹，四品虎，五品熊，六品彪……

3. 服饰用语反映生产力、生活水平、文化程度

生产力发达的社会，生活水平和文化程度往往比较高，从而反映服饰文化的服饰语言的词汇也会相对丰富。新西兰的毛利人曾以“草裙”为服饰。而在资本主义国家，如英国男士们光是礼服就有好多种：无尾晚礼服、燕尾服、常礼服等。

4. 服饰用语反映宗教信仰

如印第安人服饰用语中有一种“祭太阳服”，因为他们崇拜“太阳神”。秘鲁印第安人的“太阳节”是对太阳神的最大祭典，届时，人们都穿上祭服载歌载舞。

5. 服饰用语反映时代精神和文化特点

受时尚变化影响的服装能反映出该时代的文化特点，我国服饰用语就充分体现出这种功能。中国先民用植物纤维代替线缝制皮衣的服饰用语体现了原始社会的文化特点，至高无上的各种龙袍、等级森严的各种服装名称，则是阶级社会阶级分化的见证。唐代开放的服饰名称，宋代倾向保守的服饰词语以及元代蒙古式的毛织品，清代象征为皇帝效忠的马蹄袖，无不是时代的产物。到了辛亥革命，人们穿上西装和中山装。西装意味着向西方学习。中山装意味着中国式的革命：衣服袖口 3 粒纽扣象征三民主义——民族、民权、民生；4 只口袋象征礼、义、廉、耻的儒教思想；胸前 5 粒纽扣象征五权分立——行政权、立法权、司法权、考试权、监察权。而当今服饰用语的空前丰富多彩，则充分反映了改革开放新时代的文化特色。

（三）语言影响文化、思维

语言是文化中的一个特殊部分，其他的文化主要是通过语言来记录和反映，语言因此成为一套记录文化的符号系统；换句话说，语言是文化的载体，是民族文化得以建构和传承的形式和手段。文化的学习、传播、交流、保存和继承，乃至文化传统的形成都要依赖语言，这就使文化不可避免地要受到语言的制约和影响。在有些情况下人们为了变革文化传统，不得不首先清除语言中一些相应的文化符号。如新中国成立后我国为了提倡人与人之间的平等关系，首先就是废除传统称谓中的“老爷、大人、小的、仆人”等词，而改用“同志”代替。五四新文化运动也是以“废文言、兴白话”为先导的。

更为重要的是，语言是思维的最重要的工具，当运用不同的语言进行思维时，就必然受到不同语言的制约，因此语言影响着人们对于世界的认识。例如，美洲的爱斯基摩语，用 15 个名词来表示不同形态或下落到不同地点的雪；泰国北部的佤族，对于不同生长期的稻子和不同加工过程的稻谷都赋以不同的名称；英语表示不同类型的小偷的词竟然有 32 个之多。吕叔湘先生说，某种语言里没有这个词，使用这种语言的人的脑子里就缺少与此相应的概念。由于汉语中对雪、稻谷和小偷并没有这么多的词来表达，因此对于汉族人来说，将它们区分得如此精细是有一定困难的。这种情况必然对思维及思维的结果有影响。

综上，不同民族的语言反映和记录了不同民族的特定文化，并且在一定程度上制约着民族文化的形成；同时，不同民族的特定文化对民族语言的发展也起着一定的制约作用。文化语言学考察语言与文化的双向关系，既可以从语言看文化，又可以从文化看语言。

四、中国的文化语言学现状

中国的文化语言学自 20 世纪 80 年代中期兴起以来，以其强劲态势引起文化学界、社会学界和历史学界等多方面的重视和共鸣，也在中国语言学界引发了激烈的争论。从事文化语言学研究的大致有汉语（包括方言）、少数民族语言、外语三方面的学者。具体的研究成果可以分为以下几方面：训诂、词义、词汇与文化，汉字与文化，方言与文化，人名、地名与文化，语言接触、融合与文化，语法与文化，语音与文化，语言交际与文化，语言与民俗，外语教学与外国文化导入等。

大体说来，中国的文化语言学有所谓的三大流派，即关于文化语言学的三种代表性观点。

第一种是“双向交叉文化语言学”，也有人称为“文化参照派”。语言具有物理、生理、心理、符号、社会、文化等多方面的属性，要全面了解语言的本质，必须从多角度来研究它。研究语言与文化相互渗透及影响的关系，主要有两个要点：一是主张文化语言学是语言学和文化学的交叉学科，它不仅在文化的背景中研究语言，而且利用语言知识研究文化学，或利用文化学知识研究语言学。二是文化语言学不仅研究共时现象，也研究历时现象，更重要的是它力图把语言学和文化学结合起来研究，以达到互相促进的目的。这两点即是“双向”（语言⇆文化）、“交叉”（共时与历时↓→）。或者说，语言与文化的关系可以理解为语言是文化的符号，文化是语言的管轨。

这一派认为语言在历史上的每一次宏观演变和部分微观演变都是文化上的原因造成的，而语言的现状是语言历史演变的结果，所以研究语言的历史和现状及其演变过程都必须研究语言的文化背景。作为解释性的学科，文化语言学必须借助历史学、地理学、哲学、民族学、文艺学、文字学等学科的知识，这样文化语言学就把语言学和多种学科结合起来，而两者的结合是双向的；文化语言学研究语言的文化内涵，试图从文化背景出发解释一种语言的某些自身的特点或使用上的特点；作为语言学的分支学科，它与心理语言学、人类语言学、社会语言学等处于同一层次上，它不打算也不可能取代语言学现有的所有学科。

第二种是“社会交际文化语言学”。它强调交际和社会在语言与文化的结合研究中的重要性，因而侧重于进行共时的变异研究；认为语言活动带有明显的社会因素和意识因素，因此，文化语言学联系语言的交际功能，极力把语言看作一种社会现象和文化现象。其语言观突出表现在三方面：一是重视语言的交际价值；二是重视语言的变异形式；三是从动态的角度观察语言。这三个方面紧密相连，从使用语言的人的因素出发，文化语言学研究人们的言语活动，研究作为这种活动的工具的语言，并从文化学角度给予解释，因此它与社会语言学交叉的地方甚多，而与结构主义语言学截然相反。至于文化语言学的研究方法，则有对比法、投影法、文化结构分析法、文化心理分析法。

第三种是“全面认同文化语言学”。这一派持一种本体论的语言观，即语言不仅是一个符号体系或交际工具，更是一个民族看待世界的样式，是对一个民族具有根本意义的价值系统和意义系统，因而人文性是语言的本质属性。在中西语言的比较中，汉语人文性的表现尤为突出，它体现出一种人文精神。它在对中国现代文化研究，尤其是对中国现代语言学研究的历史和现状全面反思的基础上，认为中国20世纪初以来的现代语言学，特别是始自《马氏文通》的现代语法学研究是模仿西方而割裂中国传统的语义学研究。换言之，现代语言学丧失了汉语研究的人文精神，是一种科学主义的泛滥。该派研究的重点是汉语语法，在抨击汉语语法学界长期存在的三种根本性倾向——模仿的句本位倾向、模仿的唯层次倾向、模仿的比较异同倾向的基础上，主张以汉语事实为出发点，建立能够与汉民族思维特征相印证的句子理论和句型体系。印欧语的句子思维采用的是焦点视、主谓视，而汉语的句子思维采用的是散点视、非主谓视。汉语在分析和理解上更多地依赖人的主体意识和人文环境，而较少形式上的规定，具体表现就是汉语的弹性实体、流块建构和神摄方法。于是根据表达功能的不同把汉语句子分为三种类型——主题句、施事句和关系句，即摈弃一般的析句观念和方法，纯粹从语义表达出发来建立汉语句型系统。它还主张文化语言学不是分支意义上的语言学科，文化语言学就是语言学。

这三种流派中，第一种是主流派，赞同的人比较多，取得的成果也很显著而实在；第二种也有一定的成绩；第三种产生过不小的轰动，更引起了激烈的论争。

另外在文化语言学学术思潮的推动下，一些全国性或地方性的学会相继成立，如中国民俗语言学会（1991年）、北京市语言学会“语言与文化研究会”（1991年4月）等。并相继召开了一系列全国性的或地方性的学术研讨会，如1991年12月在广州召开的第二届全国语言与文化学术研讨会，1992年在西安召开的第三届社会语言学学术讨论会，1994年1月在哈尔滨召开的第三届全国文化语言学研讨会，1995年12月在昆明、大理和丽江召开的第四届中国语言与文化研讨会。此外，还有中国语言文化学会的历届年会，1995年10月在北京召开的首届汉字文化国际学术研讨会，1996年5月在沈阳召开的首届“语言与民俗”国际学术研讨会等。有些刊物还相继开辟了与此有关的专栏，以促进文化语言学的发展，如《汉语学习》的“语言文化社会”专栏发表了近百篇论文，其他的还有《语文导报》《北方论丛》《语言教学与研究》《世界汉语教学》等，第一家以汉语和汉文化相结合为基本宗旨的国际性刊物《宏观语言学》也于1992年秋在英国创刊。

应该说，中国的文化语言学有广阔的发展前景。植根于中国悠久的文化传统，进行更扎实广泛的专题研究，明确语言与文化的关系以及研究的目的、方向、内容，探索更科学的研究方法，中国的文化语言学必能得到更进一步的发展。

综上所述，文化语言学属于外部语言学和言语的语言学。

第十节
应用语言学

一、什么是应用语言学

应用语言学（applied linguistics）这一术语，是波兰语言学家博杜恩·库尔德内1870年提出来的。他提出，必须区分纯粹的语言学和应用语言学，并明确提出：应用语言学就是运用纯粹的语言学知识解决其他科学领域的各种问题。但这门科学的真正建立却是20世纪40年代的事情。1946年，美国密歇根大学建立英语学院，在弗赖斯（C. Fries）、拉多（R. Lado）等人领导下，研究对外国人教英语的问题，并出版了著名的《语言学习》，其副题就叫“应用语言学杂志”，这是第一本冠名“应用语言学”的杂志，也是第一次把应用语言学和语言教学联系起来。60年代之后，应用语言学获得了长足发展，1964年，是标志应用语言学走向成熟的一年，这一年在法国南希召开了第一届国际应用语言学大会，同时成立了“国际应用语言学协会”。这一年，韩礼德等三人出版了第一本应用语言学教科书《语言科学与语言教学》。从此以后，应用语言学的发展一日千里，欧美各大学纷纷开设应用语言学课程，有关著作、论文也如雨后春笋。但应用语言学毕竟是一门年轻的学科，语言学家对应用语言学的研究范围至今仍是见仁见智。有的认为，应用语言学是和理论语言学相对的，它指的是把语言学的知识应用于解决其他科学领域的各种问题，这倒符合库尔德内起初的界定。按此理解，社会语言学、心理语言学、词典编纂、文字制定、言语病理、机器翻译等等，都属应用语言学的范畴。我们权且称如此理解的应用语言学为广义的应用语言学。还有人认为内容过于宽泛无益于研究，应用语言学的研究对象应该只是语言教学。我们称如此理解的应用语言学为狭义的应用语言学。本节所介绍的正是狭义的应用语言学，即语言教学，还有人称之为教育语言学。

应该指出的是，应用语言学所要解决的问题多少与语言有关，但又不是纯粹的语言问题。它是一门边缘学科，具有跨学科性、开放性，它牵涉到语言学、教育学、心理学等诸多领域，而且和活生生的人相联系，具有复杂性，它不是纯粹的理论研究，而是着眼于实际应用，但关心的又不仅仅是实际的应用。有时候，它对语言教学的启发意义也许更为重要。

英国应用语言学家科德（P. Corder）在他著名的《应用语言学导论》中强调指出：应用语言学是一种活动。美国应用语言学家坎贝尔（R. Campell）则说：应用语言学是一种解决问题的业务。人们常说没有理论指导的实践是盲目的实践，没有实践的理论是空洞的理论。应该说，应用语言学着力解决的正是语言学理论与语言教学实践的统一问题。

狭义的应用语言学就是指在语言学理论指导下的语言教学。根据应用语言学在世界上的发展并结合我国语言教学的实际，本节将主要介绍外语教学、我国的对外汉语教学及中小学语文教学三个方面的内容。

二、外语教学

语言学与语言教学的对象都是语言，语言学研究语言本身，语言教学研究语言的教学，两者都牵涉到语言观问题，有什么样的语言观，就会有什么样的研究方法。围绕着重口语还是重书面语，依靠母语还是直接用外语，从语言入手还是从言语入手，大致产生了传统派、改革派、综合派等不同流派。

1880 年以前，欧洲大陆的外语教学以教授古典语言（古希腊语和拉丁语）为主，学习的目的只是阅读文献。当时的外语课主要是一门文化修养课，其核心是掌握语法和足够数量的词。古典语言屈折变化多，而当时的语法是规定性的，在这种情况下翻译法产生了。翻译法大概有这样几个特点：以阅读古代经典著作和掌握书面语为目标；以语法为纲；在课堂教学中强调语法，分析通句，分析句法功能；强调背诵规则。

翻译法是历史的产物，教授古典语言，自有它的合理性。问题在于 19 世纪以后，随着外语教学的重心渐向现代语言过渡，那么，“活的语言”能否用翻译法来教呢？19 世纪末，时代对外语教育提出了新的要求，各国人民往来的增加也凸显了外语教育的重要性。教育目标的改变对传统教学法提出了挑战。1880 年，法国的戈恩（Gouin）出版了《语言教学艺术》，阐述了“直接教学法”，主张用归纳法教语言规则，用外语进行教学，以谈话体为教材，不与本族语对比。同年，国际语言协会发表了旨在改变传统教学法的六条原则，被认为是外语教改运动的宣言。1898 年，在维也纳召开的国际现代语言教师大会，接受了直接教学法的一些做法。1901 年，法国和德国都把直接教学法作为官方肯定的外语教学法加以推行。

现代语言教学在直接教学法的基础上继续发展，而日益走上理论化和系统化的语言学研究对外语教学起了促进作用。1920 年到 1935 年，美国开展了大规模的教学法试验活动。第二次世界大战期间，美国发现无法派出翻译随军到世界各地，遂在各大学协助下制订了一个军队特别培养计划。语言学家博厄斯、萨丕尔、布龙菲尔德等被广泛征询意见，他们都主张让学生大量接触口语，而将阅读和写作训练减少至最低限度。为了让学生多接触外语，一些语言学校办起了“语言岛”，进行强化教学。这就是所谓的“口语法”，后又发展为“听说法”。和这个方法大同小异的是法国的法语传播研究与学习中心所倡导的视听法。听说法与视听法的语言学基础是结构主义，心理学基础是行为主义，因为外语学习过程被看成一个机械的习惯形成的过程；所以句型操练是这两种教学法常用的办法。翻译法从规定主义出发，强调语法正确，“只有合理的，才能存在”；视听法则从描写主义出发，强调学生所说的语言应是本国人所能接受的，“只要存在的，就是合理的”。随着乔姆斯基形式语言学诞生，教学法又出现了静默法、顾问法、暗示法等方法。而认知法则是建立在乔氏理论和皮亚杰认知论基础上的一种创新的教学法。

传统派教学法把语言作为知识来传授，不能培养学生使用语言的能力；直接教学法以及后来的听说法、视听法等改革派教学法把语言作为工具，效果也不见佳。有些学生可以把句型掌握得滚瓜烂熟，但到了生活中却运用不来。显然，学习语言的过程不像知识传授或习惯培养那么简单。

美国应用语言学家斯特恩（H. H. Stern）认为，学习者在学习外语过程中有几个问题需要解决：母语对目标语言的干扰；学习者是应该用有意识的、系统的方法，还是用潜意识的、吸收的方法对待语言学习；学生的注意力是应集中在语言形式方面，还是应集中在言语交际上。对这些问题的思考使人们进一步认识到外语学习过程的异常复杂性，而对这种异常复杂性的认识乃是20世纪70年代以来外语教学思想的一个根本转变。这种转变开阔了人们的视野，使人们不囿于某一方法之争，而去思考去研究并力求解决外语教学中更为根本的问题。在此背景之下，社区语言学习、启示教学法、功能教学法等争相出炉，而更多的教师则对自己所熟悉的方法进行了反思与改进。这个时期的外语教学表现出如下的特点：其一，把培养学生的语言交际能力作为主要的教学目标。其二，特别重视教学大纲建设。应用语言学家往往以教学大纲为中心提出他们的教学主张，20世纪70年代，威尔金斯（D. Wilkins）提出意念教学大纲；芒比（J. Munby）出版《交际教学大纲设计》，以适应不同学习者的需要。英国首先从教学大纲的角度提出“专门用途的英语”。外语教学中，教学大纲起纲领作用，它把教材、教法、考试统一起来，牵一发而动全身。其三，注意学习者因素，以学生为中心，充分调动他们的积极性。其四，积极倡导开展对语言学习过程的研究。这些教学法是随着社会语言学等交叉语言学的出现而出现的。在应用语言学领域，外语教学是发展很快的一个分支，如今仍在发展之中。理解并吸收其中的精华，不仅对我国的外语教学，而且对母语教育也大有裨益。

三、对外汉语教学

对外汉语教学，如果从新中国诞生之初算起，已有半个多世纪的历史，而要从吕必松先生提出“要把对外国人的汉语教学作为一个专门的学科来研究”算起，它的历史不过40多年。随着改革开放后中国日新月异的发展，对外汉语教学也蓬勃发展起来，学科地位日益巩固，学科影响也日益扩大。

对外汉语教学学科的研究对象是作为第二语言的汉语学习和教学。研究内容，一是作为第二语言的汉语学习和教学的全过程，二是贯穿于上述过程之中的总体设计、教材编写、课堂教学和语言测试等教学活动。

语言教学必须综合运用三个方面的规律，即语言规律、语言学习规律和语言教学规律，对外汉语教学研究的任务就是从教学实际出发，揭示这三大规律及其内在联系。对外汉语教学研究主要目标是解决对外汉语教学规律的问题，而要解决“教学规律的问题”，必须解决语言学习规律的问题。40 多年来，我国对外汉语教学正是围绕这三个方面进行的。

（一）怎样教：语言教学理论研究

这些年对外汉语教学的主要成绩有以下几点。

1. 总体设计的地位、任务、原则已基本确定

从 1982 年开始，对外汉语教学界发表了一系列文章讨论总体设计问题，讨论中逐步认识到总体设计、教材编写、课堂教学和测试这四个环节中，总体设计是纲。它的任务是提出全面的教学方案，主要包括：根据教学对象的学习目的确定培养目标，根据培养目标确定教学内容，根据教学内容和学习者的背景确定教学法原则，根据以上因素确定教学途径。总体设计应充分体现交际性原则、针对性原则、科学性原则和可行性原则。它一方面要有基础理论的研究成果作支撑，另一方面要受到课堂教学的检验，因此，总体设计实际上是基础理论研究和教学实践之间的桥梁。目前总体设计的指导地位已经确定，但实际操作中，经验的成分仍然很大。

2. 教学法初步形成

20 世纪 80 年代以前，对外汉语教学所采用的主要方法是以句型训练为主的直接法。80 年代，国外以培养学生交际能力为目标的“功能教学法”被引进，因而出现了“结构—情景—功能”相结合的教学路子。80 年代末 90 年代初，伴随着文化热，学者们又提出了“结构—功能—文化”相结合的教学法思想，得到一定程度的响应，被认为是今后教材编写和语言教学应遵循的重要原则之一。

3. 语言测试取得很大进展

语言测试是语言教学的重要组成部分。根据目的的不同，语言测试可分为学能测试、成绩测试和水平测试。学能测试主要考察学习者学习外语的天资；成绩测试主要评定学习者的学习成绩，评估教学的实际效果；水平测试主要鉴定学习者当前的第二语言水平。在这三种测试中，我国目前只有汉语水平考试（HSK）的研究与设计受到了应有的重视，并取得了显著的成绩。汉语水平考试已被正式定为国家级标准化考试。

（二）教什么：汉语研究和交际文化研究

对外汉语教学的汉语研究是为了解决语言教学中的实际问题，因而侧重于实用。这个领域中，语法研究一直是重点，取得了不少成果，如对现代汉语的基本语法现象有了初步描写与分析，制定了语法等级大纲等。在词汇研究方面，对外汉语教学界率先在全国进行了较大规模的词频统计，其成果为汉语词汇等级大纲和汉语水平考试词汇大纲的制定提供了科学的依据。语音方面尚需比较深入系统的研究。

从总体上说，汉语研究还远远不能满足对外汉语教学的实际需要，需要汉语研究工作者通力合作，才能尽快地改变这种情况。

20 世纪 90 年代以来，在对外汉语教学中注入文化因素的呼声很高，不过文化究竟指什么，语言教学中究竟应注入哪些文化内容，如果文化指的是“交际文化”即涉及语言交际的文化因素，其内涵、外延如何界定，至今仍是待探讨的课题。

（三）如何学：汉语习得的研究

如果对外国人如何学汉语这个问题没有比较透彻的了解，我们的对外汉语教学就很难有质的飞跃。因此，近年来，汉语习得研究引起人们的关注。汉语习得研究的目标是揭示外国人学习掌握汉语的奥秘，以便我们的教学更加符合语言学习规律。语言习得机制问题，近几十年一直是西方语言学家着力解决但并未解决的问题，而对于我们，这方面的研究才刚刚起步。这一领域的研究将直接影响到对外汉语教学学科的成熟程度。

对外汉语教学还是一门年轻的学科，在规划我国对外汉语教学学科建设的时候，我们一方面要学习借鉴外国的理论和方法，另一方面也要总结我们的经验，发展自己的理论。因为汉语和其他语言相比毕竟有其自身的特点。在我们注重语言共性的时候，也许汉语的个性更应受到我们的重视，这些个性的东西往往是教学中首先要突破的难点，这些难点中国人看起来容易，而外国人学起来却困难。

四、我国的中小学语文教学

母语教育伴随着人类文明的发展走过了一个漫长的历史阶段。古代的母语教育并不是单纯的语言教育，缺乏独立性。如在我国，开始在普通教育课程体系中设置语文学科，不过是 1904 年的事情。语文向来被认为是最主要的学科，是“主科之主科”，“一切学科的根本”。经过百年特别是新中国成立后人们的不懈努力，语文学科取得了长足发展，但问题依然很多，语文教学“少、慢、差、费”，其现实依然不容乐观。下面从两方面做些介绍。

（一）教改实验

长期以来，语文课堂教学以教师为中心，以传授知识为主，课堂成了单纯的讲堂。20 世纪 80 年代以后，越来越多的语文教师认识到，注入式、满堂灌的教学方法是培养学生能力的严重阻碍，于是，以课堂教学结构的改革为突破口，许多语文教师进行了教改实验。有的在实验的基础上逐步总结出自己的教学模式，形成了独特的教学风格。如上海育才中学的“读读、议议、练练、讲讲”八字教学模式，上海钱梦龙的“三主四式”教学模式，辽宁魏书生的三步教学法，武汉黎世法的“六课型单元”教学模式，江苏李吉林的“情境教学法”，北京宁鸿彬的“熟读、质疑、解疑、总结、运用”模式，快速阅读、快速写作以及正在探索的研究性教学模式，等等。这些教学模式各具特色，但也有许多的共性：都把探索教学规律，提高教学效率作为总目标，都坚持教为主导，学为主体，教、学有机统一；都力求按照学生的认知特点设计教学程序；都注意从整体出发组织教学。教改实验大多取得成效，在局部地区得到推广，对语文教学改革起了积极的推动作用。但由于受制于这样那样的条件，影响还不是全局性的。

识字是阅读写作的前提。识字教学历来是小学语文教育的重点，识字方法研究一向受到人们的重视。新中国成立以来，许多语文教师、教育工作者结合我国传统教育经验创造了各种识字方法，如随文识字、集中识字、注音识字、部首识字、字族文识字、韵语识字、字根识字、多媒体电脑辅助识字等。其中注音识字，即"注音识字，提前读写"的实验是从20世纪80年代初开始的。儿童先用一个月左右的时间学好拼音，然后利用拼音，从一年级起进行听、说、读、写全面训练，寓识字于读写之中，并且通过生动活泼的语言活动促进儿童语言、思维诸方面和谐发展。这个实验已不只是单纯的识字方法实验，实际上它涉及小学语文教学体系的整体改革。

新中国成立以来，中小学语文教材一直是全国统编，一般采取文选型编排方法。1986年国家教委公布一纲多本的方针，鼓励有条件的地方试编实验教材，于是各地纷纷组织力量研究、编制。教材改革打破了一套教材一统天下的格局。

（二）理论探索

新中国成立后相当长的时间里，在教学中，混淆了语文教育与政治教育的界限，语文课成了政治课。作为反拨，20世纪80年代以后，工具论被提出，认为语文是人们的交际工具，是学习和工作的基础工具，语文课的任务就是进行语言知识教学，培养学生听、说、读、写能力，而课文只不过是个例子。工具论纠正了语文教育的偏向，一度成了语文课性质的最权威也最流行的界定，但语文教学界对此存在不同的看法。概括起来，大致有三：一是人文论，认为语文是人们思想、情感、社会文化的负载工具。语文课的任务主要是通过语言的学习和感悟，培养情感、审美情操，弘扬中华民族的人文精神。二是素质论，认为语言是交际工具，也是思维工具，同时又是认识世界、改造世界的工具。语文课要加强语言运用能力的训练，也要把能力训练同对语言所表达思想内容的理解结合起来。认为语文学科不仅有工具性，而且有人文性、实践性、综合性，语文课的任务是培养、提高学生的语文素质。三是语感论。20世纪90年代以来，语感成为语文教学界讨论的一个热点，有人提出培养语感是语文教学的首要任务，语文教学应以语感为支点和中心。这种认识试图扭转语文教学中存在的"肢解性分析"和"坐实的意义讲解"的弊病，但由于理论准备不足，语感教学实践经验也不够充分，在语感的定义及特点、语感活动的领域及分类、语感的功能及其在语文教学中的地位等方面还存在问题，但其可持续研究的天地依然广阔。

学科的性质和任务决定课程的内容。由于对语文学科的性质认识不一，语文课究竟包含哪些内容，如何优化选择，各方的意见也并不一致。如何统一认识，如何避免分析论证的经验主义和跟着感觉走，是目前亟须研究解决的问题。

在如何处理知识与能力的关系问题上，语文教学在历史上曾出现过两个极端：一是忽视语文知识的学习；二是把语文知识讲得过多过细。过犹不及，效果不好。应该看到，知识的学习是为了能力的提高，知识应该精要、好懂、管用，同时也要看到否定语文知识的片面性，靠实践经验培养能力，不是绝对不可以，只是速度太慢、效率太低。目前而言，语文知识对能力的培养有用已无可置疑，但语文能力训练究竟需要什么样的语文知识，却需做进一步的探索。

作为母语教育的汉语文教学是在中国的沃土中生长出来的，不管课程名称是国语还是语文，现代语文教育总是传统语文教育的继承和发展。重视传统，研究传统，从传统中汲取精华，对于当前语文教学改革与建设不无意义。然而遗憾的是，我国传统语文教育研究一直相对滞后。世纪之交的一场讨论，使我们的语文教学遭遇了前所未有的困窘，面对着"误尽苍生是语文"的诘难，许多人彻夜难眠。语文教学需要突破。而要突破，必须处理好继承、学习与创新的关系，我们应该构建民族化与现代化相结合的语文教学体系。因为只有二者有机结合，才能达到语文教学的高质量；只有二者有机结合，才能达到学以致用的目的。

统观应用语言学的发展历史，我们应该看到，正如历史在不断前进一样，应用语言学研究也在不断发展，而且发展得越来越快。科学家钱三强说，从某种意义上说，从 20 世纪到 21 世纪将是交叉科学的时代，应用语言学的发展印证了他的预言。交叉性、边缘性是当今语言学的最大特点。我们应该拓展自己的研究视野，积极地从各个兄弟学科汲取营养。语言学理论的发展促进了应用语言学的发展，应用语言学的发展反过来也丰富了语言学理论。我们有理由相信，教育学、心理学、计算机科学、社会学等学科的每一点进步都会对应用语言学的发展产生影响；我们也有理由相信，应用语言学的发展也会对其他学科做出自己的贡献。

综上所述，应用语言学是一种动态的、异质的言语的语言学。

第十一节 互动语言学

20 世纪的语言研究集中于对语言内部规则做静态、同质的探讨，所使用的语料也多为书面语语料。理论研究和现实生活中语言的使用情况相脱离，导致难以揭示语言的真实面貌。互动语言学（interactional linguistics）则是基于互动行为的语言研究，它将目光投向真实、自然的语言，把口语作为语言研究的对象，既关注互动的过程，也关注互动的结果。研究对象从书面语向口语的转变，可以说是互动语言学发展所迈出的第一步，为互动语言学的最终形成奠定了坚实的基础。

互动语言学注重考察语言结构及其运用模式和社会的互动交际之间的相互关系，即研究：（1）语言结构是如何在互动交际的过程中被塑造的；（2）互动参与者如何使用各种语言和非语言资源来实现自己的交际意图。

一、互动语言学的理论来源

互动语言学兴起于 20 世纪 90 年代，除了口语研究之外，其发展还得益于三大语言学传统，即功能语言学、会话分析以及人类语言学。互动语言学充分吸收了功能语法、社会学的会话分析的方法论以及人类语言学的理论精华。

（一）功能语言学

互动语言学将语言视为实现社会互动的一种资源，这种观念可以追溯到功能语言学的研究理念：功能语法把自然语言看作是社会互动的工具，认为语言研究必须考虑语言在人类交际中的实际作用，从语言的结构形式入手，证明语言形式和语用功能之间是如何相互关联的。功能语言学将话语功能置于研究中心位置的研究取向，是互动语言学发展的第二步，也奠定了功能语言学在互动语言学产生中的基础性地位。

（二）会话分析

互动语言学能够得到长足发展，还要归功于会话分析（conversation analysis），会话分析领域所做的开创性工作是互动语言学发展的第三步。20 世纪 70 年代，哈维·萨克斯（Harvey Sacks）、伊曼纽尔·谢格罗夫（Emanuel Schegloff）等社会学家提倡对日常会话进行细微的研究并将其作为社会秩序描写的核心，形成了会话分析这一学科。会话分析的研究范式不同于语言学：会话分析是社会学的一个分支，它通过言谈交际这种最基本的社会互动方式来揭示社会秩序（social order）、社会实践（social practice）和社会行为（social action）的构建；而互动语言学则是关注言谈参与者的交际意图对语言形式的影响，从交际过程中发现语言形式产生的动因。但是会话分析的研究成果却推动了互动语言学的产生，尤其是会话分析所提倡的话轮等术语以及一套严密的会话描述工具对互动语言学意义重大。

（三）人类语言学

人类语言学是语言学的分支，它关注语言在广泛的社会文化环境中所占的位置，探讨语言在构成、维持文化行为和社会结构方面所起的作用。人类语言学把语言看作文化资源，认为语言反映了群体和个人的分类方式和思维特征，反映出他们的情感价值观，也反映出他们的行为方式和生活方式。人类语言学给互动语言学的重要启示就是：语言是反映思维方式、文化模式和社会生活方式的镜子，语言研究的最终目标之一就是勾画朴素的人类世界生活图画。人类语言学关注言语交流系统以及跨文化视角下话语策略比较，这种研究取向是互动语言学发展的第四步，也是最后一步。

二、互动语言学的基本原则

本节内容介绍互动语言学的研究工作中几条重要的基本原则，涉及互动语言学的分析手段、语言观及如何进行互动语言学研究。

（一）采用自然发生的语料

如上文所说，互动语言学以真实、自然发生的口语为研究对象，因此互动语言学的语料通常是从日常对话中选取的面对面交谈语料或者是电话通话语料，会话的参与者多为两人或两人以上。除了日常生活的对话交谈之外，具有特定交际任务的机构性对话（institutional talk）也是互动语言学研究的重要语料来源和研究对象，例如赫里蒂奇（Heritage）等人就考察了医患互动交际中医生对于“some”和“any”的使用语境差别[1]，此外庭审对话以及课堂师生问答等机构性对话都是互动语言学的研究重点。

---

① HERITAGE J，ROBINSON J D，ELLIOTT M，et al. Reducing patients' unmet concerns in primary care：the difference one word can make. Journal of General Internal Medicine，2007，22（10）：1429－1433.

除了语料的来源之外，互动语言学在语料的搜集方式和转写规则上也各有特点。搜集方式上，一般说来有录音和录像两种方式，这两种方式各有优缺点：录音语料相对来说更容易获取，尤其是电话通话语料，对于设备的要求比较低，任何人在社会互动的过程中都可以通过录音的方式将互动的过程记录下来；然而互动语言学所关注的实现社会互动的手段并不仅仅是有声语言，其他的副语言行为（如眼神、肢体动作等）也是互动语言学的研究内容，录音的方式只能记录交际双方的言语内容，如果需要对双方的身势语、眼神等非语言资源进行考察，则需要借助于录像语料。但录像对设备的要求比较高，在获取方式上并不容易。

转写规则上，具有代表性的是杜波依斯（Du Bois）等人提出的转写系统。[①] 国内学者陶红印等人对杜波依斯的转写系统有比较详细的介绍，并结合汉字特点，系统介绍了相应的汉语转写方案。根据转写需要的不同，杜波依斯等人将转写系统规则分为宽式、中式和严式三种：宽式转写规则是对口语材料的最基本的还原，转写时包含说话人、话轮和语调单位、切断和重叠、较长的停顿（0.3秒以上）、笑声以及无法分辨的发音等。中式转写规则是在宽式转写规则的基础上增加标注发音。严式转写规则用于专门针对特殊话语语音成分的研究，描写相当细致，除了声母、韵母、调型之外，还要根据需要转写相应的调值、音高、音强、音长等特征，中国社会科学院语言研究所的CASSC（Chinese Annotated Spontaneous Speech Corpus，具有音段标注的自然口语语篇库）语料库就是使用严式转写规则对语音材料进行转写的。

（二）“语境敏感”的分析

在互动语言学的视角下，研究的对象数据是作为它们出现的对话序列语境中的一部分而被分析的，任何言语都不能脱离具体的语境而存在，它们在产生时，就被设计处在一个“语境敏感”（context-sensitive）的位置。互动语言学当中的一个基本单位“话轮”（turn）就是基于语境敏感的原则而建立的。所谓“话轮”，就是指在日常交流过程中，说话者一个连续时间内说出的话语，其结尾以交流双方的角色互换或各方的沉默等为信号标志，话轮的构建单位被称为“话轮构建单位”（turn-constructional units，TCUs），单个话轮可以由单词、短语、句子等从小到大的单个或多个话轮构建单位组成。“话轮”和“话轮构建单位”等概念的创立都是为完成一定的社会行为（或者称为互动行为）服务的。同样的一个话轮构建单位位于话轮的起始和结束位置所承担的交际功能也有所区别：话轮之首的单位通常承担着承接话轮、开启话题的职能；而话轮之尾的单位则通常具有转让话轮、寻求回应的职能，这就是“语境敏感”，也称“位置敏感”。

（三）在线视角

互动语言学采用在线视角（online perspective）观察语言，认为言语交际是动态浮现的、在线生成的过程。语言结构通过互动来达成，结构的构建和完结总是产生于正在进行的互动言谈，谈话的双方（或多方）都参与其中，因此口语研究面对的是“正在进行的句子的句法”（the syntax of sentences-in-progress），例如勒纳（Lerner）就描述了会话中交际

① DU BOIS J W. SCHUETZE-COBURN S，CUMMING S，et al. Outline of discourse transcription. // EDWARDS J，LAMPERT M. Talking data：transcription and coding in discourse research. Hillsdale，NJ：Lawrence Erlbaum，1993：45－89.

双方共同构建一个句子的现象，即一个言者所说的句子的一部分由另一言者完成。他还分析了多种会话共建的结构格式。①

（四）范畴基于实证

互动语言学强调实证研究，这一点从语料的选择上就已经有所展现。除了采取真实发生的自然语料，反对凭空捏造甚至有意杜撰的语料研究之外，互动语言学对于语言研究的“范畴”等级同样强调实证，这无疑也向传统语法研究中的范畴概念发起了挑战。例如，里德（Reed）和雷蒙德（Raymond）就曾指出，传统语言学研究中的语法单位术语和范畴类别术语并不一定能够反映出语言事实，因为传统语法分析侧重于语言的内部结构，却忽略了语言的结构组成是如何反映社会交际/言语互动的各个方面的。②

福特（Ford）等人则进一步质疑不加批判地采纳先验的语法单位的做法，而尝试用描述社会行为的术语（如请求行为、建议行为、询问行为等）来代替传统语法术语（如名词短语、句子等）。③

库珀-库伦（Couper-Kuhlen）等人的做法则比较中庸，他们认为传统语法的术语对语言学者描述和分析互动参与者的行为很适用，但是这些术语对于互动参与者自身来说并不是必要的，互动参与者更需要的是用来描述社会实践/互动行为的术语。④

（五）通过参与者导向来验证判断

“参与者导向证明程序”（participants-oriented proved procedure）也叫作“下一话轮证明程序”（next-turn proof procedure），这是互动语言学从会话分析学科中吸收的另一项重要原则。互动语言学强调实证主义，有时语言学家在对说话人表达的某一言语进行语用分析时难免带有自己的主观判断和假设，因此互动语言学强调利用交谈者的下一个话轮来理解前一个话轮的意义。

三、互动语言学视角下的汉语研究

国内互动语言学的研究虽然刚刚起步，但总体上是紧跟国际趋势的。对互动语言学理论体系进行相对完整介绍的学者是中国社会科学院语言研究所的方梅研究员，由方梅主编的论文集《互动语言学与汉语研究》收录了包括沈家煊、王洪君、陶红印等语言学专家学者以互动语言学为主题所写的多篇文章，展现了近年来互动语言学与汉语研究的科研成果。

汉语语言学家们也借助互动语言学的理论观点和分析框架，通过对自然口语语料的观

---

① LERNER G H. On the syntax of sentences-in-progress. Language in society，1991，20（3）：441－458.

② DAVIS I. The question of units for language，action and interaction//REED B S，RAYMOND G. Units of talk—units of action. Amesterdam/Philadelphia：John Benjamins Publishing Company，2013：1－12.

③ COUPER-KUHLEN E，SLETING M. Interactional linguistics：studying language in social interaction. Cambridge：Cambridge University Press，2018.

④ FORD C E，FOX B A，THOMPSON S A. Units and/or action trajectories? The language of grammatical categories and the language of social action//REED B S，RAYMOND G. Units of talk-units of action. Amesterdam/Philadelphia：John Benjamins Publishing Company，2013：13－55.

察分析，或是对传统汉语研究问题提出新的解决方案，或是拓展了新的研究领域。

例如乐耀详细介绍了互动语言学对会话交际基本单位的研究，并回顾了汉语相关研究，指出应该从动态互动交际的角度理解汉语的句子，在话轮交替中看它的构建以及对会话运作的贡献。[①] 姚双云等则将互动语言学“位置敏感”的语法观及话轮、序列等交际单位概念运用到汉语口语常用表达的研究当中，阐释了诸如“是吧”等常用表达在汉语口语中常出现的话轮、序列位置及相对应的互动功能。[②]

总之，互动语言学的观点和方法正受到越来越多学者的关注，口语和互动导向的研究也必定会成为 21 世纪语言学研究的关键词之一。

【本章小结】

在交叉科学日占主流的今天，交叉语言学的出现是必然的。交叉语言学的最大特点是语言学与不同学科的交叉。本章介绍的各种语言学科，均属于交叉语言学。从分类上看，它们大都属于言语的语言学和外部语言学。从宏观上说，它们具备以下一些特点。

其一，侧重动态的研究。语言系统是从言语活动中提炼出来的相对静态的交际工具，而交叉语言学中的许多学科大多重视人类运用语言工具活动的过程与结果。如：社会语言学必须常常调查社会上不同阶层的人如何不同地运用语言，以及不同地区、操不同方言的人在具体说话时是如何“转码”的；心理语言学则更是深入研究个体习得语言和运用语言的全过程，不可能在静态中进行；应用语言学也是如此，狭义的应用语言学指语言教学，研究教学双方如何密切配合，通过课堂教学活动进行研究，广义的应用语言学研究语言理论在各个方面的应用，其动态更是千姿百态；神经语言学不但研究神经疾患与失语病人的病因，还要研究如何在活动中一步一步地帮助他们恢复健康；文化语言学、认知语言学、功能主义语言学、计算语言学、互动语言学也要对语言进行动态的研究。

其二，侧重异质的研究。语言的语言学是同质的，言语的语言学和外部语言学是异质的。所谓异质就是指不但涉及语言系统本身，而且涉及语言系统之外的不同物质，尤其涉及运用语言的人。例如：社会语言学研究语言与人类社会，文化语言学研究语言与文化，心理语言学研究语言与人类心理，神经语言学研究语言与正常人及非正常人，认知语言学、功能主义语言学和互动语言学都离不开语言与人，计算语言学研究语言与人以及计算机。此外，交叉语言学还具有侧重语言的变异和联系语境研究等特点。在交叉科学日益占主流的今天，交叉语言学必将以更快的速度向前发展。我们要顺应潮流，与时俱进，做出更大的成绩，无愧于时代赋予我们的使命！

【思考与练习】

1. 关键词

功能主义语言学　模糊语言学　社会语言学　认知语言学　计算语言学　语言类型学　心理语言学　神经语言学　文化语言学　应用语言学　互动语言学

2. 填空

（1）语言中的标记现象是指一个范畴内部存在的某种________现象。

（2）目前，语法化研究主要有________和________两个方面。

（3）目前，功能语法的研究大致可以分为________和________两类。

---

① 乐耀．互动语言学研究的重要课题：会话交际的基本单位．当代语言学，2017（2）．

② 姚双云，田咪．自然会话中“是吧”的互动功能及其认识状态．语言教学与研究，2020（6）．

(4) 在韩礼德的系统功能语法中，主要有________、________、________、________、________、________六大核心思想。

(5) 模糊语言学是________与________相结合形成的一门新学科，它运用________与________的基本原理来分析语言的模糊性。

(6) 模糊语言学的研究方法主要受美国扎德________的影响。

(7)“社会语言学”这一术语早在 1952 年就由________提出。

(8) 社会语言学研究的主要对象是________。

(9) 社会语言学的研究方法有________、________、________。

(10) 我们常常通过______、______、______、______、______、______、______方法来获得实际话语材料。

(11) 社会语言学家对社会语言变异现象的研究的步骤一般有________、________、________、________、________。

(12) 语言的地域变体是________。

(13)“语体”是用来指称由________和________的不同而形成的语言差异。

(14) 隐喻的本质特征是________。

(15) 语言类型学是通过________发现语言的结构形式。

(16) 心理语言学主要研究________、________和________的心理过程。

(17) 神经语言学的研究任务主要是从________和________两个方面来研究人类大脑神经系统跟人类自然语言的关系。

(18) 三大言语中枢是________、________、________。

(19) 除了口语研究之外，互动语言学的理论来源有________、________、________。

3. 选择

(1) 功能主义语言学起源于 （　　）

A. 布拉格学派　　B. 哥本哈根学派

C. 美国描写主义学派　　D. 伦敦学派

(2) 模糊语义是以下哪一项的产物 （　　）

A. 主观　　B. 客观

C. 主客观相结合

(3) 划分方言的标准是 （　　）

A. 语言标准　　B. 历史标准

C. 社会文化标准　　D. 语言标准、历史标准、社会文化标准

(4) 下列关于词义模糊性的表述中，正确的一项是 （　　）

A. 词义所指范围边缘区域模糊，中心区域明确。

B. 词义所指范围边缘区域明确，中心区域模糊。

C. 词义所指范围边缘区域、中心区域都模糊。

D. 词义所指范围边缘区域可能模糊。

(5) 类型学主要关注语言的 （　　）

A. 不同的类型　　B. 不同的变化类型

C. 类型的变化　　D. 共性

(6) 在研究范式上，类型学注重 （　　）

A. 跨语言验证　　B. 内省测试

C. 语篇统计

(7) 心理语言学的研究对象是 ( )

A. 言语的产生 B. 言语的理解

C. 儿童的语言获得 D. 言语产生、言语理解、儿童的语言获得

(8) 基本上不能说话，但仍能听懂别人说话，这种症状的失语症是 ( )

A. 失读症 B. 布洛卡失语症

C. 失名症 D. 韦尼克失语症

(9) 不是因发音功能失常引起的言语障碍是 ( )

A. 缄默症 B. 口吃

C. 声音嘶哑 D. 失语症

4. 简答

(1) 功能主义语言学中的“功能”指的是什么?

(2) 当代功能主义的语言观有哪些?

(3) 功能主义语言学的研究方法有哪些?

(4) 请解释什么是“原型”“连续统”“标记性”“象似性”。

(5) 举例说明模糊词义的类型。

(6) 请解释什么是“语言变体”和“语言变项”。

(7) 请简要阐述社会语言学的重要研究课题。

(8) 简述什么是“范畴化”。

(9) 简述认知语言学的“理想化认知模式”(ICM)。

(10) 简述计算语言学的研究方法。

(11) 简述计算语言学研究的实际问题有哪些。

(12) 简述“蕴涵共性”。

(13) 简述语言类型学的方法论基础有哪些。

(14) 谈谈你对“文化”的理解。

(15) 举例谈谈概念隐喻的三种类型。

(16) 简要谈谈互动语言学的语料有什么特点。

本书参考文献

包智明，侍建国，许德宝．生成音系学理论及其应用．2版．北京：中国社会科学出版社，1997.

曹剑芬．现代语音基础知识．北京：人民教育出版社，1990.

岑麒祥．语言学史概要．北京：北京大学出版社，1988.

岑麒祥．语言学史概要．北京：世界图书出版公司，2008.

岑运强．趣味实用语言学讲话．北京：北京师范大学出版社，1998.

岑运强．言语的语言学导论．北京：北京大学出版社，2006.

岑运强．言语交际语言学．北京：中国人民大学出版社，2008.

岑运强．语言学基础理论．北京：北京师范大学出版社，1994.

岑运强．语言学理论求索集．长沙：湖南大学出版社，2010.

陈建民．语言文化社会新探．上海：上海教育出版社，1989.

陈平．现代语言学研究：理论、方法与事实．重庆：重庆出版社，1991.

陈松岑．社会语言学导论．北京：北京大学出版社，1985.

陈原．社会语言学．上海：学林出版社，1983.

陈原．语言与社会生活．北京：三联书店，1980.

陈章太，戴昭铭，佟乐泉，等．世纪之交的中国应用语言学研究．北京：华语教学出版社，1999.

戴浩一，薛凤生．功能主义与汉语语法．北京：北京语言学院出版社，1994.

戴昭铭．文化语言学导论．北京：语文出版社，1996.

冯志伟．数理语言学．北京：知识出版社，1985.

冯志伟．应用语言学综论．广州：广东教育出版社，1999.

符淮青．现代汉语词汇．北京：北京大学出版社，1985.

高名凯．语法理论．北京：商务印书馆，1960.

桂诗春．实验心理语言学纲要．长沙：湖南教育出版社，1991.

桂诗春．心理语言学．上海：上海外语教育出版社，1985.

桂诗春．应用语言学．长沙：湖南教育出版社，1988.

何自然．英语名词可数性的模糊界限．现代英语研究，1986 (1).

何自然．语用学概论．长沙：湖南教育出版社，1988.

胡明扬．语言学概论．北京：语文出版社，2000.

胡壮麟，朱永生，张德录．系统功能语法概论．长沙：湖南教育出版社，1989.

贾彦德．语义学导论．北京：北京大学出版社，1986.

科德．应用语言学导论．上海：上海教育出版社，1983.

科姆里．语言共性和语言类型．北京：华夏出版社，1989.

克里斯特尔．语言与因特网．上海：上海科技教育出版社，2006.

利奇．语义学．上海：上海外语教育出版社，1987.

廖秋忠．也谈形式主义与功能主义//廖秋忠文集．北京：北京语言学院出版社，1992.

刘伶，黄智显，陈秀珠．语言学概要．北京：北京师范大学出版社，1984.
刘叔新．词汇学和词典学问题研究．天津：天津人民出版社，1984.
刘涌泉，乔毅．应用语言学．上海：上海外语教育出版社，1991.
卢利亚．神经语言学．北京：北京大学出版社，1987.
陆致极．计算语言学导论．上海：上海教育出版社，1990.
罗常培，王均．普通语音学纲要．北京：商务印书馆，1981.
吕叔湘．汉语语法分析问题．北京：商务印书馆，1979.
彭聃龄．语言心理学．北京：北京师范大学出版社，1991.
戚雨村．语言学引论．上海：上海外语教育出版社，1985.
秦永龙．汉字书法通解．北京：文物出版社，1997.
裘锡圭．文字学概要．北京：商务印书馆，1988.
邵敬敏．说中国文化语言学的三大流派．汉语学习，1991（2）.
邵敬敏．文化语言学中国潮．北京：语文出版社，1995.
石安石．模糊语义及其模糊度．中国语文，1988（1）.
石安石．语义研究．北京：语文出版社，1994.
束定芳．隐喻学研究．上海：上海外语教育出版社，2000.
索绪尔．普通语言学教程．北京：商务印书馆，1980.
唐作藩．音韵学教程．3 版．北京：北京大学出版社，2002.
特拉斯克．语音学和音系学词典．北京：语文出版社，2000.
王德春，吴本虎，王德林．神经语言学．上海：上海外语教育出版社，1997.
王洪君．汉语非线性音系学．北京：北京大学出版社，1999.
王力．汉语音韵学．北京：中华书局，1956.
王立军，宋继华，陈淑梅．汉字应用通则．沈阳：春风文艺出版社，1999.
翁富良，王野翊．计算语言学导论．北京：中国社会科学出版社，1998.
伍谦光．语义学导论．长沙：湖南教育出版社，1995.
伍铁平．模糊语言学．上海：上海外语教育出版社，1999.
伍铁平．普通语言学概要．2 版．北京：高等教育出版社，2006.
邢福义．汉语语法三百问．北京：商务印书馆，2002.
邢福义．文化语言学．修订本．武汉：湖北教育出版社，2000.
徐大明，陶红印，谢天蔚．当代社会语言学．北京：中国社会科学出版社，1997.
徐烈炯，刘丹青．话题的结构与功能．上海：上海教育出版社，1998.
徐烈炯．语义学．北京：语文出版社，1995.
许余龙．对比语言学．上海：上海外语教育出版社，2010.
姚小平．基本颜色词理论评述．外语教学与研究，1988（1）.
叶蜚声，徐通锵．语言学纲要．3 版．北京：北京大学出版社，1997.
伊斯特林．文字的产生和发展．北京：北京大学出版社，1987.
尹斌庸．模糊集合论与语言研究//北京市语言学会．语言论文集．北京：商务印书馆，1985.
游汝杰．中国文化语言学的涵义和界说．复旦学报，1995（3）.
张伯江．汉语功能语法研究．南昌：江西教育出版社，1996.
张厚粲．大学心理学．北京：北京师范大学出版社，2001.
张黎．模糊语义刍议．北方论丛，1986（6）.

张志毅，张庆云．词汇语义学．北京：商务印书馆，2001.

赵金铭．近十年对外汉语教学研究述评．语言教学与研究，1989（1）.

赵艳芳．认知语言学概论．上海：上海外语教育出版社，2001.

仲哲明．应用语言学研究的现状和展望上//许嘉璐，王福祥，刘润清．中国语言学现状与展望．北京：外语教学与研究出版社，1996.

朱德熙．语法问答．北京：商务印书馆，1985.

朱曼殊．心理语言学．上海：华东师范大学出版社，1990.

祝畹瑾．社会语言学译文集．北京：北京大学出版社，1985.

CROFT W. Typology and universals. Cambridge：Cambridge University Press，1990.

DRYER M S. Word order in Sino-Tibetan languages from a typological and geographical perspective. Draft，1999.

FILLMORE C J，KAY P，O'CONNOR M C. Regularity and idiomaticity in grammatical constructions：The case of let alone. Language（Baltimore），1988，64（3）：501－538.

GRISHMAN R. Computational linguistics. Cambridge：Combridge University Press，1986.

HALLIDAY MAK. An introduction to functional grammar. London：Edward Arnold（Publishers）Ltd.，1994.

HYMES D H. Language in culture and society. New York：Harper & Row，1964.

KEMPSON R. Pressuposition and the pelimination of semantics. Cambridge：Cambridge University Press，1979.

SHOPEN T. Language typology and syntactic description. Cambridge：Cambridge University Press，1985.

STERN H H. Fundamental concepts of language teaching. Oxford：Oxford University Press，1983.

TAI J. Iconicity：Motivations in Chinese grammar//EID M，IVERSION G K. Principles and prediction：The analysis of natural language. Amsterdam and Philadelphia：John Benjamins Publishing Company，1993.

THOMPSON G. Introducing functional grammar. London：Edward Arnold（Publishers）Ltd.，1996.

WILKINS D A. Linguistics in language teaching. London：Edward Arnold（Publishers）Ltd.，1972.

图书在版编目（CIP）数据

语言学概论 / 周士宏，岑运强主编. --5 版. --北京：中国人民大学出版社，2022.7
新编 21 世纪中国语言文学系列教材
ISBN 978-7-300-30672-8

Ⅰ.①语… Ⅱ.①周… ②岑… Ⅲ.①语言学-高等学校-教材 Ⅳ.①H0

中国版本图书馆 CIP 数据核字（2022）第 092026 号

"十二五"普通高等教育本科国家级规划教材
新编 21 世纪中国语言文学系列教材
语言学概论（第五版）
主　编　周士宏　岑运强
Yuyanxue Gailun

出版发行	中国人民大学出版社		
社　　址	北京中关村大街 31 号	**邮政编码**	100080
电　　话	010－62511242（总编室）		010－62511770（质管部）
	010－82501766（邮购部）		010－62514148（门市部）
	010－62515195（发行公司）		010－62515275（盗版举报）
网　　址	http://www.crup.com.cn		
经　　销	新华书店		
印　　刷	北京宏伟双华印刷有限公司	**版　　次**	2004 年 10 月第 1 版
规　　格	185 mm×260 mm　16 开本		2022 年 7 月第 5 版
印　　张	17.5 插页 1	**印　　次**	2025 年 7 月第 5 次印刷
字　　数	444 000	**定　　价**	49.00 元

关联课程教材推荐

ISBN	书名	作者	单价（元）
978-7-300-22073-4	古代汉语（第二版）	殷国光 赵彤	39.80
978-7-300-22534-0	汉语史纲要（第二版）	殷国光 龙国富 赵彤	55.00
978-7-300-29629-6	汉语音韵学概论（第二版）	赵彤	35.00
978-7-300-20237-2	交际语言学（第二版）	岑运强	38.00
978-7-300-08230-1	西方语言学名著选读（第三版）	胡明扬	34.00
978-7-300-26570-4	现代汉语（第二版·数字教材版）	张谊生	68.00
978-7-300-28454-5	应用语言学纲要（第三版）	齐沪扬 陈昌来	49.00
978-7-300-17764-9	中国古典文献学	项楚 罗鹭	38.00
978-7-300-29638-8	中文学科论文写作（第三版）	卢卓群 普丽华	49.00

配套教学资源支持

尊敬的老师：

衷心感谢您选择人大版教材！相关的配套教学资源，请到中国人民大学出版社官网（www.crup.com.cn）下载。部分教学资源需要验证您的教师身份后，才可以下载。请您登录出版社官网后，点右上角“注册”，填写“会员中心”的“我的教师认证”项目，等待后台审核。我们将尽快为您开通下载权限。

如您急需教学资源或教材样书，也可以直接与我们的编辑联系。

联系人：龚洪训　　电话：010－62515637　　电子邮箱：6130616@qq.com

欢迎加入全国汉语言文学教师群（QQ群号：1062057602），交流教学心得，分享教学资源。

全国汉语言文学教师群

扫一扫二维码，加入群聊。

俯仰天地　心系人文

www.crup.com.cn

中国人民大学出版社网站

欢迎登录浏览，了解图书信息，下载教学资源